中国基本单位统计年鉴 2008

国家统计局普查中心 编

CHINA BASIC STATISTICAL UNITS YEARBOOK

中国统计出版社
China Statistics Press

（京）新登字041号

图书在版编目（CIP）数据

中国基本单位统计年鉴—2008/国家统计局普查中心编.
—北京：中国统计出版社，2008.9
ISBN 978-7-5037-5529-3

Ⅰ.中…
Ⅱ.国…
Ⅲ.组织机构-统计资料-中国-2008-年鉴
Ⅳ.C832-54

中国版本图书馆CIP数据核字(2008)第134087号

中国基本单位统计年鉴—2008

作　者/国家统计局普查中心
责任编辑/徐　颖
装帧设计/艺编广告
出版发行/中国统计出版社
通信地址/北京市西城区月坛南街57号　邮政编码/100826
办公地址/北京市丰台区西三环南路甲6号
电　话/邮购（010）63376907　书店（010）68783172
印　刷/河北天普润印刷厂
经　销/新华书店
开　本/787×1092mm　1/16
印　张/29.5
字　数/680千字
版　别/2008年10月第1版
版　次/2008年10月第1次印刷
书　号/ISBN 978-7-5037-5529-3/F·2755
定　价/170.00元（附光盘）

本书附同版本CD-ROM一张，光盘内容以书面文字为准。

《中国基本单位统计年鉴-2008》
编辑委员会

编者说明

一、《中国基本单位统计年鉴－2008》是一部反映中华人民共和国各类基本单位情况的资料性工具书。本书分为三部分：第一部分和第二部分是对近几年来全国各类法人单位按地区、国民经济行业、登记注册类型和从业人员、营业收入规模等进行各种分组汇总而成的综合资料；第三部分收录了近期全国部分限额以上工业企业、建筑业企业、批发和零售业企业、住宿和餐饮业企业名录。

二、1996年数据来源于第一次全国基本单位普查资料，2001年数据来源于第二次全国基本单位普查资料，2004年数据来源于第一次全国经济普查资料，其他年份的数据来源于基本单位年度统计资料。

三、资料的汇总范围为我国境内从事社会经济活动的法人单位，未包括香港、澳门特别行政区和台湾省。

四、限额以上企业范围分别是：

工业企业：全部国有工业企业法人单位及年销售收入500万元以上的非国有工业企业法人单位。

建筑业企业：资质等级四级及以上的建筑业企业法人单位。

批发业企业：年销售额2000万元及以上，且年末从业人员为20人及以上的批发业企业法人单位。

零售业企业：年销售额500万元及以上，且年末从业人员为60人及以上的零售业企业法人单位。

餐饮业企业：年营业额200万元及以上，且年末从业人员为40人及以上的餐饮业企业法人单位。

五、考虑到按地区进行国民经济核算的需要，对金融、保险业和邮电业的县一级机构均视为法人单位统计。

《中国基本单位统计年鉴－2008》内容系统、新颖，具有较强的实用性，可作为各级政府和经济管理部门进行宏观管理、制定政策的参考，也是企业生产经营及投资决策和科研机构、大专院校进行科研及教学活动的辅助资料。

恳请广大读者对本书提出宝贵意见。

目　录

第一部分　全部法人单位综合资料

第二部分　限额以上企业法人单位综合资料

第三部分　部分限额以上企业名录（按行业大类索引）

第一部分

全部法人单位综合资料

1-1 按行业门类分组的法人单位数

单位：个

行业门类	代码	法人单位数					
		1996年	1997年	1998年	1999年	2000年	2001年
全　国		**4402276**	**4344278**	**4417508**	**4221995**	**4366141**	**5107015**
农、林、牧、渔业	A	148029	148269	147656	142055	142140	171526
采矿业	B	100362	99578	102265	91026	90484	71409
制造业	C	1256323	1221878	1290304	1192280	1243607	1220587
电力、燃气及水的生产和供应业	D	30543	29864	30299	30031	30841	36982
建筑业	E	126710	125476	125541	112973	118240	123187
交通运输、仓储和邮政业	F	63808	62871	62941	57772	59711	82162
信息传输、计算机服务和软件业	G	20381	18545	22141	22826	25425	57420
批发和零售业	H	681853	678488	668847	654887	693108	807454
住宿和餐饮业	I	81444	71835	79270	78804	83014	100768
金融业	J	73824	74054	73941	69029	70228	63996
房地产业	K	39693	40903	44606	44051	48363	92417
租赁和商务服务业	L	96609	109537	100411	97410	107229	234265
科学研究、技术服务和地质勘查业	M	42048	41299	43264	42608	45003	75666
水利、环境和公共设施管理业	N	29508	28661	30273	29315	30189	51007
居民服务和其他服务业	O	52677	45707	51786	48898	54366	94655
教育	P	215358	219281	215530	214042	218304	307817
卫生、社会保障和社会福利业	Q	112326	112810	112695	112375	114388	200360
文化、体育和娱乐业	R	41064	36522	41388	40094	41060	57410
公共管理和社会组织	S	1185790	1174810	1170475	1137752	1146645	1254546
国际组织	T	3926	3890	3875	3767	3796	3381

1-1续表 单位：个

行业门类	代码	法人单位数					
		2002年	2003年	2004年	2005年	2006年	2007年
全　国		**5170849**	**5214144**	**5168303**	**5647823**	**6068912**	**6495064**
农、林、牧、渔业	A	170953	156033	1835	68800	78205	98546
采矿业	B	70851	72538	82353	89430	93967	97678
制造业	C	1239549	1298870	1328964	1451556	1579406	1702455
电力、燃气及水的生产和供应业	D	37136	33570	39830	43148	45922	49052
建筑业	E	129062	132059	128193	149471	170180	190517
交通运输、仓储和邮政业	F	83489	85991	80375	91565	104635	117228
信息传输、计算机服务和软件业	G	59368	58307	72913	85499	100614	115101
批发和零售业	H	829029	840241	883653	994953	1122489	1246042
住宿和餐饮业	I	102244	103537	92869	101853	109892	118173
金融业	J	64806	64802	23793	26828	29201	31815
房地产业	K	96795	98943	129197	148059	165865	187444
租赁和商务服务业	L	242109	219567	249192	291498	331904	368763
科学研究、技术服务和地质勘查业	M	78356	110685	136555	153076	166240	176677
水利、环境和公共设施管理业	N	51426	47847	44352	46847	48811	50953
居民服务和其他服务业	O	96244	64391	83606	93947	102228	110525
教育	P	308320	304056	299418	305446	308760	312339
卫生、社会保障和社会福利业	Q	200761	198879	181877	183760	185014	187376
文化、体育和娱乐业	R	57891	77717	64741	69490	72873	76430
公共管理和社会组织	S	1250166	1243967	1244587	1252597	1252706	1257950
国际组织	T	2294	2144	—	—	—	—

注：“-”表示2004年及以后各年份不包括国际组织法人单位数。

1-2 按行业中类、

(2007年)

行业中类	代码	法人单位数	北京	天津	河北	山西	内蒙古
总计		**6495064**	**322319**	**113972**	**255867**	**168340**	**93227**
农、林、牧、渔业	A	**98546**	**3485**	**764**	**2758**	**6205**	**1784**
农业	0100	24847	1239	145	427	1452	294
谷物及其他作物的种植	0110	5784	252	38	115	526	197
蔬菜、园艺作物的种植	0120	9740	706	102	195	578	67
水果、坚果、饮料和香料作物的种植	0130	8192	254	4	101	252	18
中药材的种植	0140	1131	27	1	16	96	12
林业	0200	11983	584	57	351	984	291
林木的培育和种植	0210	10653	580	56	339	964	279
木材和竹材的采运	0220	848	0	1	7	12	8
林产品的采集	0230	482	4		5	8	4
畜牧业	0300	21794	858	267	906	2344	432
牲畜的饲养	0310	6586	327	153	367	1055	295
猪的饲养	0320	6443	142	28	236	617	36
家禽的饲养	0330	6275	240	44	180	435	56
狩猎和捕捉动物	0340	49	4	1	4	5	2
其他畜牧业	0390	2441	145	41	119	232	43
渔业	0400	7520	125	129	75	78	24
海洋渔业	0410	2616	10	65	38	1	0
内陆渔业	0420	4904	115	64	37	77	24
农、林、牧、渔服务业	0500	32402	679	166	999	1347	743
农业服务业	0510	15864	367	105	613	712	247
林业服务业	0520	4972	67	11	18	156	141
畜牧服务业	0530	9362	225	28	350	469	344
渔业服务业	0540	2204	20	22	18	10	11
采矿业	B	**97678**	**538**	**127**	**8102**	**9191**	**3071**
煤炭开采和洗选业	0600	28219	149	9	1049	6258	854
烟煤和无烟煤的开采洗选	0610	26944	148	3	1015	6123	547
褐煤的开采洗选	0620	738	0	4	25	68	293
其他煤炭采选	0690	537	1	2	9	67	14
石油和天然气开采业	0700	1010	10	38	13	8	29
天然原油和天然气开采	0710	346	1	16	8	6	16
与石油和天然气开采有关的服务活动	0790	664	9	22	5	2	13

地区分组的法人单位数

单位：个

辽宁	吉林	黑龙江	上海	江苏	浙江	安徽	福建	江西	山东	代码
270245	**92852**	**118941**	**361380**	**583462**	**530909**	**200166**	**222923**	**129506**	**492916**	
3571	**1695**	**1723**	**1913**	**4594**	**8544**	**1767**	**4543**	**556**	**5451**	**A**
707	228	316	804	1207	3593	461	1426	207	911	0100
141	94	233	177	189	408	92	280	48	125	0110
318	52	53	524	760	1550	255	491	79	564	0120
205	11	13	97	227	1490	97	619	69	194	0130
43	71	17	6	31	145	17	36	11	28	0140
285	283	376	428	285	581	236	683	87	365	0200
276	235	304	426	282	542	219	565	70	355	0210
5	47	70	1	1	14	8	112	13	3	0220
4	1	2	1	2	25	9	6	4	7	0230
857	428	305	242	1365	1513	547	582	133	1271	0300
271	164	141	73	117	252	113	214	28	400	0310
170	75	56	69	368	363	162	230	69	169	0320
262	67	58	62	719	584	205	96	21	516	0330
1	1	4	0	2	3	1	1	1	7	0340
153	121	46	38	159	311	66	41	14	179	0390
474	46	41	135	833	1319	192	744	66	825	0400
375	4	0	11	146	658	2	235	1	706	0410
99	42	41	124	687	661	190	509	65	119	0420
1248	710	685	304	904	1538	331	1108	63	2079	0500
552	279	344	218	677	883	271	576	39	1084	0510
164	196	80	40	13	166	11	241	9	53	0520
471	221	242	26	82	303	36	197	8	138	0530
61	14	19	20	132	186	13	94	7	804	0540
5120	**1377**	**1906**	**3**	**1732**	**2316**	**3684**	**2518**	**3973**	**5713**	**B**
986	379	1326	0	40	40	311	324	949	642	0600
973	328	1294	0	32	11	297	306	936	600	0610
4	44	8	0	1	0	4	1	6	22	0620
9	7	24	0	7	29	10	17	7	20	0690
75	86	95	1	18	2	0	1	0	43	0700
5	58	20	1	9	0	0	0	0	29	0710
70	28	75	0	9	2	0	1	0	14	0790

1-2续表 1

行业中类	代码	法人单位数	北京	天津	河北	山西	内蒙古
黑色金属矿采选业	0800	14913	24	6	4400	1415	841
铁矿采选	0810	13548	20	6	4385	1396	816
其他黑色金属矿采选	0890	1365	4	0	15	19	25
有色金属矿采选业	0900	9256	11	6	380	140	358
常用有色金属矿采选	0910	6179	6	4	113	115	219
贵金属矿采选	0920	2019	4	1	229	21	107
稀有稀土金属矿采选	0930	1058	1	1	38	4	32
非金属矿采选业	1000	43521	334	66	2232	1360	940
土砂石开采	1010	36283	302	47	1915	1196	697
化学矿采选	1020	1651	0	1	12	88	35
采盐	1030	880	1	9	93	0	12
石棉及其他非金属矿采选	1090	4707	31	9	212	76	196
其他采矿业	1100	759	10	2	28	10	49
制造业	**C**	**1702455**	**37978**	**35099**	**74274**	**24515**	**13182**
农副食品加工业	1300	90620	1109	903	4803	1461	1557
谷物磨制	1310	26653	82	96	1373	486	242
饲料加工	1320	10991	382	214	826	225	235
植物油加工	1330	9273	43	79	755	101	117
制糖	1340	700	6	9	24	14	11
屠宰及肉类加工	1350	13117	323	159	646	204	657
水产品加工	1360	8055	30	65	273	5	6
蔬菜、水果和坚果加工	1370	11876	120	144	408	195	122
其他农副食品加工	1390	9955	123	137	498	231	167
食品制造业	1400	40815	1264	910	1943	990	566
焙烤食品制造	1410	8725	365	149	383	218	122
糖果、巧克力及蜜饯制造	1420	4607	105	91	372	139	5
方便食品制造	1430	5849	166	120	286	122	57
液体乳及乳制品制造	1440	2227	67	48	164	92	156
罐头制造	1450	3186	27	57	139	50	20
调味品、发酵制品制造	1460	6608	133	152	321	247	114
其他食品制造	1490	9613	401	293	278	122	92

单位：个

辽宁	吉林	黑龙江	上海	江苏	浙江	安徽	福建	江西	山东	代码
1318	117	34	0	65	10	481	205	346	699	0800
1260	113	34	0	65	10	461	175	339	686	0810
58	4	0	0	0	0	20	30	7	13	0890
683	95	46	0	17	93	290	269	472	282	0900
430	27	14	0	11	45	227	203	161	73	0910
162	58	29	0	1	6	46	39	70	203	0920
91	10	3	0	5	42	17	27	241	6	0930
2049	690	393	1	1584	2162	2574	1685	2197	3953	1000
1567	584	336	1	1246	1941	2346	1463	2012	3091	1010
123	12	1	0	13	15	54	17	20	31	1020
48	0	0	0	41	43	1	46	4	442	1030
311	94	56	0	284	163	173	159	161	389	1090
9	10	12	1	8	9	28	34	9	94	1100
70169	**18028**	**21343**	**74482**	**258897**	**238873**	**50097**	**64598**	**30941**	**159060**	**C**
3998	1585	2340	687	6848	4421	6009	2874	2699	14752	1300
572	499	941	46	2434	285	2906	331	1492	2607	1310
841	269	298	134	737	458	250	322	265	1131	1320
208	97	282	46	579	192	905	112	193	1873	1330
18	5	23	3	23	12	4	16	11	44	1340
717	250	392	152	925	576	560	276	263	1906	1350
843	55	12	71	924	1442	60	960	77	2086	1360
510	224	128	64	672	1085	602	591	233	3647	1370
289	186	264	171	554	371	722	266	165	1458	1390
1744	634	900	1170	3047	2153	1266	1997	886	5584	1400
453	160	144	351	741	420	356	337	147	1160	1410
72	10	22	98	180	182	70	384	67	710	1420
199	130	143	129	467	201	253	211	203	636	1430
102	40	164	31	134	83	37	38	39	254	1440
147	15	36	35	174	372	93	450	102	409	1450
295	114	146	143	576	258	204	249	93	729	1460
476	165	245	383	775	637	253	328	235	1686	1490

行业中类	代码	法人单位数	北京	天津	河北	山西	内蒙古
饮料制造业	1500	32208	511	285	1063	562	523
酒精制造	1510	533	2	8	18	13	15
酒的制造	1520	13369	125	88	539	253	344
软饮料制造	1530	11157	366	185	499	286	162
精制茶加工	1540	7149	18	4	7	10	2
烟草制品业	1600	319	3	2	6	2	3
烟叶复烤	1610	97	0	0	0	1	1
卷烟制造	1620	129	1	2	5	1	2
其他烟草制品加工	1690	93	2	0	1	0	0
纺织业	1700	109716	931	1343	5068	336	681
棉、化纤纺织及印染精加工	1710	42555	145	369	2589	160	16
毛纺织和染整精加工	1720	5539	55	106	882	20	282
麻纺织	1730	1240	2	5	8	5	4
丝绢纺织及精加工	1740	6794	15	42	27	12	2
纺织制成品制造	1750	22576	317	388	1159	58	83
针织品、编织品及其制品制造	1760	31012	397	433	403	81	294
纺织服装、鞋、帽制造业	1800	74447	2127	1527	1693	260	236
纺织服装制造	1810	69715	2058	1460	1472	228	229
纺织面料鞋的制造	1820	3364	44	36	170	28	5
制帽	1830	1368	25	31	51	4	2
皮革、毛皮、羽毛(绒)及其制品业	1900	31363	241	298	2090	64	104
皮革鞣制加工	1910	3180	8	27	527	7	12
皮革制品制造	1920	23999	190	234	762	46	46
毛皮鞣制及制品加工	1930	2602	34	27	684	9	26
羽毛(绒)加工及制品制造	1940	1582	9	10	117	2	20
木材加工及木、竹、藤、棕、草制品业	2000	53103	613	496	1294	247	574
锯材、木片加工	2010	16151	67	64	159	53	382
人造板制造	2020	16894	105	92	808	90	115
木制品制造	2030	13138	431	295	260	94	59
竹、藤、棕、草制品制造	2040	6920	10	45	67	10	18
家具制造业	2100	32823	1284	539	1280	294	154
木质家具制造	2110	23800	990	339	939	225	133

单位：个

辽宁	吉林	黑龙江	上海	江苏	浙江	安徽	福建	江西	山东	代码
1311	826	851	257	2178	2540	1713	2079	820	2754	1500
20	25	31	0	58	8	22	10	0	68	1510
651	527	501	54	815	741	554	266	284	1387	1520
633	268	309	191	856	958	319	399	326	1093	1530
7	6	10	12	449	833	818	1404	210	206	1540
8	8	10	3	11	8	13	10	10	18	1600
2	4	7	1	0	0	3	5	4	4	1610
4	4	2	2	3	3	8	3	6	8	1620
2	0	1	0	8	5	2	2	0	6	1690
2094	276	452	4352	30613	25741	1834	3429	1256	10215	1700
601	51	76	914	14059	8268	654	859	348	5234	1710
55	25	19	215	1649	704	64	69	24	379	1720
25	14	180	6	240	72	70	10	58	76	1730
287	3	4	80	2475	2433	229	49	40	233	1740
563	88	127	1228	6057	5075	420	654	136	2090	1750
563	95	46	1909	6133	9189	397	1788	650	2203	1760
2746	331	259	5481	14971	12082	1737	6487	1146	5058	1800
2669	306	241	5232	14044	11229	1660	6097	1109	4582	1810
54	16	14	144	471	666	48	362	31	344	1820
23	9	4	105	456	187	29	28	6	132	1830
618	87	96	991	2374	8160	500	3603	372	1720	1900
31	6	20	12	129	776	27	231	48	201	1910
519	61	55	918	1950	6228	226	3300	278	1199	1920
45	7	14	27	118	870	24	11	4	232	1930
23	13	7	34	177	286	223	61	42	88	1940
1777	1356	1991	1339	7254	4113	2615	3795	2403	5940	2000
535	625	845	175	1759	546	1000	876	598	1485	2010
354	302	440	194	3669	987	638	1014	600	2838	2020
838	403	681	918	1555	1475	478	801	473	985	2030
50	26	25	52	271	1105	499	1104	732	632	2040
939	313	453	2479	2412	2908	868	1209	797	3642	2100
765	257	381	1843	1737	1571	639	789	631	3177	2110

1-2续表 3

行业中类	代码	法人单位数	北京	天津	河北	山西	内蒙古
竹、藤家具制造	2120	565	7	4	3	0	1
金属家具制造	2130	4330	172	112	265	44	8
塑料家具制造	2140	510	17	3	18	6	3
其他家具制造	2190	3618	98	81	55	19	9
造纸及纸制品业	2200	50752	947	1137	2681	696	212
纸浆制造	2210	833	8	15	81	13	7
造纸	2220	13914	234	250	1056	254	72
纸制品制造	2230	36005	705	872	1544	429	133
印刷业和记录媒介的复制	2300	49220	1621	856	1795	717	450
印刷	2310	45081	1301	757	1479	639	401
装订及其他印刷服务活动	2320	3865	294	92	311	77	47
记录媒介的复制	2330	274	26	7	5	1	2
文教体育用品制造业	2400	19328	407	423	413	59	10
文化用品制造	2410	5561	126	116	59	28	7
体育用品制造	2420	4295	101	123	196	24	0
乐器制造	2430	1310	97	146	100	4	2
玩具制造	2440	7428	56	35	43	1	1
游艺器材及娱乐用品制造	2450	734	27	3	15	2	0
石油加工及炼焦业	2500	8445	299	183	464	932	169
精炼石油产品的制造	2510	5571	291	172	316	55	38
炼焦	2520	2833	8	10	147	875	130
化学原料及化学制品制造业	2600	97166	2836	2669	4552	1780	939
基础化学原料制造	2610	19166	304	562	1368	690	474
肥料制造	2620	9154	174	107	531	234	130
农药制造	2630	2546	55	68	149	60	17
涂料、油墨、颜料及类似产品制造	2640	19825	1029	739	769	208	78
合成材料制造	2650	6805	217	179	263	59	22
专用化学产品制造	2660	30214	706	691	1200	456	171
日用化学产品制造	2670	9456	351	323	272	73	47
医药制造业	2700	15373	793	374	522	322	162
化学药品原药制造	2710	2293	50	63	85	32	25
化学药品制剂制造	2720	2269	141	59	77	73	21

单位：个

辽宁	吉林	黑龙江	上海	江苏	浙江	安徽	福建	江西	山东	代码
1	2	0	8	22	56	73	46	33	35	2120
83	22	27	233	384	866	68	218	82	171	2130
12	10	7	16	42	82	22	29	4	45	2140
78	22	38	379	227	333	66	127	47	214	2190
1614	369	503	2188	5895	7201	1032	2522	802	5295	2200
8	7	19	8	86	27	44	46	19	93	2210
441	124	205	290	906	1449	328	621	339	1568	2220
1165	238	279	1890	4903	5725	660	1855	444	3634	2230
1883	787	758	2408	5301	7046	1252	1807	766	3224	2300
1788	737	693	2114	4957	6591	1197	1706	742	2989	2310
88	43	62	275	318	442	53	94	19	220	2320
7	7	3	19	26	13	2	7	5	15	2330
255	62	101	1254	3668	4833	630	733	283	1268	2400
89	29	61	492	695	2082	102	178	156	255	2410
91	9	19	242	810	972	112	276	34	437	2420
38	20	11	132	228	140	6	19	5	104	2430
22	2	1	344	1863	1338	407	248	83	452	2440
15	2	9	44	72	301	3	12	5	20	2450
909	123	311	158	813	235	76	93	73	1027	2500
857	104	242	152	736	232	59	85	46	871	2510
49	19	68	5	72	3	17	8	26	146	2520
4656	1173	1223	3669	14796	8003	2490	2428	3530	10701	2600
1023	264	209	400	3370	1435	398	325	434	2368	2610
433	165	231	62	697	180	399	207	193	1367	2620
120	31	52	41	464	141	98	59	73	333	2630
923	212	210	1200	3511	2071	433	618	282	1773	2640
274	70	56	369	1660	795	196	197	82	799	2650
1506	343	380	994	4085	2531	793	598	2267	3428	2660
377	88	85	603	1009	850	173	424	199	633	2670
736	607	345	578	1490	1191	439	314	536	1154	2700
98	23	18	78	379	316	48	27	86	179	2710
149	77	74	94	189	139	84	52	73	158	2720

行业中类	代码	法人单位数	北京	天津	河北	山西	内蒙古
中药饮片加工	2730	1880	60	21	59	28	23
中成药制造	2740	2781	120	52	69	55	31
兽用药品制造	2750	1501	57	38	121	75	21
生物、生化制品的制造	2760	2443	247	72	54	32	37
卫生材料及医药用品制造	2770	2206	118	69	57	27	4
化学纤维制造业	2800	4609	56	63	140	17	10
纤维素纤维原料及纤维制造	2810	768	9	11	47	4	5
合成纤维制造	2820	3841	47	52	93	13	5
橡胶制品业	2900	19591	221	605	1405	185	47
轮胎制造	2910	1762	21	92	78	15	12
橡胶板、管、带的制造	2920	3905	36	105	495	47	8
橡胶零件制造	2930	6089	87	168	358	48	5
再生橡胶制造	2940	1113	7	31	131	41	11
日用及医用橡胶制品制造	2950	1019	20	30	62	7	1
橡胶靴鞋制造	2960	2161	7	55	46	12	1
其他橡胶制品制造	2990	3542	43	124	235	15	9
塑料制品业	3000	92866	1582	1764	3684	632	349
塑料薄膜制造	3010	8725	117	168	485	71	39
塑料板、管、型材的制造	3020	14351	278	262	846	145	90
塑料丝、绳及编织品的制造	3030	9681	97	187	496	136	77
泡沫塑料制造	3040	4892	136	113	194	38	11
塑料人造革、合成革制造	3050	1127	13	11	66	2	0
塑料包装箱及容器制造	3060	10681	285	301	436	54	31
塑料零件制造	3070	12789	102	204	314	18	5
日用塑料制造	3080	14275	341	179	498	119	56
其他塑料制品制造	3090	16345	213	339	349	49	40
非金属矿物制品业	3100	195442	3133	1565	10807	5943	2614
水泥、石灰和石膏的制造	3110	15205	237	74	1297	665	422
水泥及石膏制品制造	3120	41069	935	373	1885	752	417
砖瓦、石材及其他建筑材料制造	3130	92715	1139	660	4736	2601	1463
玻璃及玻璃制品制造	3140	15562	428	214	1201	423	71

单位：个

辽宁	吉林	黑龙江	上海	江苏	浙江	安徽	福建	江西	山东	代码
131	140	42	38	83	116	92	46	49	105	2730
121	240	78	48	80	122	59	63	139	139	2740
69	37	47	32	99	64	36	22	48	180	2750
121	55	55	181	227	169	58	63	45	198	2760
47	35	31	107	433	265	62	41	96	195	2770
120	20	28	164	1717	934	71	160	45	368	2800
24	3	3	35	203	73	14	33	17	98	2810
96	17	25	129	1514	861	57	127	28	270	2820
962	191	172	1074	3117	2881	457	976	203	2176	2900
72	23	28	59	159	132	25	59	36	552	2910
243	44	39	163	666	555	82	73	38	481	2920
432	73	49	365	1224	1162	166	126	28	522	2930
31	8	9	31	132	88	28	41	45	122	2940
29	10	4	45	235	158	20	34	19	89	2950
45	2	8	52	179	480	20	515	13	119	2960
110	31	35	359	522	306	116	128	24	291	2990
3136	767	881	4668	14331	17874	2172	3671	836	7807	3000
342	72	69	436	1272	1090	243	480	84	919	3010
787	188	245	573	2456	2162	341	329	153	1810	3020
568	80	125	181	1276	1244	396	224	165	1484	3030
201	58	55	212	751	805	100	277	38	419	3040
17	5	3	59	185	361	15	68	15	46	3050
404	101	98	603	2031	1661	336	308	127	916	3060
182	49	33	693	2317	4942	159	266	37	448	3070
387	146	144	516	1422	3498	291	1199	126	828	3080
248	68	109	1395	2621	2111	291	520	91	937	3090
6895	2358	2422	2834	17286	9467	11167	8173	6322	19330	3100
551	181	228	86	836	621	537	533	551	1326	3110
921	297	402	698	4150	2573	2355	536	506	3859	3120
2761	1463	1422	896	5617	3338	6927	5707	3966	9504	3130
628	130	160	705	3199	1420	496	255	262	1697	3140

1-2续表 5

行业中类	代码	法人单位数	北京	天津	河北	山西	内蒙古
陶瓷制品制造	3150	8873	66	27	359	143	17
耐火材料制品制造	3160	11077	155	82	747	979	76
石墨及其他非金属矿物制品制造	3190	10941	173	135	582	380	148
黑色金属冶炼及压延加工业	3200	25348	263	1035	2352	1252	682
炼铁	3210	5296	35	31	784	905	221
炼钢	3220	1347	15	24	131	48	21
钢压延加工	3230	14977	202	952	1337	166	115
铁合金冶炼	3240	3728	11	28	100	133	325
有色金属冶炼及压延加工业	3300	21795	353	476	1144	444	368
常用有色金属冶炼	3310	6562	46	89	429	282	115
贵金属冶炼	3320	662	7	0	55	4	28
稀有稀土金属冶炼	3330	1224	19	12	19	14	139
有色金属合金制造	3340	1866	69	39	97	34	32
有色金属压延加工	3350	11481	212	336	544	110	54
金属制品业	3400	118717	4076	4221	6075	1284	788
结构性金属制品制造	3410	38417	2663	1269	1729	431	484
金属工具制造	3420	16683	247	284	539	148	54
集装箱及金属包装容器制造	3430	6076	137	236	187	43	28
金属丝绳及其制品的制造	3440	6423	60	639	1043	80	83
建筑、安全用金属制品制造	3450	14449	278	459	1246	326	45
金属表面处理及热处理加工	3460	9346	186	419	311	55	19
搪瓷制品制造	3470	1109	17	24	29	7	5
不锈钢及类似日用金属制品制造	3480	12072	230	313	240	63	22
其他金属制品制造	3490	14142	258	578	751	131	48
通用设备制造业	3500	158252	2698	3809	7776	3275	794
锅炉及原动机制造	3510	6733	201	142	373	201	105
金属加工机械制造	3520	18003	446	591	835	222	97
起重运输设备制造	3530	5672	99	187	252	46	14
泵、阀门、压缩机及类似机械的制造	3540	21870	404	679	651	316	28
轴承、齿轮、传动和驱动部件的制造	3550	11163	86	139	399	77	11
烘炉、熔炉及电炉制造	3560	1552	46	41	55	18	3

单位：个

辽宁	吉林	黑龙江	上海	江苏	浙江	安徽	福建	江西	山东	代码
158	22	30	109	779	320	107	841	726	587	3150
1278	96	71	138	1279	634	181	86	97	1168	3160
598	169	109	202	1426	561	564	215	214	1189	3190
1643	198	207	447	3914	2098	384	601	389	1966	3200
257	37	36	9	360	102	102	132	71	418	3210
133	17	19	5	168	49	20	53	33	105	3220
997	122	136	401	3215	1880	239	313	247	1319	3230
256	22	16	32	171	67	23	103	38	124	3240
1001	142	119	742	3792	2580	450	429	700	1154	3300
267	46	29	82	620	359	162	108	180	341	3310
54	8	1	7	41	20	14	12	39	31	3320
69	10	12	13	126	23	15	28	119	43	3330
119	17	11	80	362	150	32	49	40	104	3340
492	61	66	560	2643	2028	227	232	322	635	3350
4316	814	1064	9146	20606	16492	2281	2481	938	9983	3400
1845	312	434	3087	7241	2638	871	785	343	3847	3410
427	120	166	1177	3230	3137	505	292	147	1456	3420
362	58	49	333	1150	596	99	142	50	1096	3430
212	34	35	257	1449	715	130	84	52	315	3440
474	122	147	796	1652	3643	181	372	132	1055	3450
421	33	70	801	1942	1993	107	132	37	329	3460
38	4	8	66	132	245	30	28	14	113	3470
192	50	50	1085	1222	2319	116	254	75	687	3480
345	81	105	1544	2588	1206	242	392	88	1085	3490
11500	1331	1894	8550	32089	30940	3160	2833	1241	16797	3500
542	127	307	248	1356	483	183	66	82	897	3510
916	170	221	1424	4012	1874	424	352	143	2264	3520
458	33	47	318	1182	760	111	118	36	912	3530
1796	118	121	1269	4253	6513	271	526	89	2078	3540
812	49	103	439	1950	3735	176	205	125	1307	3550
103	10	22	84	488	211	23	12	10	117	3560

1-2续表 6

行业中类	代码	法人单位数	北京	天津	河北	山西	内蒙古
风机、衡器、包装设备等通用设备制造	3570	19855	586	459	629	155	47
通用零部件制造及机械修理	3580	44643	515	1121	2429	986	311
金属铸、锻加工	3590	28761	315	450	2153	1254	178
专用设备制造业	3600	83327	2739	2071	3115	880	347
矿山、冶金、建筑专用设备制造	3610	13601	271	344	1019	347	86
化工、木材、非金属加工专用设备制造	3620	21981	299	537	488	91	28
食品、饮料、烟草及饲料生产专用设备制造	3630	3746	95	71	161	22	18
印刷、制药、日化生产专用设备制造	3640	5610	184	128	171	22	9
纺织、服装和皮革工业专用设备制造	3650	8744	78	151	223	81	3
电子和电工机械专用设备制造	3660	6155	343	185	249	77	21
农、林、牧、渔专用机械制造	3670	7109	89	75	322	82	128
医疗仪器设备及器械制造	3680	4872	556	207	108	21	10
环保、社会公共安全及其他专用设备制造	3690	11509	824	373	374	137	44
交通运输设备制造业	3700	73406	1552	2667	2812	618	325
铁路运输设备制造	3710	2569	164	62	168	93	25
汽车制造	3720	50995	1257	1174	2159	499	288
摩托车制造	3730	6753	5	53	119	0	1
自行车制造	3740	5347	26	1141	240	4	2
船舶及浮动装置制造	3750	6008	16	196	82	0	2
航空航天器制造	3760	363	47	7	4	3	2
交通器材及其他交通运输设备制造	3790	1371	37	34	40	19	5
电气机械及器材制造业	3900	85276	1896	1814	2856	463	231
电机制造	3910	8887	106	221	148	42	28
输配电及控制设备制造	3920	27976	928	716	886	199	93
电线、电缆、光缆及电工器材制造	3930	15464	223	398	1199	109	54
电池制造	3940	3695	70	89	133	22	13
家用电力器具制造	3950	10443	155	118	138	14	9
非电力家用器具制造	3960	2833	99	36	121	14	5
照明器具制造	3970	12387	213	109	135	28	11
其他电气机械及器材制造	3990	3591	102	127	96	35	18

单位：个

辽宁	吉林	黑龙江	上海	江苏	浙江	安徽	福建	江西	山东	代码
1072	176	177	1700	5095	3648	219	288	148	1774	3570
3392	396	644	2551	8331	10456	808	706	351	3585	3580
2409	252	252	517	5422	3260	945	560	257	3863	3590
4351	828	1338	5485	17523	11213	1658	2006	756	7832	3600
1337	171	384	353	2140	810	361	324	197	1998	3610
895	144	160	1954	4853	3806	347	689	107	1431	3620
157	49	70	203	557	489	80	94	28	383	3630
276	42	48	506	1031	817	84	159	54	509	3640
132	5	25	592	2756	2731	75	193	56	735	3650
276	90	138	492	1174	440	149	130	59	466	3660
282	121	260	111	857	497	289	99	104	1225	3670
216	73	40	467	995	560	85	85	72	273	3680
780	133	213	807	3160	1063	188	233	79	812	3690
3475	1584	933	2974	11169	13762	1724	2069	1002	6243	3700
384	116	115	44	350	100	26	17	27	165	3710
2462	1433	760	2052	6303	9668	1388	1557	790	4869	3720
13	18	3	110	1085	1487	44	177	58	237	3730
37	5	5	245	1335	1339	62	26	31	230	3740
498	4	16	424	1839	976	161	259	78	452	3750
24	2	17	26	33	11	4	7	8	19	3760
57	6	17	73	224	181	39	26	10	271	3790
3703	582	864	5030	14456	18677	1848	2070	848	4520	3900
333	42	123	536	1740	2373	159	655	76	557	3910
1823	280	349	1723	4873	5958	461	486	239	1672	3920
644	103	165	933	2828	2224	613	208	181	800	3930
70	15	32	170	597	488	125	142	89	250	3940
226	38	44	496	1017	3134	174	153	72	424	3950
64	25	21	122	462	503	87	41	23	260	3960
318	37	49	748	2192	3539	160	304	148	339	3970
225	42	81	302	747	458	69	81	20	218	3990

行业中类	代码	法人单位数	北京	天津	河北	山西	内蒙古
通信设备、计算机及其他电子设备制造业	4000	43371	2001	1175	548	96	53
通信设备制造	4010	5137	462	133	94	16	14
雷达及配套设备制造	4020	121	13	4	2	0	0
广播电视设备制造	4030	1619	105	12	46	6	7
电子计算机制造	4040	4233	385	76	37	8	3
电子器件制造	4050	5782	272	146	75	12	6
电子元件制造	4060	18363	304	618	216	27	17
家用视听设备制造	4070	3378	36	39	17	4	3
其他电子设备制造	4090	4738	424	147	61	23	3
仪器仪表及文化、办公用机械制造业	4100	22259	1448	788	437	131	25
通用仪器仪表制造	4110	10587	780	471	285	78	14
专用仪器仪表制造	4120	3550	381	130	77	33	5
钟表与计时仪器制造	4130	1887	14	51	13	2	1
光学仪器及眼镜制造	4140	3460	98	33	18	3	1
文化、办公用机械制造	4150	1667	49	43	24	5	1
其他仪器仪表的制造及修理	4190	1108	126	60	20	10	3
工艺品及其他制造业	4200	46226	912	968	1174	491	159
工艺美术品制造	4210	28981	476	547	628	135	88
日用杂品制造	4220	7425	46	75	167	14	24
煤制品制造	4230	4342	137	18	213	221	20
其他未列明的制造业	4290	5434	245	328	165	120	26
废弃资源和废旧材料回收加工业	4300	6272	62	133	282	82	50
金属废料和碎屑的加工处理	4310	3001	30	104	133	41	30
非金属废料和碎屑的加工处理	4320	3271	32	29	149	41	20
电力、燃气及水的生产和供应业	**D**	**49052**	**368**	**252**	**868**	**713**	**672**
电力、热力的生产和供应业	4400	32571	222	141	524	371	438
电力生产	4410	27239	59	25	260	249	143
电力供应	4420	2947	21	19	147	39	109
热力生产和供应	4430	2385	142	97	117	83	186
燃气生产和供应业	4500	2552	42	43	119	93	44
水的生产和供应业	4600	13929	104	68	225	249	190
自来水的生产和供应	4610	12475	51	37	177	207	162
污水处理及其再生利用	4620	1148	45	16	46	29	15
其他水的处理、利用与分配	4690	306	8	15	2	13	13

单位：个

辽宁	吉林	黑龙江	上海	江苏	浙江	安徽	福建	江西	山东	代码
988	153	204	2313	7957	6278	554	1250	370	1987	4000
125	28	29	308	853	685	35	219	50	289	4010
8	0	2	3	19	6	8	5	0	4	4020
39	5	6	47	270	355	20	43	21	62	4030
111	21	36	232	584	253	31	119	31	169	4040
168	35	36	418	1236	670	76	190	49	247	4050
345	30	39	755	4007	3731	326	433	155	855	4060
39	10	7	134	291	324	21	72	28	35	4070
153	24	49	416	697	254	37	169	36	326	4090
1411	216	298	1677	3322	4474	322	660	209	1156	4100
958	122	176	846	1726	2005	191	152	87	662	4110
253	43	64	276	584	540	76	67	29	214	4120
46	3	6	110	72	214	9	185	16	84	4130
45	23	6	183	596	1263	20	159	56	36	4140
43	6	22	157	214	319	10	66	12	85	4150
66	19	24	105	130	133	16	31	9	75	4190
1208	271	262	2167	4965	9699	1055	3669	576	4965	4200
800	110	114	881	3006	6614	551	2739	383	3695	4210
151	15	23	204	934	2672	284	584	80	317	4220
161	77	58	12	257	88	161	29	55	424	4230
93	69	67	1068	761	323	59	316	58	527	4290
172	36	64	197	982	869	320	170	127	424	4300
85	13	35	95	400	395	76	64	70	226	4310
87	23	29	102	582	474	244	106	57	198	4320
1117	**654**	**684**	**291**	**2919**	**3557**	**1795**	**5284**	**2733**	**1260**	**D**
762	467	447	57	411	2510	815	4647	2272	541	4400
195	153	126	32	254	2363	600	4491	2091	248	4410
95	51	137	10	43	103	195	146	172	143	4420
472	263	184	15	114	44	20	10	9	150	4430
92	51	48	26	150	112	99	48	69	253	4500
263	136	189	208	2358	935	881	589	392	466	4600
198	118	167	144	2122	796	847	549	384	334	4610
50	13	12	35	205	130	32	26	7	102	4620
15	5	10	29	31	9	2	14	1	30	4690

行业中类	代码	法人单位数	北京	天津	河北	山西	内蒙古
建筑业	E	**190517**	**9963**	**4515**	**4968**	**4257**	**2130**
房屋和土木工程建筑业	4700	76056	2014	1299	2667	1703	1071
房屋工程建筑	4710	49196	1145	547	1947	975	705
土木工程建筑	4720	26860	869	752	720	728	366
建筑安装业	4800	35292	2049	1377	826	794	304
建筑装饰业	4900	58973	5027	1325	1075	1300	551
其他建筑业	5000	20196	873	514	400	460	204
工程准备	5010	7265	303	89	156	143	44
提供施工设备服务	5020	2245	91	66	46	72	35
其他未列明的建筑活动	5090	10686	479	359	198	245	125
交通运输、仓储和邮政业	F	**117228**	**5680**	**4930**	**3658**	**2520**	**1896**
铁路运输业	5100	714	36	49	30	36	26
铁路旅客运输	5110	70	3	6	2	2	3
铁路货物运输	5120	352	18	30	12	22	15
铁路运输辅助活动	5130	292	15	13	16	12	8
道路运输业	5200	53673	2463	978	2105	1589	1280
公路旅客运输	5210	6784	32	70	161	154	123
道路货物运输	5220	36608	2195	808	1418	1010	811
道路运输辅助活动	5230	10281	236	100	526	425	346
城市公共交通业	5300	6840	309	119	230	244	150
公共电汽车客运	5310	1805	37	31	72	81	51
轨道交通	5320	105	8	3	6	2	0
出租车客运	5330	4527	261	72	145	157	82
城市轮渡	5340	61	0	1	0	0	0
其他城市公共交通	5390	342	3	12	7	4	17
水上运输业	5400	6984	7	229	46	3	9
水上旅客运输	5410	824	0	4	3	2	0
水上货物运输	5420	3820	5	64	22	1	0
水上运输辅助活动	5430	2340	2	161	21	0	9

单位：个

辽宁	吉林	黑龙江	上海	江苏	浙江	安徽	福建	江西	山东	代码
11982	**2426**	**4123**	**15017**	**22339**	**12425**	**7113**	**5411**	**2874**	**16727**	**E**
4227	1091	1981	3280	8189	4690	3448	1953	1584	7976	4700
2259	648	1302	1629	4449	2195	2602	1290	1076	5843	4710
1968	443	679	1651	3740	2495	846	663	508	2133	4720
2994	620	886	3287	4449	1887	914	908	380	2894	4800
3741	513	823	6888	6837	4350	1768	1696	692	4052	4900
1020	202	433	1562	2864	1498	983	854	218	1805	5000
536	65	128	305	1382	1083	494	204	76	502	5010
75	12	37	173	251	70	133	140	16	253	5020
409	125	268	1084	1231	345	356	510	126	1050	5090
6659	**1371**	**2231**	**9379**	**10403**	**9733**	**4226**	**4242**	**2347**	**7780**	**F**
34	8	24	25	29	31	25	29	8	48	5100
2	2	1	1	2	4	1	5	1	0	5110
15	5	8	9	17	12	9	10	1	27	5120
17	1	15	15	10	15	15	14	6	21	5130
2532	845	1100	2245	5202	4400	2357	1981	1492	3144	5200
217	139	163	79	437	530	333	310	311	243	5210
1921	478	567	1961	4393	3171	1774	1303	700	2631	5220
394	228	370	205	372	699	250	368	481	270	5230
438	94	208	231	404	380	309	182	168	321	5300
75	31	60	57	87	93	81	57	54	119	5310
3	2	0	8	1	6	6	3	6	5	5320
348	56	138	156	285	245	208	93	95	185	5330
1	0	2	2	9	8	1	4	1	1	5340
11	5	8	8	22	28	13	25	12	11	5390
322	15	58	291	1006	817	516	479	171	474	5400
45	5	6	18	30	112	72	59	26	37	5410
154	10	27	178	641	449	379	268	81	206	5420
123	0	25	95	335	256	65	152	64	231	5430

行业中类	代码	法人单位数	北京	天津	河北	山西	内蒙古
航空运输业	5500	1034	50	24	23	28	36
航空客货运输	5510	356	17	12	8	8	10
通用航空服务	5520	241	3	8	5	12	11
航空运输辅助活动	5530	437	30	4	10	8	15
管道运输业	5600	77	6	5	3	4	1
装卸搬运和其他运输服务业	5700	30489	1739	2602	625	283	170
装卸搬运	5710	5994	130	90	242	151	61
运输代理服务	5720	24495	1609	2512	383	132	109
仓储业	5800	13943	724	882	546	305	189
谷物、棉花等农产品仓储	5810	3415	73	80	158	115	83
其他仓储	5890	10528	651	802	388	190	106
邮政业	5900	3474	346	42	50	28	35
国家邮政	5910	727	4	13	25	14	24
其他寄递服务	5990	2747	342	29	25	14	11
信息传输、计算机服务和软件业	**G**	**115101**	**19295**	**1595**	**2397**	**1806**	**842**
电信和其他信息传输服务业	6000	22224	2413	224	404	629	296
电信	6010	5303	568	48	148	164	102
互联网信息服务	6020	12441	1626	149	156	383	108
广播电视传输服务	6030	4287	154	26	97	79	83
卫星传输服务	6040	193	65	1	3	3	3
计算机服务业	6100	56019	6239	797	1642	801	354
计算机系统服务	6110	13101	2260	221	126	196	108
数据处理	6120	1206	371	15	8	24	22
计算机维修	6130	2225	299	40	38	37	23
其他计算机服务	6190	39487	3309	521	1470	544	201
软件业	6200	36858	10643	574	351	376	192
公共软件服务	6210	27403	7472	345	301	270	133
其他软件服务	6290	9455	3171	229	50	106	59
批发和零售业	**H**	**1246042**	**87645**	**29115**	**38818**	**33591**	**18445**
批发业	6300	767147	44597	19973	23464	16619	9602
农畜产品批发	6310	36984	778	440	2328	1054	1199

单位：个

辽宁	吉林	黑龙江	上海	江苏	浙江	安徽	福建	江西	山东	代码
64	20	31	50	44	46	10	42	12	44	5500
19	8	10	32	17	13	2	12	2	19	5510
16	3	9	1	15	6	1	10	6	10	5520
29	9	12	17	12	27	7	20	4	15	5530
9	1	2	1	5	5	0	2	0	8	5600
2364	102	306	3731	2513	3223	526	1096	281	2055	5700
213	37	164	205	822	649	286	248	180	337	5710
2151	65	142	3526	1691	2574	240	848	101	1718	5720
782	251	476	2017	950	555	358	321	195	1575	5800
281	162	237	30	146	66	169	66	124	328	5810
501	89	239	1987	804	489	189	255	71	1247	5890
114	35	26	788	250	276	125	110	20	111	5900
21	11	16	3	24	31	99	14	13	32	5910
93	24	10	785	226	245	26	96	7	79	5990
4230	**878**	**1542**	**9701**	**8922**	**9456**	**2656**	**4003**	**814**	**6201**	**G**
769	228	344	589	1652	1286	826	1125	326	1856	6000
190	90	166	106	430	267	276	184	94	319	6010
318	50	72	421	775	748	385	790	119	1421	6020
253	86	100	60	442	264	159	146	113	109	6030
8	2	6	2	5	7	6	5	0	7	6040
1492	305	630	5819	4841	5324	1421	1722	304	3026	6100
586	119	206	2226	922	881	179	323	73	639	6110
79	21	23	88	44	113	15	31	15	44	6120
103	22	33	234	235	183	41	83	16	166	6130
724	143	368	3271	3640	4147	1186	1285	200	2177	6190
1969	345	568	3293	2429	2846	409	1156	184	1319	6200
1481	265	460	2261	1905	2568	314	744	161	834	6210
488	80	108	1032	524	278	95	412	23	485	6290
61748	**19525**	**24510**	**135269**	**116935**	**88084**	**29085**	**40198**	**13240**	**93371**	**H**
40353	10009	13526	96363	79054	65231	16771	25314	7151	57361	6300
2285	1477	1727	512	3844	1103	2089	666	943	3674	6310

1-2续表 10

行业中类	代码	法人单位数	北京	天津	河北	山西	内蒙古
食品、饮料及烟草制品批发	6320	57845	3403	1169	2065	1405	584
纺织、服装及日用品批发	6330	76128	4284	1557	983	718	251
文化、体育用品及器材批发	6340	25907	2942	713	378	345	100
医药及医疗器材批发	6350	21703	1781	414	808	386	229
矿产品、建材及化工产品批发	6360	248868	10750	6724	10345	7296	4366
机械设备、五金交电及电子产品批发	6370	217903	16309	5523	4975	4152	1861
贸易经纪与代理	6380	19790	1335	1251	192	216	108
其他批发	6390	62019	3015	2182	1390	1047	904
零售业	6500	478895	43048	9142	15354	16972	8843
综合零售	6510	62196	3673	873	2598	3361	605
食品、饮料及烟草制品专门零售	6520	41078	3224	719	1411	1710	685
纺织、服装及日用品专门零售	6530	48715	4087	772	1436	1584	774
文化、体育用品及器材专门零售	6540	34186	5871	728	900	890	512
医药及医疗器材专门零售	6550	35472	2623	544	960	761	469
汽车、摩托车、燃料及零配件专门零售	6560	63821	3672	1092	3144	2401	1647
家用电器及电子产品专门零售	6570	80467	9804	1121	2058	2027	1428
五金、家具及室内装修材料专门零售	6580	64200	5788	1736	1737	2075	1703
无店铺及其他零售	6590	48760	4306	1557	1110	2163	1020
住宿和餐饮业	**I**	**118173**	**11259**	**1949**	**3507**	**2932**	**2031**
住宿业	6600	46826	3313	548	1517	1356	832
旅游饭店	6610	16285	976	148	622	318	272
一般旅馆	6620	26906	1931	320	843	958	515
其他住宿服务	6690	3635	406	80	52	80	45
餐饮业	6700	71347	7946	1401	1990	1576	1199
正餐服务	6710	57421	6259	1144	1813	1366	1123
快餐服务	6720	4726	671	106	76	94	32
饮料及冷饮服务	6730	3596	560	45	28	41	8
其他餐饮服务	6790	5604	456	106	73	75	36
金融业	**J**	**31815**	**758**	**630**	**1367**	**663**	**738**
银行业	6800	16541	78	302	916	271	362
中央银行	6810	772	5	3	27	23	29
商业银行	6820	14838	65	286	864	228	303
其他银行	6890	931	8	13	25	20	30

单位：个

辽宁	吉林	黑龙江	上海	江苏	浙江	安徽	福建	江西	山东	代码
3001	845	1192	4446	5260	4230	1698	2598	759	5240	6320
2728	388	617	13349	10039	12089	888	3431	329	4476	6330
1032	309	275	4199	1903	2333	360	1110	201	1385	6340
1000	439	584	1636	1150	1128	908	720	277	1448	6350
14154	2951	4514	28307	28512	21894	5436	7492	2295	19747	6360
11592	2729	3295	32502	20706	15969	3834	6580	1456	14001	6370
1531	95	198	2301	1310	2531	305	394	156	1001	6380
3030	776	1124	9111	6330	3954	1253	2323	735	6389	6390
21395	9516	10984	38906	37881	22853	12314	14884	6089	36010	6500
2454	1171	1304	4443	4790	1534	2320	1568	1050	5110	6510
1745	631	773	3197	3277	1752	1092	1501	497	3363	6520
2367	712	977	6018	3937	2124	1260	2016	481	3207	6530
1382	516	613	3629	2380	1548	642	995	376	1936	6540
2040	972	1324	1222	2897	5643	838	688	543	2557	6550
3546	1490	1487	2682	5205	3538	1843	2566	976	5328	6560
3445	1458	1488	5105	5913	3226	2199	2318	910	4956	6570
2686	1480	1548	8062	5091	2286	1296	1814	657	4983	6580
1730	1086	1470	4548	4391	1202	824	1418	599	4570	6590
5441	**1717**	**2162**	**8623**	**7396**	**6525**	**3478**	**3296**	**2316**	**8465**	**I**
2083	713	921	1959	2506	3353	1460	1618	1198	1958	6600
657	235	278	564	883	1286	508	653	445	700	6610
1336	404	556	1210	1418	1944	900	838	690	1036	6620
90	74	87	185	205	123	52	127	63	222	6690
3358	1004	1241	6664	4890	3172	2018	1678	1118	6507	6700
2929	887	1106	4633	3934	2291	1724	1270	989	5565	6710
214	52	59	401	366	283	86	133	53	556	6720
95	18	18	718	196	361	105	97	25	69	6730
120	47	58	912	394	237	103	178	51	317	6790
2169	**576**	**742**	**1080**	**1580**	**1818**	**2827**	**1081**	**584**	**1757**	**J**
1299	348	343	122	300	660	2139	432	345	741	6800
29	17	28	3	18	21	71	42	23	40	6810
1235	322	297	115	253	623	1944	365	308	596	6820
35	9	18	4	29	16	124	25	14	105	6890

行业中类	代码	法人单位数	北京	天津	河北	山西	内蒙古
证券业	6900	1644	73	88	45	17	16
证券市场管理	6910	99	3	0	5	1	2
证券经纪与交易	6920	1190	35	81	36	10	10
证券投资	6930	184	18	3	2	5	4
证券分析与咨询	6940	171	17	4	2	1	0
保险业	7000	6747	318	123	246	157	143
人寿保险	7010	2187	58	16	82	56	42
非人寿保险	7020	2727	43	42	94	59	67
保险辅助服务	7030	1833	217	65	70	42	34
其他金融活动	7100	6883	289	117	160	218	217
金融信托与管理	7110	780	47	7	23	30	29
金融租赁	7120	121	17	1	3	1	4
财务公司	7130	360	39	11	8	9	4
邮政储蓄	7140	65	0	0	4	0	2
典当	7150	2127	55	52	60	58	70
其他未列明的金融活动	7190	3430	131	46	62	120	108
房地产业	K	**187444**	**11733**	**3220**	**4677**	**3476**	**2949**
房地产业	7200	187444	11733	3220	4677	3476	2949
房地产开发经营	7210	89944	3583	1597	2737	2073	1894
物业管理	7220	45284	3872	841	1052	768	703
房地产中介服务	7230	31431	2922	681	602	362	160
其他房地产活动	7290	20785	1356	101	286	273	192
租赁和商务服务业	L	**368763**	**56495**	**7851**	**6202**	**7034**	**3619**
租赁业	7300	14829	1945	316	307	380	196
机械设备租赁	7310	13925	1784	300	290	345	190
文化及日用品出租	7320	904	161	16	17	35	6
商务服务业	7400	353934	54550	7535	5895	6654	3423
企业管理服务	7410	68298	7139	1245	946	1404	555
法律服务	7420	18857	1331	269	838	454	333

单位：个

辽宁	吉林	黑龙江	上海	江苏	浙江	安徽	福建	江西	山东	代码
130	21	24	440	66	61	60	51	10	72	6900
9	4	1	7	4	3	6	5	2	6	6910
95	13	19	406	36	47	38	27	4	43	6920
14	3	1	4	5	4	9	14	2	15	6930
12	1	3	23	21	7	7	5	2	8	6940
391	133	158	278	436	294	407	231	146	562	7000
124	41	63	45	149	87	208	73	56	180	7010
138	57	65	45	174	134	173	91	61	247	7020
129	35	30	188	113	73	26	67	29	135	7030
349	74	217	240	778	803	221	367	83	382	7100
33	10	18	34	81	37	28	48	10	68	7110
2	0	1	13	31	4	2	9	1	8	7120
18	6	4	19	52	9	14	23	3	21	7130
5	0	1	2	0	0	4	0	4	4	7140
148	45	92	93	134	134	60	85	31	95	7150
143	13	101	79	480	619	113	202	34	186	7190
8897	**2253**	**3453**	**13127**	**13957**	**10721**	**5877**	**7432**	**4226**	**9670**	**K**
8897	2253	3453	13127	13957	10721	5877	7432	4226	9670	7200
4299	1282	1373	5386	7165	4732	3363	4043	2685	5289	7210
2567	717	1056	3340	3242	2213	1471	1536	579	2324	7220
1381	155	466	4147	2582	2533	664	1110	289	1672	7230
650	99	558	254	968	1243	379	743	673	385	7290
16750	**4181**	**5280**	**40943**	**27879**	**28725**	**7237**	**12065**	**4148**	**19317**	**L**
501	172	183	1252	1487	860	386	591	143	1159	7300
473	160	165	1102	1430	825	378	579	139	1088	7310
28	12	18	150	57	35	8	12	4	71	7320
16249	4009	5097	39691	26392	27865	6851	11474	4005	18158	7400
2973	566	811	5766	4702	8227	960	2367	1066	2538	7410
959	395	661	810	1546	1072	711	596	394	1154	7420

行业中类	代码	法人单位数	北京	天津	河北	山西	内蒙古
咨询与调查	7430	102690	23308	2317	1043	1455	709
广告业	7440	62012	9326	1385	1057	1067	604
知识产权服务	7450	3255	665	62	44	32	22
职业中介服务	7460	16425	1053	417	405	298	154
市场管理	7470	15039	1011	263	226	440	106
旅行社	7480	17528	972	312	698	555	408
其他商务服务	7490	49830	9745	1265	638	949	532
科学研究、技术服务和地质勘查业	**M**	**176677**	**26471**	**5518**	**3359**	**3678**	**2347**
研究与试验发展	7500	20460	2775	293	340	662	235
自然科学研究与试验发展	7510	2020	284	34	28	43	37
工程和技术研究与试验发展	7520	8932	1159	119	137	279	42
农业科学研究与试验发展	7530	4580	253	50	110	176	94
医学研究与试验发展	7540	3169	853	73	39	92	18
社会人文科学研究与试验发展	7550	1759	226	17	26	72	44
专业技术服务业	7600	87374	9609	2234	2091	1895	1236
气象服务	7610	3431	59	36	167	145	127
地震服务	7620	1187	25	8	56	74	41
海洋服务	7630	230	18	24	3	1	1
测绘服务	7640	2751	106	31	129	92	79
技术检测	7650	11980	589	267	465	300	180
环境监测	7660	2638	122	25	74	111	59
工程技术与规划管理	7670	38780	2741	625	1016	911	594
其他专业技术服务	7690	26377	5949	1218	181	261	155
科技交流和推广服务业	7700	65722	13871	2950	803	984	764
技术推广服务	7710	46405	7819	2047	602	623	542
科技中介服务	7720	6951	1022	135	139	190	91
其他科技服务	7790	12366	5030	768	62	171	131
地质勘查业	7800	3121	216	41	125	137	112
矿产地质勘查	7810	1192	69	13	52	44	58
基础地质勘查	7820	761	26	6	33	33	24
地质勘查技术服务	7830	1168	121	22	40	60	30

单位：个

辽宁	吉林	黑龙江	上海	江苏	浙江	安徽	福建	江西	山东	代码
4213	808	1118	17335	6030	6352	1221	2685	623	4840	7430
2530	752	891	5799	4702	5253	1495	2296	622	3561	7440
120	44	64	274	250	318	62	120	33	141	7450
1162	226	198	1548	2943	949	643	514	205	762	7460
841	273	440	858	1737	2167	402	310	207	566	7470
1104	285	351	915	1254	1323	628	712	396	1326	7480
2347	660	563	6386	3228	2204	729	1874	459	3270	7490
8041	**2889**	**3667**	**13008**	**10633**	**10906**	**3692**	**5337**	**3084**	**6571**	**M**
1221	369	560	1365	1108	971	381	513	392	1043	7500
115	51	41	108	85	52	25	73	78	140	7510
623	120	213	827	600	374	141	130	72	336	7520
245	95	177	58	196	255	118	199	160	294	7530
164	46	84	284	151	172	69	60	32	188	7540
74	57	45	88	76	118	28	51	50	85	7550
4065	1403	1889	7830	5881	6165	1975	3046	1475	3590	7600
110	72	101	29	131	164	97	117	120	129	7610
67	26	35	9	87	10	31	43	16	48	7620
24	0	1	10	9	18	0	10	2	32	7630
128	60	99	58	202	307	75	114	63	117	7640
886	333	415	370	821	953	355	392	289	419	7650
184	61	93	86	196	173	83	113	73	72	7660
1897	615	841	2868	3023	3490	1032	1477	725	1567	7670
769	236	304	4400	1412	1050	302	780	187	1206	7690
2569	1033	1107	3781	3547	3698	1252	1676	1115	1789	7700
1881	841	837	1884	2587	3055	1007	1073	834	978	7710
451	85	138	587	520	506	155	315	143	267	7720
237	107	132	1310	440	137	90	288	138	544	7790
186	84	111	32	97	72	84	102	102	149	7800
69	40	51	7	32	19	36	33	45	47	7810
48	22	22	9	30	27	19	25	33	34	7820
69	22	38	16	35	26	29	44	24	68	7830

行业中类	代码	法人单位数	北京	天津	河北	山西	内蒙古
水利、环境和公共设施管理业	N	**50953**	**2047**	**926**	**1203**	**1589**	**1142**
水利管理业	7900	19022	275	293	420	696	535
防洪管理	7910	2185	20	40	46	51	45
水资源管理	7920	9515	162	116	258	477	294
其他水利管理	7990	7322	93	137	116	168	196
环境管理业	8000	11862	558	237	211	345	305
自然保护	8010	1922	50	13	23	42	86
环境治理	8020	9940	508	224	188	303	219
公共设施管理业	8100	20069	1214	396	572	548	302
市政公共设施管理	8110	4652	120	133	122	126	95
城市绿化管理	8120	8722	738	203	174	217	105
游览景区管理	8130	6695	356	60	276	205	102
居民服务和其他服务业	O	**110525**	**16475**	**4531**	**2205**	**2863**	**1453**
居民服务业	8200	53493	6971	1830	1190	1251	738
家庭服务	8210	3542	483	133	70	76	35
托儿所	8220	921	15	3	2	9	6
洗染服务	8230	1833	420	68	37	48	20
理发及美容保健服务	8240	12841	2546	181	224	218	70
洗浴服务	8250	7734	657	143	203	239	127
婚姻服务	8260	2633	310	94	100	49	31
殡葬服务	8270	3736	95	43	164	42	107
摄影扩印服务	8280	5301	780	92	173	158	62
其他居民服务	8290	14952	1665	1073	217	412	280
其他服务业	8300	57032	9504	2701	1015	1612	715
修理与维护	8310	23955	3241	750	598	787	212
清洁服务	8320	8552	1412	307	197	128	75
其他未列明的服务	8390	24525	4851	1644	220	697	428
教育	P	**312339**	**6624**	**2590**	**17463**	**8477**	**4710**
教育	8400	312339	6624	2590	17463	8477	4710
学前教育	8410	42447	623	283	1191	807	421
初等教育	8420	141935	898	604	10057	3271	1962
中等教育	8430	78016	1088	686	4615	2791	1496
高等教育	8440	5322	339	111	226	209	79
其他教育	8490	44619	3676	906	1374	1399	752

单位：个

辽宁	吉林	黑龙江	上海	江苏	浙江	安徽	福建	江西	山东	代码
2268	**908**	**1339**	**2007**	**4056**	**3224**	**1680**	**1853**	**1306**	**2374**	**N**
707	434	529	177	1623	685	655	599	555	703	7900
93	50	117	31	209	100	129	90	77	40	7910
313	223	269	64	671	348	392	304	270	427	7920
301	161	143	82	743	237	134	205	208	236	7990
588	193	313	603	735	763	328	507	335	468	8000
102	31	43	22	56	45	46	155	51	51	8010
486	162	270	581	679	718	282	352	284	417	8020
973	281	497	1227	1698	1776	697	747	416	1203	8100
266	95	183	251	422	293	170	144	117	226	8110
431	119	204	885	844	921	238	231	103	608	8120
276	67	110	91	432	562	289	372	196	369	8130
4400	**1629**	**1791**	**12932**	**8517**	**4939**	**2542**	**3354**	**1184**	**7326**	**O**
2642	823	1019	6124	3982	2756	1388	1690	609	3720	8200
191	34	44	168	206	313	66	122	18	209	8210
44	8	19	57	49	50	16	25	29	149	8220
81	21	25	162	105	146	45	64	5	107	8230
476	121	132	3032	470	760	136	347	108	456	8240
600	218	250	791	1200	285	444	237	75	387	8250
234	22	45	180	220	178	60	75	21	234	8260
284	75	165	120	295	345	160	147	97	197	8270
236	123	112	461	310	250	170	144	60	386	8280
496	201	227	1153	1127	429	291	529	196	1595	8290
1758	806	772	6808	4535	2183	1154	1664	575	3606	8300
1070	428	349	2073	1761	1188	566	838	298	1558	8310
302	85	114	839	675	597	168	236	69	379	8320
386	293	309	3896	2099	398	420	590	208	1669	8390
9843	**4740**	**6563**	**5210**	**13027**	**13615**	**21008**	**10872**	**8457**	**15353**	**P**
9843	4740	6563	5210	13027	13615	21008	10872	8457	15353	8400
1429	271	651	1062	2364	3642	1224	1555	1442	3773	8410
2308	1728	1956	851	3553	3408	13932	5299	3177	4373	8420
2843	1713	2265	1239	3826	3319	4475	2314	2880	4435	8430
220	136	230	267	329	263	163	176	111	258	8440
3043	892	1461	1791	2955	2983	1214	1528	847	2514	8490

1-2续表 14

行业中类	代码	法人单位数	北京	天津	河北	山西	内蒙古
卫生、社会保障和社会福利业	Q	**187376**	**2562**	**1053**	**6610**	**4456**	**2990**
卫生	8500	159362	1774	788	5678	3623	2393
医院	8510	19256	476	295	895	783	449
卫生院及社区医疗活动	8520	45792	242	214	2904	1640	1241
门诊部医疗活动	8530	68027	725	103	1254	492	78
计划生育技术服务活动	8540	12462	27	48	117	236	193
妇幼保健活动	8550	3019	30	22	173	128	107
专科疾病防治活动	8560	1812	45	12	37	48	47
疾病预防控制及防疫活动	8570	5368	51	20	248	155	169
其他卫生活动	8590	3626	178	74	50	141	109
社会保障业	8600	9688	299	120	212	470	172
社会福利业	8700	18326	489	145	720	363	425
提供住宿的社会福利	8710	14022	333	109	638	222	298
不提供住宿的社会福利	8720	4304	156	36	82	141	127
文化、体育和娱乐业	R	**76430**	**9327**	**976**	**1838**	**2214**	**1415**
新闻出版业	8800	5607	1316	108	87	242	133
新闻业	8810	660	13	4	3	69	33
出版业	8820	4947	1303	104	84	173	100
广播、电视、电影和音像业	8900	15139	1335	135	338	429	282
广播	8910	3718	31	20	31	92	92
电视	8920	4778	565	25	95	138	92
电影	8930	5261	402	66	191	160	85
音像制作	8940	1382	337	24	21	39	13
文化艺术业	9000	32253	4549	293	894	1018	701
文艺创作与表演	9010	4511	317	40	132	205	119
艺术表演场馆	9020	1169	27	22	34	44	23
图书馆与档案馆	9030	4595	53	44	254	213	178
文物及文化保护	9040	2168	62	10	130	133	77

单位：个

辽宁	吉林	黑龙江	上海	江苏	浙江	安徽	福建	江西	山东	代码
8651	**3224**	**3835**	**2228**	**9810**	**7178**	**4887**	**6394**	**6077**	**9725**	**Q**
6880	2213	3000	1210	7906	5764	4229	5537	4829	8449	8500
1074	485	826	376	1001	714	719	486	565	1292	8510
1246	878	1008	246	1938	2446	2025	1343	1704	2147	8520
3306	413	341	318	3780	1962	670	2714	1608	3941	8530
297	99	282	22	532	156	361	527	421	219	8540
144	67	118	25	116	91	108	91	97	142	8550
112	69	122	46	62	53	67	38	87	149	8560
538	138	203	44	288	224	186	110	250	199	8570
163	64	100	133	189	118	93	228	97	360	8590
428	137	292	254	561	365	181	435	323	394	8600
1343	874	543	764	1343	1049	477	422	925	882	8700
1112	774	451	478	1083	628	404	260	844	747	8710
231	100	92	286	260	421	73	162	81	135	8720
3136	**1310**	**1471**	**3892**	**4825**	**4558**	**1978**	**2815**	**1749**	**3278**	**R**
218	127	128	263	209	236	152	195	124	194	8800
15	16	20	13	24	19	19	55	26	35	8810
203	111	108	250	185	217	133	140	98	159	8820
607	311	324	488	1040	642	469	497	485	447	8900
129	86	78	61	172	57	164	95	137	56	8910
140	87	98	122	278	178	115	173	202	104	8920
275	118	123	219	495	371	172	176	134	232	8930
63	20	25	86	95	36	18	53	12	55	8940
1265	580	632	830	1884	1655	803	1117	729	1211	9000
200	89	95	162	300	264	132	169	109	221	9010
41	45	34	36	50	68	51	39	47	93	9020
253	125	137	61	192	176	131	167	163	214	9030
65	36	58	18	67	89	57	78	41	86	9040

1-2续表 15

行业中类	代码	法 人 单位数	北京	天津	河北	山西	内蒙古
博物馆	9050	1622	80	13	32	63	40
烈士陵园、纪念馆	9060	774	3	10	58	31	10
群众文化活动	9070	10448	440	50	215	171	189
文化艺术经纪代理	9080	2429	1412	26	17	26	16
其他文化艺术	9090	4537	2155	78	22	132	49
体育	9100	6581	742	143	150	161	91
体育组织	9110	3312	363	73	51	80	49
体育场馆	9120	1517	81	31	29	36	18
其他体育	9190	1752	298	39	70	45	24
娱乐业	9200	16850	1385	297	369	364	208
室内娱乐活动	9210	9795	532	166	194	193	122
游乐园	9220	584	31	7	24	15	13
休闲健身娱乐活动	9230	4106	688	85	88	90	29
其他娱乐活动	9290	2365	134	39	63	66	44
公共管理和社会组织	**S**	**1257950**	**13616**	**8331**	**71593**	**48160**	**27811**
中国共产党机关	9300	39829	358	182	1846	1506	882
国家机构	9400	338413	3060	1744	13649	11549	8874
国家权力机构	9410	6397	54	85	197	146	163
国家行政机构	9420	320391	2906	1489	13042	10952	8320
人民法院和人民检察院	9430	7024	50	39	391	271	252
其他国家机构	9490	4601	50	131	19	180	139
人民政协和民主党派	9500	5689	53	62	251	229	160
人民政协	9510	3260	28	18	179	131	118
民主党派	9520	2429	25	44	72	98	42
群众团体、社会团体和宗教组织	9600	163156	3811	1059	3821	4925	3332
群众团体	9610	22341	845	208	974	792	599
社会团体	9620	101877	2935	811	2280	3642	2263
宗教组织	9630	38938	31	40	567	491	470
基层群众自治组织	9700	710863	6334	5284	52026	29951	14563
社区自治组织	9710	75751	2340	1471	2597	1691	2501
村民自治组织	9720	635112	3994	3813	49429	28260	12062

单位：个

辽宁	吉林	黑龙江	上海	江苏	浙江	安徽	福建	江西	山东	代码
67	27	33	44	118	118	40	88	69	93	9050
22	22	20	25	73	33	31	35	34	56	9060
449	200	184	164	821	736	256	384	215	224	9070
41	9	25	129	112	71	39	41	9	49	9080
127	27	46	191	151	100	66	116	42	175	9090
412	137	178	477	398	791	165	171	95	257	9100
222	61	76	171	177	570	86	74	46	148	9110
94	41	34	215	119	140	33	38	21	50	9120
96	35	68	91	102	81	46	59	28	59	9190
634	155	209	1834	1294	1234	389	835	316	1169	9200
333	70	86	1395	874	762	260	549	170	444	9210
24	12	18	9	35	48	11	24	22	46	9220
181	48	74	324	247	278	70	170	59	240	9230
96	25	31	106	138	146	48	92	65	439	9290
36053	**23471**	**30576**	**12275**	**55041**	**65712**	**44537**	**37627**	**38897**	**113517**	**S**
1552	601	1319	232	1964	1212	1593	983	1264	2143	9300
11587	8787	12408	2989	18967	10966	12222	10645	13131	15188	9400
136	140	255	111	190	119	362	218	298	377	9410
11139	8359	11617	2781	18305	10575	11508	9919	12451	14134	9420
261	157	376	46	243	227	256	197	248	331	9430
51	131	160	51	229	45	96	311	134	346	9490
226	126	218	145	234	287	215	207	204	267	9500
119	69	142	35	116	105	134	88	116	162	9510
107	57	76	110	118	182	81	119	88	105	9520
6606	2658	4026	3590	10639	16070	5529	9292	4772	7044	9600
852	465	759	1385	895	971	663	953	678	1016	9610
4893	1452	2739	2022	8572	8882	2373	5798	2643	5760	9620
861	741	528	183	1172	6217	2493	2541	1451	268	9630
16082	11299	12605	5319	23237	37177	24978	16500	19526	88875	9700
4304	1891	3529	3347	5454	3486	2706	1734	2383	4638	9710
11778	9408	9076	1972	17783	33691	22272	14766	17143	84237	9720

行业中类	代码	法人单位数					
		河南	湖北	湖南	广东	广西	海南
总计		**322828**	**205303**	**202256**	**586945**	**149472**	**29746**
农、林、牧、渔业	A	**9570**	**1407**	**6765**	**4476**	**4306**	**1941**
农业	0100	1217	322	2432	1047	420	1155
谷物及其他作物的种植	0110	315	102	451	203	109	618
蔬菜、园艺作物的种植	0120	601	110	147	434	100	238
水果、坚果、饮料和香料作物的种植	0130	256	94	1765	395	187	292
中药材的种植	0140	45	16	69	15	24	7
林业	0200	760	133	1676	383	435	262
林木的培育和种植	0210	722	126	1274	337	415	126
木材和竹材的采运	0220	5	5	394	37	12	4
林产品的采集	0230	33	2	8	9	8	132
畜牧业	0300	4512	223	430	438	355	106
牲畜的饲养	0310	915	62	235	65	76	28
猪的饲养	0320	2152	71	109	178	111	23
家禽的饲养	0330	1254	66	54	159	108	29
狩猎和捕捉动物	0340	4	0	1	1	1	0
其他畜牧业	0390	187	24	31	35	59	26
渔业	0400	345	114	871	380	91	227
海洋渔业	0410	4	0	3	133	42	167
内陆渔业	0420	341	114	868	247	49	60
农、林、牧、渔服务业	0500	2736	615	1356	2228	3005	191
农业服务业	0510	1838	350	669	689	1117	152
林业服务业	0520	264	28	199	440	1067	13
畜牧服务业	0530	601	193	391	689	772	11
渔业服务业	0540	33	44	97	410	49	15
采矿业	B	**7893**	**3922**	**7286**	**2601**	**2225**	**195**
煤炭开采和洗选业	0600	1612	730	2716	7	74	0
烟煤和无烟煤的开采洗选	0610	1570	675	2601	4	36	0
褐煤的开采洗选	0620	15	4	17	0	27	0
其他煤炭采选	0690	27	51	98	3	11	0
石油和天然气开采业	0700	24	36	0	23	3	4
天然原油和天然气开采	0710	8	9	0	13	1	1
与石油和天然气开采有关的服务活动	0790	16	27	0	10	2	3

单位：个

重庆	四川	贵州	云南	西藏	陕西	甘肃	青海	宁夏	新疆	代码
119898	**306120**	**93679**	**110167**	**13859**	**170044**	**91950**	**23307**	**32698**	**79767**	
3723	**5148**	**1434**	**3715**	**21**	**3222**	**643**	**424**	**683**	**1715**	**A**
1285	868	297	1129	4	532	163	57	153	349	0100
164	144	47	148	2	99	113	25	66	263	0110
611	432	91	361	1	176	31	27	56	30	0120
374	215	114	531	1	237	10	4	15	51	0130
136	77	45	89	0	20	9	1	16	5	0140
241	419	142	510	5	714	108	68	141	110	0200
214	404	119	326	3	681	105	68	140	101	0210
11	6	17	40	1	3	2	0	0	9	0220
16	9	6	144	1	30	1	0	1	0	0230
955	789	333	458	4	560	168	93	159	161	0300
167	186	105	148	2	262	82	55	109	119	0310
249	302	96	138	1	150	37	17	9	10	0320
443	223	103	121	1	77	33	13	27	19	0330
1	1	1	0	0	1	0	0	0	1	0340
95	77	28	51	0	70	16	8	14	12	0390
153	77	15	62	2	38	5	3	16	15	0400
5	1	1	1	0	5	0	1	1	0	0410
148	76	14	61	2	33	5	2	15	15	0420
1089	2995	647	1556	6	1378	199	203	214	1080	0500
452	1058	314	636	4	637	143	68	150	620	0510
80	414	184	488	0	189	15	28	9	188	0520
542	1490	147	399	2	525	41	105	51	263	0530
15	33	2	33	0	27	0	2	4	9	0540
3114	**5709**	**4379**	**3859**	**78**	**3618**	**1332**	**372**	**652**	**1072**	**B**
1448	2310	2392	1572	1	956	303	53	322	407	0600
1383	2286	2383	1432	1	908	301	51	301	399	0610
22	11	4	129	0	10	0	0	17	2	0620
43	13	5	11	0	38	2	2	4	6	0690
20	45	2	2	0	307	8	5	54	58	0700
15	26	2	2	0	43	4	2	43	8	0710
5	19	0	0	0	264	4	3	11	50	0790

行业中类	代码	法人单位数					
		河南	湖北	湖南	广东	广西	海南
黑色金属矿采选业	0800	1182	807	601	231	409	18
铁矿采选	0810	1160	788	286	219	123	14
其他黑色金属矿采选	0890	22	19	315	12	286	4
有色金属矿采选业	0900	1118	197	1006	279	517	84
常用有色金属矿采选	0910	562	161	743	204	462	76
贵金属矿采选	0920	377	27	135	29	36	8
稀有稀土金属矿采选	0930	179	9	128	46	19	0
非金属矿采选业	1000	3914	2119	2940	2019	1195	78
土砂石开采	1010	3342	1550	2591	1795	885	33
化学矿采选	1020	71	350	59	9	86	0
采盐	1030	2	2	2	66	8	6
石棉及其他非金属矿采选	1090	499	217	288	149	216	39
其他采矿业	1100	43	33	23	42	27	11
制造业	**C**	**97862**	**37538**	**41135**	**186310**	**20307**	**2278**
农副食品加工业	1300	11407	3647	3111	3039	1332	281
谷物磨制	1310	6170	1787	1240	336	151	19
饲料加工	1320	1228	284	410	495	272	22
植物油加工	1330	1214	460	324	231	96	11
制糖	1340	18	8	19	81	115	31
屠宰及肉类加工	1350	900	316	422	594	216	40
水产品加工	1360	43	134	83	624	88	104
蔬菜、水果和坚果加工	1370	481	229	243	357	114	26
其他农副食品加工	1390	1353	429	370	321	280	28
食品制造业	1400	3201	1072	1230	3528	809	167
焙烤食品制造	1410	772	274	224	685	161	17
糖果、巧克力及蜜饯制造	1420	248	57	186	1126	67	28
方便食品制造	1430	700	213	261	332	119	4
液体乳及乳制品制造	1440	158	43	44	59	28	4
罐头制造	1450	170	89	154	164	93	12
调味品、发酵制品制造	1460	541	158	104	457	140	25
其他食品制造	1490	612	238	257	705	201	77

单位：个

重庆	四川	贵州	云南	西藏	陕西	甘肃	青海	宁夏	新疆	代码
209	299	243	373	13	231	150	29	9	148	0800
19	276	120	297	4	192	130	22	9	123	0810
190	23	123	76	9	39	20	7	0	25	0890
45	446	379	979	37	523	243	73	8	180	0900
45	340	296	896	28	352	178	55	5	128	0910
0	67	71	49	7	111	60	17	2	47	0920
0	39	12	34	2	60	5	1	1	5	0930
1373	2512	1331	905	16	1566	613	204	257	259	1000
1249	2020	1082	664	8	1292	467	158	215	188	1010
51	165	150	166	6	95	9	4	2	6	1020
4	18	0	5	0	4	5	5	1	12	1030
69	309	99	70	2	175	132	37	39	53	1090
19	97	32	28	11	35	15	8	2	20	1100
24133	**48000**	**9364**	**12990**	**280**	**25691**	**11364**	**2080**	**4675**	**6912**	**C**
1651	3766	700	1076	30	1533	1442	178	649	732	1300
275	667	73	94	15	565	476	25	181	187	1310
246	683	102	163	3	222	119	17	56	82	1320
137	429	167	99	6	165	79	26	34	213	1330
42	35	7	88	0	3	14	0	2	14	1340
411	1191	173	211	3	234	141	85	61	113	1350
10	15	4	14	0	8	5	1	1	12	1360
344	406	64	265	1	140	270	1	119	71	1370
186	340	110	142	2	196	338	23	195	40	1390
761	1980	369	615	12	925	461	83	202	346	1400
126	314	43	133	4	259	85	14	52	56	1410
37	123	21	46	0	68	70	0	5	18	1420
173	368	69	75	0	124	41	1	14	32	1430
17	67	15	44	3	99	63	22	43	69	1440
37	143	21	53	1	36	18	0	7	62	1450
211	579	135	107	3	176	113	25	27	33	1460
160	386	65	157	1	163	71	21	54	76	1490

1-2续表 18

行业中类	代码	法人单位数					
		河南	湖北	湖南	广东	广西	海南
饮料制造业	1500	2030	1328	930	1351	751	110
酒精制造	1510	52	10	8	25	53	2
酒的制造	1520	802	379	252	435	171	24
软饮料制造	1530	907	354	311	741	299	61
精制茶加工	1540	269	585	359	150	228	23
烟草制品业	1600	35	16	17	28	5	1
烟叶复烤	1610	10	4	8	4	1	0
卷烟制造	1620	15	4	7	6	3	1
其他烟草制品加工	1690	10	8	2	18	1	0
纺织业	1700	3185	2416	999	9483	823	27
棉、化纤纺织及印染精加工	1710	1760	1342	345	2487	92	2
毛纺织和染整精加工	1720	127	39	29	486	38	0
麻纺织	1730	55	92	125	36	12	1
丝绢纺织及精加工	1740	60	44	8	200	103	1
纺织制成品制造	1750	627	611	251	1855	116	16
针织品、编织品及其制品制造	1760	556	288	241	4419	462	7
纺织服装、鞋、帽制造业	1800	1401	1489	510	12647	348	74
纺织服装制造	1810	1107	1434	441	12028	331	73
纺织面料鞋的制造	1820	267	46	66	411	12	1
制帽	1830	27	9	3	208	5	0
皮革、毛皮、羽毛(绒)及其制品业	1900	1182	173	407	6595	290	8
皮革鞣制加工	1910	375	24	65	423	36	0
皮革制品制造	1920	466	127	322	5920	176	5
毛皮鞣制及制品加工	1930	241	10	3	123	1	0
羽毛(绒)加工及制品制造	1940	100	12	17	129	77	3
木材加工及木、竹、藤、棕、草制品业	2000	5728	836	2799	2936	1745	144
锯材、木片加工	2010	3527	189	846	716	591	94
人造板制造	2020	1546	298	829	748	482	27
木制品制造	2030	455	222	309	1063	350	22
竹、藤、棕、草制品制造	2040	200	127	815	409	322	1
家具制造业	2100	2550	697	747	5764	376	90
木质家具制造	2110	2115	531	626	3432	320	58

单位：个

重庆	四川	贵州	云南	西藏	陕西	甘肃	青海	宁夏	新疆	代码
900	3275	656	1096	26	672	366	48	122	274	1500
9	40	2	10	1	10	5	1	3	4	1510
518	2366	304	315	11	172	233	27	69	162	1520
209	398	199	285	14	245	120	18	47	99	1530
164	471	151	486	0	245	8	2	3	9	1540
8	12	19	30	0	13	14	0	3	3	1600
2	6	12	12	0	3	2	0	1	0	1610
4	5	6	10	0	8	2	0	1	3	1620
2	1	1	8	0	2	10	0	1	0	1690
1442	1121	93	207	11	630	220	35	151	252	1700
1114	416	30	50	0	364	51	4	12	143	1710
11	24	5	4	3	30	67	10	102	16	1720
23	58	2	30	1	3	11	0	5	11	1730
134	254	7	17	0	28	0	1	2	4	1740
83	228	23	68	4	116	59	15	16	45	1750
77	141	26	38	3	89	32	5	14	33	1760
330	599	77	155	12	350	140	25	38	111	1800
294	560	69	144	11	319	120	21	37	110	1810
35	35	8	10	1	23	13	1	1	1	1820
1	4	0	1	0	8	7	3	0	0	1830
324	651	30	49	6	87	134	7	57	45	1900
20	70	2	4	0	13	65	1	3	17	1910
265	482	24	42	1	68	51	4	15	19	1920
3	21	1	1	5	5	17	2	33	4	1930
36	78	3	2	0	1	1	0	6	5	1940
329	1094	223	608	18	417	159	25	55	180	2000
74	294	83	259	14	150	51	12	7	75	2010
63	282	62	114	0	85	33	5	10	64	2020
133	290	54	211	2	158	57	5	25	36	2030
59	228	24	24	2	24	18	3	13	5	2040
477	1141	113	185	10	671	205	14	65	147	2100
364	809	83	142	8	560	158	13	55	110	2110

1-2续表 19

行业中类	代码	法人单位数					
		河南	湖北	湖南	广东	广西	海南
竹、藤家具制造	2120	24	13	48	128	11	3
金属家具制造	2130	271	77	30	855	19	3
塑料家具制造	2140	19	12	0	106	2	2
其他家具制造	2190	121	64	43	1243	24	24
造纸及纸制品业	2200	2200	1047	1777	7499	978	58
纸浆制造	2210	64	18	31	106	38	1
造纸	2220	959	349	903	1493	558	12
纸制品制造	2230	1177	680	843	5900	382	45
印刷业和记录媒介的复制	2300	1710	1133	1146	8092	735	156
印刷	2310	1484	1013	1063	7531	672	144
装订及其他印刷服务活动	2320	218	109	78	487	60	8
记录媒介的复制	2330	8	11	5	74	3	4
文教体育用品制造业	2400	234	117	172	3976	81	3
文化用品制造	2410	78	49	88	665	25	1
体育用品制造	2420	25	13	32	693	10	1
乐器制造	2430	39	22	6	163	1	0
玩具制造	2440	78	24	42	2316	44	0
游艺器材及娱乐用品制造	2450	14	9	4	139	1	1
石油加工及炼焦业	2500	368	121	161	380	53	6
精炼石油产品的制造	2510	238	101	75	348	47	6
炼焦	2520	127	19	86	28	5	0
化学原料及化学制品制造业	2600	4782	2342	4883	8557	1701	158
基础化学原料制造	2610	1033	496	704	549	199	11
肥料制造	2620	599	525	301	250	337	53
农药制造	2630	193	66	73	112	76	5
涂料、油墨、颜料及类似产品制造	2640	819	366	349	2833	185	8
合成材料制造	2650	229	138	109	692	29	2
专用化学产品制造	2660	1511	574	3195	1878	700	41
日用化学产品制造	2670	398	177	152	2243	175	38
医药制造业	2700	887	643	415	893	408	113
化学药品原药制造	2710	121	169	73	63	27	10
化学药品制剂制造	2720	144	84	43	142	28	48

单位：个

重庆	四川	贵州	云南	西藏	陕西	甘肃	青海	宁夏	新疆	代码
13	26	0	5	0	3	0	0	0	0	2120
33	145	22	20	2	45	29	1	1	22	2130
8	26	1	1	0	3	4	0	2	8	2140
59	135	7	17	0	60	14	0	7	7	2190
549	1284	208	379	1	1113	250	20	98	197	2200
12	23	12	6	0	15	11	1	5	9	2210
193	523	70	145	0	375	81	9	51	56	2220
344	738	126	228	1	723	158	10	42	132	2230
838	1802	409	510	16	903	465	81	218	335	2300
768	1689	370	457	15	757	434	74	211	308	2310
68	106	37	53	1	135	30	7	6	27	2320
2	7	2	0	0	11	1	0	1	0	2330
76	127	19	24	0	64	18	1	4	13	2400
36	65	10	12	0	36	11	0	3	7	2410
17	30	6	1	0	13	4	0	0	4	2420
4	12	1	4	0	5	1	0	0	0	2430
12	7	2	2	0	1	1	1	1	1	2440
7	13	0	5	0	9	1	0	0	1	2450
87	230	248	158	0	444	96	6	56	166	2500
49	133	14	16	0	75	69	3	27	114	2510
37	97	234	140	0	369	25	3	29	51	2520
1106	3123	809	1009	9	1375	736	189	389	553	2600
280	819	234	305	2	349	219	61	153	128	2610
145	566	275	299	1	230	216	92	59	96	2620
30	103	12	23	0	62	9	2	10	9	2630
219	439	37	97	2	196	99	10	33	77	2640
62	140	16	21	0	72	21	3	12	21	2650
264	760	181	175	3	368	109	15	104	187	2660
106	296	54	89	1	98	63	6	18	35	2670
252	788	240	250	21	539	190	37	49	85	2700
47	100	10	16	1	126	10	1	6	6	2710
43	118	24	38	2	71	7	3	6	8	2720

行业中类	代码	法人单位数					
		河南	湖北	湖南	广东	广西	海南
中药饮片加工	2730	109	59	76	129	58	4
中成药制造	2740	141	106	86	184	160	20
兽用药品制造	2750	115	28	45	86	73	14
生物、生化制品的制造	2760	109	94	50	163	39	9
卫生材料及医药用品制造	2770	148	103	42	126	23	8
化学纤维制造业	2800	120	62	34	327	15	6
纤维素纤维原料及纤维制造	2810	44	21	7	75	2	0
合成纤维制造	2820	76	41	27	252	13	6
橡胶制品业	2900	738	279	246	2174	185	30
轮胎制造	2910	71	29	24	84	30	4
橡胶板、管、带的制造	2920	217	57	54	260	21	9
橡胶零件制造	2930	97	73	45	515	51	0
再生橡胶制造	2940	81	28	33	85	26	1
日用及医用橡胶制品制造	2950	20	18	19	146	15	3
橡胶靴鞋制造	2960	92	16	37	378	8	0
其他橡胶制品制造	2990	160	58	34	706	34	13
塑料制品业	3000	3236	1470	1061	16557	787	103
塑料薄膜制造	3010	285	156	137	1454	101	21
塑料板、管、型材的制造	3020	642	269	185	1332	83	10
塑料丝、绳及编织品的制造	3030	690	257	196	537	190	19
泡沫塑料制造	3040	161	79	39	783	45	17
塑料人造革、合成革制造	3050	16	24	13	171	4	1
塑料包装箱及容器制造	3060	289	183	133	1619	91	13
塑料零件制造	3070	105	71	59	2485	34	2
日用塑料制造	3080	420	247	163	2842	144	11
其他塑料制品制造	3090	628	184	136	5334	95	9
非金属矿物制品业	3100	27289	6735	9257	9635	3121	238
水泥、石灰和石膏的制造	3110	1265	671	994	803	581	31
水泥及石膏制品制造	3120	7940	1910	2340	891	265	46
砖瓦、石材及其他建筑材料制造	3130	12348	3410	4299	3258	1832	127
玻璃及玻璃制品制造	3140	893	246	267	1449	105	11

单位：个

重庆	四川	贵州	云南	西藏	陕西	甘肃	青海	宁夏	新疆	代码
27	137	21	41	2	68	89	5	5	17	2730
36	150	144	90	16	135	35	22	11	29	2740
30	96	5	14	0	29	9	1	5	5	2750
39	142	19	32	0	80	26	4	11	12	2760
30	45	17	19	0	30	14	1	5	8	2770
20	50	5	2	0	22	11	0	7	15	2800
7	13	1	1	0	9	1	0	0	8	2810
13	37	4	1	0	13	10	0	7	7	2820
267	383	113	95	0	277	51	7	27	47	2900
36	41	12	20	0	19	11	3	7	8	2910
32	66	18	18	0	42	10	2	7	17	2920
111	147	41	26	0	144	6	0	6	14	2930
10	46	14	4	0	17	8	1	1	2	2940
5	7	3	2	0	14	1	0	3	0	2950
27	19	10	10	0	5	3	0	1	1	2960
46	57	15	15	0	36	12	1	2	5	2990
812	1919	284	487	2	847	350	37	187	573	3000
88	240	32	69	0	83	45	3	23	101	3010
156	401	59	97	0	171	85	3	34	159	3020
114	345	61	146	0	148	92	11	56	83	3030
55	107	14	21	0	85	22	7	6	43	3040
7	15	2	0	0	5	0	0	1	2	3050
92	260	24	60	1	113	52	4	13	42	3060
109	73	20	13	0	28	6	2	8	5	3070
89	230	20	58	0	145	25	3	34	94	3080
102	248	52	23	1	69	23	4	12	44	3090
3238	9304	1964	2181	34	6147	3030	573	1120	1260	3100
276	633	301	312	16	694	264	45	65	109	3110
924	2456	333	315	8	1782	586	149	191	274	3120
1521	4730	930	1338	9	3214	1918	333	501	747	3130
255	604	78	68	0	157	52	9	17	62	3140

行业中类	代码	法人单位数					
		河南	湖北	湖南	广东	广西	海南
陶瓷制品制造	3150	706	68	687	2532	178	11
耐火材料制品制造	3160	2501	170	307	149	41	2
石墨及其他非金属矿物制品制造	3190	1636	260	363	553	119	10
黑色金属冶炼及压延加工业	3200	1079	538	1244	963	550	17
炼铁	3210	210	119	475	110	82	3
炼钢	3220	62	81	52	93	36	3
钢压延加工	3230	562	275	258	718	152	10
铁合金冶炼	3240	245	63	459	42	280	1
有色金属冶炼及压延加工业	3300	1226	348	1218	1923	406	11
常用有色金属冶炼	3310	554	120	678	288	257	4
贵金属冶炼	3320	29	16	143	16	13	1
稀有稀土金属冶炼	3330	132	27	100	54	32	1
有色金属合金制造	3340	121	38	117	150	16	2
有色金属压延加工	3350	390	147	180	1415	88	3
金属制品业	3400	3532	2047	1271	19329	699	79
结构性金属制品制造	3410	1651	959	366	3961	183	36
金属工具制造	3420	399	303	330	2629	112	13
集装箱及金属包装容器制造	3430	184	137	58	656	48	16
金属丝绳及其制品的制造	3440	251	101	74	462	31	2
建筑、安全用金属制品制造	3450	340	115	98	2207	71	1
金属表面处理及热处理加工	3460	134	85	71	1653	44	3
搪瓷制品制造	3470	48	8	20	211	10	0
不锈钢及类似日用金属制品制造	3480	280	128	88	4121	118	3
其他金属制品制造	3490	245	211	166	3429	82	5
通用设备制造业	3500	6370	2437	2255	7696	1000	29
锅炉及原动机制造	3510	255	136	136	152	69	0
金属加工机械制造	3520	622	349	292	1193	113	3
起重运输设备制造	3530	420	109	71	251	37	1
泵、阀门、压缩机及类似机械的制造	3540	680	260	282	622	77	4
轴承、齿轮、传动和驱动部件的制造	3550	448	145	108	311	41	1
烘炉、熔炉及电炉制造	3560	62	21	35	83	2	0

单位：个

重庆	四川	贵州	云南	西藏	陕西	甘肃	青海	宁夏	新疆	代码
90	153	29	35	1	65	17	1	3	6	3150
95	373	80	58	0	107	49	6	37	35	3160
77	355	213	55	0	128	144	30	306	27	3190
391	1032	562	442	0	431	306	73	180	109	3200
50	180	165	164	0	117	45	7	29	40	3210
24	67	19	17	0	29	10	2	5	6	3220
272	524	77	122	0	195	77	14	25	55	3230
45	261	301	139	0	90	174	50	121	8	3240
300	688	338	630	4	449	166	47	85	62	3300
150	295	235	486	4	157	68	32	56	23	3310
9	9	17	22	0	15	27	2	0	22	3320
10	68	39	55	0	26	12	2	4	1	3330
16	88	9	9	0	36	12	5	10	2	3340
115	228	38	58	0	215	47	6	15	14	3350
1218	2268	373	668	4	1163	653	168	255	425	3400
459	999	130	339	2	479	392	94	148	240	3410
221	320	72	73	1	160	69	9	20	23	3420
58	129	23	48	0	69	37	4	14	29	3430
43	86	19	25	0	47	17	41	9	27	3440
101	227	33	42	0	151	45	8	25	57	3450
149	165	22	43	0	83	23	1	6	9	3460
16	7	4	3	0	19	2	0	0	1	3470
75	122	38	52	0	79	23	4	11	12	3480
96	213	32	43	1	76	45	7	22	27	3490
1743	3631	430	595	2	2283	479	83	231	301	3500
101	217	12	20	0	148	66	10	36	62	3510
228	591	95	72	0	343	49	12	34	16	3520
58	53	5	26	0	31	6	0	18	13	3530
151	401	38	26	0	150	41	2	9	15	3540
130	196	29	27	0	71	16	3	18	6	3550
24	23	8	6	0	36	5	0	3	1	3560

1-2续表 22

行业中类	代码	法人单位数					
		河南	湖北	湖南	广东	广西	海南
风机、衡器、包装设备等通用设备制造	3570	659	297	210	1535	83	4
通用零部件制造及机械修理	3580	1276	533	408	2507	238	12
金属铸、锻加工	3590	1948	587	713	1042	340	4
专用设备制造业	3600	4452	1375	1128	8629	713	47
矿山、冶金、建筑专用设备制造	3610	1237	283	279	310	134	3
化工、木材、非金属加工专用设备制造	3620	452	246	136	4347	136	5
食品、饮料、烟草及饲料生产专用设备制造	3630	324	119	94	262	88	3
印刷、制药、日化生产专用设备制造	3640	326	67	100	766	35	2
纺织、服装和皮革工业专用设备制造	3650	204	72	48	441	6	0
电子和电工机械专用设备制造	3660	182	149	83	1045	28	1
农、林、牧、渔专用机械制造	3670	1217	94	213	167	171	25
医疗仪器设备及器械制造	3680	103	95	41	517	47	3
环保、社会公共安全及其他专用设备制造	3690	407	250	134	774	68	5
交通运输设备制造业	3700	2504	2417	1354	3958	885	163
铁路运输设备制造	3710	193	70	114	27	21	0
汽车制造	3720	1845	2090	1100	2537	738	130
摩托车制造	3730	221	37	40	469	8	13
自行车制造	3740	147	19	10	343	19	0
船舶及浮动装置制造	3750	25	170	59	469	91	18
航空航天器制造	3760	8	13	6	11	4	0
交通器材及其他交通运输设备制造	3790	65	18	25	102	4	2
电气机械及器材制造业	3900	2122	1123	1122	16322	452	56
电机制造	3910	200	126	138	828	52	2
输配电及控制设备制造	3920	618	396	395	3989	171	23
电线、电缆、光缆及电工器材制造	3930	615	256	243	2673	75	14
电池制造	3940	141	84	87	843	30	3
家用电力器具制造	3950	127	69	72	3640	44	0
非电力家用器具制造	3960	99	34	42	526	19	4
照明器具制造	3970	221	75	78	3356	32	7
其他电气机械及器材制造	3990	101	83	67	467	29	3

单位：个

重庆	四川	贵州	云南	西藏	陕西	甘肃	青海	宁夏	新疆	代码
201	317	41	44	0	204	39	5	17	26	3570
519	1200	124	186	2	767	116	27	32	114	3580
331	633	78	188	0	533	141	24	64	48	3590
774	1803	198	266	3	1150	311	30	119	187	3600
133	451	53	71	0	321	87	6	40	51	3610
195	347	32	28	2	158	43	1	11	13	3620
36	146	13	56	1	85	24	0	3	15	3630
50	119	12	7	0	64	13	1	4	4	3640
26	32	2	1	0	61	3	1	3	8	3650
56	155	21	5	0	115	19	0	3	4	3660
95	181	27	43	0	150	69	16	33	67	3670
62	104	15	15	0	73	15	0	9	5	3680
121	268	23	40	0	123	38	5	13	20	3690
4417	2083	456	599	23	812	408	153	102	163	3700
28	103	12	14	0	94	26	3	1	7	3710
1787	1710	402	567	20	655	368	146	94	147	3720
2453	86	5	0	0	9	1	1	0	0	3730
14	51	0	3	0	9	1	0	1	2	3740
110	49	5	4	0	4	1	0	0	0	3750
3	37	27	2	0	29	8	0	1	0	3760
22	47	5	9	3	12	3	3	5	7	3790
728	1562	175	249	0	907	274	49	95	182	3900
104	149	12	14	0	80	20	3	12	8	3910
234	604	50	70	0	467	131	12	36	94	3920
136	355	49	63	0	198	39	7	17	42	3930
48	96	9	20	0	17	3	1	3	5	3940
66	107	29	7	0	42	17	4	4	3	3950
29	39	13	57	0	17	37	15	11	8	3960
60	115	8	10	0	55	13	4	6	17	3970
51	97	5	8	0	31	14	3	6	5	3990

行业中类	代码	法人单位数					
		河南	湖北	湖南	广东	广西	海南
通信设备、计算机及其他电子设备制造业	4000	421	510	379	14118	230	33
通信设备制造	4010	71	102	58	1127	59	6
雷达及配套设备制造	4020	0	3	3	13	2	0
广播电视设备制造	4030	11	13	21	439	13	0
电子计算机制造	4040	26	71	33	1809	16	7
电子器件制造	4050	66	113	36	1619	23	5
电子元件制造	4060	128	107	172	5489	83	7
家用视听设备制造	4070	24	20	13	2205	7	2
其他电子设备制造	4090	95	81	43	1417	27	6
仪器仪表及文化、办公用机械制造业	4100	580	402	230	2947	92	7
通用仪器仪表制造	4110	350	213	114	580	39	4
专用仪器仪表制造	4120	105	84	65	265	19	0
钟表与计时仪器制造	4130	7	4	5	1014	11	1
光学仪器及眼镜制造	4140	64	40	24	495	15	0
文化、办公用机械制造	4150	21	23	5	494	4	1
其他仪器仪表的制造及修理	4190	33	38	17	99	4	1
工艺品及其他制造业	4200	2990	571	789	6177	653	56
工艺美术品制造	4210	1284	203	253	4845	523	47
日用杂品制造	4220	432	70	173	824	78	2
煤制品制造	4230	1136	136	295	21	16	2
其他未列明的制造业	4290	133	161	68	486	35	5
废弃资源和废旧材料回收加工业	4300	303	147	243	787	84	7
金属废料和碎屑的加工处理	4310	111	80	143	409	43	4
非金属废料和碎屑的加工处理	4320	192	67	100	378	41	3
电力、燃气及水的生产和供应业	**D**	**1090**	**1702**	**3348**	**6573**	**1999**	**254**
电力、热力的生产和供应业	4400	573	845	2663	5180	1450	151
电力生产	4410	395	720	2519	4990	1318	122
电力供应	4420	143	111	139	165	121	29
热力生产和供应	4430	35	14	5	25	11	0
燃气生产和供应业	4500	97	99	70	194	30	28
水的生产和供应业	4600	420	758	615	1199	519	75
自来水的生产和供应	4610	364	725	584	1040	502	71
污水处理及其再生利用	4620	41	26	19	134	15	2
其他水的处理、利用与分配	4690	15	7	12	25	2	2

单位：个

重庆	四川	贵州	云南	西藏	陕西	甘肃	青海	宁夏	新疆	代码
231	940	50	37	1	421	36	0	15	22	4000
76	195	9	4	0	74	6	0	2	8	4010
1	16	0	0	0	7	2	0	0	0	4020
2	55	0	2	0	13	4	0	0	2	4030
30	91	4	5	0	41	0	0	1	3	4040
28	135	12	9	0	84	11	0	3	2	4050
46	305	17	7	0	132	4	0	5	3	4060
8	26	2	2	1	6	1	0	0	1	4070
40	117	6	8	0	64	8	0	4	3	4090
470	339	43	117	0	347	46	7	32	26	4100
258	160	24	32	0	185	29	4	26	16	4110
43	81	6	6	0	88	10	0	1	5	4120
6	3	1	0	0	8	0	0	1	0	4130
116	49	8	73	0	31	3	1	1	0	4140
16	25	1	4	0	14	2	0	1	0	4150
31	21	3	2	0	21	2	2	2	5	4190
263	749	114	194	34	588	316	90	34	67	4200
120	235	68	124	31	205	173	37	15	51	4210
50	117	7	29	2	34	10	3	0	4	4220
54	225	14	17	1	313	118	47	15	1	4230
38	168	25	22	0	36	14	3	4	11	4290
131	256	46	77	1	111	31	14	30	34	4300
82	148	27	47	1	51	17	9	24	8	4310
49	108	19	30	0	60	14	5	6	26	4320
1491	**4407**	**1032**	**1345**	**93**	**999**	**670**	**216**	**162**	**504**	**D**
852	2780	758	1037	80	465	513	156	99	344	4400
795	2546	629	850	72	398	301	130	30	135	4410
54	225	125	186	8	33	113	11	19	35	4420
3	9	4	1	0	34	99	15	50	174	4430
140	375	42	22	3	82	15	13	17	36	4500
499	1252	232	286	10	452	142	47	46	124	4600
453	1193	222	270	10	426	126	44	37	115	4610
35	51	8	11	0	15	11	2	8	7	4620
11	8	2	5	0	11	5	1	1	2	4690

行业中类	代码	法人单位数					
		河南	湖北	湖南	广东	广西	海南
建筑业	E	**7715**	**7464**	**3867**	**13857**	**2455**	**1282**
房屋和土木工程建筑业	4700	4463	2895	2410	4064	1119	288
房屋工程建筑	4710	3442	1899	1796	2550	764	152
土木工程建筑	4720	1021	996	614	1514	355	136
建筑安装业	4800	946	1372	471	3339	339	230
建筑装饰业	4900	1702	2099	583	5203	755	630
其他建筑业	5000	604	1098	403	1251	242	134
工程准备	5010	125	301	121	482	81	54
提供施工设备服务	5020	68	106	50	115	59	9
其他未列明的建筑活动	5090	411	691	232	654	102	71
交通运输、仓储和邮政业	F	**2882**	**3546**	**1811**	**12580**	**2586**	**497**
铁路运输业	5100	15	34	5	64	10	2
铁路旅客运输	5110	1	12	0	6	1	1
铁路货物运输	5120	10	15	4	27	4	1
铁路运输辅助活动	5130	4	7	1	31	5	0
道路运输业	5200	1380	1945	851	4704	1366	203
公路旅客运输	5210	246	437	242	537	180	71
道路货物运输	5220	780	1144	327	3460	612	87
道路运输辅助活动	5230	354	364	282	707	574	45
城市公共交通业	5300	350	317	312	474	148	57
公共电汽车客运	5310	82	76	79	152	43	14
轨道交通	5320	5	3	4	2	1	1
出租车客运	5330	249	210	215	289	90	41
城市轮渡	5340	0	9	3	14	1	1
其他城市公共交通	5390	14	19	11	17	13	0
水上运输业	5400	47	354	147	960	339	77
水上旅客运输	5410	13	66	35	88	39	9
水上货物运输	5420	20	176	61	552	200	43
水上运输辅助活动	5430	14	112	51	320	100	25

单位：个

重庆	四川	贵州	云南	西藏	陕西	甘肃	青海	宁夏	新疆	代码
5055	**7738**	**1773**	**3502**	**334**	**3570**	**2042**	**682**	**1173**	**1738**	**E**
2252	3578	727	1766	269	2274	1158	345	521	754	4700
1810	2664	551	1220	206	1792	825	204	289	420	4710
442	914	176	546	63	482	333	141	232	334	4720
691	1159	221	504	45	405	359	132	170	340	4800
1395	2284	623	1020	15	630	402	152	397	445	4900
717	717	202	212	5	261	123	53	85	199	5000
112	149	35	76	1	79	37	23	33	46	5010
181	64	25	14	1	31	11	5	11	25	5020
424	504	142	122	3	151	75	25	41	128	5090
2949	**4947**	**1166**	**1657**	**118**	**1917**	**1178**	**375**	**467**	**1497**	**F**
37	33	8	9	0	19	10	4	7	19	5100
1	3	0	1	0	3	2	1	0	3	5110
22	21	5	5	0	10	5	1	3	9	5120
14	9	3	3	0	6	3	2	4	7	5130
1606	2920	717	974	71	1124	695	206	266	932	5200
234	595	163	151	17	195	143	41	64	166	5210
1158	1517	288	446	16	548	287	67	140	590	5220
214	808	266	377	38	381	265	98	62	176	5230
118	403	101	163	25	248	117	34	81	105	5300
38	93	40	35	1	56	37	12	21	40	5310
8	5	2	9	0	2	2	0	0	2	5320
68	279	52	110	24	175	70	20	57	52	5330
0	1	1	1	0	0	0	0	0	0	5340
4	25	6	8	0	15	8	2	3	11	5390
294	210	39	30	0	32	5	2	4	1	5400
53	62	9	15	0	10	4	1	1	0	5410
196	57	16	8	0	3	0	0	3	0	5420
45	91	14	7	0	19	1	1	0	1	5430

行业中类	代码	法人单位数					
		河南	湖北	湖南	广东	广西	海南
航空运输业	5500	10	43	10	202	21	14
航空客货运输	5510	3	9	2	76	8	8
通用航空服务	5520	3	15	1	43	5	0
航空运输辅助活动	5530	4	19	7	83	8	6
管道运输业	5600	0	1	0	10	1	0
装卸搬运和其他运输服务业	5700	431	550	294	4468	348	109
装卸搬运	5710	217	299	188	438	114	13
运输代理服务	5720	214	251	106	4030	234	96
仓储业	5800	608	238	164	1096	307	18
谷物、棉花等农产品仓储	5810	232	66	106	235	166	8
其他仓储	5890	376	172	58	861	141	10
邮政业	5900	41	64	28	602	46	17
国家邮政	5910	20	26	20	59	20	14
其他寄递服务	5990	21	38	8	543	26	3
信息传输、计算机服务和软件业	**G**	**2497**	**3021**	**2170**	**12186**	**3479**	**765**
电信和其他信息传输服务业	6000	413	769	504	2445	792	86
电信	6010	114	192	120	553	191	25
互联网信息服务	6020	208	325	162	1614	352	48
广播电视传输服务	6030	88	242	220	261	247	12
卫星传输服务	6040	3	10	2	17	2	1
计算机服务业	6100	1477	1598	1260	4489	2318	517
计算机系统服务	6110	156	371	106	1624	234	50
数据处理	6120	23	23	37	97	28	9
计算机维修	6130	21	62	9	247	23	23
其他计算机服务	6190	1277	1142	1108	2521	2033	435
软件业	6200	607	654	406	5252	369	162
公共软件服务	6210	520	430	267	4291	235	129
其他软件服务	6290	87	224	139	961	134	33
批发和零售业	**H**	**37450**	**32821**	**17092**	**140679**	**22034**	**6223**
批发业	6300	20314	19318	8376	89079	12803	3008
农畜产品批发	6310	2486	1669	750	1508	1011	144

单位：个

重庆	四川	贵州	云南	西藏	陕西	甘肃	青海	宁夏	新疆	代码
28	66	10	15	3	29	11	3	20	25	5500
3	15	6	6	2	13	8	1	1	6	5510
5	27	0	3	0	9	1	0	2	11	5520
20	24	4	6	1	7	2	2	17	8	5530
1	1	0	0	0	4	0	1	2	4	5600
643	915	174	298	4	158	129	58	46	248	5700
277	282	70	70	0	83	38	15	31	44	5710
366	633	104	228	4	75	91	43	15	204	5720
194	263	97	142	5	278	188	55	28	136	5800
38	59	46	20	4	127	103	30	11	46	5810
156	204	51	122	1	151	85	25	17	90	5890
28	136	20	26	10	25	23	12	13	27	5900
11	89	15	19	10	19	19	11	13	18	5910
17	47	5	7	0	6	4	1	0	9	5990
2072	**6642**	**1282**	**1778**	**41**	**1748**	**599**	**335**	**627**	**1521**	**G**
510	1472	470	405	23	630	204	96	187	251	6000
119	281	124	67	9	121	60	45	49	81	6010
328	771	243	195	4	310	97	29	125	109	6020
50	411	102	141	10	193	44	21	13	61	6030
13	9	1	2	0	6	3	1	0	0	6040
1100	4124	633	1084	17	820	291	215	316	1043	6100
186	664	96	199	2	79	68	15	80	106	6110
15	24	3	5	0	12	4	1	1	11	6120
47	106	23	19	0	19	12	7	13	41	6130
852	3330	511	861	15	710	207	192	222	885	6190
462	1046	179	289	1	298	104	24	124	227	6200
288	874	105	242	1	182	77	20	72	156	6210
174	172	74	47	0	116	27	4	52	71	6290
21659	**40903**	**12485**	**17213**	**553**	**23201**	**14215**	**2923**	**8551**	**18461**	**H**
12218	24761	6661	10316	125	9222	7556	1315	5236	11451	6300
540	1462	263	358	12	844	650	55	209	904	6310

1-2续表 26

行业中类	代码	法人单位数					
		河南	湖北	湖南	广东	广西	海南
食品、饮料及烟草制品批发	6320	1976	1521	925	6258	1352	430
纺织、服装及日用品批发	6330	1068	1363	418	11811	610	254
文化、体育用品及器材批发	6340	347	633	260	4238	373	147
医药及医疗器材批发	6350	625	845	384	2749	467	376
矿产品、建材及化工产品批发	6360	7122	5973	2796	19628	4726	755
机械设备、五金交电及电子产品批发	6370	5275	5424	1935	30224	3084	482
贸易经纪与代理	6380	113	238	100	5363	220	75
其他批发	6390	1302	1652	808	7300	960	345
零售业	6500	17136	13503	8716	51600	9231	3215
综合零售	6510	3970	2212	2704	4113	1451	409
食品、饮料及烟草制品专门零售	6520	1506	1224	727	3596	1254	367
纺织、服装及日用品专门零售	6530	1915	1111	570	5996	683	455
文化、体育用品及器材专门零售	6540	962	714	384	3572	587	257
医药及医疗器材专门零售	6550	929	1300	683	3384	507	112
汽车、摩托车、燃料及零配件专门零售	6560	2426	1506	1207	5835	1249	282
家用电器及电子产品专门零售	6570	2848	2267	1145	11843	1644	532
五金、家具及室内装修材料专门零售	6580	1500	1478	642	7599	1023	465
无店铺及其他零售	6590	1080	1691	654	5662	833	336
住宿和餐饮业	I	**5882**	**3560**	**3126**	**11008**	**2445**	**1016**
住宿业	6600	2104	1606	1530	4593	1320	759
旅游饭店	6610	530	649	624	1783	535	464
一般旅馆	6620	1409	799	804	2429	682	225
其他住宿服务	6690	165	158	102	381	103	70
餐饮业	6700	3778	1954	1596	6415	1125	257
正餐服务	6710	3265	1606	1427	4651	909	167
快餐服务	6720	303	105	68	602	69	11
饮料及冷饮服务	6730	41	89	40	347	44	32
其他餐饮服务	6790	169	154	61	815	103	47
金融业	J	**1796**	**989**	**618**	**1976**	**1280**	**173**
银行业	6800	1351	439	270	700	1014	56
中央银行	6810	34	18	32	34	24	3
商业银行	6820	1272	375	211	628	970	50
其他银行	6890	45	46	27	38	20	3

单位：个

重庆	四川	贵州	云南	西藏	陕西	甘肃	青海	宁夏	新疆	代码
790	2218	685	1054	35	881	725	143	235	722	6320
660	1328	242	731	7	353	284	51	136	685	6330
279	578	243	293	7	244	259	43	103	275	6340
492	931	295	469	5	312	332	81	118	314	6350
4639	8863	2572	4022	29	3737	2726	509	2123	3865	6360
3779	7361	1763	2415	26	2369	2200	340	1717	4025	6370
139	139	59	179	1	28	27	7	9	169	6380
900	1881	539	795	3	454	353	86	586	492	6390
9441	16142	5824	6897	428	13979	6659	1608	3315	7010	6500
1238	2247	911	1102	121	2707	1097	217	317	526	6510
852	1776	500	723	94	1237	844	155	264	382	6520
917	1530	357	562	17	1245	612	109	276	608	6530
530	1128	325	458	29	929	475	130	273	515	6540
531	1209	293	451	39	862	411	131	199	350	6550
1412	2487	1012	1288	43	1739	764	259	537	1158	6560
1712	3045	1229	1063	31	2034	1128	290	463	1737	6570
1465	1628	575	573	17	1833	827	122	522	989	6580
784	1092	622	677	37	1393	501	195	464	745	6590
2296	**5211**	**1349**	**2479**	**325**	**4307**	**1839**	**525**	**568**	**1140**	**I**
777	2108	732	1795	243	1639	982	316	267	720	6600
257	751	247	696	73	432	207	70	77	345	6610
440	1172	404	949	158	1075	729	224	178	330	6620
80	185	81	150	12	132	46	22	12	45	6690
1519	3103	617	684	82	2668	857	209	301	420	6700
1247	2314	479	573	46	2180	724	182	279	339	6710
47	114	25	26	9	89	24	5	5	42	6720
62	337	34	41	10	82	30	3	11	9	6730
163	338	79	44	17	317	79	19	6	30	6790
880	**2053**	**518**	**630**	**31**	**544**	**798**	**369**	**313**	**477**	**J**
460	1438	200	368	20	254	651	311	119	232	6800
36	69	20	33	2	10	32	17	6	23	6810
357	1300	163	308	18	223	598	264	109	188	6820
67	69	17	27	0	21	21	30	4	21	6890

行业中类	代码	法人单位数					
		河南	湖北	湖南	广东	广西	海南
证券业	6900	43	57	12	184	7	13
证券市场管理	6910	4	5	0	8	2	0
证券经纪与交易	6920	30	39	6	109	3	12
证券投资	6930	6	8	3	33	1	0
证券分析与咨询	6940	3	5	3	34	1	1
保险业	7000	247	245	208	578	139	28
人寿保险	7010	103	95	73	148	45	9
非人寿保险	7020	92	115	108	200	66	12
保险辅助服务	7030	52	35	27	230	28	7
其他金融活动	7100	155	248	128	514	120	76
金融信托与管理	7110	16	18	19	59	20	6
金融租赁	7120	0	0	0	10	1	0
财务公司	7130	11	7	1	30	11	0
邮政储蓄	7140	4	0	2	26	1	0
典当	7150	61	73	33	207	41	55
其他未列明的金融活动	7190	63	150	73	182	46	15
房地产业	**K**	**5111**	**6763**	**4959**	**28688**	**5218**	**2086**
房地产业	7200	5111	6763	4959	28688	5218	2086
房地产开发经营	7210	3226	3190	3360	8950	3033	1169
物业管理	7220	980	1627	760	7167	868	497
房地产中介服务	7230	545	1150	209	5229	649	156
其他房地产活动	7290	360	796	630	7342	668	264
租赁和商务服务业	**L**	**8620**	**9921**	**5297**	**43751**	**7238**	**2079**
租赁业	7300	345	396	108	751	203	106
机械设备租赁	7310	327	382	103	682	191	100
文化及日用品出租	7320	18	14	5	69	12	6
商务服务业	7400	8275	9525	5189	43000	7035	1973
企业管理服务	7410	1105	1633	1521	13861	1898	244
法律服务	7420	673	670	557	1152	475	103

单位: 个

重庆	四川	贵州	云南	西藏	陕西	甘肃	青海	宁夏	新疆	代码
36	36	18	13	1	14	9	4	10	13	6900
3	1	7	3	0	1	2	1	2	2	6910
19	29	5	7	1	10	6	3	7	4	6920
10	4	5	2	0	1	0	0	1	7	6930
4	2	1	1	0	2	1	0	0	0	6940
208	328	108	141	8	194	92	32	43	125	7000
74	124	31	54	1	59	26	13	12	40	7010
111	146	58	68	6	100	60	15	16	64	7020
23	58	19	19	1	35	6	4	15	21	7030
176	251	192	108	2	82	46	22	141	107	7100
35	24	29	13	1	11	3	4	10	9	7110
1	7	1	1	0	0	2	0	0	1	7120
11	14	10	7	0	5	4	1	4	4	7130
2	1	0	0	0	3	0	0	0	0	7140
62	87	91	40	1	27	28	10	57	42	7150
65	118	61	47	0	36	9	7	70	51	7190
5159	**8357**	**3575**	**3454**	**99**	**2786**	**1758**	**663**	**866**	**2234**	**K**
5159	8357	3575	3454	99	2786	1758	663	866	2234	7200
2773	4013	2240	1842	74	1669	1036	381	434	1053	7210
1474	2246	649	549	18	601	483	220	236	628	7220
615	1499	289	555	5	164	162	44	149	285	7230
297	599	397	508	2	352	77	18	47	268	7290
7187	**14934**	**3430**	**5195**	**117**	**4004**	**2591**	**816**	**1651**	**4206**	**L**
595	913	279	217	16	336	141	60	208	277	7300
574	865	270	202	16	323	118	57	199	268	7310
21	48	9	15	0	13	23	3	9	9	7320
6592	14021	3151	4978	101	3668	2450	756	1443	3929	7400
716	2446	745	894	9	632	404	132	205	588	7410
537	1268	206	495	12	467	324	54	83	258	7420

行业中类	代码	法人单位数					
		河南	湖北	湖南	广东	广西	海南
咨询与调查	7430	2424	2497	660	12218	1105	479
广告业	7440	1568	1561	696	6740	1228	399
知识产权服务	7450	70	79	50	406	41	20
职业中介服务	7460	369	553	265	1046	375	34
市场管理	7470	476	473	530	1372	354	42
旅行社	7480	674	644	472	1087	483	224
其他商务服务	7490	916	1415	438	5118	1076	428
科学研究、技术服务和地质勘查业	**M**	**4527**	**6721**	**4555**	**15526**	**5573**	**806**
研究与试验发展	7500	540	776	474	2858	410	170
自然科学研究与试验发展	7510	54	95	75	218	45	14
工程和技术研究与试验发展	7520	135	276	111	1982	92	34
农业科学研究与试验发展	7530	186	258	207	328	164	78
医学研究与试验发展	7540	54	72	40	242	26	28
社会人文科学研究与试验发展	7550	111	75	41	88	83	16
专业技术服务业	7600	2552	2905	1940	9481	2517	458
气象服务	7610	127	137	114	185	161	21
地震服务	7620	50	28	21	53	57	13
海洋服务	7630	17	6	1	39	7	3
测绘服务	7640	99	74	69	217	136	22
技术检测	7650	479	510	350	903	445	70
环境监测	7660	129	88	77	194	101	15
工程技术与规划管理	7670	1287	1423	930	3893	1238	262
其他专业技术服务	7690	364	639	378	3997	372	52
科技交流和推广服务业	7700	1306	2920	2066	3058	2574	156
技术推广服务	7710	1011	2271	1801	2158	2227	106
科技中介服务	7720	195	228	131	406	173	19
其他科技服务	7790	100	421	134	494	174	31
地质勘查业	7800	129	120	75	129	72	22
矿产地质勘查	7810	54	39	26	31	23	6
基础地质勘查	7820	33	32	23	54	27	6
地质勘查技术服务	7830	42	49	26	44	22	10

单位：个

重庆	四川	贵州	云南	西藏	陕西	甘肃	青海	宁夏	新疆	代码
1553	3701	560	1119	10	720	415	79	208	885	7430
1638	2776	640	895	19	640	442	139	440	851	7440
53	151	13	20	1	24	6	5	12	53	7450
452	815	156	150	1	199	118	51	114	250	7460
278	591	102	347	4	154	167	73	74	155	7470
353	630	201	396	31	275	261	134	100	324	7480
1012	1643	528	662	14	557	313	89	207	565	7490
3042	**11131**	**2086**	**3879**	**173**	**3126**	**2376**	**692**	**828**	**2435**	**M**
259	1244	180	310	30	373	282	43	64	219	7500
28	103	26	49	2	60	22	4	4	27	7510
83	660	26	89	6	103	94	10	16	43	7520
79	269	78	81	20	105	101	17	23	106	7530
46	120	29	41	0	74	36	5	9	22	7540
23	92	21	50	2	31	29	7	12	21	7550
1444	4260	1001	1865	92	1332	966	339	492	1346	7600
54	271	111	155	32	138	98	52	41	130	7610
9	70	6	118	2	54	70	7	18	35	7620
2	2	0	0	0	0	0	0	0	0	7630
29	143	41	79	2	57	33	12	24	54	7640
201	817	132	239	9	218	184	45	63	281	7650
62	138	29	80	1	69	40	16	21	53	7660
674	2097	507	1020	41	569	420	159	265	573	7670
413	722	175	174	5	227	121	48	60	220	7690
1284	5474	815	1571	35	1289	1061	261	234	679	7700
959	4390	709	1394	27	976	913	190	166	497	7710
141	414	37	93	5	118	98	47	33	69	7720
184	670	69	84	3	195	50	24	35	113	7790
55	153	90	133	16	132	67	49	38	191	7800
15	51	43	78	8	50	34	28	19	72	7810
15	41	17	23	4	26	17	12	6	34	7820
25	61	30	32	4	56	16	9	13	85	7830

行业中类	代码	法人单位数					
		河南	湖北	湖南	广东	广西	海南
水利、环境和公共设施管理业	N	**1979**	**2551**	**2346**	**4054**	**1698**	**277**
水利管理业	7900	792	1111	1294	1163	896	88
防洪管理	7910	106	216	219	160	69	2
水资源管理	7920	432	502	628	593	448	76
其他水利管理	7990	254	393	447	410	379	10
环境管理业	8000	368	686	384	1205	329	75
自然保护	8010	44	108	67	140	71	19
环境治理	8020	324	578	317	1065	258	56
公共设施管理业	8100	819	754	668	1686	473	114
市政公共设施管理	8110	213	198	250	416	129	21
城市绿化管理	8120	278	278	174	760	147	31
游览景区管理	8130	328	278	244	510	197	62
居民服务和其他服务业	O	**2556**	**3977**	**1409**	**11189**	**1552**	**384**
居民服务业	8200	1552	1495	828	5403	629	202
家庭服务	8210	98	76	48	499	37	26
托儿所	8220	50	20	32	134	27	0
洗染服务	8230	52	44	23	156	22	6
理发及美容保健服务	8240	205	273	245	1413	182	61
洗浴服务	8250	417	126	76	410	33	7
婚姻服务	8260	65	142	34	139	25	12
殡葬服务	8270	212	140	81	233	55	10
摄影扩印服务	8280	215	159	73	551	84	28
其他居民服务	8290	238	515	216	1868	164	52
其他服务业	8300	1004	2482	581	5786	923	182
修理与维护	8310	503	611	185	2893	530	83
清洁服务	8320	129	241	54	1376	181	57
其他未列明的服务	8390	372	1630	342	1517	212	42
教育	P	**17127**	**15507**	**10911**	**29272**	**17786**	**2462**
教育	8400	17127	15507	10911	29272	17786	2462
学前教育	8410	2218	1382	1550	6165	1488	301
初等教育	8420	7243	8996	3854	15112	11847	1455
中等教育	8430	5381	3394	3878	4521	3160	448
高等教育	8440	243	215	236	446	135	24
其他教育	8490	2042	1520	1393	3028	1156	234

单位：个

重庆	四川	贵州	云南	西藏	陕西	甘肃	青海	宁夏	新疆	代码
1137	**2790**	**956**	**1640**	**30**	**1567**	**826**	**228**	**215**	**737**	**N**
380	1303	554	831	9	869	415	124	59	248	7900
25	63	11	31	2	90	24	14	5	10	7910
215	696	139	304	4	403	232	36	35	184	7920
140	544	404	496	3	376	159	74	19	54	7990
339	683	150	357	11	277	185	51	51	222	8000
37	174	24	125	5	74	74	31	19	94	8010
302	509	126	232	6	203	111	20	32	128	8020
418	804	252	452	10	421	226	53	105	267	8100
121	141	55	74	3	120	40	17	16	75	8110
131	328	49	156	1	122	78	20	47	101	8120
166	335	148	222	6	179	108	16	42	91	8130
2188	**3721**	**1156**	**1261**	**55**	**2225**	**800**	**242**	**460**	**1209**	**O**
1135	1872	552	556	30	1217	407	137	178	567	8200
125	227	46	55	1	27	18	12	12	67	8210
32	28	15	8	1	23	5	10	1	54	8220
35	36	10	24	0	33	15	3	4	16	8230
235	383	69	87	10	232	67	13	24	65	8240
79	155	98	79	1	224	78	26	20	49	8250
72	119	24	28	0	34	18	6	24	38	8260
112	234	59	75	0	84	38	14	17	36	8270
61	136	48	80	2	171	87	14	26	49	8280
384	554	183	120	15	389	81	39	50	193	8290
1053	1849	604	705	25	1008	393	105	282	642	8300
481	850	312	420	15	576	209	46	170	354	8310
202	307	87	75	1	72	74	14	37	62	8320
370	692	205	210	9	360	110	45	75	226	8390
6787	**16757**	**8940**	**6432**	**492**	**15585**	**8736**	**982**	**1184**	**4827**	**P**
6787	16757	8940	6432	492	15585	8736	982	1184	4827	8400
1202	2592	665	1153	16	1436	716	116	135	574	8410
2890	7302	5484	2118	343	9960	5377	342	430	1805	8420
1527	4339	2170	2191	98	2841	1881	305	373	1524	8430
114	167	74	107	5	201	112	26	21	79	8440
1054	2357	547	863	30	1147	650	193	225	845	8490

行业中类	代码	法人单位数					
		河南	湖北	湖南	广东	广西	海南
卫生、社会保障和社会福利业	**Q**	**30031**	**6177**	**6133**	**7310**	**6480**	**690**
卫生	8500	28572	4618	4952	6040	4929	596
医院	8510	1246	651	763	1043	424	89
卫生院及社区医疗活动	8520	3081	1378	2490	1660	1642	366
门诊部医疗活动	8530	23025	1303	245	2131	1391	17
计划生育技术服务活动	8540	643	749	818	440	1026	13
妇幼保健活动	8550	157	87	131	106	107	21
专科疾病防治活动	8560	63	155	96	142	58	38
疾病预防控制及防疫活动	8570	223	199	278	253	157	27
其他卫生活动	8590	134	96	131	265	124	25
社会保障业	8600	623	421	535	296	1060	26
社会福利业	8700	836	1138	646	974	491	68
提供住宿的社会福利	8710	616	947	495	651	337	43
不提供住宿的社会福利	8720	220	191	151	323	154	25
文化、体育和娱乐业	**R**	**2814**	**2923**	**2414**	**5516**	**2760**	**705**
新闻出版业	8800	148	217	124	344	140	67
新闻业	8810	10	43	15	38	20	8
出版业	8820	138	174	109	306	120	59
广播、电视、电影和音像业	8900	637	608	678	974	1095	99
广播	8910	190	169	133	165	600	23
电视	8920	200	254	367	264	323	29
电影	8930	229	150	160	396	155	37
音像制作	8940	18	35	18	149	17	10
文化艺术业	9000	1584	1479	1039	1774	1016	299
文艺创作与表演	9010	251	156	130	361	164	70
艺术表演场馆	9020	72	76	54	75	32	12
图书馆与档案馆	9030	190	176	174	233	205	42
文物及文化保护	9040	199	54	152	65	65	15

单位：个

重庆	四川	贵州	云南	西藏	陕西	甘肃	青海	宁夏	新疆	代码
3220	**12620**	**3552**	**3807**	**272**	**20800**	**2925**	**682**	**708**	**2289**	**Q**
2469	10247	3309	3215	259	20054	2677	553	642	1957	8500
334	1252	429	625	106	671	375	140	106	566	8510
1144	4758	1594	1531	35	2273	1305	246	273	794	8520
154	1231	199	185	9	15884	247	26	178	97	8530
629	2254	794	439	6	556	348	23	10	177	8540
44	180	92	147	8	152	200	18	20	90	8550
25	81	14	36	2	50	29	6	8	15	8560
55	268	104	178	81	354	126	59	28	155	8570
84	223	83	74	12	114	47	35	19	63	8590
201	933	95	250	3	302	97	59	32	112	8600
550	1440	148	342	10	444	151	70	34	220	8700
409	1124	105	230	6	363	106	48	19	142	8710
141	316	43	112	4	81	45	22	15	78	8720
1289	**4707**	**1274**	**2046**	**135**	**1935**	**1285**	**357**	**387**	**1101**	**R**
88	232	74	108	10	86	85	20	29	103	8800
17	49	17	19	2	11	22	3	7	15	8810
71	183	57	89	8	75	63	17	22	88	8820
272	1089	324	331	65	470	251	72	64	281	8900
60	502	126	45	9	167	108	8	10	102	8910
87	359	106	102	25	87	50	24	19	70	8920
53	163	83	155	29	184	85	36	29	98	8930
72	65	9	29	2	32	8	4	6	11	8940
450	2270	600	1096	46	915	714	169	137	504	9000
74	197	63	129	11	138	94	19	16	84	9010
14	52	8	16	3	52	27	3	3	16	9020
74	293	99	220	11	159	130	53	40	135	9030
42	189	38	86	3	149	39	13	17	35	9040

行业中类	代码	法人单位数					
		河南	湖北	湖南	广东	广西	海南
博物馆	9050	64	100	33	151	50	18
烈士陵园、纪念馆	9060	50	45	29	22	19	6
群众文化活动	9070	639	731	394	565	365	76
文化艺术经纪代理	9080	38	56	19	113	22	25
其他文化艺术	9090	81	85	54	189	94	35
体育	9100	143	216	131	573	158	59
体育组织	9110	68	83	53	282	59	25
体育场馆	9120	32	58	32	182	45	12
其他体育	9190	43	75	46	109	54	22
娱乐业	9200	302	403	442	1851	351	181
室内娱乐活动	9210	147	187	215	1063	212	82
游乐园	9220	32	26	19	70	9	6
休闲健身娱乐活动	9230	73	117	134	514	95	64
其他娱乐活动	9290	50	73	74	204	35	29
公共管理和社会组织	**S**	**75426**	**54793**	**77014**	**49393**	**38051**	**5633**
中国共产党机关	9300	1822	1374	1627	1412	2518	173
国家机构	9400	16900	17311	20273	14519	14640	1787
国家权力机构	9410	409	295	238	438	327	32
国家行政机构	9420	15947	16415	19432	13356	13881	1654
人民法院和人民检察院	9430	363	266	306	300	252	58
其他国家机构	9490	181	335	297	425	180	43
人民政协和民主党派	9500	239	205	228	306	231	41
人民政协	9510	170	128	157	138	149	19
民主党派	9520	69	77	71	168	82	22
群众团体、社会团体和宗教组织	9600	5649	5758	5593	7099	4678	697
群众团体	9610	868	772	898	1214	917	138
社会团体	9620	2370	4328	3871	5292	3607	550
宗教组织	9630	2411	658	824	593	154	9
基层群众自治组织	9700	50816	30145	49293	26057	15984	2935
社区自治组织	9710	2986	3184	3954	5671	1473	387
村民自治组织	9720	47830	26961	45339	20386	14511	2548

单位：个

重庆	四川	贵州	云南	西藏	陕西	甘肃	青海	宁夏	新疆	代码
14	58	15	22	2	74	62	11	12	11	9050
9	65	6	9	0	37	9	2	0	3	9060
132	1229	305	499	13	247	305	49	30	171	9070
25	44	7	17	0	10	4	3	4	20	9080
66	143	59	98	3	49	44	16	15	29	9090
85	294	58	151	6	129	66	35	49	60	9100
49	158	31	83	4	55	38	17	28	32	9110
18	47	10	35	1	35	4	6	11	9	9120
18	89	17	33	1	39	24	12	10	19	9190
394	822	218	360	8	335	169	61	108	153	9200
244	593	149	238	6	213	110	37	66	83	9210
7	18	5	17	1	12	9	2	3	9	9220
76	126	35	69	1	41	31	10	23	26	9230
67	85	29	36	0	69	19	12	16	35	9290
22517	**100345**	**33928**	**33285**	**10612**	**49199**	**35973**	**10344**	**8528**	**25692**	**S**
747	3494	1251	1867	703	2280	1222	347	224	1131	9300
7451	27400	10201	11840	3187	14067	10215	2855	1723	8278	9400
89	364	116	173	196	358	137	193	30	151	9410
7125	26290	9768	11273	2817	13201	9834	2501	1617	7783	9420
96	437	198	311	152	265	211	114	58	292	9430
141	309	119	83	22	243	33	47	18	52	9490
114	389	135	228	48	193	189	61	67	131	9500
44	204	99	149	40	122	101	48	26	106	9510
70	185	36	79	8	71	88	13	41	25	9520
2872	13047	2673	5412	796	3492	6393	2635	3719	5469	9600
302	1391	679	822	235	597	502	216	152	583	9610
2395	10032	1629	3414	127	2194	1880	544	870	1709	9620
175	1624	365	1176	434	701	4011	1875	2697	3177	9630
11333	56015	19668	13938	5878	29167	17954	4446	2795	10683	9700
1992	4714	1465	941	114	1415	1108	284	424	1567	9710
9341	51301	18203	12997	5764	27752	16846	4162	2371	9116	9720

1-3 按三次产业、地区分组的法人单位数

（2007年）　　　　单位：个

地 区	法人单位数	第一产业	第二产业	第三产业
全 国	**6495064**	**98546**	**2039702**	**4356816**
北 京	322319	3485	48847	269987
天 津	113972	764	39993	73215
河 北	255867	2758	88212	164897
山 西	168340	6205	38676	123459
内蒙古	93227	1784	19055	72388
辽 宁	270245	3571	88388	178286
吉 林	92852	1695	22485	68672
黑龙江	118941	1723	28056	89162
上 海	361380	1913	89793	269674
江 苏	583462	4594	285887	292981
浙 江	530909	8544	257171	265194
安 徽	200166	1767	62689	135710
福 建	222923	4543	77811	140569
江 西	129506	556	40521	88429
山 东	492916	5451	182760	304705
河 南	322828	9570	114560	198698
湖 北	205303	1407	50626	153270
湖 南	202256	6765	55636	139855
广 东	586945	4476	209341	373128
广 西	149472	4306	26986	118180
海 南	29746	1941	4009	23796
重 庆	119898	3723	33793	82382
四 川	306120	5148	65854	235118
贵 州	93679	1434	16548	75697
云 南	110167	3715	21696	84756
西 藏	13859	21	785	13053
陕 西	170044	3222	33878	132944
甘 肃	91950	643	15408	75899
青 海	23307	424	3350	19533
宁 夏	32698	683	6662	25353
新 疆	79767	1715	10226	67826

1-4 按行业小类分组的法人单位数

(2007年) 单位：个

行业小类	代码	法人单位数	从事单一活动或位于一个地点的法人单位	从事多种活动或位于多个地点的法人单位
全国		**6495064**	**6136519**	**358545**
农、林、牧、渔业	**A**	**98546**	**95897**	**2649**
农业	0100	24847	24077	770
谷物及其他作物的种植	0110	5784	5243	541
谷物的种植	0111	2676	2361	315
薯类的种植	0112	295	292	3
油料的种植	0113	111	90	21
豆类的种植	0114	107	76	31
棉花的种植	0115	294	191	103
麻类的种植	0116	49	46	3
糖料的种植	0117	74	49	25
烟草的种植	0118	41	40	1
其他作物的种植	0119	2137	2098	39
蔬菜、园艺作物的种植	0120	9740	9664	76
蔬菜的种植	0121	3828	3798	30
花卉的种植	0122	3750	3718	32
其他园艺作物的种植	0123	2162	2148	14
水果、坚果、饮料和香料作物的种植	0130	8192	8049	143
水果、坚果的种植	0131	6521	6427	94
茶及其他饮料作物的种植	0132	1551	1505	46
香料作物的种植	0133	120	117	3
中药材的种植	0140	1131	1121	10
林业	0200	11983	11374	609
林木的培育和种植	0210	10653	10250	403
育种和育苗	0211	4920	4839	81
造林	0212	2685	2567	118
林木的抚育和管理	0213	3048	2844	204
木材和竹材的采运	0220	848	762	86
木材的采运	0221	813	728	85
竹材的采运	0222	35	34	1
林产品的采集	0230	482	362	120
畜牧业	0300	21794	21540	254
牲畜的饲养	0310	6586	6471	115
猪的饲养	0320	6443	6390	53
家禽的饲养	0330	6275	6216	59
狩猎和捕捉动物	0340	49	49	0
其他畜牧业	0390	2441	2414	27

行业小类	代码	法人单位数	从事单一活动或位于一个地点的法人单位	从事多种活动或位于多个地点的法人单位
渔业	0400	7520	7445	75
海洋渔业	0410	2616	2591	25
海水养殖	0411	2316	2299	17
海洋捕捞	0412	300	292	8
内陆渔业	0420	4904	4854	50
内陆养殖	0421	4832	4786	46
内陆捕捞	0422	72	68	4
农、林、牧、渔服务业	0500	32402	31461	941
农业服务业	0510	15864	15397	467
灌溉服务	0511	2283	2225	58
农产品初加工服务	0512	3620	3596	24
其他农业服务	0519	9961	9576	385
林业服务业	0520	4972	4869	103
畜牧服务业	0530	9362	9004	358
兽医服务	0531	7104	6791	313
其他畜牧服务	0539	2258	2213	45
渔业服务业	0540	2204	2191	13
采矿业	**B**	**97678**	**95955**	**1723**
煤炭开采和洗选业	0600	28219	27471	748
烟煤和无烟煤的开采洗选	0610	26944	26236	708
褐煤的开采洗选	0620	738	703	35
其他煤炭采选	0690	537	532	5
石油和天然气开采业	0700	1010	948	62
天然原油和天然气开采	0710	346	311	35
与石油和天然气开采有关的服务活动	0790	664	637	27
黑色金属矿采选业	0800	14913	14702	211
铁矿采选	0810	13548	13360	188
其他黑色金属矿采选	0890	1365	1342	23
有色金属矿采选业	0900	9256	9027	229
常用有色金属矿采选	0910	6179	6034	145
铜矿采选	0911	1142	1094	48
铅锌矿采选	0912	2880	2818	62
镍钴矿采选	0913	66	61	5

1-4续表 2

单位：个

行业小类	代码	法人单位数	从事单一活动或位于一个地点的法人单位	从事多种活动或位于多个地点的法人单位
锡矿采选	0914	517	505	12
锑矿采选	0915	130	127	3
铝矿采选	0916	391	388	3
镁矿采选	0917	338	336	2
其他常用有色金属矿采选	0919	715	705	10
贵金属矿采选	0920	2019	1956	63
金矿采选	0921	1871	1808	63
银矿采选	0922	119	119	0
其他贵金属矿采选	0929	29	29	0
稀有稀土金属矿采选	0930	1058	1037	21
钨钼矿采选	0931	806	791	15
稀土金属矿采选	0932	113	108	5
放射性金属矿采选	0933	15	14	1
其他稀有金属矿采选	0939	124	124	0
非金属矿采选业	1000	43521	43051	470
土砂石开采	1010	36283	35967	316
石灰石、石膏开采	1011	8000	7899	101
建筑装饰用石开采	1012	8032	7959	73
耐火土石开采	1013	2449	2427	22
粘土及其他土砂石开采	1019	17802	17682	120
化学矿采选	1020	1651	1581	70
采盐	1030	880	850	30
石棉及其他非金属矿采选	1090	4707	4653	54
石棉、云母矿采选	1091	192	182	10
石墨、滑石采选	1092	963	949	14
宝石、玉石开采	1093	123	121	2
其他非金属矿采选	1099	3429	3401	28
其他采矿业	1100	759	756	3
制造业	**C**	**1702455**	**1676057**	**26398**
农副食品加工业	1300	90620	89043	1577
谷物磨制	1310	26653	26426	227
饲料加工	1320	10991	10819	172
植物油加工	1330	9273	9124	149
食用植物油加工	1331	8441	8300	141
非食用植物油加工	1332	832	824	8

1-4续表 3 单位：个

行业小类	代码	法人单位数	从事单一活动或位于一个地点的法人单位	从事多种活动或位于多个地点的法人单位
制糖	1340	700	639	61
屠宰及肉类加工	1350	13117	12545	572
畜禽屠宰	1351	7617	7249	368
肉制品及副产品加工	1352	5500	5296	204
水产品加工	1360	8055	7901	154
水产品冷冻加工	1361	5235	5114	121
鱼糜制品及水产品干腌制加工	1362	1572	1547	25
水产饲料制造	1363	686	682	4
鱼油提取及制品的制造	1364	44	43	1
其他水产品加工	1369	518	515	3
蔬菜、水果和坚果加工	1370	11876	11756	120
其他农副食品加工	1390	9955	9833	122
淀粉及淀粉制品的制造	1391	4262	4224	38
豆制品制造	1392	1831	1796	35
蛋品加工	1393	529	514	15
其他未列明的农副食品加工	1399	3333	3299	34
食品制造业	1400	40815	39679	1136
焙烤食品制造	1410	8725	8279	446
糕点、面包制造	1411	5633	5233	400
饼干及其他焙烤食品制造	1419	3092	3046	46
糖果、巧克力及蜜饯制造	1420	4607	4542	65
糖果、巧克力制造	1421	2442	2410	32
蜜饯制作	1422	2165	2132	33
方便食品制造	1430	5849	5753	96
米、面制品制造	1431	3802	3765	37
速冻食品制造	1432	1047	1019	28
方便面及其他方便食品制造	1439	1000	969	31
液体乳及乳制品制造	1440	2227	2121	106
罐头制造	1450	3186	3135	51
肉、禽类罐头制造	1451	495	482	13
水产品罐头制造	1452	190	184	6
蔬菜、水果罐头制造	1453	2138	2110	28
其他罐头食品制造	1459	363	359	4
调味品、发酵制品制造	1460	6608	6456	152
味精制造	1461	498	481	17
酱油、食醋及类似制品的制造	1462	3702	3600	102
其他调味品、发酵制品制造	1469	2408	2375	33

1-4续表 4

单位：个

行业小类	代码	法人单位数	从事单一活动或位于一个地点的法人单位	从事多种活动或位于多个地点的法人单位
其他食品制造	1490	9613	9393	220
营养、保健食品制造	1491	2311	2224	87
冷冻饮品及食用冰制造	1492	1839	1789	50
盐加工	1493	239	231	8
食品及饲料添加剂制造	1494	2846	2811	35
其他未列明的食品制造	1499	2378	2338	40
饮料制造业	1500	32208	31207	1001
酒精制造	1510	533	520	13
酒的制造	1520	13369	13018	351
白酒制造	1521	9510	9282	228
啤酒制造	1522	1048	991	57
黄酒制造	1523	936	902	34
葡萄酒制造	1524	958	949	9
其他酒制造	1529	917	894	23
软饮料制造	1530	11157	10737	420
碳酸饮料制造	1531	1555	1521	34
瓶(罐)装饮用水制造	1532	6024	5720	304
果菜汁及果菜汁饮料制造	1533	1409	1377	32
含乳饮料和植物蛋白饮料制造	1534	905	883	22
固体饮料制造	1535	427	421	6
茶饮料及其他软饮料制造	1539	837	815	22
精制茶加工	1540	7149	6932	217
烟草制品业	1600	319	288	31
烟叶复烤	1610	97	90	7
卷烟制造	1620	129	109	20
其他烟草制品加工	1690	93	89	4
纺织业	1700	109716	108147	1569
棉、化纤纺织及印染精加工	1710	42555	42026	529
棉、化纤纺织加工	1711	36658	36226	432
棉、化纤印染精加工	1712	5897	5800	97
毛纺织和染整精加工	1720	5539	5463	76
毛条加工	1721	928	917	11
毛纺织	1722	3816	3757	59
毛染整精加工	1723	795	789	6

1-4续表 5 单位：个

行业小类	代码	法人单位数	从事单一活动或位于一个地点的法人单位	从事多种活动或位于多个地点的法人单位
麻纺织	1730	1240	1215	25
丝绢纺织及精加工	1740	6794	6645	149
缫丝加工	1741	1490	1412	78
绢纺和丝织加工	1742	4477	4421	56
丝印染精加工	1743	827	812	15
纺织制成品制造	1750	22576	22273	303
棉及化纤制品制造	1751	9363	9222	141
毛制品制造	1752	1130	1117	13
麻制品制造	1753	485	476	9
丝制品制造	1754	1036	1016	20
绳、索、缆的制造	1755	1920	1901	19
纺织带和帘子布制造	1756	2436	2405	31
无纺布制造	1757	2503	2487	16
其他纺织制成品制造	1759	3703	3649	54
针织品、编织品及其制品制造	1760	31012	30525	487
棉、化纤针织品及编织品制造	1761	16846	16597	249
毛针织品及编织品制造	1762	9984	9802	182
丝针织品及编织品制造	1763	1532	1507	25
其他针织品及编织品制造	1769	2650	2619	31
纺织服装、鞋、帽制造业	1800	74447	73177	1270
纺织服装制造	1810	69715	68494	1221
纺织面料鞋的制造	1820	3364	3328	36
制帽	1830	1368	1355	13
皮革、毛皮、羽毛(绒)及其制品业	1900	31363	30928	435
皮革鞣制加工	1910	3180	3135	45
皮革制品制造	1920	23999	23646	353
皮鞋制造	1921	12269	12076	193
皮革服装制造	1922	2168	2136	32
皮箱、包(袋)制造	1923	6164	6083	81
皮手套及皮装饰制品制造	1924	1637	1609	28
其他皮革制品制造	1929	1761	1742	19
毛皮鞣制及制品加工	1930	2602	2586	16
毛皮鞣制加工	1931	556	552	4
毛皮服装加工	1932	827	822	5
其他毛皮制品加工	1939	1219	1212	7

1-4续表 6

单位：个

行业小类	代码	法人单位数	从事单一活动或位于一个地点的法人单位	从事多种活动或位于多个地点的法人单位
羽毛(绒)加工及制品制造	1940	1582	1561	21
羽毛(绒)加工	1941	767	764	3
羽毛(绒)制品加工	1942	815	797	18
木材加工及木、竹、藤、棕、草制品业	2000	53103	52649	454
锯材、木片加工	2010	16151	16043	108
锯材加工	2011	9713	9626	87
木片加工	2012	6438	6417	21
人造板制造	2020	16894	16768	126
胶合板制造	2021	8312	8257	55
纤维板制造	2022	1169	1148	21
刨花板制造	2023	1861	1851	10
其他人造板、材制造	2029	5552	5512	40
木制品制造	2030	13138	12981	157
建筑用木料及木材组件加工	2031	5559	5478	81
木容器制造	2032	3335	3302	33
软木制品及其他木制品制造	2039	4244	4201	43
竹、藤、棕、草制品制造	2040	6920	6857	63
家具制造业	2100	32823	32019	804
木质家具制造	2110	23800	23195	605
竹、藤家具制造	2120	565	561	4
金属家具制造	2130	4330	4250	80
塑料家具制造	2140	510	501	9
其他家具制造	2190	3618	3512	106
造纸及纸制品业	2200	50752	50248	504
纸浆制造	2210	833	821	12
造纸	2220	13914	13727	187
机制纸及纸板制造	2221	10344	10185	159
手工纸制造	2222	504	503	1
加工纸制造	2223	3066	3039	27
纸制品制造	2230	36005	35700	305
纸和纸板容器的制造	2231	24611	24412	199
其他纸制品制造	2239	11394	11288	106
印刷业和记录媒介的复制	2300	49220	48372	848
印刷	2310	45081	44305	776

单位：个

行业小类	代码	法人单位数	从事单一活动或位于一个地点的法人单位	从事多种活动或位于多个地点的法人单位
书、报、刊印刷	2311	14749	14465	284
本册印制	2312	7587	7454	133
包装装潢及其他印刷	2319	22745	22386	359
装订及其他印刷服务活动	2320	3865	3798	67
记录媒介的复制	2330	274	269	5
文教体育用品制造业	2400	19328	19044	284
文化用品制造	2410	5561	5460	101
文具制造	2411	2018	1989	29
笔的制造	2412	1955	1918	37
教学用模型及教具制造	2413	720	708	12
墨水、墨汁制造	2414	224	216	8
其他文化用品制造	2419	644	629	15
体育用品制造	2420	4295	4232	63
球类制造	2421	564	555	9
体育器材及配件制造	2422	1458	1444	14
训练健身器材制造	2423	965	947	18
运动防护用具制造	2424	352	346	6
其他体育用品制造	2429	956	940	16
乐器制造	2430	1310	1283	27
中乐器制造	2431	269	259	10
西乐器制造	2432	572	559	13
电子乐器制造	2433	131	131	0
其他乐器及零件制造	2439	338	334	4
玩具制造	2440	7428	7350	78
游艺器材及娱乐用品制造	2450	734	719	15
露天游乐场所游乐设备制造	2451	356	352	4
游艺用品及室内游艺器材制造	2452	378	367	11
石油加工及炼焦业	2500	8445	8246	199
精炼石油产品的制造	2510	5571	5450	121
原油加工及石油制品制造	2511	5435	5315	120
人造原油生产	2512	136	135	1
炼焦	2520	2833	2757	76
化学原料及化学制品制造业	2600	97166	95469	1697
基础化学原料制造	2610	19166	18819	347
无机酸制造	2611	2175	2142	33

1-4续表 8 单位：个

行业小类	代码	法人单位数	从事单一活动或位于一个地点的法人单位	从事多种活动或位于多个地点的法人单位
无机碱制造	2612	1538	1504	34
无机盐制造	2613	4903	4831	72
有机化学原料制造	2614	6149	6047	102
其他基础化学原料制造	2619	4401	4295	106
肥料制造	2620	9154	8906	248
氮肥制造	2621	1049	959	90
磷肥制造	2622	1510	1461	49
钾肥制造	2623	223	221	2
复混肥料制造	2624	3890	3813	77
有机肥料及微生物肥料制造	2625	1717	1695	22
其他肥料制造	2629	765	757	8
农药制造	2630	2546	2479	67
化学农药制造	2631	1879	1825	54
生物化学农药及微生物农药制造	2632	667	654	13
涂料、油墨、颜料及类似产品制造	2640	19825	19511	314
涂料制造	2641	13063	12838	225
油墨及类似产品制造	2642	1615	1589	26
颜料制造	2643	1395	1375	20
染料制造	2644	1695	1679	16
密封用填料及类似品制造	2645	2057	2030	27
合成材料制造	2650	6805	6699	106
初级形态的塑料及合成树脂制造	2651	3885	3821	64
合成橡胶制造	2652	1169	1153	16
合成纤维单(聚合)体的制造	2653	626	614	12
其他合成材料制造	2659	1125	1111	14
专用化学产品制造	2660	30214	29777	437
化学试剂和助剂制造	2661	9883	9738	145
专项化学用品制造	2662	6075	6003	72
林产化学产品制造	2663	1933	1899	34
炸药及火工产品制造	2664	6528	6415	113
信息化学品制造	2665	558	548	10
环境污染处理专用药剂材料制造	2666	879	859	20
动物胶制造	2667	572	564	8
其他专用化学产品制造	2669	3786	3751	35

1-4续表 9

单位：个

行业小类	代码	法人单位数	从事单一活动或位于一个地点的法人单位	从事多种活动或位于多个地点的法人单位
日用化学产品制造	2670	9456	9278	178
肥皂及合成洗涤剂制造	2671	2808	2747	61
化妆品制造	2672	2491	2439	52
口腔清洁用品制造	2673	174	166	8
香料、香精制造	2674	1424	1391	33
其他日用化学产品制造	2679	2559	2535	24
医药制造业	2700	15373	14965	408
化学药品原药制造	2710	2293	2227	66
化学药品制剂制造	2720	2269	2189	80
中药饮片加工	2730	1880	1837	43
中成药制造	2740	2781	2674	107
兽用药品制造	2750	1501	1469	32
生物、生化制品的制造	2760	2443	2393	50
卫生材料及医药用品制造	2770	2206	2176	30
化学纤维制造业	2800	4609	4549	60
纤维素纤维原料及纤维制造	2810	768	756	12
化纤浆粕制造	2811	252	249	3
人造纤维(纤维素纤维)制造	2812	516	507	9
合成纤维制造	2820	3841	3793	48
锦纶纤维制造	2821	441	436	5
涤纶纤维制造	2822	1604	1578	26
腈纶纤维制造	2823	147	145	2
维纶纤维制造	2824	60	57	3
其他合成纤维制造	2829	1589	1577	12
橡胶制品业	2900	19591	19330	261
轮胎制造	2910	1762	1720	42
车辆、飞机及工程机械轮胎制造	2911	1028	998	30
力车胎制造	2912	305	300	5
轮胎翻新加工	2913	429	422	7
橡胶板、管、带的制造	2920	3905	3852	53
橡胶零件制造	2930	6089	6011	78
再生橡胶制造	2940	1113	1107	6
日用及医用橡胶制品制造	2950	1019	1004	15
橡胶靴鞋制造	2960	2161	2127	34
其他橡胶制品制造	2990	3542	3509	33

1-4续表 10

单位：个

行业小类	代码	法　人单位数	从事单一活动或位于一个地点的法人单位	从事多种活动或位于多个地点的法人单位
塑料制品业	3000	92866	91870	996
塑料薄膜制造	3010	8725	8622	103
塑料板、管、型材的制造	3020	14351	14178	173
塑料丝、绳及编织品的制造	3030	9681	9558	123
泡沫塑料制造	3040	4892	4836	56
塑料人造革、合成革制造	3050	1127	1108	19
塑料包装箱及容器制造	3060	10681	10592	89
塑料零件制造	3070	12789	12653	136
日用塑料制造	3080	14275	14111	164
塑料鞋制造	3081	2496	2471	25
日用塑料杂品制造	3082	11779	11640	139
其他塑料制品制造	3090	16345	16212	133
非金属矿物制品业	3100	195442	193573	1869
水泥、石灰和石膏的制造	3110	15205	14789	416
水泥制造	3111	9223	8848	375
石灰和石膏制造	3112	5982	5941	41
水泥及石膏制品制造	3120	41069	40703	366
水泥制品制造	3121	17295	17110	185
砼结构构件制造	3122	18413	18283	130
石棉水泥制品制造	3123	1084	1073	11
轻质建筑材料制造	3124	2895	2867	28
其他水泥制品制造	3129	1382	1370	12
砖瓦、石材及其他建筑材料制造	3130	92715	92171	544
粘土砖瓦及建筑砌块制造	3131	62659	62412	247
建筑陶瓷制品制造	3132	4362	4299	63
建筑用石加工	3133	15426	15290	136
防水建筑材料制造	3134	2619	2582	37
隔热和隔音材料制造	3135	3243	3217	26
其他建筑材料制造	3139	4406	4371	35
玻璃及玻璃制品制造	3140	15562	15365	197
平板玻璃制造	3141	1231	1197	34
技术玻璃制品制造	3142	1830	1798	32
光学玻璃制造	3143	516	512	4
玻璃仪器制造	3144	871	861	10
日用玻璃制品及玻璃包装容器制造	3145	4047	3990	57
玻璃保温容器制造	3146	344	338	6

1-4续表 11

单位：个

行业小类	代码	法人单位数	从事单一活动或位于一个地点的法人单位	从事多种活动或位于多个地点的法人单位
玻璃纤维及制品制造	3147	2257	2234	23
玻璃纤维增强塑料制品制造	3148	2713	2697	16
其他玻璃制品制造	3149	1753	1738	15
陶瓷制品制造	3150	8873	8756	117
卫生陶瓷制品制造	3151	1169	1160	9
特种陶瓷制品制造	3152	2014	1996	18
日用陶瓷制品制造	3153	3783	3720	63
园林、陈设艺术及其他陶瓷制品制造	3159	1907	1880	27
耐火材料制品制造	3160	11077	10967	110
石棉制品制造	3161	1629	1613	16
云母制品制造	3162	263	262	1
耐火陶瓷制品及其他耐火材料制造	3169	9185	9092	93
石墨及其他非金属矿物制品制造	3190	10941	10822	119
石墨及碳素制品制造	3191	3342	3311	31
其他非金属矿物制品制造	3199	7599	7511	88
黑色金属冶炼及压延加工业	3200	25348	24914	434
炼铁	3210	5296	5232	64
炼钢	3220	1347	1311	36
钢压延加工	3230	14977	14711	266
铁合金冶炼	3240	3728	3660	68
有色金属冶炼及压延加工业	3300	21795	21430	365
常用有色金属冶炼	3310	6562	6419	143
铜冶炼	3311	1287	1262	25
铅锌冶炼	3312	1595	1560	35
镍钴冶炼	3313	226	219	7
锡冶炼	3314	259	247	12
锑冶炼	3315	273	265	8
铝冶炼	3316	1606	1559	47
镁冶炼	3317	445	439	6
其他常用有色金属冶炼	3319	871	868	3
贵金属冶炼	3320	662	631	31
金冶炼	3321	330	302	28
银冶炼	3322	206	204	2
其他贵金属冶炼	3329	126	125	1

1-4续表 12

单位：个

行业小类	代码	法人单位数	从事单一活动或位于一个地点的法人单位	从事多种活动或位于多个地点的法人单位
稀有稀土金属冶炼	3330	1224	1206	18
钨钼冶炼	3331	403	401	2
稀土金属冶炼	3332	407	400	7
其他稀有金属冶炼	3339	414	405	9
有色金属合金制造	3340	1866	1844	22
有色金属压延加工	3350	11481	11330	151
常用有色金属压延加工	3351	10576	10436	140
贵金属压延加工	3352	297	291	6
稀有稀土金属压延加工	3353	608	603	5
金属制品业	3400	118717	117175	1542
结构性金属制品制造	3410	38417	37917	500
金属结构制造	3411	24897	24618	279
金属门窗制造	3412	13520	13299	221
金属工具制造	3420	16683	16481	202
切削工具制造	3421	4122	4059	63
手工具制造	3422	3941	3896	45
农用及园林用金属工具制造	3423	1715	1695	20
刀剪及类似日用金属工具制造	3424	2120	2094	26
其他金属工具制造	3429	4785	4737	48
集装箱及金属包装容器制造	3430	6076	5998	78
集装箱制造	3431	311	310	1
金属压力容器制造	3432	1243	1213	30
金属包装容器制造	3433	4522	4475	47
金属丝绳及其制品的制造	3440	6423	6337	86
建筑、安全用金属制品制造	3450	14449	14211	238
建筑、家具用金属配件制造	3451	6954	6832	122
建筑装饰及水暖管道零件制造	3452	4877	4809	68
安全、消防用金属制品制造	3453	1477	1443	34
其他建筑、安全用金属制品制造	3459	1141	1127	14
金属表面处理及热处理加工	3460	9346	9248	98
搪瓷制品制造	3470	1109	1087	22
工业生产配套用搪瓷制品制造	3471	256	255	1
搪瓷卫生洁具制造	3472	367	357	10
搪瓷日用品及其他搪瓷制品制造	3479	486	475	11
不锈钢及类似日用金属制品制造	3480	12072	11894	178
金属制厨房调理及卫生器具制造	3481	2278	2237	41
金属制厨用器皿及餐具制造	3482	3886	3816	70
其他日用金属制品制造	3489	5908	5841	67

单位：个

行业小类	代码	法　人 单位数	从事单一活动或位于一个地点的法人单位	从事多种活动或位于多个地点的法人单位
其他金属制品制造	3490	14142	14002	140
铸币及贵金属制实验室用品制造	3491	115	115	0
其他未列明的金属制品制造	3499	14027	13887	140
通用设备制造业	3500	158252	155810	2442
锅炉及原动机制造	3510	6733	6572	161
锅炉及辅助设备制造	3511	4118	4024	94
内燃机及配件制造	3512	1957	1908	49
汽轮机及辅机制造	3513	234	223	11
水轮机及辅机制造	3514	160	155	5
其他原动机制造	3519	264	262	2
金属加工机械制造	3520	18003	17734	269
金属切削机床制造	3521	2553	2489	64
金属成形机床制造	3522	2088	2035	53
铸造机械制造	3523	3747	3721	26
金属切割及焊接设备制造	3524	2196	2164	32
机床附件制造	3525	2108	2081	27
其他金属加工机械制造	3529	5311	5244	67
起重运输设备制造	3530	5672	5511	161
泵、阀门、压缩机及类似机械的制造	3540	21870	21423	447
泵及真空设备制造	3541	6351	6208	143
气体压缩机械制造	3542	1285	1241	44
阀门和旋塞的制造	3543	8934	8754	180
液压和气压动力机械及元件制造	3544	5300	5220	80
轴承、齿轮、传动和驱动部件的制造	3550	11163	11018	145
轴承制造	3551	7065	6984	81
齿轮、传动和驱动部件制造	3552	4098	4034	64
烘炉、熔炉及电炉制造	3560	1552	1529	23
风机、衡器、包装设备等通用设备制造	3570	19855	19479	376
风机、风扇制造	3571	2881	2840	41
气体、液体分离及纯净设备制造	3572	2303	2255	48
制冷、空调设备制造	3573	3606	3531	75
风动和电动工具制造	3574	2291	2245	46
喷枪及类似器具制造	3575	676	646	30

单位：个

行业小类	代码	法人单位数	从事单一活动或位于一个地点的法人单位	从事多种活动或位于多个地点的法人单位
包装专用设备制造	3576	1478	1441	37
衡器制造	3577	895	861	34
其他通用设备制造	3579	5725	5660	65
通用零部件制造及机械修理	3580	44643	44052	591
金属密封件制造	3581	2055	2038	17
紧固件、弹簧制造	3582	13821	13596	225
机械零部件加工及设备修理	3583	21183	20901	282
其他通用零部件制造	3589	7584	7517	67
金属铸、锻加工	3590	28761	28492	269
钢铁铸件制造	3591	23619	23403	216
锻件及粉末冶金制品制造	3592	5142	5089	53
专用设备制造业	3600	83327	82044	1283
矿山、冶金、建筑专用设备制造	3610	13601	13365	236
采矿、采石设备制造	3611	4701	4605	96
石油钻采专用设备制造	3612	1851	1818	33
建筑工程用机械制造	3613	2820	2771	49
建筑材料生产专用机械制造	3614	2550	2522	28
冶金专用设备制造	3615	1679	1649	30
化工、木材、非金属加工专用设备制造	3620	21981	21743	238
炼油、化工生产专用设备制造	3621	1842	1816	26
橡胶加工专用设备制造	3622	677	669	8
塑料加工专用设备制造	3623	2383	2345	38
木材加工机械制造	3624	904	856	48
模具制造	3625	15502	15394	108
其他非金属加工专用设备制造	3629	673	663	10
食品、饮料、烟草及饲料生产专用设备制造	3630	3746	3665	81
食品、饮料、烟草工业专用设备制造	3631	1904	1869	35
农副食品加工专用设备制造	3632	1528	1492	36
饲料生产专用设备制造	3633	314	304	10
印刷、制药、日化生产专用设备制造	3640	5610	5511	99
制浆和造纸专用设备制造	3641	1158	1129	29
印刷专用设备制造	3642	1552	1523	29
日用化工专用设备制造	3643	422	417	5
制药专用设备制造	3644	692	679	13
照明器具生产专用设备制造	3645	742	733	9
玻璃、陶瓷和搪瓷制品生产专用设备制造	3646	558	549	9
其他日用品生产专用设备制造	3649	486	481	5

单位：个

行业小类	代码	法人单位数	从事单一活动或位于一个地点的法人单位	从事多种活动或位于多个地点的法人单位
纺织、服装和皮革工业专用设备制造	3650	8744	8605	139
纺织专用设备制造	3651	5854	5769	85
皮革、毛皮及其制品加工专用设备制造	3652	362	351	11
缝纫机械制造	3653	1850	1820	30
其他服装加工专用设备制造	3659	678	665	13
电子和电工机械专用设备制造	3660	6155	6056	99
电工机械专用设备制造	3661	2541	2512	29
电子工业专用设备制造	3662	3345	3321	24
航空、航天及其他专用设备制造	3669	155	144	11
农、林、牧、渔专用机械制造	3670	7109	6998	111
拖拉机制造	3671	632	611	21
机械化农业及园艺机具制造	3672	1841	1808	33
营林及木竹采伐机械制造	3673	60	57	3
畜牧机械制造	3674	223	222	1
渔业机械制造	3675	227	225	2
农林牧渔机械配件制造	3676	2285	2268	17
其他农林牧渔业机械制造及机械修理	3679	1841	1807	34
医疗仪器设备及器械制造	3680	4872	4762	110
医疗诊断、监护及治疗设备制造	3681	1227	1197	30
口腔科用设备及器具制造	3682	198	192	6
实验室及医用消毒设备和器具的制造	3683	293	287	6
医疗、外科及兽医用器械制造	3684	1165	1143	22
机械治疗及病房护理设备制造	3685	483	468	15
假肢、人工器官及植(介)入器械制造	3686	355	342	13
其他医疗设备及器械制造	3689	1151	1133	18
环保、社会公共安全及其他专用设备制造	3690	11509	11339	170
环境污染防治专用设备制造	3691	4697	4635	62
地质勘查专用设备制造	3692	128	123	5
邮政专用机械及器材制造	3693	51	49	2
商业、饮食、服务业专用设备制造	3694	272	263	9
社会公共安全设备及器材制造	3695	1051	1019	32
交通安全及管制专用设备制造	3696	308	306	2
水资源专用机械制造	3697	946	931	15
其他专用设备制造	3699	4056	4013	43

1-4续表 16

单位：个

行业小类	代码	法人单位数	从事单一活动或位于一个地点的法人单位	从事多种活动或位于多个地点的法人单位
交通运输设备制造业	3700	73406	71796	1610
铁路运输设备制造	3710	2569	2434	135
铁路机车车辆及动车组制造	3711	120	103	17
工矿有轨专用车辆制造	3712	122	122	0
铁路机车车辆配件制造	3713	1055	1019	36
铁路专用设备及器材、配件制造	3714	815	782	33
其他铁路设备制造及设备修理	3719	457	408	49
汽车制造	3720	50995	49976	1019
汽车整车制造	3721	670	623	47
改装汽车制造	3722	1365	1306	59
电车制造	3723	234	231	3
汽车车身、挂车的制造	3724	701	695	6
汽车零部件及配件制造	3725	30088	29636	452
汽车修理	3726	17937	17485	452
摩托车制造	3730	6753	6622	131
摩托车整车制造	3731	517	492	25
摩托车零部件及配件制造	3732	6236	6130	106
自行车制造	3740	5347	5247	100
脚踏自行车及残疾人座车制造	3741	3067	3035	32
助动自行车制造	3742	2280	2212	68
船舶及浮动装置制造	3750	6008	5868	140
金属船舶制造	3751	1663	1611	52
非金属船舶制造	3752	320	318	2
娱乐船和运动船的建造和修理	3753	192	190	2
船用配套设备制造	3754	1411	1384	27
船舶修理及拆船	3755	2339	2283	56
航标器材及其他浮动装置的制造	3759	83	82	1
航空航天器制造	3760	363	295	68
飞机制造及修理	3761	260	202	58
航天器制造	3762	64	56	8
其他飞行器制造	3769	39	37	2
交通器材及其他交通运输设备制造	3790	1371	1354	17
潜水及水下救捞装备制造	3791	33	33	0
交通管理用金属标志及设施制造	3792	541	532	9
其他交通运输设备制造	3799	797	789	8

单位：个

行业小类	代码	法人单位数	从事单一活动或位于一个地点的法人单位	从事多种活动或位于多个地点的法人单位
电气机械及器材制造业	3900	85276	83781	1495
电机制造	3910	8887	8719	168
发电机及发电机组制造	3911	1907	1868	39
电动机制造	3912	3871	3785	86
微电机及其他电机制造	3919	3109	3066	43
输配电及控制设备制造	3920	27976	27589	387
变压器、整流器和电感器制造	3921	5488	5407	81
电容器及其配套设备制造	3922	1691	1674	17
配电开关控制设备制造	3923	11147	10964	183
电力电子元器件制造	3924	6645	6585	60
其他输配电及控制设备制造	3929	3005	2959	46
电线、电缆、光缆及电工器材制造	3930	15464	15159	305
电线电缆制造	3931	11342	11090	252
光纤、光缆制造	3932	468	462	6
绝缘制品制造	3933	1596	1578	18
其他电工器材制造	3939	2058	2029	29
电池制造	3940	3695	3623	72
家用电力器具制造	3950	10443	10228	215
家用制冷电器具制造	3951	795	780	15
家用空气调节器制造	3952	793	772	21
家用通风电器具制造	3953	872	850	22
家用厨房电器具制造	3954	2677	2614	63
家用清洁卫生电器具制造	3955	865	849	16
家用美容、保健电器具制造	3956	515	505	10
家用电力器具专用配件制造	3957	1408	1388	20
其他家用电力器具制造	3959	2518	2470	48
非电力家用器具制造	3960	2833	2772	61
燃气、太阳能及类似能源的器具制造	3961	2275	2222	53
其他非电力家用器具制造	3969	558	550	8
照明器具制造	3970	12387	12156	231
电光源制造	3971	2729	2683	46
照明灯具制造	3972	6370	6227	143
灯用电器附件及其他照明器具制造	3979	3288	3246	42

行业小类	代码	法人单位数	从事单一活动或位于一个地点的法人单位	从事多种活动或位于多个地点的法人单位
其他电气机械及器材制造	3990	3591	3535	56
车辆专用照明及电气信号设备装置制造	3991	934	915	19
其他未列明的电气机械制造	3999	2657	2620	37
通信设备、计算机及其他电子设备制造业	4000	43371	42737	634
通信设备制造	4010	5137	5030	107
通信传输设备制造	4011	1291	1266	25
通信交换设备制造	4012	549	537	12
通信终端设备制造	4013	808	792	16
移动通信及终端设备制造	4014	782	756	26
其他通信设备制造	4019	1707	1679	28
雷达及配套设备制造	4020	121	107	14
广播电视设备制造	4030	1619	1588	31
广播电视节目制作及发射设备制造	4031	156	149	7
广播电视接收设备及器材制造	4032	1106	1085	21
应用电视设备及其他广播电视设备制造	4039	357	354	3
电子计算机制造	4040	4233	4156	77
电子计算机整机制造	4041	741	719	22
计算机网络设备制造	4042	778	767	11
电子计算机外部设备制造	4043	2714	2670	44
电子器件制造	4050	5782	5706	76
电子真空器件制造	4051	666	653	13
半导体分立器件制造	4052	887	872	15
集成电路制造	4053	1225	1217	8
光电子器件及其他电子器件制造	4059	3004	2964	40
电子元件制造	4060	18363	18160	203
电子元件及组件制造	4061	16451	16264	187
印制电路板制造	4062	1912	1896	16
家用视听设备制造	4070	3378	3309	69
家用影视设备制造	4071	1230	1195	35
家用音响设备制造	4072	2148	2114	34
其他电子设备制造	4090	4738	4681	57
仪器仪表及文化、办公用机械制造业	4100	22259	21765	494
通用仪器仪表制造	4110	10587	10377	210
工业自动控制系统装置制造	4111	3819	3739	80
电工仪器仪表制造	4112	2372	2327	45
绘图、计算及测量仪器制造	4113	772	759	13

1-4续表 19

单位：个

行业小类	代码	法人单位数	从事单一活动或位于一个地点的法人单位	从事多种活动或位于多个地点的法人单位
实验分析仪器制造	4114	1396	1372	24
试验机制造	4115	372	363	9
供应用仪表及其他通用仪器制造	4119	1856	1817	39
专用仪器仪表制造	4120	3550	3470	80
环境监测专用仪器仪表制造	4121	370	366	4
汽车及其他用计数仪表制造	4122	470	459	11
导航、气象及海洋专用仪器制造	4123	243	229	14
农林牧渔专用仪器仪表制造	4124	54	54	0
地质勘探和地震专用仪器制造	4125	165	159	6
教学专用仪器制造	4126	447	440	7
核子及核辐射测量仪器制造	4127	67	63	4
电子测量仪器制造	4128	819	807	12
其他专用仪器制造	4129	915	893	22
钟表与计时仪器制造	4130	1887	1842	45
光学仪器及眼镜制造	4140	3460	3362	98
光学仪器制造	4141	1433	1405	28
眼镜制造	4142	2027	1957	70
文化、办公用机械制造	4150	1667	1626	41
电影机械制造	4151	71	67	4
幻灯及投影设备制造	4152	115	114	1
照相机及器材制造	4153	406	393	13
复印和胶印设备制造	4154	280	273	7
计算器及货币专用设备制造	4155	366	355	11
其他文化、办公用机械制造	4159	429	424	5
其他仪器仪表的制造及修理	4190	1108	1088	20
工艺品及其他制造业	4200	46226	45585	641
工艺美术品制造	4210	28981	28548	433
雕塑工艺品制造	4211	5302	5214	88
金属工艺品制造	4212	3898	3836	62
漆器工艺品制造	4213	902	885	17
花画工艺品制造	4214	1673	1648	25
天然植物纤维编织工艺品制造	4215	2347	2325	22
抽纱刺绣工艺品制造	4216	4937	4896	41
地毯、挂毯制造	4217	2054	2037	17
珠宝首饰及有关物品的制造	4218	1846	1770	76
其他工艺美术品制造	4219	6022	5937	85

单位：个

行业小类	代码	法人单位数	从事单一活动或位于一个地点的法人单位	从事多种活动或位于多个地点的法人单位
日用杂品制造	4220	7425	7304	121
制镜及类似品加工	4221	586	578	8
鬃毛加工、制刷及清扫工具的制造	4222	1826	1808	18
其他日用杂品制造	4229	5013	4918	95
煤制品制造	4230	4342	4314	28
其他未列明的制造业	4290	5434	5376	58
废弃资源和废旧材料回收加工业	4300	6272	6217	55
金属废料和碎屑的加工处理	4310	3001	2971	30
非金属废料和碎屑的加工处理	4320	3271	3246	25
电力、燃气及水的生产和供应业	D	**49052**	**46092**	**2960**
电力、热力的生产和供应业	4400	32571	30534	2037
电力生产	4410	27239	26338	901
火力发电	4411	1966	1804	162
水力发电	4412	24750	24020	730
核力发电	4413	32	29	3
其他能源发电	4419	491	485	6
电力供应	4420	2947	1917	1030
热力生产和供应	4430	2385	2279	106
燃气生产和供应业	4500	2552	2345	207
水的生产和供应业	4600	13929	13213	716
自来水的生产和供应	4610	12475	11786	689
污水处理及其再生利用	4620	1148	1126	22
其他水的处理、利用与分配	4690	306	301	5
建筑业	E	**190517**	**183104**	**7413**
房屋和土木工程建筑业	4700	76056	71090	4966
房屋工程建筑	4710	49196	45621	3575
土木工程建筑	4720	26860	25469	1391
铁路、道路、隧道和桥梁工程建筑	4721	10133	9529	604
水利和港口工程建筑	4722	3247	3060	187
工矿工程建筑	4723	1666	1537	129
架线和管道工程建筑	4724	4777	4447	330
其他土木工程建筑	4729	7037	6896	141
建筑安装业	4800	35292	34252	1040
建筑装饰业	4900	58973	57825	1148

单位：个

行业小类	代码	法　人 单位数	从事单一活动或位于一个地点的法人单位	从事多种活动或位于多个地点的法人单位
其他建筑业	5000	20196	19937	259
工程准备	5010	7265	7161	104
提供施工设备服务	5020	2245	2227	18
其他未列明的建筑活动	5090	10686	10549	137
交通运输、仓储和邮政业	**F**	**117228**	**109517**	**7711**
铁路运输业	5100	714	676	38
铁路旅客运输	5110	70	66	4
铁路货物运输	5120	352	324	28
铁路运输辅助活动	5130	292	286	6
客运火车站	5131	26	26	0
货运火车站	5132	56	55	1
其他铁路运输辅助活动	5139	210	205	5
道路运输业	5200	53673	49625	4048
公路旅客运输	5210	6784	5725	1059
道路货物运输	5220	36608	35074	1534
道路运输辅助活动	5230	10281	8826	1455
客运汽车站	5231	1645	1430	215
公路管理与养护	5232	6102	4986	1116
其他道路运输辅助活动	5239	2534	2410	124
城市公共交通业	5300	6840	6132	708
公共电汽车客运	5310	1805	1540	265
轨道交通	5320	105	97	8
出租车客运	5330	4527	4118	409
城市轮渡	5340	61	57	4
其他城市公共交通	5390	342	320	22
水上运输业	5400	6984	6489	495
水上旅客运输	5410	824	771	53
远洋旅客运输	5411	33	32	1
沿海旅客运输	5412	196	184	12
内河旅客运输	5413	595	555	40
水上货物运输	5420	3820	3544	276
远洋货物运输	5421	370	337	33
沿海货物运输	5422	1139	1067	72
内河货物运输	5423	2311	2140	171

行业小类	代码	法人单位数	从事单一活动或位于一个地点的法人单位	从事多种活动或位于多个地点的法人单位
水上运输辅助活动	5430	2340	2174	166
客运港口	5431	98	91	7
货运港口	5432	969	888	81
其他水上运输辅助活动	5439	1273	1195	78
航空运输业	5500	1034	941	93
航空客货运输	5510	356	317	39
航空旅客运输	5511	120	92	28
航空货物运输	5512	236	225	11
通用航空服务	5520	241	229	12
航空运输辅助活动	5530	437	395	42
机场	5531	145	122	23
空中交通管理	5532	19	19	0
其他航空运输辅助活动	5539	273	254	19
管道运输业	5600	77	75	2
装卸搬运和其他运输服务业	5700	30489	29268	1221
装卸搬运	5710	5994	5779	215
运输代理服务	5720	24495	23489	1006
仓储业	5800	13943	13375	568
谷物、棉花等农产品仓储	5810	3415	3205	210
其他仓储	5890	10528	10170	358
邮政业	5900	3474	2936	538
国家邮政	5910	727	271	456
其他寄递服务	5990	2747	2665	82
信息传输、计算机服务和软件业	**G**	**115101**	**112101**	**3000**
电信和其他信息传输服务业	6000	22224	20432	1792
电信	6010	5303	3944	1359
固定电信服务	6011	1436	819	617
移动电信服务	6012	1754	1173	581
其他电信服务	6019	2113	1952	161
互联网信息服务	6020	12441	12294	147
广播电视传输服务	6030	4287	4010	277
有线广播电视传输服务	6031	3610	3353	257
无线广播电视传输服务	6032	677	657	20
卫星传输服务	6040	193	184	9
计算机服务业	6100	56019	55393	626
计算机系统服务	6110	13101	12887	214

单位：个

行业小类	代码	法人单位数	从事单一活动或位于一个地点的法人单位	从事多种活动或位于多个地点的法人单位
数据处理	6120	1206	1189	17
计算机维修	6130	2225	2175	50
其他计算机服务	6190	39487	39142	345
软件业	6200	36858	36276	582
公共软件服务	6210	27403	26973	430
基础软件服务	6211	8838	8734	104
应用软件服务	6212	18565	18239	326
其他软件服务	6290	9455	9303	152
批发和零售业	**H**	**1246042**	**1180086**	**65956**
批发业	6300	767147	733624	33523
农畜产品批发	6310	36984	33905	3079
谷物、豆及薯类批发	6311	14270	12707	1563
种子、饲料批发	6312	11874	11065	809
棉、麻批发	6313	3516	3192	324
牲畜批发	6314	1033	964	69
其他农畜产品批发	6319	6291	5977	314
食品、饮料及烟草制品批发	6320	57845	53583	4262
米、面制品及食用油批发	6321	11448	10339	1109
糕点、糖果及糖批发	6322	3507	3320	187
果品、蔬菜批发	6323	5551	5365	186
肉、禽、蛋及水产品批发	6324	5676	5072	604
盐及调味品批发	6325	3274	2879	395
饮料及茶叶批发	6326	11293	10731	562
烟草制品批发	6327	2374	1730	644
其他食品批发	6329	14722	14147	575
纺织、服装及日用品批发	6330	76128	73622	2506
纺织品、针织品及原料批发	6331	25899	25228	671
服装批发	6332	18384	17765	619
鞋帽批发	6333	2566	2475	91
厨房、卫生间用具及日用杂货批发	6334	5973	5715	258
化妆品及卫生用品批发	6335	6358	6172	186
其他日用品批发	6339	16948	16267	681
文化、体育用品及器材批发	6340	25907	24861	1046
文具用品批发	6341	9256	8944	312
体育用品批发	6342	2026	1945	81

单位：个

行业小类	代码	法人单位数	从事单一活动或位于一个地点的法人单位	从事多种活动或位于多个地点的法人单位
图书批发	6343	3509	3249	260
报刊批发	6344	314	297	17
音像制品及电子出版物批发	6345	1105	1039	66
首饰、工艺品及收藏品批发	6346	4811	4674	137
其他文化用品批发	6349	4886	4713	173
医药及医疗器材批发	6350	21703	20042	1661
西药批发	6351	6230	5188	1042
中药材及中成药批发	6352	3696	3363	333
医疗用品及器材批发	6353	11777	11491	286
矿产品、建材及化工产品批发	6360	248868	237740	11128
煤炭及制品批发	6361	17708	17179	529
石油及制品批发	6362	18239	16893	1346
非金属矿及制品批发	6363	4874	4787	87
金属及金属矿批发	6364	68602	66707	1895
建材批发	6365	64559	63128	1431
化肥批发	6366	20267	16307	3960
农药批发	6367	5374	4919	455
农用薄膜批发	6368	533	500	33
其他化工产品批发	6369	48712	47320	1392
机械设备、五金交电及电子产品批发	6370	217903	210877	7026
农业机械批发	6371	6797	6451	346
汽车、摩托车及零配件批发	6372	21167	20229	938
五金、交电批发	6373	52427	50714	1713
家用电器批发	6374	11455	11037	418
计算机、软件及辅助设备批发	6375	20054	19243	811
通讯及广播电视设备批发	6376	8575	8172	403
其他机械设备及电子产品批发	6379	97428	95031	2397
贸易经纪与代理	6380	19790	19359	431
其他批发	6390	62019	59635	2384
再生物资回收与批发	6391	23871	22643	1228
其他未列明的批发	6399	38148	36992	1156
零售业	6500	478895	446462	32433
综合零售	6510	62196	53347	8849
百货零售	6511	26688	23792	2896
超级市场零售	6512	9782	8325	1457
其他综合零售	6519	25726	21230	4496

行业小类	代码	法　人 单位数	从事单一活动或位于一个地点的法人单位	从事多种活动或位于多个地点的法人单位
食品、饮料及烟草制品专门零售	6520	41078	37438	3640
粮油零售	6521	10287	9337	950
糕点、面包零售	6522	2071	1750	321
果品、蔬菜零售	6523	2060	1937	123
肉、禽、蛋及水产品零售	6524	3945	3488	457
饮料及茶叶零售	6525	7347	6907	440
烟草制品零售	6526	2792	2419	373
其他食品零售	6529	12576	11600	976
纺织、服装及日用品专门零售	6530	48715	45051	3664
纺织品及针织品零售	6531	7040	6582	458
服装零售	6532	17527	16230	1297
鞋帽零售	6533	2726	2495	231
钟表、眼镜零售	6534	3478	2858	620
化妆品及卫生用品零售	6535	5318	5115	203
其他日用品零售	6539	12626	11771	855
文化、体育用品及器材专门零售	6540	34186	31687	2499
文具用品零售	6541	8763	8392	371
体育用品零售	6542	2649	2499	150
图书零售	6543	6129	5079	1050
报刊零售	6544	518	488	30
音像制品及电子出版物零售	6545	2360	2214	146
珠宝首饰零售	6546	4253	3921	332
工艺美术品及收藏品零售	6547	4825	4646	179
照相器材零售	6548	853	789	64
其他文化用品零售	6549	3836	3659	177
医药及医疗器材专门零售	6550	35472	32275	3197
药品零售	6551	27027	24061	2966
医疗用品及器材零售	6552	8445	8214	231
汽车、摩托车、燃料及零配件专门零售	6560	63821	60666	3155
汽车零售	6561	18037	16973	1064
汽车零配件零售	6562	15185	14612	573
摩托车及零配件零售	6563	9196	8473	723
机动车燃料零售	6564	21403	20608	795

行业小类	代码	法人单位数	从事单一活动或位于一个地点的法人单位	从事多种活动或位于多个地点的法人单位
家用电器及电子产品专门零售	6570	80467	76996	3471
家用电器零售	6571	18666	17560	1106
计算机、软件及辅助设备零售	6572	31081	29928	1153
通信设备零售	6573	11224	10358	866
其他电子产品零售	6579	19496	19150	346
五金、家具及室内装修材料专门零售	6580	64200	61919	2281
五金零售	6581	34039	32769	1270
家具零售	6582	7672	7374	298
涂料零售	6583	2930	2839	91
其他室内装修材料零售	6589	19559	18937	622
无店铺及其他零售	6590	48760	47083	1677
流动货摊零售	6591	194	183	11
邮购及电子销售	6592	460	450	10
生活用燃料零售	6593	8792	8143	649
花卉零售	6594	2177	2124	53
旧货零售	6595	625	606	19
其他未列明的零售	6599	36512	35577	935
住宿和餐饮业	**I**	**118173**	**110217**	**7956**
住宿业	6600	46826	42755	4071
旅游饭店	6610	16285	14074	2211
一般旅馆	6620	26906	25196	1710
其他住宿服务	6690	3635	3485	150
餐饮业	6700	71347	67462	3885
正餐服务	6710	57421	54402	3019
快餐服务	6720	4726	4294	432
饮料及冷饮服务	6730	3596	3461	135
其他餐饮服务	6790	5604	5305	299
金融业	**J**	**31815**	**20417**	**11398**
银行业	6800	16541	7615	8926
中央银行	6810	772	415	357
商业银行	6820	14838	6659	8179
其他银行	6890	931	541	390
证券业	6900	1644	1391	253
证券市场管理	6910	99	90	9
证券经纪与交易	6920	1190	967	223
证券投资	6930	184	168	16
证券分析与咨询	6940	171	166	5

行业小类	代码	法人单位数	从事单一活动或位于一个地点的法人单位	从事多种活动或位于多个地点的法人单位
保险业	7000	6747	4666	2081
人寿保险	7010	2187	1143	1044
非人寿保险	7020	2727	1783	944
保险辅助服务	7030	1833	1740	93
其他金融活动	7100	6883	6745	138
金融信托与管理	7110	780	764	16
金融租赁	7120	121	116	5
财务公司	7130	360	357	3
邮政储蓄	7140	65	59	6
典当	7150	2127	2071	56
其他未列明的金融活动	7190	3430	3378	52
房地产业	**K**	**187444**	**178170**	**9274**
房地产业	7200	187444	178170	9274
房地产开发经营	7210	89944	87508	2436
物业管理	7220	45284	42308	2976
房地产中介服务	7230	31431	28753	2678
其他房地产活动	7290	20785	19601	1184
租赁和商务服务业	**L**	**368763**	**358755**	**10008**
租赁业	7300	14829	14476	353
机械设备租赁	7310	13925	13601	324
汽车租赁	7311	5079	4913	166
农业机械租赁	7312	205	195	10
建筑工程机械与设备租赁	7313	5794	5714	80
计算机及通讯设备租赁	7314	267	263	4
其他机械与设备租赁	7319	2580	2516	64
文化及日用品出租	7320	904	875	29
图书及音像制品出租	7321	426	407	19
其他文化及日用品出租	7329	478	468	10
商务服务业	7400	353934	344279	9655
企业管理服务	7410	68298	64918	3380
企业管理机构	7411	17604	15754	1850
投资与资产管理	7412	26447	25864	583
其他企业管理服务	7419	24247	23300	947

行业小类	代码	法人单位数	从事单一活动或位于一个地点的法人单位	从事多种活动或位于多个地点的法人单位
法律服务	7420	18857	18724	133
律师及相关的法律服务	7421	15764	15653	111
公证服务	7422	1645	1637	8
其他法律服务	7429	1448	1434	14
咨询与调查	7430	102690	101180	1510
会计、审计及税务服务	7431	16195	15778	417
市场调查	7432	3684	3637	47
社会经济咨询	7433	39189	38675	514
其他专业咨询	7439	43622	43090	532
广告业	7440	62012	61220	792
知识产权服务	7450	3255	3179	76
职业中介服务	7460	16425	15980	445
市场管理	7470	15039	14171	868
旅行社	7480	17528	16227	1301
其他商务服务	7490	49830	48680	1150
会议及展览服务	7491	7792	7675	117
包装服务	7492	1086	1069	17
保安服务	7493	1801	1646	155
办公服务	7494	7758	7485	273
其他未列明的商务服务	7499	31393	30805	588
科学研究、技术服务和地质勘查业	**M**	**176677**	**170205**	**6472**
研究与试验发展	7500	20460	19784	676
自然科学研究与试验发展	7510	2020	1955	65
工程和技术研究与试验发展	7520	8932	8687	245
农业科学研究与试验发展	7530	4580	4345	235
医学研究与试验发展	7540	3169	3082	87
社会人文科学研究与试验发展	7550	1759	1715	44
专业技术服务业	7600	87374	84979	2395
气象服务	7610	3431	3126	305
地震服务	7620	1187	1143	44
海洋服务	7630	230	223	7
测绘服务	7640	2751	2692	59
技术检测	7650	11980	11660	320
环境监测	7660	2638	2587	51
工程技术与规划管理	7670	38780	37640	1140
工程管理服务	7671	17953	17448	505
工程勘察设计	7672	15294	14777	517
规划管理	7673	5533	5415	118

单位：个

行业小类	代码	法人单位数	从事单一活动或位于一个地点的法人单位	从事多种活动或位于多个地点的法人单位
其他专业技术服务	7690	26377	25908	469
科技交流和推广服务业	7700	65722	62676	3046
技术推广服务	7710	46405	43689	2716
科技中介服务	7720	6951	6795	156
其他科技服务	7790	12366	12192	174
地质勘查业	7800	3121	2766	355
矿产地质勘查	7810	1192	1026	166
能源矿产地质勘查	7811	557	470	87
固体矿产地质勘查	7812	419	359	60
其他矿产地质勘查	7819	216	197	19
基础地质勘查	7820	761	634	127
地质勘查技术服务	7830	1168	1106	62
水利、环境和公共设施管理业	**N**	**50953**	**48282**	**2671**
水利管理业	7900	19022	17769	1253
防洪管理	7910	2185	2047	138
水资源管理	7920	9515	8730	785
水库管理	7921	4178	3803	375
调水、引水管理	7922	3166	2842	324
其他水资源管理	7929	2171	2085	86
其他水利管理	7990	7322	6992	330
环境管理业	8000	11862	11377	485
自然保护	8010	1922	1755	167
自然保护区管理	8011	817	724	93
野生动植物保护	8012	463	440	23
其他自然保护	8019	642	591	51
环境治理	8020	9940	9622	318
城市市容管理	8021	1425	1371	54
城市环境卫生管理	8022	5298	5084	214
水污染治理	8023	966	945	21
危险废物治理	8024	228	225	3
其他环境治理	8029	2023	1997	26
公共设施管理业	8100	20069	19136	933
市政公共设施管理	8110	4652	4415	237

单位：个

行业小类	代码	法人单位数	从事单一活动或位于一个地点的法人单位	从事多种活动或位于多个地点的法人单位
城市绿化管理	8120	8722	8451	271
游览景区管理	8130	6695	6270	425
风景名胜区管理	8131	2321	2127	194
公园管理	8132	1877	1750	127
其他游览景区管理	8139	2497	2393	104
居民服务和其他服务业	**O**	**110525**	**106796**	**3729**
居民服务业	8200	53493	51014	2479
家庭服务	8210	3542	3452	90
托儿所	8220	921	903	18
洗染服务	8230	1833	1593	240
理发及美容保健服务	8240	12841	11994	847
洗浴服务	8250	7734	7521	213
婚姻服务	8260	2633	2589	44
殡葬服务	8270	3736	3563	173
摄影扩印服务	8280	5301	4860	441
其他居民服务	8290	14952	14539	413
其他服务业	8300	57032	55782	1250
修理与维护	8310	23955	23378	577
汽车、摩托车维护与保养	8311	16899	16511	388
办公设备维修	8312	1462	1423	39
家用电器修理	8313	4165	4067	98
其他日用品修理	8319	1429	1377	52
清洁服务	8320	8552	8433	119
建筑物清洁服务	8321	1763	1735	28
其他清洁服务	8329	6789	6698	91
其他未列明的服务	8390	24525	23971	554
教育	**P**	**312339**	**277334**	**35005**
教育	8400	312339	277334	35005
学前教育	8410	42447	41656	791
初等教育	8420	141935	115694	26241
中等教育	8430	78016	72241	5775
初中教育	8431	51810	47523	4287
高中教育	8432	11081	10392	689
中等专业教育	8433	4094	3816	278
职业中学教育	8434	4665	4389	276
技工学校教育	8435	2245	2128	117
其他中等教育	8439	4121	3993	128

行业小类	代码	法人单位数	从事单一活动或位于一个地点的法人单位	从事多种活动或位于多个地点的法人单位
高等教育	8440	5322	4697	625
普通高等教育	8441	2212	1711	501
成人高等教育	8442	3110	2986	124
其他教育	8490	44619	43046	1573
职业技能培训	8491	28603	27824	779
特殊教育	8492	1552	1510	42
其他未列明的教育	8499	14464	13712	752
卫生、社会保障和社会福利业	Q	**187376**	**172938**	**14438**
卫生	8500	159362	145436	13926
医院	8510	19256	15786	3470
综合医院	8511	11126	8839	2287
中医医院	8512	2265	1717	548
中西医结合医院	8513	958	807	151
民族医院	8514	249	218	31
专科医院	8515	3854	3472	382
疗养院	8516	804	733	71
卫生院及社区医疗活动	8520	45792	37057	8735
门诊部医疗活动	8530	68027	67425	602
计划生育技术服务活动	8540	12462	12261	201
妇幼保健活动	8550	3019	2792	227
专科疾病防治活动	8560	1812	1634	178
疾病预防控制及防疫活动	8570	5368	4944	424
其他卫生活动	8590	3626	3537	89
社会保障业	8600	9688	9512	176
社会福利业	8700	18326	17990	336
提供住宿的社会福利	8710	14022	13800	222
干部休养所	8711	1926	1878	48
收养收容服务	8712	12096	11922	174
不提供住宿的社会福利	8720	4304	4190	114
文化、体育和娱乐业	R	**76430**	**73532**	**2898**
新闻出版业	8800	5607	5245	362
新闻业	8810	660	634	26
出版业	8820	4947	4611	336

1-4续表 32

单位：个

行业小类	代码	法　人 单位数	从事单一活动或位于一个地点的法人单位	从事多种活动或位于多个地点的法人单位
图书出版	8821	768	674	94
报纸出版	8822	1694	1498	196
期刊出版	8823	1847	1824	23
音像制品出版	8824	197	181	16
电子出版物出版	8825	61	60	1
其他出版	8829	380	374	6
广播、电视、电影和音像业	8900	15139	14139	1000
广播	8910	3718	3560	158
电视	8920	4778	4433	345
电影	8930	5261	4783	478
电影制作与发行	8931	1306	1176	130
电影放映	8932	3955	3607	348
音像制作	8940	1382	1363	19
文化艺术业	9000	32253	31388	865
文艺创作与表演	9010	4511	4417	94
艺术表演场馆	9020	1169	1114	55
图书馆与档案馆	9030	4595	4481	114
图书馆	9031	2384	2328	56
档案馆	9032	2211	2153	58
文物及文化保护	9040	2168	2083	85
博物馆	9050	1622	1554	68
烈士陵园、纪念馆	9060	774	750	24
群众文化活动	9070	10448	10104	344
文化艺术经纪代理	9080	2429	2404	25
其他文化艺术	9090	4537	4481	56
体育	9100	6581	6391	190
体育组织	9110	3312	3223	89
体育场馆	9120	1517	1457	60
其他体育	9190	1752	1711	41
娱乐业	9200	16850	16369	481
室内娱乐活动	9210	9795	9556	239
游乐园	9220	584	553	31
休闲健身娱乐活动	9230	4106	3944	162
其他娱乐活动	9290	2365	2316	49

单位：个

行业小类	代码	法人单位数	从事单一活动或位于一个地点的法人单位	从事多种活动或位于多个地点的法人单位
公共管理和社会组织	S	**1257950**	**1121064**	**136886**
中国共产党机关	9300	39829	37285	2544
国家机构	9400	338413	276079	62334
国家权力机构	9410	6397	5758	639
国家行政机构	9420	320391	260202	60189
综合事务管理机构	9421	93516	66601	26915
对外事务管理机构	9422	1717	1640	77
公共安全管理机构	9423	12745	8615	4130
社会事务管理机构	9424	63654	54039	9615
经济事务管理机构	9425	90267	77160	13107
政府事务管理机构	9426	27252	23402	3850
行政监督检查机构	9427	31240	28745	2495
人民法院和人民检察院	9430	7024	5961	1063
人民法院	9431	3506	2711	795
人民检察院	9432	3518	3250	268
其他国家机构	9490	4601	4158	443
人民政协和民主党派	9500	5689	5594	95
人民政协	9510	3260	3193	67
民主党派	9520	2429	2401	28
群众团体、社会团体和宗教组织	9600	163156	160189	2967
群众团体	9610	22341	21258	1083
工会	9611	6550	6123	427
妇联	9612	3558	3399	159
共青团	9613	3460	3345	115
其他群众团体	9619	8773	8391	382
社会团体	9620	101877	100601	1276
专业性团体	9621	40389	39969	420
行业性团体	9622	43478	42900	578
其他社会团体	9629	18010	17732	278
宗教组织	9630	38938	38330	608
基层群众自治组织	9700	710863	641917	68946
社区自治组织	9710	75751	71606	4145
村民自治组织	9720	635112	570311	64801

1-5 按行业小类、东中西以及东北部地区分组的法人单位数

(2007年)　　单位：个

行业小类	代码	法人单位数	东部地区	中部地区	西部地区	东北部地区
全国		**6495064**	**3500439**	**1228399**	**1284188**	**482038**
农、林、牧、渔业	**A**	**98546**	**38469**	**26270**	**26818**	**6989**
农业	0100	24847	11954	6091	5551	1251
谷物及其他作物的种植	0110	5784	2405	1534	1377	468
谷物的种植	0111	2676	1006	785	565	320
薯类的种植	0112	295	154	43	83	15
油料的种植	0113	111	36	17	48	10
豆类的种植	0114	107	24	20	18	45
棉花的种植	0115	294	55	83	154	2
麻类的种植	0116	49	8	12	28	1
糖料的种植	0117	74	31	3	40	0
烟草的种植	0118	41	26	9	6	0
其他作物的种植	0119	2137	1065	562	435	75
蔬菜、园艺作物的种植	0120	9740	5564	1770	1983	423
蔬菜的种植	0121	3828	2212	742	622	252
花卉的种植	0122	3750	2186	608	836	120
其他园艺作物的种植	0123	2162	1166	420	525	51
水果、坚果、饮料和香料作物的种植	0130	8192	3673	2533	1757	229
水果、坚果的种植	0131	6521	3054	2128	1113	226
茶及其他饮料作物的种植	0132	1551	608	361	580	2
香料作物的种植	0133	120	11	44	64	1
中药材的种植	0140	1131	312	254	434	131
林业	0200	11983	3979	3876	3184	944
林木的培育和种植	0210	10653	3608	3375	2855	815
育种和育苗	0211	4920	2066	1308	1232	314
造林	0212	2685	651	1049	822	163
林木的抚育和管理	0213	3048	891	1018	801	338
木材和竹材的采运	0220	848	180	437	109	122
木材的采运	0221	813	163	426	102	122
竹材的采运	0222	35	17	11	7	0
林产品的采集	0230	482	191	64	220	7
畜牧业	0300	21794	7548	8189	4467	1590
牲畜的饲养	0310	6586	1996	2408	1606	576
猪的饲养	0320	6443	1806	3180	1156	301
家禽的饲养	0330	6275	2629	2035	1224	387
狩猎和捕捉动物	0340	49	23	12	8	6
其他畜牧业	0390	2441	1094	554	473	320

注：东部地区包括北京、天津、河北、上海、江苏、浙江、福建、山东、广东、海南；
中部地区包括山西、安徽、江西、河南、湖北、湖南；
西部地区包括内蒙古、广西、重庆、四川、贵州、云南、西藏、陕西、甘肃、青海、宁夏、新疆；
东北部地区包括辽宁、吉林、黑龙江。

行业小类	代码	法人单位数	东部地区	中部地区	西部地区	东北部地区
渔业	0400	7520	4792	1666	501	561
海洋渔业	0410	2616	2169	11	57	379
海水养殖	0411	2316	1916	5	38	357
海洋捕捞	0412	300	253	6	19	22
内陆渔业	0420	4904	2623	1655	444	182
内陆养殖	0421	4832	2590	1634	433	175
内陆捕捞	0422	72	33	21	11	7
农、林、牧、渔服务业	0500	32402	10196	6448	13115	2643
农业服务业	0510	15864	5364	3879	5446	1175
灌溉服务	0511	2283	397	483	1166	237
农产品初加工服务	0512	3620	1423	1400	735	62
其他农业服务	0519	9961	3544	1996	3545	876
林业服务业	0520	4972	1062	667	2803	440
畜牧服务业	0530	9362	2049	1698	4681	934
兽医服务	0531	7104	1359	1228	3898	619
其他畜牧服务	0539	2258	690	470	783	315
渔业服务业	0540	2204	1721	204	185	94
采矿业	**B**	**97678**	**23845**	**35949**	**29481**	**8403**
煤炭开采和洗选业	0600	28219	2260	12576	10692	2691
烟煤和无烟煤的开采洗选	0610	26944	2119	12202	10028	2595
褐煤的开采洗选	0620	738	53	114	515	56
其他煤炭采选	0690	537	88	260	149	40
石油和天然气开采业	0700	1010	153	68	533	256
天然原油和天然气开采	0710	346	78	23	162	83
与石油和天然气开采有关的服务活动	0790	664	75	45	371	173
黑色金属矿采选业	0800	14913	5658	4832	2954	1469
铁矿采选	0810	13548	5580	4430	2131	1407
其他黑色金属矿采选	0890	1365	78	402	823	62
有色金属矿采选业	0900	9256	1421	3223	3788	824
常用有色金属矿采选	0910	6179	735	1969	3004	471
铜矿采选	0911	1142	126	451	524	41
铅锌矿采选	0912	2880	364	818	1537	161
镍钴矿采选	0913	66	3	23	29	11

1-5续表 2

单位：个

行业小类	代码	法人单位数	东部地区	中部地区	西部地区	东北部地区
锡矿采选	0914	517	7	180	330	0
锑矿采选	0915	130	2	82	44	2
铝矿采选	0916	391	15	240	135	1
镁矿采选	0917	338	43	23	26	246
其他常用有色金属矿采选	0919	715	175	152	379	9
贵金属矿采选	0920	2019	520	676	574	249
金矿采选	0921	1871	489	611	533	238
银矿采选	0922	119	22	55	32	10
其他贵金属矿采选	0929	29	9	10	9	1
稀有稀土金属矿采选	0930	1058	166	578	210	104
钨钼矿采选	0931	806	105	493	109	99
稀土金属矿采选	0932	113	19	51	42	1
放射性金属矿采选	0933	15	5	5	4	1
其他稀有金属矿采选	0939	124	37	29	55	3
非金属矿采选业	1000	43521	14114	15104	11171	3132
土砂石开采	1010	36283	11834	13037	8925	2487
石灰石、石膏开采	1011	8000	2446	2700	2343	511
建筑装饰用石开采	1012	8032	3508	2456	1254	814
耐火土石开采	1013	2449	739	1052	457	201
粘土及其他土砂石开采	1019	17802	5141	6829	4871	961
化学矿采选	1020	1651	98	642	775	136
采盐	1030	880	747	11	74	48
石棉及其他非金属矿采选	1090	4707	1435	1414	1397	461
石棉、云母矿采选	1091	192	40	31	113	8
石墨、滑石采选	1092	963	233	360	219	151
宝石、玉石开采	1093	123	41	32	38	12
其他非金属矿采选	1099	3429	1121	991	1027	290
其他采矿业	1100	759	239	146	343	31
制造业	**C**	**1702455**	**1131849**	**282088**	**178978**	**109540**
农副食品加工业	1300	90620	39717	28334	14646	7923
谷物磨制	1310	26653	7609	14081	2951	2012
饲料加工	1320	10991	4721	2662	2200	1408
植物油加工	1330	9273	3921	3197	1568	587
食用植物油加工	1331	8441	3561	3007	1320	553
非食用植物油加工	1332	832	360	190	248	34

1-5续表 3 单位：个

行业小类	代码	法人单位数	东部地区	中部地区	西部地区	东北部地区
制糖	1340	700	249	74	331	46
屠宰及肉类加工	1350	13117	5597	2665	3496	1359
畜禽屠宰	1351	7617	2832	1612	2333	840
肉制品及副产品加工	1352	5500	2765	1053	1163	519
水产品加工	1360	8055	6579	402	164	910
水产品冷冻加工	1361	5235	4379	180	81	595
鱼糜制品及水产品干腌制加工	1362	1572	1252	119	25	176
水产饲料制造	1363	686	549	42	29	66
鱼油提取及制品的制造	1364	44	32	6	2	4
其他水产品加工	1369	518	367	55	27	69
蔬菜、水果和坚果加工	1370	11876	7114	1983	1917	862
其他农副食品加工	1390	9955	3927	3270	2019	739
淀粉及淀粉制品的制造	1391	4262	1466	1570	1005	221
豆制品制造	1392	1831	728	583	320	200
蛋品加工	1393	529	265	194	49	21
其他未列明的农副食品加工	1399	3333	1468	923	645	297
食品制造业	1400	40815	21763	8645	7129	3278
焙烤食品制造	1410	8725	4608	1991	1369	757
糕点、面包制造	1411	5633	2952	1134	938	609
饼干及其他焙烤食品制造	1419	3092	1656	857	431	148
糖果、巧克力及蜜饯制造	1420	4607	3276	767	460	104
糖果、巧克力制造	1421	2442	1656	437	267	82
蜜饯制作	1422	2165	1620	330	193	22
方便食品制造	1430	5849	2552	1752	1073	472
米、面制品制造	1431	3802	1547	1240	798	217
速冻食品制造	1432	1047	560	217	101	169
方便面及其他方便食品制造	1439	1000	445	295	174	86
液体乳及乳制品制造	1440	2227	882	413	626	306
罐头制造	1450	3186	1839	658	491	198
肉、禽类罐头制造	1451	495	232	119	112	32
水产品罐头制造	1452	190	146	16	13	15
蔬菜、水果罐头制造	1453	2138	1238	448	318	134
其他罐头食品制造	1459	363	223	75	48	17
调味品、发酵制品制造	1460	6608	3043	1347	1663	555
味精制造	1461	498	301	65	113	19
酱油、食醋及类似制品的制造	1462	3702	1530	862	896	414
其他调味品、发酵制品制造	1469	2408	1212	420	654	122

1-5续表 4

单位：个

行业小类	代码	法人单位数	东部地区	中部地区	西部地区	东北部地区
其他食品制造	1490	9613	5563	1717	1447	886
营养、保健食品制造	1491	2311	1302	451	319	239
冷冻饮品及食用冰制造	1492	1839	971	333	267	268
盐加工	1493	239	112	43	49	35
食品及饲料添加剂制造	1494	2846	2000	317	356	173
其他未列明的食品制造	1499	2378	1178	573	456	171
饮料制造业	1500	32208	13128	7383	8709	2988
酒精制造	1510	533	199	105	153	76
酒的制造	1520	13369	4474	2524	4692	1679
白酒制造	1521	9510	2409	1811	4098	1192
啤酒制造	1522	1048	454	252	180	162
黄酒制造	1523	936	742	120	60	14
葡萄酒制造	1524	958	478	135	116	229
其他酒制造	1529	917	391	206	238	82
软饮料制造	1530	11157	5349	2503	2095	1210
碳酸饮料制造	1531	1555	603	401	262	289
瓶(罐)装饮用水制造	1532	6024	3007	1266	1105	646
果菜汁及果菜汁饮料制造	1533	1409	640	299	325	145
含乳饮料和植物蛋白饮料制造	1534	905	449	251	143	62
固体饮料制造	1535	427	238	64	99	26
茶饮料及其他软饮料制造	1539	837	412	222	161	42
精制茶加工	1540	7149	3106	2251	1769	23
烟草制品业	1600	319	90	93	110	26
烟叶复烤	1610	97	14	30	40	13
卷烟制造	1620	129	34	41	44	10
其他烟草制品加工	1690	93	42	22	26	3
纺织业	1700	109716	91202	10026	5666	2822
棉、化纤纺织及印染精加工	1710	42555	34926	4609	2292	728
棉、化纤纺织加工	1711	36658	29682	4270	2094	612
棉、化纤印染精加工	1712	5897	5244	339	198	116
毛纺织和染整精加工	1720	5539	4545	303	592	99
毛条加工	1721	928	651	80	179	18
毛纺织	1722	3816	3185	202	360	69
毛染整精加工	1723	795	709	21	53	12

1-5续表 5 单位：个

行业小类	代码	法人单位数	东部地区	中部地区	西部地区	东北部地区
麻纺织	1730	1240	456	405	160	219
丝绢纺织及精加工	1740	6794	5555	393	552	294
缫丝加工	1741	1490	643	239	414	194
绢纺和丝织加工	1742	4477	4137	127	121	92
丝印染精加工	1743	827	775	27	17	8
纺织制成品制造	1750	22576	18839	2103	856	778
棉及化纤制品制造	1751	9363	7912	845	338	268
毛制品制造	1752	1130	893	91	99	47
麻制品制造	1753	485	200	153	77	55
丝制品制造	1754	1036	883	73	57	23
绳、索、缆的制造	1755	1920	1596	178	69	77
纺织带和帘子布制造	1756	2436	2220	108	39	69
无纺布制造	1757	2503	2126	218	52	107
其他纺织制成品制造	1759	3703	3009	437	125	132
针织品、编织品及其制品制造	1760	31012	26881	2213	1214	704
棉、化纤针织品及编织品制造	1761	16846	14853	1217	395	381
毛针织品及编织品制造	1762	9984	8423	619	708	234
丝针织品及编织品制造	1763	1532	1338	121	41	32
其他针织品及编织品制造	1769	2650	2267	256	70	57
纺织服装、鞋、帽制造业	1800	74447	62147	6543	2421	3336
纺织服装制造	1810	69715	58275	5979	2245	3216
纺织面料鞋的制造	1820	3364	2649	486	145	84
制帽	1830	1368	1223	78	31	36
皮革、毛皮、羽毛(绒)及其制品业	1900	31363	26080	2698	1784	801
皮革鞣制加工	1910	3180	2334	546	243	57
皮革制品制造	1920	23999	20706	1465	1193	635
皮鞋制造	1921	12269	10247	761	844	417
皮革服装制造	1922	2168	1833	177	86	72
皮箱、包(袋)制造	1923	6164	5819	222	66	57
皮手套及皮装饰制品制造	1924	1637	1327	166	114	30
其他皮革制品制造	1929	1761	1480	139	83	59
毛皮鞣制及制品加工	1930	2602	2126	291	119	66
毛皮鞣制加工	1931	556	328	158	58	12
毛皮服装加工	1932	827	751	21	19	36
其他毛皮制品加工	1939	1219	1047	112	42	18

1-5续表 6

单位：个

行业小类	代码	法人单位数	东部地区	中部地区	西部地区	东北部地区
羽毛(绒)加工及制品制造	1940	1582	914	396	229	43
羽毛(绒)加工	1941	767	361	219	169	18
羽毛(绒)制品加工	1942	815	553	177	60	25
木材加工及木、竹、藤、棕、草制品业	2000	53103	27924	14628	5427	5124
锯材、木片加工	2010	16151	5941	6213	1992	2005
锯材加工	2011	9713	3014	3569	1406	1724
木片加工	2012	6438	2927	2644	586	281
人造板制造	2020	16894	10482	4001	1315	1096
胶合板制造	2021	8312	5044	2337	611	320
纤维板制造	2022	1169	533	343	207	86
刨花板制造	2023	1861	1345	269	150	97
其他人造板、材制造	2029	5552	3560	1052	347	593
木制品制造	2030	13138	7805	2031	1380	1922
建筑用木料及木材组件加工	2031	5559	2971	1007	672	909
木容器制造	2032	3335	2463	381	237	254
软木制品及其他木制品制造	2039	4244	2371	643	471	759
竹、藤、棕、草制品制造	2040	6920	3696	2383	740	101
家具制造业	2100	32823	21607	5953	3558	1705
木质家具制造	2110	23800	14875	4767	2755	1403
竹、藤家具制造	2120	565	312	191	59	3
金属家具制造	2130	4330	3279	572	347	132
塑料家具制造	2140	510	360	63	58	29
其他家具制造	2190	3618	2781	360	339	138
造纸及纸制品业	2200	50752	35423	7554	5289	2486
纸浆制造	2210	833	471	189	139	34
造纸	2220	13914	7879	3132	2133	770
机制纸及纸板制造	2221	10344	5473	2518	1718	635
手工纸制造	2222	504	163	207	121	13
加工纸制造	2223	3066	2243	407	294	122
纸制品制造	2230	36005	27073	4233	3017	1682
纸和纸板容器的制造	2231	24611	18926	2632	1920	1133
其他纸制品制造	2239	11394	8147	1601	1097	549
印刷业和记录媒介的复制	2300	49220	32306	6724	6762	3428
印刷	2310	45081	29569	6138	6156	3218

1-5续表 7 单位：个

行业小类	代码	法人单位数	东部地区	中部地区	西部地区	东北部地区
书、报、刊印刷	2311	14749	8948	2124	2470	1207
本册印制	2312	7587	3523	1489	1669	906
包装装潢及其他印刷	2319	22745	17098	2525	2017	1105
装订及其他印刷服务活动	2320	3865	2541	554	577	193
记录媒介的复制	2330	274	196	32	29	17
文教体育用品制造业	2400	19328	16978	1495	437	418
文化用品制造	2410	5561	4669	501	212	179
文具制造	2411	2018	1859	86	39	34
笔的制造	2412	1955	1655	198	32	70
教学用模型及教具制造	2413	720	507	108	64	41
墨水、墨汁制造	2414	224	132	45	37	10
其他文化用品制造	2419	644	516	64	40	24
体育用品制造	2420	4295	3851	240	85	119
球类制造	2421	564	466	80	9	9
体育器材及配件制造	2422	1458	1318	58	32	50
训练健身器材制造	2423	965	867	60	22	16
运动防护用具制造	2424	352	324	9	2	17
其他体育用品制造	2429	956	876	33	20	27
乐器制造	2430	1310	1129	82	30	69
中乐器制造	2431	269	205	48	10	6
西乐器制造	2432	572	538	3	8	23
电子乐器制造	2433	131	115	8	2	6
其他乐器及零件制造	2439	338	271	23	10	34
玩具制造	2440	7428	6695	635	73	25
游艺器材及娱乐用品制造	2450	734	634	37	37	26
露天游乐场所游乐设备制造	2451	356	307	19	20	10
游艺用品及室内游艺器材制造	2452	378	327	18	17	16
石油加工及炼焦业	2500	8445	3658	1731	1713	1343
精炼石油产品的制造	2510	5571	3209	574	585	1203
原油加工及石油制品制造	2511	5435	3147	543	563	1182
人造原油生产	2512	136	62	31	22	21
炼焦	2520	2833	427	1150	1120	136
化学原料及化学制品制造业	2600	97166	58369	19807	11938	7052
基础化学原料制造	2610	19166	10692	3755	3223	1496
无机酸制造	2611	2175	1183	445	382	165

单位：个

行业小类	代码	法人单位数	东部地区	中部地区	西部地区	东北部地区
无机碱制造	2612	1538	902	286	263	87
无机盐制造	2613	4903	2379	1027	1208	289
有机化学原料制造	2614	6149	4004	1020	546	579
其他基础化学原料制造	2619	4401	2224	977	824	376
肥料制造	2620	9154	3628	2251	2446	829
氮肥制造	2621	1049	403	350	249	47
磷肥制造	2622	1510	326	472	679	33
钾肥制造	2623	223	67	26	105	25
复混肥料制造	2624	3890	1651	904	932	403
有机肥料及微生物肥料制造	2625	1717	831	325	313	248
其他肥料制造	2629	765	350	174	168	73
农药制造	2630	2546	1427	563	353	203
化学农药制造	2631	1879	1053	433	242	151
生物化学农药及微生物农药制造	2632	667	374	130	111	52
涂料、油墨、颜料及类似产品制造	2640	19825	14551	2457	1472	1345
涂料制造	2641	13063	9384	1583	1089	1007
油墨及类似产品制造	2642	1615	1299	168	90	58
颜料制造	2643	1395	1037	253	65	40
染料制造	2644	1695	1381	180	52	82
密封用填料及类似品制造	2645	2057	1450	273	176	158
合成材料制造	2650	6805	5173	813	419	400
初级形态的塑料及合成树脂制造	2651	3885	3015	461	196	213
合成橡胶制造	2652	1169	856	135	105	73
合成纤维单(聚合)体的制造	2653	626	479	69	35	43
其他合成材料制造	2659	1125	823	148	83	71
专用化学产品制造	2660	30214	16152	8796	3037	2229
化学试剂和助剂制造	2661	9883	6968	1268	663	984
专项化学用品制造	2662	6075	4134	840	514	587
林产化学产品制造	2663	1933	766	620	464	83
炸药及火工产品制造	2664	6528	435	5052	899	142
信息化学品制造	2665	558	407	78	36	37
环境污染处理专用药剂材料制造	2666	879	548	163	80	88
动物胶制造	2667	572	309	147	86	30
其他专用化学产品制造	2669	3786	2585	628	295	278

单位：个

行业小类	代码	法人单位数	东部地区	中部地区	西部地区	东北部地区
日用化学产品制造	2670	9456	6746	1172	988	550
肥皂及合成洗涤剂制造	2671	2808	1879	353	331	245
化妆品制造	2672	2491	2114	122	148	107
口腔清洁用品制造	2673	174	124	15	23	12
香料、香精制造	2674	1424	952	233	204	35
其他日用化学产品制造	2679	2559	1677	449	282	151
医药制造业	2700	15373	7422	3242	3021	1688
化学药品原药制造	2710	2293	1250	529	375	139
化学药品制剂制造	2720	2269	1099	501	369	300
中药饮片加工	2730	1880	661	413	493	313
中成药制造	2740	2781	897	586	859	439
兽用药品制造	2750	1501	713	347	288	153
生物、生化制品的制造	2760	2443	1383	388	441	231
卫生材料及医药用品制造	2770	2206	1419	478	196	113
化学纤维制造业	2800	4609	3935	349	157	168
纤维素纤维原料及纤维制造	2810	768	584	107	47	30
化纤浆粕制造	2811	252	194	32	22	4
人造纤维(纤维素纤维)制造	2812	516	390	75	25	26
合成纤维制造	2820	3841	3351	242	110	138
锦纶纤维制造	2821	441	354	54	18	15
涤纶纤维制造	2822	1604	1449	76	29	50
腈纶纤维制造	2823	147	119	14	6	8
维纶纤维制造	2824	60	39	11	6	4
其他合成纤维制造	2829	1589	1390	87	51	61
橡胶制品业	2900	19591	14659	2108	1499	1325
轮胎制造	2910	1762	1240	200	199	123
车辆、飞机及工程机械轮胎制造	2911	1028	773	102	82	71
力车胎制造	2912	305	239	39	18	9
轮胎翻新加工	2913	429	228	59	99	43
橡胶板、管、带的制造	2920	3905	2843	495	241	326
橡胶零件制造	2930	6089	4527	457	551	554
再生橡胶制造	2940	1113	669	256	140	48
日用及医用橡胶制品制造	2950	1019	822	103	51	43
橡胶靴鞋制造	2960	2161	1831	190	85	55
其他橡胶制品制造	2990	3542	2727	407	232	176

单位：个

行业小类	代码	法人单位数	东部地区	中部地区	西部地区	东北部地区
塑料制品业	3000	92866	72041	9407	6634	4784
塑料薄膜制造	3010	8725	6442	976	824	483
塑料板、管、型材的制造	3020	14351	10058	1735	1338	1220
塑料丝、绳及编织品的制造	3030	9681	5745	1840	1323	773
泡沫塑料制造	3040	4892	3707	455	416	314
塑料人造革、合成革制造	3050	1127	981	85	36	25
塑料包装箱及容器制造	3060	10681	8173	1122	783	603
塑料零件制造	3070	12789	11773	449	303	264
日用塑料制造	3080	14275	11334	1366	898	677
塑料鞋制造	3081	2496	2153	256	72	15
日用塑料杂品制造	3082	11779	9181	1110	826	662
其他塑料制品制造	3090	16345	13828	1379	713	425
非金属矿物制品业	3100	195442	82468	66713	34586	11675
水泥、石灰和石膏的制造	3110	15205	5844	4683	3718	960
水泥制造	3111	9223	3630	2520	2453	620
石灰和石膏制造	3112	5982	2214	2163	1265	340
水泥及石膏制品制造	3120	41069	15946	15803	7700	1620
水泥制品制造	3121	17295	8057	5763	2614	861
砼结构构件制造	3122	18413	5066	8743	4226	378
石棉水泥制品制造	3123	1084	436	342	215	91
轻质建筑材料制造	3124	2895	1648	628	419	200
其他水泥制品制造	3129	1382	739	327	226	90
砖瓦、石材及其他建筑材料制造	3130	92715	34982	33551	18536	5646
粘土砖瓦及建筑砌块制造	3131	62659	16919	26925	15010	3805
建筑陶瓷制品制造	3132	4362	2946	719	575	122
建筑用石加工	3133	15426	9664	3742	1374	646
防水建筑材料制造	3134	2619	1292	534	420	373
隔热和隔音材料制造	3135	3243	1730	650	435	428
其他建筑材料制造	3139	4406	2431	981	722	272
玻璃及玻璃制品制造	3140	15562	10579	2587	1478	918
平板玻璃制造	3141	1231	792	182	189	68
技术玻璃制品制造	3142	1830	1269	216	177	168
光学玻璃制造	3143	516	380	47	65	24
玻璃仪器制造	3144	871	656	104	67	44
日用玻璃制品及玻璃包装容器制造	3145	4047	2634	804	401	208
玻璃保温容器制造	3146	344	227	61	40	16

1-5续表 11

单位：个

行业小类	代码	法人单位数	东部地区	中部地区	西部地区	东北部地区
玻璃纤维及制品制造	3147	2257	1599	398	167	93
玻璃纤维增强塑料制品制造	3148	2713	1779	504	217	213
其他玻璃制品制造	3149	1753	1243	271	155	84
陶瓷制品制造	3150	8873	5631	2437	595	210
卫生陶瓷制品制造	3151	1169	935	163	57	14
特种陶瓷制品制造	3152	2014	997	831	72	114
日用陶瓷制品制造	3153	3783	2124	1214	391	54
园林、陈设艺术及其他陶瓷制品制造	3159	1907	1575	229	75	28
耐火材料制品制造	3160	11077	4440	4235	957	1445
石棉制品制造	3161	1629	998	313	157	161
云母制品制造	3162	263	181	50	18	14
耐火陶瓷制品及其他耐火材料制造	3169	9185	3261	3872	782	1270
石墨及其他非金属矿物制品制造	3190	10941	5046	3417	1602	876
石墨及碳素制品制造	3191	3342	1369	991	654	328
其他非金属矿物制品制造	3199	7599	3677	2426	948	548
黑色金属冶炼及压延加工业	3200	25348	13656	4886	4758	2048
炼铁	3210	5296	1984	1882	1100	330
炼钢	3220	1347	646	296	236	169
钢压延加工	3230	14977	10347	1747	1628	1255
铁合金冶炼	3240	3728	679	961	1794	294
有色金属冶炼及压延加工业	3300	21795	12604	4386	3543	1262
常用有色金属冶炼	3310	6562	2366	1976	1878	342
铜冶炼	3311	1287	693	309	234	51
铅锌冶炼	3312	1595	376	471	696	52
镍钴冶炼	3313	226	115	44	55	12
锡冶炼	3314	259	85	61	111	2
锑冶炼	3315	273	18	173	81	1
铝冶炼	3316	1606	778	448	283	97
镁冶炼	3317	445	37	239	84	85
其他常用有色金属冶炼	3319	871	264	231	334	42
贵金属冶炼	3320	662	190	245	164	63
金冶炼	3321	330	81	78	118	53
银冶炼	3322	206	65	117	21	3
其他贵金属冶炼	3329	126	44	50	25	7

行业小类	代码	法人单位数	东部地区	中部地区	西部地区	东北部地区
稀有稀土金属冶炼	3330	1224	338	407	388	91
钨钼冶炼	3331	403	105	197	47	54
稀土金属冶炼	3332	407	131	95	169	12
其他稀有金属冶炼	3339	414	102	115	172	25
有色金属合金制造	3340	1866	1102	382	235	147
有色金属压延加工	3350	11481	8608	1376	878	619
常用有色金属压延加工	3351	10576	8051	1206	752	567
贵金属压延加工	3352	297	199	50	37	11
稀有稀土金属压延加工	3353	608	358	120	89	41
金属制品业	3400	118717	92488	11353	8682	6194
结构性金属制品制造	3410	38417	27256	4621	3949	2591
金属结构制造	3411	24897	18830	2694	1934	1439
金属门窗制造	3412	13520	8426	1927	2015	1152
金属工具制造	3420	16683	13004	1832	1134	713
切削工具制造	3421	4122	2984	641	271	226
手工具制造	3422	3941	3328	363	128	122
农用及园林用金属工具制造	3423	1715	867	345	361	142
刀剪及类似日用金属工具制造	3424	2120	1931	86	67	36
其他金属工具制造	3429	4785	3894	397	307	187
集装箱及金属包装容器制造	3430	6076	4549	571	487	469
集装箱制造	3431	311	249	33	12	17
金属压力容器制造	3432	1243	787	163	138	155
金属包装容器制造	3433	4522	3513	375	337	297
金属丝绳及其制品的制造	3440	6423	5026	688	428	281
建筑、安全用金属制品制造	3450	14449	11709	1192	805	743
建筑、家具用金属配件制造	3451	6954	6253	303	257	141
建筑装饰及水暖管道零件制造	3452	4877	3687	531	285	374
安全、消防用金属制品制造	3453	1477	963	221	152	141
其他建筑、安全用金属制品制造	3459	1141	806	137	111	87
金属表面处理及热处理加工	3460	9346	7769	489	564	524
搪瓷制品制造	3470	1109	865	127	67	50
工业生产配套用搪瓷制品制造	3471	256	184	24	22	26
搪瓷卫生洁具制造	3472	367	319	27	14	7
搪瓷日用品及其他搪瓷制品制造	3479	486	362	76	31	17
不锈钢及类似日用金属制品制造	3480	12072	10474	750	556	292
金属制厨房调理及卫生器具制造	3481	2278	1981	123	112	62
金属制厨用器皿及餐具制造	3482	3886	3209	315	245	117
其他日用金属制品制造	3489	5908	5284	312	199	113

单位：个

行业小类	代码	法人单位数	东部地区	中部地区	西部地区	东北部地区
其他金属制品制造	3490	14142	11836	1083	692	531
铸币及贵金属制实验室用品制造	3491	115	73	18	16	8
其他未列明的金属制品制造	3499	14027	11763	1065	676	523
通用设备制造业	3500	158252	113217	18738	11572	14725
锅炉及原动机制造	3510	6733	3918	993	846	976
锅炉及辅助设备制造	3511	4118	2086	626	595	811
内燃机及配件制造	3512	1957	1458	294	143	62
汽轮机及辅机制造	3513	234	127	15	28	64
水轮机及辅机制造	3514	160	87	19	38	16
其他原动机制造	3519	264	160	39	42	23
金属加工机械制造	3520	18003	12994	2052	1650	1307
金属切削机床制造	3521	2553	1931	205	218	199
金属成形机床制造	3522	2088	1679	226	91	92
铸造机械制造	3523	3747	2408	645	461	233
金属切割及焊接设备制造	3524	2196	1675	163	176	182
机床附件制造	3525	2108	1547	205	117	239
其他金属加工机械制造	3529	5311	3754	608	587	362
起重运输设备制造	3530	5672	4080	793	261	538
泵、阀门、压缩机及类似机械的制造	3540	21870	16999	1898	938	2035
泵及真空设备制造	3541	6351	4561	613	306	871
气体压缩机械制造	3542	1285	937	130	88	130
阀门和旋塞的制造	3543	8934	7471	613	291	559
液压和气压动力机械及元件制造	3544	5300	4030	542	253	475
轴承、齿轮、传动和驱动部件的制造	3550	11163	8572	1079	548	964
轴承制造	3551	7065	5559	611	208	687
齿轮、传动和驱动部件制造	3552	4098	3013	468	340	277
烘炉、熔炉及电炉制造	3560	1552	1137	169	111	135
风机、衡器、包装设备等通用设备制造	3570	19855	15718	1688	1024	1425
风机、风扇制造	3571	2881	2108	245	229	299
气体、液体分离及纯净设备制造	3572	2303	1728	229	137	209
制冷、空调设备制造	3573	3606	2978	223	158	247
风动和电动工具制造	3574	2291	2079	103	56	53
喷枪及类似器具制造	3575	676	556	43	19	58

1-5续表 14

单位：个

行业小类	代码	法人单位数	东部地区	中部地区	西部地区	东北部地区
包装专用设备制造	3576	1478	1279	93	40	66
衡器制造	3577	895	577	165	80	73
其他通用设备制造	3579	5725	4413	587	305	420
通用零部件制造及机械修理	3580	44643	32213	4362	3636	4432
金属密封件制造	3581	2055	1602	133	126	194
紧固件、弹簧制造	3582	13821	12035	748	491	547
机械零部件加工及设备修理	3583	21183	12641	2784	2475	3283
其他通用零部件制造	3589	7584	5935	697	544	408
金属铸、锻加工	3590	28761	17586	5704	2558	2913
钢铁铸件制造	3591	23619	14061	4934	2228	2396
锻件及粉末冶金制品制造	3592	5142	3525	770	330	517
专用设备制造业	3600	83327	60660	10249	5901	6517
矿山、冶金、建筑专用设备制造	3610	13601	7572	2704	1433	1892
采矿、采石设备制造	3611	4701	2155	1342	478	726
石油钻采专用设备制造	3612	1851	907	155	267	522
建筑工程用机械制造	3613	2820	1794	510	298	218
建筑材料生产专用机械制造	3614	2550	1685	414	277	174
冶金专用设备制造	3615	1679	1031	283	113	252
化工、木材、非金属加工专用设备制造	3620	21981	18409	1379	994	1199
炼油、化工生产专用设备制造	3621	1842	1192	190	176	284
橡胶加工专用设备制造	3622	677	482	50	62	83
塑料加工专用设备制造	3623	2383	2130	103	69	81
木材加工机械制造	3624	904	637	98	69	100
模具制造	3625	15502	13480	849	571	602
其他非金属加工专用设备制造	3629	673	488	89	47	49
食品、饮料、烟草及饲料生产专用设备制造	3630	3746	2318	667	485	276
食品、饮料、烟草工业专用设备制造	3631	1904	1438	222	141	103
农副食品加工专用设备制造	3632	1528	725	392	275	136
饲料生产专用设备制造	3633	314	155	53	69	37
印刷、制药、日化生产专用设备制造	3640	5610	4273	653	318	366
制浆和造纸专用设备制造	3641	1158	756	223	69	110
印刷专用设备制造	3642	1552	1277	94	79	102
日用化工专用设备制造	3643	422	316	60	20	26
制药专用设备制造	3644	692	536	51	49	56
照明器具生产专用设备制造	3645	742	599	79	37	27
玻璃、陶瓷和搪瓷制品生产专用设备制造	3646	558	423	87	26	22
其他日用品生产专用设备制造	3649	486	366	59	38	23

行业小类	代码	法人单位数	东部地区	中部地区	西部地区	东北部地区
纺织、服装和皮革工业专用设备制造	3650	8744	7900	536	146	162
纺织专用设备制造	3651	5854	5240	419	81	114
皮革、毛皮及其制品加工专用设备制造	3652	362	306	37	8	11
缝纫机械制造	3653	1850	1740	50	39	21
其他服装加工专用设备制造	3659	678	614	30	18	16
电子和电工机械专用设备制造	3660	6155	4525	699	427	504
电工机械专用设备制造	3661	2541	1713	354	201	273
电子工业专用设备制造	3662	3345	2672	298	184	191
航空、航天及其他专用设备制造	3669	155	100	19	15	21
农、林、牧、渔专用机械制造	3670	7109	3467	1999	980	663
拖拉机制造	3671	632	316	168	108	40
机械化农业及园艺机具制造	3672	1841	844	429	322	246
营林及木竹采伐机械制造	3673	60	32	9	10	9
畜牧机械制造	3674	223	142	27	24	30
渔业机械制造	3675	227	199	14	4	10
农林牧渔机械配件制造	3676	2285	1201	795	167	122
其他农林牧渔业机械制造及机械修理	3679	1841	733	557	345	206
医疗仪器设备及器械制造	3680	4872	3771	417	355	329
医疗诊断、监护及治疗设备制造	3681	1227	944	99	111	73
口腔科用设备及器具制造	3682	198	162	10	17	9
实验室及医用消毒设备和器具的制造	3683	293	214	23	19	37
医疗、外科及兽医用器械制造	3684	1165	939	118	61	47
机械治疗及病房护理设备制造	3685	483	375	32	35	41
假肢、人工器官及植(介)入器械制造	3686	355	253	24	38	40
其他医疗设备及器械制造	3689	1151	884	111	74	82
环保、社会公共安全及其他专用设备制造	3690	11509	8425	1195	763	1126
环境污染防治专用设备制造	3691	4697	3579	426	256	436
地质勘查专用设备制造	3692	128	67	27	27	7
邮政专用机械及器材制造	3693	51	39	5	5	2
商业、饮食、服务业专用设备制造	3694	272	214	26	16	16
社会公共安全设备及器材制造	3695	1051	726	113	66	146
交通安全及管制专用设备制造	3696	308	220	39	27	22
水资源专用机械制造	3697	946	570	141	80	155
其他专用设备制造	3699	4056	3010	418	286	342

行业小类	代码	法人单位数	东部地区	中部地区	西部地区	东北部地区
交通运输设备制造业	3700	73406	47369	9619	10426	5992
铁路运输设备制造	3710	2569	1097	523	334	615
铁路机车车辆及动车组制造	3711	120	58	23	18	21
工矿有轨专用车辆制造	3712	122	46	42	23	11
铁路机车车辆配件制造	3713	1055	509	193	124	229
铁路专用设备及器材、配件制造	3714	815	348	177	96	194
其他铁路设备制造及设备修理	3719	457	136	88	73	160
汽车制造	3720	50995	31706	7712	6922	4655
汽车整车制造	3721	670	329	125	147	69
改装汽车制造	3722	1365	965	181	108	111
电车制造	3723	234	143	32	54	5
汽车车身、挂车的制造	3724	701	390	182	75	54
汽车零部件及配件制造	3725	30088	20886	4076	2820	2306
汽车修理	3726	17937	8993	3116	3718	2110
摩托车制造	3730	6753	3755	400	2564	34
摩托车整车制造	3731	517	340	83	83	11
摩托车零部件及配件制造	3732	6236	3415	317	2481	23
自行车制造	3740	5347	4925	273	102	47
脚踏自行车及残疾人座车制造	3741	3067	2879	121	42	25
助动自行车制造	3742	2280	2046	152	60	22
船舶及浮动装置制造	3750	6008	4731	493	266	518
金属船舶制造	3751	1663	1253	236	121	53
非金属船舶制造	3752	320	237	32	27	24
娱乐船和运动船的建造和修理	3753	192	162	11	9	10
船用配套设备制造	3754	1411	1113	87	29	182
船舶修理及拆船	3755	2339	1901	121	73	244
航标器材及其他浮动装置的制造	3759	83	65	6	7	5
航空航天器制造	3760	363	165	42	113	43
飞机制造及修理	3761	260	104	33	90	33
航天器制造	3762	64	38	6	15	5
其他飞行器制造	3769	39	23	3	8	5
交通器材及其他交通运输设备制造	3790	1371	990	176	125	80
潜水及水下救捞装备制造	3791	33	21	6	1	5
交通管理用金属标志及设施制造	3792	541	395	60	48	38
其他交通运输设备制造	3799	797	574	110	76	37

单位：个

行业小类	代码	法人单位数	东部地区	中部地区	西部地区	东北部地区
电气机械及器材制造业	3900	85276	67697	7526	4904	5149
电机制造	3910	8887	7166	741	482	498
发电机及发电机组制造	3911	1907	1412	161	199	135
电动机制造	3912	3871	3085	353	178	255
微电机及其他电机制造	3919	3109	2669	227	105	108
输配电及控制设备制造	3920	27976	21254	2308	1962	2452
变压器、整流器和电感器制造	3921	5488	4000	542	377	569
电容器及其配套设备制造	3922	1691	1263	151	148	129
配电开关控制设备制造	3923	11147	8254	874	816	1203
电力电子元器件制造	3924	6645	5528	422	395	300
其他输配电及控制设备制造	3929	3005	2209	319	226	251
电线、电缆、光缆及电工器材制造	3930	15464	11500	2017	1035	912
电线电缆制造	3931	11342	8490	1524	703	625
光纤、光缆制造	3932	468	351	42	55	20
绝缘制品制造	3933	1596	1194	175	114	113
其他电工器材制造	3939	2058	1465	276	163	154
电池制造	3940	3695	2785	548	245	117
家用电力器具制造	3950	10443	9275	528	332	308
家用制冷电器具制造	3951	795	620	98	39	38
家用空气调节器制造	3952	793	652	58	34	49
家用通风电器具制造	3953	872	771	39	43	19
家用厨房电器具制造	3954	2677	2476	73	75	53
家用清洁卫生电器具制造	3955	865	778	30	33	24
家用美容、保健电器具制造	3956	515	497	9	3	6
家用电力器具专用配件制造	3957	1408	1250	112	31	15
其他家用电力器具制造	3959	2518	2231	109	74	104
非电力家用器具制造	3960	2833	2174	299	250	110
燃气、太阳能及类似能源的器具制造	3961	2275	1823	192	180	80
其他非电力家用器具制造	3969	558	351	107	70	30
照明器具制造	3970	12387	10942	710	331	404
电光源制造	3971	2729	2335	227	68	99
照明灯具制造	3972	6370	5592	350	194	234
灯用电器附件及其他照明器具制造	3979	3288	3015	133	69	71

单位：个

行业小类	代码	法人单位数	东部地区	中部地区	西部地区	东北部地区
其他电气机械及器材制造	3990	3591	2601	375	267	348
车辆专用照明及电气信号设备装置制造	3991	934	783	65	36	50
其他未列明的电气机械制造	3999	2657	1818	310	231	298
通信设备、计算机及其他电子设备制造业	4000	43371	37660	2330	2036	1345
通信设备制造	4010	5137	4176	332	447	182
通信传输设备制造	4011	1291	975	103	153	60
通信交换设备制造	4012	549	463	36	37	13
通信终端设备制造	4013	808	665	48	68	27
移动通信及终端设备制造	4014	782	694	31	32	25
其他通信设备制造	4019	1707	1379	114	157	57
雷达及配套设备制造	4020	121	69	14	28	10
广播电视设备制造	4030	1619	1379	92	98	50
广播电视节目制作及发射设备制造	4031	156	109	9	19	19
广播电视接收设备及器材制造	4032	1106	987	54	48	17
应用电视设备及其他广播电视设备制造	4039	357	283	29	31	14
电子计算机制造	4040	4233	3671	200	194	168
电子计算机整机制造	4041	741	611	34	59	37
计算机网络设备制造	4042	778	631	47	68	32
电子计算机外部设备制造	4043	2714	2429	119	67	99
电子器件制造	4050	5782	4878	352	313	239
电子真空器件制造	4051	666	503	52	75	36
半导体分立器件制造	4052	887	729	47	52	59
集成电路制造	4053	1225	1065	56	69	35
光电子器件及其他电子器件制造	4059	3004	2581	197	117	109
电子元件制造	4060	18363	16415	915	619	414
电子元件及组件制造	4061	16451	14597	880	591	383
印制电路板制造	4062	1912	1818	35	28	31
家用视听设备制造	4070	3378	3155	110	57	56
家用影视设备制造	4071	1230	1103	58	33	36
家用音响设备制造	4072	2148	2052	52	24	20
其他电子设备制造	4090	4738	3917	315	280	226
仪器仪表及文化、办公用机械制造业	4100	22259	16916	1874	1544	1925
通用仪器仪表制造	4110	10587	7511	1033	787	1256
工业自动控制系统装置制造	4111	3819	2621	373	339	486
电工仪器仪表制造	4112	2372	1709	211	183	269
绘图、计算及测量仪器制造	4113	772	531	157	33	51

单位：个

行业小类	代码	法人单位数	东部地区	中部地区	西部地区	东北部地区
实验分析仪器制造	4114	1396	1058	77	65	196
试验机制造	4115	372	265	18	26	63
供应用仪表及其他通用仪器制造	4119	1856	1327	197	141	191
专用仪器仪表制造	4120	3550	2534	392	264	360
环境监测专用仪器仪表制造	4121	370	248	42	30	50
汽车及其他用计数仪表制造	4122	470	359	50	22	39
导航、气象及海洋专用仪器制造	4123	243	174	27	18	24
农林牧渔专用仪器仪表制造	4124	54	40	6	4	4
地质勘探和地震专用仪器制造	4125	165	91	21	24	29
教学专用仪器制造	4126	447	321	62	35	29
核子及核辐射测量仪器制造	4127	67	44	10	4	9
电子测量仪器制造	4128	819	615	89	50	65
其他专用仪器制造	4129	915	642	85	77	111
钟表与计时仪器制造	4130	1887	1758	43	31	55
光学仪器及眼镜制造	4140	3460	2881	207	298	74
光学仪器制造	4141	1433	978	144	260	51
眼镜制造	4142	2027	1903	63	38	23
文化、办公用机械制造	4150	1667	1452	76	68	71
电影机械制造	4151	71	63	2	4	2
幻灯及投影设备制造	4152	115	107	3	3	2
照相机及器材制造	4153	406	370	14	9	13
复印和胶印设备制造	4154	280	243	9	12	16
计算器及货币专用设备制造	4155	366	316	13	16	21
其他文化、办公用机械制造	4159	429	353	35	24	17
其他仪器仪表的制造及修理	4190	1108	780	123	96	109
工艺品及其他制造业	4200	46226	34752	6472	3261	1741
工艺美术品制造	4210	28981	23478	2809	1670	1024
雕塑工艺品制造	4211	5302	4087	621	390	204
金属工艺品制造	4212	3898	3316	222	225	135
漆器工艺品制造	4213	902	802	41	41	18
花画工艺品制造	4214	1673	1303	121	43	206
天然植物纤维编织工艺品制造	4215	2347	1679	229	352	87
抽纱刺绣工艺品制造	4216	4937	4584	211	78	64
地毯、挂毯制造	4217	2054	1260	538	222	34
珠宝首饰及有关物品的制造	4218	1846	1503	139	138	66
其他工艺美术品制造	4219	6022	4944	687	181	210

单位：个

行业小类	代码	法　人 单位数	东部 地区	中部 地区	西部 地区	东北部 地　区
日用杂品制造	4220	7425	5825	1053	358	189
制镜及类似品加工	4221	586	415	69	31	71
鬃毛加工、制刷及清扫工具的制造	4222	1826	1205	410	150	61
其他日用杂品制造	4229	5013	4205	574	177	57
煤制品制造	4230	4342	1201	2004	841	296
其他未列明的制造业	4290	5434	4224	599	382	229
废弃资源和废旧材料回收加工业	4300	6272	3913	1222	865	272
金属废料和碎屑的加工处理	4310	3001	1860	521	487	133
非金属废料和碎屑的加工处理	4320	3271	2053	701	378	139
电力、燃气及水的生产和供应业	**D**	**49052**	**21626**	**11381**	**13590**	**2455**
电力、热力的生产和供应业	4400	32571	14384	7539	8972	1676
电力生产	4410	27239	12844	6574	7347	474
火力发电	4411	1966	981	427	404	154
水力发电	4412	24750	11607	6082	6811	250
核力发电	4413	32	25	1	5	1
其他能源发电	4419	491	231	64	127	69
电力供应	4420	2947	826	799	1039	283
热力生产和供应	4430	2385	714	166	586	919
燃气生产和供应业	4500	2552	1015	527	819	191
水的生产和供应业	4600	13929	6227	3315	3799	588
自来水的生产和供应	4610	12475	5321	3111	3560	483
污水处理及其再生利用	4620	1148	741	154	178	75
其他水的处理、利用与分配	4690	306	165	50	61	30
建筑业	**E**	**190517**	**106504**	**33290**	**32192**	**18531**
房屋和土木工程建筑业	4700	76056	36420	16503	15834	7299
房屋工程建筑	4710	49196	21747	11790	11450	4209
土木工程建筑	4720	26860	14673	4713	4384	3090
铁路、道路、隧道和桥梁工程建筑	4721	10133	5224	2016	1773	1120
水利和港口工程建筑	4722	3247	1741	629	593	284
工矿工程建筑	4723	1666	829	332	295	210
架线和管道工程建筑	4724	4777	2562	793	834	588
其他土木工程建筑	4729	7037	4317	943	889	888
建筑安装业	4800	35292	21246	4877	4669	4500
建筑装饰业	4900	58973	37083	8144	8669	5077

行业小类	代码	法人单位数	东部地区	中部地区	西部地区	东北部地区
其他建筑业	5000	20196	11755	3766	3020	1655
工程准备	5010	7265	4560	1260	716	729
提供施工设备服务	5020	2245	1214	445	462	124
其他未列明的建筑活动	5090	10686	5981	2061	1842	802
交通运输、仓储和邮政业	**F**	**117228**	**68882**	**17332**	**20753**	**10261**
铁路运输业	5100	714	343	123	182	66
铁路旅客运输	5110	70	30	17	18	5
铁路货物运输	5120	352	163	61	100	28
铁路运输辅助活动	5130	292	150	45	64	33
客运火车站	5131	26	10	9	5	2
货运火车站	5132	56	32	11	8	5
其他铁路运输辅助活动	5139	210	108	25	51	26
道路运输业	5200	53673	27425	9614	12157	4477
公路旅客运输	5210	6784	2470	1723	2072	519
道路货物运输	5220	36608	21427	5735	6480	2966
道路运输辅助活动	5230	10281	3528	2156	3605	992
客运汽车站	5231	1645	477	401	626	141
公路管理与养护	5232	6102	1646	1399	2408	649
其他道路运输辅助活动	5239	2534	1405	356	571	202
城市公共交通业	5300	6840	2707	1700	1693	740
公共电汽车客运	5310	1805	719	453	467	166
轨道交通	5320	105	43	26	31	5
出租车客运	5330	4527	1772	1134	1079	542
城市轮渡	5340	61	40	14	4	3
其他城市公共交通	5390	342	133	73	112	24
水上运输业	5400	6984	4386	1238	965	395
水上旅客运输	5410	824	360	214	194	56
远洋旅客运输	5411	33	23	3	5	2
沿海旅客运输	5412	196	146	3	4	43
内河旅客运输	5413	595	191	208	185	11
水上货物运输	5420	3820	2428	718	483	191
远洋货物运输	5421	370	283	23	18	46
沿海货物运输	5422	1139	982	16	31	110
内河货物运输	5423	2311	1163	679	434	35

单位：个

行业小类	代码	法人单位数	东部地区	中部地区	西部地区	东北部地区
水上运输辅助活动	5430	2340	1598	306	288	148
客运港口	5431	98	47	20	20	11
货运港口	5432	969	748	100	63	58
其他水上运输辅助活动	5439	1273	803	186	205	79
航空运输业	5500	1034	539	113	267	115
航空客货运输	5510	356	214	26	79	37
航空旅客运输	5511	120	46	17	43	14
航空货物运输	5512	236	168	9	36	23
通用航空服务	5520	241	101	38	74	28
航空运输辅助活动	5530	437	224	49	114	50
机场	5531	145	73	15	37	20
空中交通管理	5532	19	10	2	6	1
其他航空运输辅助活动	5539	273	141	32	71	29
管道运输业	5600	77	45	5	15	12
装卸搬运和其他运输服务业	5700	30489	22161	2365	3191	2772
装卸搬运	5710	5994	3174	1321	1085	414
运输代理服务	5720	24495	18987	1044	2106	2358
仓储业	5800	13943	8684	1868	1882	1509
谷物、棉花等农产品仓储	5810	3415	1190	812	733	680
其他仓储	5890	10528	7494	1056	1149	829
邮政业	5900	3474	2592	306	401	175
国家邮政	5910	727	219	192	268	48
其他寄递服务	5990	2747	2373	114	133	127
信息传输、计算机服务和软件业	**G**	**115101**	**74521**	**12964**	**20966**	**6650**
电信和其他信息传输服务业	6000	22224	12080	3467	5336	1341
电信	6010	5303	2648	960	1249	446
固定电信服务	6011	1436	569	355	372	140
移动电信服务	6012	1754	793	333	468	160
其他电信服务	6019	2113	1286	272	409	146
互联网信息服务	6020	12441	7748	1582	2671	440
广播电视传输服务	6030	4287	1571	901	1376	439
有线广播电视传输服务	6031	3610	1366	736	1150	358
无线广播电视传输服务	6032	677	205	165	226	81
卫星传输服务	6040	193	113	24	40	16
计算机服务业	6100	56019	34416	6861	12315	2427
计算机系统服务	6110	13101	9272	1081	1837	911

单位：个

行业小类	代码	法人单位数	东部地区	中部地区	西部地区	东北部地区
数据处理	6120	1206	820	137	126	123
计算机维修	6130	2225	1548	186	333	158
其他计算机服务	6190	39487	22776	5457	10019	1235
软件业	6200	36858	28025	2636	3315	2882
公共软件服务	6210	27403	20850	1962	2385	2206
基础软件服务	6211	8838	6207	793	1072	766
应用软件服务	6212	18565	14643	1169	1313	1440
其他软件服务	6290	9455	7175	674	930	676
批发和零售业	**H**	**1246042**	**776337**	**163279**	**200643**	**105783**
批发业	6300	767147	503444	88549	111266	63888
农畜产品批发	6310	36984	14997	8991	7507	5489
谷物、豆及薯类批发	6311	14270	4717	4210	2588	2755
种子、饲料批发	6312	11874	4868	2327	2674	2005
棉、麻批发	6313	3516	1644	1218	559	95
牲畜批发	6314	1033	515	247	219	52
其他农畜产品批发	6319	6291	3253	989	1467	582
食品、饮料及烟草制品批发	6320	57845	35099	8284	9424	5038
米、面制品及食用油批发	6321	11448	5541	2277	2430	1200
糕点、糖果及糖批发	6322	3507	2009	645	620	233
果品、蔬菜批发	6323	5551	3560	785	773	433
肉、禽、蛋及水产品批发	6324	5676	3990	729	452	505
盐及调味品批发	6325	3274	1567	624	709	374
饮料及茶叶批发	6326	11293	6925	1284	2004	1080
烟草制品批发	6327	2374	1113	461	634	166
其他食品批发	6329	14722	10394	1479	1802	1047
纺织、服装及日用品批发	6330	76128	62273	4784	5338	3733
纺织品、针织品及原料批发	6331	25899	22784	1264	1050	801
服装批发	6332	18384	15221	1072	1012	1079
鞋帽批发	6333	2566	2202	142	120	102
厨房、卫生间用具及日用杂货批发	6334	5973	4417	541	618	397
化妆品及卫生用品批发	6335	6358	4501	561	862	434
其他日用品批发	6339	16948	13148	1204	1676	920
文化、体育用品及器材批发	6340	25907	19348	2146	2797	1616
文具用品批发	6341	9256	7093	622	921	620
体育用品批发	6342	2026	1590	133	183	120

单位：个

行业小类	代码	法人单位数	东部地区	中部地区	西部地区	东北部地区
图书批发	6343	3509	1831	585	702	391
报刊批发	6344	314	208	39	35	32
音像制品及电子出版物批发	6345	1105	781	98	186	40
首饰、工艺品及收藏品批发	6346	4811	4145	233	264	169
其他文化用品批发	6349	4886	3700	436	506	244
医药及医疗器材批发	6350	21703	12210	3425	4045	2023
西药批发	6351	6230	2787	1143	1457	843
中药材及中成药批发	6352	3696	1752	887	739	318
医疗用品及器材批发	6353	11777	7671	1395	1849	862
矿产品、建材及化工产品批发	6360	248868	154154	30918	42177	21619
煤炭及制品批发	6361	17708	7815	4355	3472	2066
石油及制品批发	6362	18239	10361	2246	3682	1950
非金属矿及制品批发	6363	4874	2126	947	1396	405
金属及金属矿批发	6364	68602	43960	7896	11292	5454
建材批发	6365	64559	41754	7375	10787	4643
化肥批发	6366	20267	9033	3477	4849	2908
农药批发	6367	5374	2479	933	1334	628
农用薄膜批发	6368	533	260	54	142	77
其他化工产品批发	6369	48712	36366	3635	5223	3488
机械设备、五金交电及电子产品批发	6370	217903	147271	22076	30940	17616
农业机械批发	6371	6797	2826	1482	1617	872
汽车、摩托车及零配件批发	6372	21167	11833	3592	3454	2288
五金、交电批发	6373	52427	36415	4814	7320	3878
家用电器批发	6374	11455	8192	1233	1434	596
计算机、软件及辅助设备批发	6375	20054	14591	1766	2479	1218
通讯及广播电视设备批发	6376	8575	5753	935	1313	574
其他机械设备及电子产品批发	6379	97428	67661	8254	13323	8190
贸易经纪与代理	6380	19790	15753	1128	1085	1824
其他批发	6390	62019	42339	6797	7953	4930
再生物资回收与批发	6391	23871	13729	3602	3770	2770
其他未列明的批发	6399	38148	28610	3195	4183	2160
零售业	6500	478895	272893	74730	89377	41895
综合零售	6510	62196	29111	15617	12539	4929
百货零售	6511	26688	13045	6491	5356	1796
超级市场零售	6512	9782	4364	3109	1660	649
其他综合零售	6519	25726	11702	6017	5523	2484

单位：个

行业小类	代码	法人单位数	东部地区	中部地区	西部地区	东北部地区
食品、饮料及烟草制品专门零售	6520	41078	22407	6756	8766	3149
粮油零售	6521	10287	3698	2265	3427	897
糕点、面包零售	6522	2071	1306	330	302	133
果品、蔬菜零售	6523	2060	1224	357	338	141
肉、禽、蛋及水产品零售	6524	3945	2214	910	562	259
饮料及茶叶零售	6525	7347	4312	907	1566	562
烟草制品零售	6526	2792	1911	360	410	111
其他食品零售	6529	12576	7742	1627	2161	1046
纺织、服装及日用品专门零售	6530	48715	30048	6921	7690	4056
纺织品及针织品零售	6531	7040	4616	910	1072	442
服装零售	6532	17527	10464	2856	2695	1512
鞋帽零售	6533	2726	1546	541	426	213
钟表、眼镜零售	6534	3478	1962	460	720	336
化妆品及卫生用品零售	6535	5318	3362	604	950	402
其他日用品零售	6539	12626	8098	1550	1827	1151
文化、体育用品及器材专门零售	6540	34186	21816	3968	5891	2511
文具用品零售	6541	8763	5743	853	1417	750
体育用品零售	6542	2649	1626	316	439	268
图书零售	6543	6129	3407	944	1305	473
报刊零售	6544	518	271	48	167	32
音像制品及电子出版物零售	6545	2360	1854	150	270	86
珠宝首饰零售	6546	4253	2455	672	811	315
工艺美术品及收藏品零售	6547	4825	3426	457	680	262
照相器材零售	6548	853	519	98	171	65
其他文化用品零售	6549	3836	2515	430	631	260
医药及医疗器材专门零售	6550	35472	20630	5054	5452	4336
药品零售	6551	27027	15480	3864	4049	3634
医疗用品及器材零售	6552	8445	5150	1190	1403	702
汽车、摩托车、燃料及零配件专门零售	6560	63821	33344	10359	13595	6523
汽车零售	6561	18037	9628	3244	3704	1461
汽车零配件零售	6562	15185	8437	1723	2941	2084
摩托车及零配件零售	6563	9196	4291	1682	2506	717
机动车燃料零售	6564	21403	10988	3710	4444	2261

单位：个

行业小类	代码	法人单位数	东部地区	中部地区	西部地区	东北部地区
家用电器及电子产品专门零售	6570	80467	46876	11396	15804	6391
家用电器零售	6571	18666	10100	3450	3758	1358
计算机、软件及辅助设备零售	6572	31081	17081	4319	6677	3004
通信设备零售	6573	11224	6265	1630	2432	897
其他电子产品零售	6579	19496	13430	1997	2937	1132
五金、家具及室内装修材料专门零售	6580	64200	39561	7648	11277	5714
五金零售	6581	34039	20817	3746	6113	3363
家具零售	6582	7672	4604	1144	1425	499
涂料零售	6583	2930	1980	356	374	220
其他室内装修材料零售	6589	19559	12160	2402	3365	1632
无店铺及其他零售	6590	48760	29100	7011	8363	4286
流动货摊零售	6591	194	93	54	25	22
邮购及电子销售	6592	460	348	34	57	21
生活用燃料零售	6593	8792	4352	1499	1509	1432
花卉零售	6594	2177	1363	300	385	129
旧货零售	6595	625	357	110	91	67
其他未列明的零售	6599	36512	22587	5014	6296	2615
住宿和餐饮业	**I**	**118173**	**63044**	**21294**	**24515**	**9320**
住宿业	6600	46826	22124	9254	11731	3717
旅游饭店	6610	16285	8079	3074	3962	1170
一般旅馆	6620	26906	12194	5560	6856	2296
其他住宿服务	6690	3635	1851	620	913	251
餐饮业	6700	71347	40920	12040	12784	5603
正餐服务	6710	57421	31727	10377	10395	4922
快餐服务	6720	4726	3205	709	487	325
饮料及冷饮服务	6730	3596	2453	341	671	131
其他餐饮服务	6790	5604	3535	613	1231	225
金融业	**J**	**31815**	**12220**	**7477**	**8631**	**3487**
银行业	6800	16541	4307	4815	5429	1990
中央银行	6810	772	196	201	301	74
商业银行	6820	14838	3845	4338	4801	1854
其他银行	6890	931	266	276	327	62
证券业	6900	1644	1093	199	177	175
证券市场管理	6910	99	41	18	26	14
证券经纪与交易	6920	1190	832	127	104	127
证券投资	6930	184	98	33	35	18
证券分析与咨询	6940	171	122	21	12	16

单位：个

行业小类	代码	法人单位数	东部地区	中部地区	西部地区	东北部地区
保险业	7000	6747	3094	1410	1561	682
人寿保险	7010	2187	847	591	521	228
非人寿保险	7020	2727	1082	608	777	260
保险辅助服务	7030	1833	1165	211	263	194
其他金融活动	7100	6883	3726	1053	1464	640
金融信托与管理	7110	780	410	121	188	61
金融租赁	7120	121	96	4	18	3
财务公司	7130	360	212	45	75	28
邮政储蓄	7140	65	36	14	9	6
典当	7150	2127	970	316	556	285
其他未列明的金融活动	7190	3430	2002	553	618	257
房地产业	**K**	**187444**	**105311**	**30412**	**37118**	**14603**
房地产业	7200	187444	105311	30412	37118	14603
房地产开发经营	7210	89944	44651	17897	20442	6954
物业管理	7220	45284	26084	6185	8675	4340
房地产中介服务	7230	31431	21634	3219	4576	2002
其他房地产活动	7290	20785	12942	3111	3425	1307
租赁和商务服务业	**L**	**368763**	**245307**	**42257**	**54988**	**26211**
租赁业	7300	14829	8774	1758	3441	856
机械设备租赁	7310	13925	8180	1674	3273	798
汽车租赁	7311	5079	2698	762	1290	329
农业机械租赁	7312	205	116	27	47	15
建筑工程机械与设备租赁	7313	5794	3507	578	1444	265
计算机及通讯设备租赁	7314	267	198	20	34	15
其他机械与设备租赁	7319	2580	1661	287	458	174
文化及日用品出租	7320	904	594	84	168	58
图书及音像制品出租	7321	426	279	45	80	22
其他文化及日用品出租	7329	478	315	39	88	36
商务服务业	7400	353934	236533	40499	51547	25355
企业管理服务	7410	68298	47035	7689	9224	4350
企业管理机构	7411	17604	10589	3109	2741	1165
投资与资产管理	7412	26447	20572	2048	3007	820
其他企业管理服务	7419	24247	15874	2532	3476	2365

1-5续表 28 单位：个

行业小类	代码	法人单位数	东部地区	中部地区	西部地区	东北部地区
法律服务	7420	18857	8871	3459	4512	2015
律师及相关的法律服务	7421	15764	7626	2858	3715	1565
公证服务	7422	1645	524	324	544	253
其他法律服务	7429	1448	721	277	253	197
咨询与调查	7430	102690	76607	8880	11064	6139
会计、审计及税务服务	7431	16195	9157	2476	2833	1729
市场调查	7432	3684	2121	718	612	233
社会经济咨询	7433	39189	31530	2512	3315	1832
其他专业咨询	7439	43622	33799	3174	4304	2345
广告业	7440	62012	40518	7009	10312	4173
知识产权服务	7450	3255	2300	326	401	228
职业中介服务	7460	16425	9671	2333	2835	1586
市场管理	7470	15039	8552	2528	2405	1554
旅行社	7480	17528	8823	3369	3596	1740
其他商务服务	7490	49830	34156	4906	7198	3570
会议及展览服务	7491	7792	6059	365	726	642
包装服务	7492	1086	730	117	174	65
保安服务	7493	1801	841	319	471	170
办公服务	7494	7758	5100	816	1165	677
其他未列明的商务服务	7499	31393	21426	3289	4662	2016
科学研究、技术服务和地质勘查业	**M**	**176677**	**98135**	**26257**	**37688**	**14597**
研究与试验发展	7500	20460	11436	3225	3649	2150
自然科学研究与试验发展	7510	2020	1036	370	407	207
工程和技术研究与试验发展	7520	8932	5698	1014	1264	956
农业科学研究与试验发展	7530	4580	1821	1105	1137	517
医学研究与试验发展	7540	3169	2090	359	426	294
社会人文科学研究与试验发展	7550	1759	791	377	415	176
专业技术服务业	7600	87374	50385	12742	16890	7357
气象服务	7610	3431	1038	740	1370	283
地震服务	7620	1187	352	220	487	128
海洋服务	7630	230	166	27	12	25
测绘服务	7640	2751	1303	472	689	287
技术检测	7650	11980	5249	2283	2814	1634
环境监测	7660	2638	1070	561	669	338
工程技术与规划管理	7670	38780	20962	6308	8157	3353
工程管理服务	7671	17953	9437	3032	3762	1722
工程勘察设计	7672	15294	9311	2094	2752	1137
规划管理	7673	5533	2214	1182	1643	494

单位：个

行业小类	代码	法人单位数	东部地区	中部地区	西部地区	东北部地区
其他专业技术服务	7690	26377	20245	2131	2692	1309
科技交流和推广服务业	7700	65722	35329	9643	16041	4709
技术推广服务	7710	46405	22309	7547	12990	3559
科技中介服务	7720	6951	3916	1042	1319	674
其他科技服务	7790	12366	9104	1054	1732	476
地质勘查业	7800	3121	985	647	1108	381
矿产地质勘查	7810	1192	309	244	479	160
能源矿产地质勘查	7811	557	162	118	208	69
固体矿产地质勘查	7812	419	95	81	187	56
其他矿产地质勘查	7819	216	52	45	84	35
基础地质勘查	7820	761	250	173	246	92
地质勘查技术服务	7830	1168	426	230	383	129
水利、环境和公共设施管理业	**N**	**50953**	**22021**	**11451**	**12966**	**4515**
水利管理业	7900	19022	6026	5103	6223	1670
防洪管理	7910	2185	738	798	389	260
水资源管理	7920	9515	3019	2701	2990	805
水库管理	7921	4178	1160	1173	1548	297
调水、引水管理	7922	3166	1200	967	781	218
其他水资源管理	7929	2171	659	561	661	290
其他水利管理	7990	7322	2269	1604	2844	605
环境管理业	8000	11862	5362	2446	2960	1094
自然保护	8010	1922	574	358	814	176
自然保护区管理	8011	817	216	138	398	65
野生动植物保护	8012	463	137	99	180	47
其他自然保护	8019	642	221	121	236	64
环境治理	8020	9940	4788	2088	2146	918
城市市容管理	8021	1425	578	424	310	113
城市环境卫生管理	8022	5298	2400	1172	1157	569
水污染治理	8023	966	627	135	146	58
危险废物治理	8024	228	142	22	39	25
其他环境治理	8029	2023	1041	335	494	153
公共设施管理业	8100	20069	10633	3902	3783	1751
市政公共设施管理	8110	4652	2148	1074	886	544

单位：个

行业小类	代码	法人单位数	东部地区	中部地区	西部地区	东北部地区
城市绿化管理	8120	8722	5395	1288	1285	754
游览景区管理	8130	6695	3090	1540	1612	453
风景名胜区管理	8131	2321	1045	584	571	121
公园管理	8132	1877	831	391	478	177
其他游览景区管理	8139	2497	1214	565	563	155
居民服务和其他服务业	**O**	**110525**	**71852**	**14531**	**16322**	**7820**
居民服务业	8200	53493	33868	7123	8018	4484
家庭服务	8210	3542	2229	382	662	269
托儿所	8220	921	484	156	210	71
洗染服务	8230	1833	1271	217	218	127
理发及美容保健服务	8240	12841	9490	1185	1437	729
洗浴服务	8250	7734	4320	1377	969	1068
婚姻服务	8260	2633	1542	371	419	301
殡葬服务	8270	3736	1649	732	831	524
摄影扩印服务	8280	5301	3175	835	820	471
其他居民服务	8290	14952	9708	1868	2452	924
其他服务业	8300	57032	37984	7408	8304	3336
修理与维护	8310	23955	14983	2950	4175	1847
汽车、摩托车维护与保养	8311	16899	10184	2212	3142	1361
办公设备维修	8312	1462	979	142	227	114
家用电器修理	8313	4165	2895	437	581	252
其他日用品修理	8319	1429	925	159	225	120
清洁服务	8320	8552	6075	789	1187	501
建筑物清洁服务	8321	1763	1265	164	220	114
其他清洁服务	8329	6789	4810	625	967	387
其他未列明的服务	8390	24525	16926	3669	2942	988
教育	**P**	**312339**	**116488**	**81487**	**93218**	**21146**
教育	8400	312339	116488	81487	93218	21146
学前教育	8410	42447	20959	8623	10514	2351
初等教育	8420	141935	45610	40473	49860	5992
中等教育	8430	78016	26491	22799	21905	6821
初中教育	8431	51810	16289	15900	15082	4539
高中教育	8432	11081	4302	3034	2932	813
中等专业教育	8433	4094	1517	1072	1094	411
职业中学教育	8434	4665	1698	1291	1289	387
技工学校教育	8435	2245	852	632	541	220
其他中等教育	8439	4121	1833	870	967	451

单位：个

行业小类	代码	法人单位数	东部地区	中部地区	西部地区	东北部地区
高等教育	8440	5322	2439	1177	1120	586
普通高等教育	8441	2212	959	561	462	230
成人高等教育	8442	3110	1480	616	658	356
其他教育	8490	44619	20989	8415	9819	5396
职业技能培训	8491	28603	14007	5061	6023	3512
特殊教育	8492	1552	647	415	296	194
其他未列明的教育	8499	14464	6335	2939	3500	1690
卫生、社会保障和社会福利业	**Q**	**187376**	**53560**	**57761**	**60345**	**15710**
卫生	8500	159362	43742	50823	52704	12093
医院	8510	19256	6667	4727	5477	2385
综合医院	8511	11126	3584	2750	3423	1369
中医医院	8512	2265	778	560	672	255
中西医结合医院	8513	958	316	264	286	92
民族医院	8514	249	52	16	168	13
专科医院	8515	3854	1575	1001	757	521
疗养院	8516	804	362	136	171	135
卫生院及社区医疗活动	8520	45792	13506	12318	16836	3132
门诊部医疗活动	8530	68027	16945	27343	19679	4060
计划生育技术服务活动	8540	12462	2101	3228	6455	678
妇幼保健活动	8550	3019	817	708	1165	329
专科疾病防治活动	8560	1812	622	516	371	303
疾病预防控制及防疫活动	8570	5368	1464	1291	1734	879
其他卫生活动	8590	3626	1620	692	987	327
社会保障业	8600	9688	2962	2553	3316	857
社会福利业	8700	18326	6856	4385	4325	2760
提供住宿的社会福利	8710	14022	4970	3528	3187	2337
干部休养所	8711	1926	771	469	531	155
收养收容服务	8712	12096	4199	3059	2656	2182
不提供住宿的社会福利	8720	4304	1886	857	1138	423
文化、体育和娱乐业	**R**	**76430**	**37730**	**14092**	**18691**	**5917**
新闻出版业	8800	5607	3019	1007	1108	473
新闻业	8810	660	212	182	215	51
出版业	8820	4947	2807	825	893	422

单位：个

行业小类	代码	法人单位数	东部地区	中部地区	西部地区	东北部地区
图书出版	8821	768	477	110	124	57
报纸出版	8822	1694	743	349	430	172
期刊出版	8823	1847	1210	251	230	156
音像制品出版	8824	197	130	30	23	14
电子出版物出版	8825	61	40	10	9	2
其他出版	8829	380	207	75	77	21
广播、电视、电影和音像业	8900	15139	5995	3306	4596	1242
广播	8910	3718	711	885	1829	293
电视	8920	4778	1833	1276	1344	325
电影	8930	5261	2585	1005	1155	516
电影制作与发行	8931	1306	794	185	207	120
电影放映	8932	3955	1791	820	948	396
音像制作	8940	1382	866	140	268	108
文化艺术业	9000	32253	14506	6652	8618	2477
文艺创作与表演	9010	4511	2036	983	1108	384
艺术表演场馆	9020	1169	456	344	249	120
图书馆与档案馆	9030	4595	1436	1047	1597	515
图书馆	9031	2384	737	613	781	253
档案馆	9032	2211	699	434	816	262
文物及文化保护	9040	2168	620	636	753	159
博物馆	9050	1622	755	369	371	127
烈士陵园、纪念馆	9060	774	321	220	169	64
群众文化活动	9070	10448	3675	2406	3534	833
文化艺术经纪代理	9080	2429	1995	187	172	75
其他文化艺术	9090	4537	3212	460	665	200
体育	9100	6581	3761	911	1182	727
体育组织	9110	3312	1934	416	603	359
体育场馆	9120	1517	897	212	239	169
其他体育	9190	1752	930	283	340	199
娱乐业	9200	16850	10449	2216	3187	998
室内娱乐活动	9210	9795	6061	1172	2073	489
游乐园	9220	584	300	125	105	54
休闲健身娱乐活动	9230	4106	2698	543	562	303
其他娱乐活动	9290	2365	1390	376	447	152

1-5续表 33

单位：个

行业小类	代码	法人单位数	东部地区	中部地区	西部地区	东北部地区
公共管理和社会组织	S	**1257950**	**432738**	**338827**	**396285**	**90100**
中国共产党机关	9300	39829	10505	9186	16666	3472
国家机构	9400	338413	93514	91386	120731	32782
国家权力机构	9410	6397	1821	1748	2297	531
国家行政机构	9420	320391	88161	86705	114410	31115
综合事务管理机构	9421	93516	23429	25276	35648	9163
对外事务管理机构	9422	1717	685	368	515	149
公共安全管理机构	9423	12745	3663	3084	4418	1580
社会事务管理机构	9424	63654	17889	16624	23434	5707
经济事务管理机构	9425	90267	25093	25272	30637	9265
政府事务管理机构	9426	27252	7911	7610	9910	1821
行政监督检查机构	9427	31240	9491	8471	9848	3430
人民法院和人民检察院	9430	7024	1882	1710	2638	794
人民法院	9431	3506	943	851	1312	400
人民检察院	9432	3518	939	859	1326	394
其他国家机构	9490	4601	1650	1223	1386	342
人民政协和民主党派	9500	5689	1853	1320	1946	570
人民政协	9510	3260	888	836	1206	330
民主党派	9520	2429	965	484	740	240
群众团体、社会团体和宗教组织	9600	163156	63122	32226	54518	13290
群众团体	9610	22341	8599	4671	6995	2076
工会	9611	6550	3477	1019	1592	462
妇联	9612	3558	991	880	1339	348
共青团	9613	3460	938	869	1301	352
其他群众团体	9619	8773	3193	1903	2763	914
社会团体	9620	101877	42902	19227	30664	9084
专业性团体	9621	40389	16742	8145	11541	3961
行业性团体	9622	43478	18015	8108	13419	3936
其他社会团体	9629	18010	8145	2974	5704	1187
宗教组织	9630	38938	11621	8328	16859	2130
基层群众自治组织	9700	710863	263744	204709	202424	39986
社区自治组织	9710	75751	31125	16904	17998	9724
村民自治组织	9720	635112	232619	187805	184426	30262

1-6 按地区分组的法人单位数

单位：个

地 区	法人单位数（2006年）	#多产业法人单位	法人单位数（2007年）	#多产业法人单位
全 国	**6068912**	**355642**	**6495064**	**358545**
北 京	315836	12563	322319	13727
天 津	101820	1984	113972	2201
河 北	244488	9757	255867	9827
山 西	156362	17529	168340	17547
内蒙古	85381	5563	93227	5601
辽 宁	249805	11952	270245	11789
吉 林	88506	4078	92852	4025
黑龙江	115093	9984	118941	9901
上 海	351656	15263	361380	15108
江 苏	536112	14829	583462	14889
浙 江	482263	25066	530909	25677
安 徽	187716	20677	200166	19844
福 建	200915	12388	222923	12938
江 西	124424	8005	129506	7960
山 东	459265	26487	492916	26437
河 南	305727	12008	322828	11941
湖 北	184816	21088	205303	21057
湖 南	196799	13404	202256	13354
广 东	529193	23217	586945	24318
广 西	139566	15099	149472	15243
海 南	27862	1459	29746	1511
重 庆	108191	10648	119898	10970
四 川	294273	15823	306120	15525
贵 州	89347	6521	93679	6687
云 南	102373	11255	110167	11395
西 藏	13628	1024	13859	1020
陕 西	161286	9482	170044	9479
甘 肃	88074	8805	91950	8796
青 海	22315	2293	23307	2298
宁 夏	30386	1668	32698	1697
新 疆	75447	5723	79767	5783

1-7 农、林、牧、渔业按地区分组的法人单位数

单位：个

地区	法人单位数(2006年)	#多产业法人单位	法人单位数(2007年)	#多产业法人单位
全国	**78205**	**2526**	**98546**	**2649**
北京	3680	65	3485	69
天津	691	2	764	
河北	2276	36	2758	36
山西	4053	96	6205	97
内蒙古	1565	86	1784	86
辽宁	2649	75	3571	80
吉林	1343	54	1695	56
黑龙江	1556	261	1723	263
上海	1642	47	1913	51
江苏	2662	27	4594	31
浙江	6643	133	8544	135
安徽	1039	35	1767	36
福建	3684	22	4543	32
江西	321	31	556	31
山东	4569	1	5451	2
河南	8600	89	9570	86
湖北	823	40	1407	39
湖南	6535	71	6765	71
广东	3939	93	4476	102
广西	4034	281	4306	279
海南	1836	106	1941	107
重庆	2242	118	3723	132
四川	4121	69	5148	71
贵州	1121	20	1434	21
云南	3360	273	3715	273
西藏	11	1	21	1
陕西	318	16	3222	81
甘肃	453	67	643	69
青海	337	26	424	26
宁夏	578	24	683	26
新疆	1524	261	1715	260

1-8 采矿业按地区分组的法人单位数

单位：个

地 区	法人单位数(2006年)	#多产业法人单位	法人单位数(2007年)	#多产业法人单位
全 国	**93967**	**1680**	**97678**	**1723**
北 京	643	30	538	28
天 津	122	3	127	4
河 北	7715	81	8102	81
山 西	9123	195	9191	183
内蒙古	2667	73	3071	75
辽 宁	4815	55	5120	50
吉 林	1323	27	1377	27
黑龙江	1855	63	1906	64
上 海	3	0	3	0
江 苏	1870	37	1732	36
浙 江	2371	36	2316	36
安 徽	3480	87	3684	82
福 建	2233	34	2518	39
江 西	3890	53	3973	55
山 东	5520	61	5713	60
河 南	7800	53	7893	53
湖 北	3704	148	3922	144
湖 南	7449	56	7286	57
广 东	2339	27	2601	31
广 西	1935	41	2225	44
海 南	182	5	195	5
重 庆	3017	79	3114	95
四 川	5429	118	5709	124
贵 州	4380	34	4379	37
云 南	3533	135	3859	148
西 藏	60	0	78	0
陕 西	3426	54	3618	57
甘 肃	1214	36	1332	35
青 海	327	14	372	14
宁 夏	651	10	652	10
新 疆	891	35	1072	49

1-9 制造业按地区分组的法人单位数

单位：个

地　区	法人单位数(2006年)	#多产业法人单位	法人单位数(2007年)	#多产业法人单位
全　国	**1579406**	**25917**	**1702455**	**26398**
北　京	38005	1167	37978	1271
天　津	31955	270	35099	309
河　北	71361	548	74274	549
山　西	23170	669	24515	669
内蒙古	11773	383	13182	384
辽　宁	65549	852	70169	677
吉　林	16936	161	18028	156
黑龙江	21034	551	21343	530
上　海	69049	2939	74482	2716
江　苏	241821	2125	258897	2129
浙　江	219662	4619	238873	4919
安　徽	44938	817	50097	810
福　建	57620	616	64598	712
江　西	28979	311	30941	307
山　东	148669	960	159060	938
河　南	90970	613	97862	605
湖　北	33825	861	37538	877
湖　南	39200	336	41135	339
广　东	167172	2590	186310	2813
广　西	18752	702	20307	730
海　南	2133	58	2278	58
重　庆	21869	805	24133	912
四　川	45450	960	48000	936
贵　州	8782	250	9364	254
云　南	12138	619	12990	637
西　藏	271	7	280	7
陕　西	24629	291	25691	302
甘　肃	10779	411	11364	409
青　海	1942	100	2080	103
宁　夏	4496	83	4675	91
新　疆	6477	243	6912	249

1-10 电力、燃气及水的生产和供应业按地区分组的法人单位数

单位：个

地区	法人单位数(2006年)	#多产业法人单位	法人单位数(2007年)	#多产业法人单位
全国	**45922**	**2934**	**49052**	**2960**
北京	364	33	368	33
天津	219	10	252	10
河北	795	103	868	101
山西	608	56	713	55
内蒙古	601	96	672	94
辽宁	1000	101	1117	93
吉林	583	52	654	54
黑龙江	646	118	684	119
上海	277	26	291	25
江苏	2830	82	2919	86
浙江	3421	170	3557	172
安徽	1700	154	1795	155
福建	4965	114	5284	121
江西	2633	135	2733	134
山东	1126	108	1260	109
河南	1025	109	1090	110
湖北	1565	162	1702	166
湖南	3145	114	3348	114
广东	6261	247	6573	248
广西	1865	174	1999	179
海南	244	4	254	5
重庆	1341	129	1491	134
四川	4156	189	4407	187
贵州	921	81	1032	83
云南	1239	145	1345	146
西藏	87	0	93	0
陕西	927	34	999	33
甘肃	584	97	670	101
青海	189	13	216	14
宁夏	155	21	162	24
新疆	450	57	504	55

1-11 建筑业按地区分组的法人单位数

单位：个

地区	法人单位数(2006年)	#多产业法人单位	法人单位数(2007年)	#多产业法人单位
全国	**170180**	**6967**	**190517**	**7413**
北京	9631	386	9963	495
天津	3888	80	4515	81
河北	4566	160	4968	166
山西	3746	203	4257	207
内蒙古	1852	142	2130	150
辽宁	10690	282	11982	275
吉林	2186	43	2426	42
黑龙江	3836	185	4123	182
上海	14800	454	15017	465
江苏	18990	448	22339	489
浙江	10854	741	12425	827
安徽	6326	287	7113	289
福建	4712	268	5411	314
江西	2668	116	2874	101
山东	15051	231	16727	235
河南	6942	209	7715	206
湖北	5769	245	7464	246
湖南	3368	95	3867	96
广东	12080	561	13857	606
广西	2131	197	2455	206
海南	1159	6	1282	6
重庆	4232	262	5055	310
四川	7496	326	7738	355
贵州	1519	94	1773	101
云南	3079	256	3502	271
西藏	287	9	334	3
陕西	3193	174	3570	173
甘肃	1886	180	2042	178
青海	596	58	682	61
宁夏	1040	72	1173	76
新疆	1607	197	1738	201

1-12 交通运输、仓储和邮政业按地区分组的法人单位数

单位：个

地 区	法人单位数(2006年)	#多产业法人单位	法人单位数(2007年)	#多产业法人单位
全 国	**104635**	**7441**	**117228**	**7711**
北 京	5533	281	5680	345
天 津	4110	73	4930	78
河 北	3240	146	3658	147
山 西	2229	217	2520	218
内蒙古	1580	123	1896	129
辽 宁	6019	233	6659	236
吉 林	1234	72	1371	72
黑龙江	2059	226	2231	222
上 海	8713	389	9379	430
江 苏	9339	331	10403	332
浙 江	8719	764	9733	803
安 徽	3741	306	4226	307
福 建	3747	198	4242	212
江 西	2170	201	2347	201
山 东	6827	209	7780	206
河 南	2652	482	2882	481
湖 北	3004	294	3546	299
湖 南	1708	193	1811	191
广 东	10685	808	12580	882
广 西	2282	294	2586	297
海 南	482	54	497	50
重 庆	2510	289	2949	314
四 川	4456	407	4947	400
贵 州	1002	64	1166	66
云 南	1507	207	1657	213
西 藏	115	23	118	24
陕 西	1725	158	1917	159
甘 肃	1108	154	1178	150
青 海	347	57	375	58
宁 夏	417	35	467	35
新 疆	1375	153	1497	154

1-13 信息传输、计算机服务和软件业按地区分组的法人单位数

单位：个

地　区	法人单位数(2006年)	#多产业法人单位	法人单位数(2007年)	#多产业法人单位
全　国	**100614**	**2763**	**115101**	**3000**
北　京	17128	429	19295	561
天　津	1383	12	1595	22
河　北	2066	28	2397	39
山　西	1552	75	1806	74
内蒙古	671	48	842	50
辽　宁	3625	51	4230	53
吉　林	790	52	878	53
黑龙江	1355	105	1542	104
上　海	9526	240	9701	250
江　苏	7858	104	8922	114
浙　江	8093	169	9456	177
安　徽	2459	115	2656	116
福　建	3098	51	4003	65
江　西	741	65	814	65
山　东	5085	101	6201	102
河　南	2156	56	2497	61
湖　北	2219	96	3021	93
湖　南	2076	76	2170	75
广　东	9951	294	12186	314
广　西	3044	102	3479	103
海　南	474	12	765	10
重　庆	1697	58	2072	66
四　川	6632	165	6642	158
贵　州	982	42	1282	48
云　南	1488	37	1778	42
西　藏	37	5	41	5
陕　西	1609	44	1748	42
甘　肃	526	28	599	29
青　海	317	31	335	30
宁　夏	567	21	627	25
新　疆	1409	51	1521	54

1-14 批发和零售业按地区分组的法人单位数

单位：个

地　区	法人单位数（2006年）	#多产业法人单位	法人单位数（2007年）	#多产业法人单位
全　国	**1122489**	**64801**	**1246042**	**65956**
北　京	87299	4709	87645	4918
天　津	25840	698	29115	772
河　北	34887	1729	38818	1727
山　西	29405	2077	33591	2087
内蒙古	15547	815	18445	847
辽　宁	55221	1772	61748	1804
吉　林	18227	556	19525	559
黑龙江	23317	1411	24510	1371
上　海	135255	6170	135269	6290
江　苏	101464	4803	116935	4748
浙　江	74586	6006	88084	6136
安　徽	26111	2019	29085	2051
福　建	33539	2457	40198	2655
江　西	12426	926	13240	918
山　东	82114	2381	93371	2359
河　南	33862	2607	37450	2564
湖　北	26500	2113	32821	2146
湖　南	15949	969	17092	963
广　东	123701	6233	140679	6477
广　西	18775	2841	22034	2898
海　南	5839	304	6223	315
重　庆	18857	2008	21659	2084
四　川	36889	2877	40903	2838
贵　州	10611	708	12485	798
云　南	14882	1535	17213	1561
西　藏	509	61	553	62
陕　西	21073	1071	23201	1024
甘　肃	12908	1239	14215	1261
青　海	2669	281	2923	278
宁　夏	7508	348	8551	352
新　疆	16719	1077	18461	1093

1-15 住宿和餐饮业按地区分组的法人单位数

单位：个

地区	法人单位数(2006年)	#多产业法人单位	法人单位数(2007年)	#多产业法人单位
全国	**109892**	**7724**	**118173**	**7956**
北京	11231	745	11259	842
天津	1788	79	1949	87
河北	3315	149	3507	155
山西	2665	136	2932	141
内蒙古	1844	117	2031	120
辽宁	4926	221	5441	227
吉林	1657	48	1717	45
黑龙江	2199	92	2162	90
上海	8084	616	8623	628
江苏	6796	250	7396	258
浙江	5959	1828	6525	1789
安徽	3251	221	3478	218
福建	2921	155	3296	177
江西	2214	182	2316	176
山东	7685	177	8465	178
河南	5181	321	5882	316
湖北	3132	181	3560	178
湖南	2991	146	3126	146
广东	10146	674	11008	741
广西	2258	195	2445	202
海南	959	72	1016	90
重庆	2021	207	2296	225
四川	4954	249	5211	247
贵州	1205	31	1349	37
云南	2385	162	2479	164
西藏	305	7	325	7
陕西	3996	125	4307	127
甘肃	1728	137	1839	136
青海	485	46	525	45
宁夏	527	28	568	30
新疆	1084	127	1140	134

1-16 金融业按地区分组的法人单位数

单位：个

地 区	法人单位数（2006年）	#多产业法人单位	法人单位数（2007年）	#多产业法人单位
全 国	**29201**	**11527**	**31815**	**11398**
北 京	685	68	758	128
天 津	541	205	630	226
河 北	1402	295	1367	296
山 西	553	259	663	260
内蒙古	644	272	738	264
辽 宁	2052	840	2169	800
吉 林	601	340	576	293
黑龙江	681	321	742	315
上 海	1004	128	1080	114
江 苏	1169	301	1580	336
浙 江	1603	722	1818	714
安 徽	2779	1091	2827	1067
福 建	952	340	1081	327
江 西	538	301	584	302
山 东	1514	474	1757	467
河 南	1755	826	1796	814
湖 北	873	367	989	364
湖 南	545	300	618	300
广 东	1698	676	1976	678
广 西	1241	511	1280	506
海 南	163	50	173	52
重 庆	763	271	880	279
四 川	1954	954	2053	923
贵 州	400	188	518	189
云 南	564	355	630	358
西 藏	29	11	31	11
陕 西	494	216	544	216
甘 肃	871	373	798	338
青 海	388	147	369	135
宁 夏	280	66	313	65
新 疆	465	259	477	261

1-17 房地产业按地区分组的法人单位数

单位：个

地区	法人单位数(2006年)	#多产业法人单位	法人单位数(2007年)	#多产业法人单位
全国	**165865**	**8598**	**187444**	**9274**
北京	11561	691	11733	841
天津	2758	104	3220	117
河北	3997	89	4677	97
山西	2953	99	3476	100
内蒙古	2456	75	2949	78
辽宁	7688	227	8897	236
吉林	1954	34	2253	37
黑龙江	3234	173	3453	169
上海	12663	997	13127	978
江苏	12020	400	13957	427
浙江	9973	810	10721	864
安徽	5183	191	5877	196
福建	6494	354	7432	405
江西	3850	97	4226	91
山东	8352	185	9670	184
河南	4210	99	5111	95
湖北	5560	246	6763	250
湖南	4326	68	4959	69
广东	24805	2042	28688	2307
广西	4402	241	5218	256
海南	1932	16	2086	17
重庆	4440	380	5159	438
四川	7660	450	8357	452
贵州	3087	61	3575	75
云南	2913	164	3454	182
西藏	79		99	
陕西	2352	36	2786	36
甘肃	1532	64	1758	67
青海	609	55	663	54
宁夏	774	28	866	32
新疆	2048	122	2234	124

1-18 租赁和商务服务业按地区分组的法人单位数

单位：个

地区	法人单位数(2006年)	#多产业法人单位	法人单位数(2007年)	#多产业法人单位
全国	**331904**	**9705**	**368763**	**10008**
北京	53503	1273	56495	1353
天津	6483	79	7851	72
河北	5659	192	6202	201
山西	6355	282	7034	285
内蒙古	3069	90	3619	92
辽宁	14937	264	16750	270
吉林	3944	85	4181	84
黑龙江	4744	194	5280	194
上海	39459	1028	40943	1022
江苏	25290	543	27879	538
浙江	24001	880	28725	943
安徽	6285	203	7237	206
福建	10232	279	12065	329
江西	3822	162	4148	160
山东	16992	223	19317	221
河南	7820	200	8620	198
湖北	7804	311	9921	314
湖南	5052	200	5297	197
广东	39350	1448	43751	1513
广西	6140	369	7238	375
海南	1891	43	2079	47
重庆	5928	233	7187	251
四川	13980	385	14934	353
贵州	2799	57	3430	70
云南	4450	208	5195	225
西藏	106	1	117	1
陕西	3599	68	4004	70
甘肃	2387	155	2591	159
青海	743	59	816	59
宁夏	1343	39	1651	42
新疆	3737	152	4206	164

1-19　科学研究、技术服务和地质勘查业按地区分组的法人单位数

单位：个

地　区	法人单位数(2006年)	#多产业法人单位	法人单位数(2007年)	#多产业法人单位
全　国	**166240**	**6348**	**176677**	**6472**
北　京	25845	501	26471	580
天　津	4236	33	5518	40
河　北	3165	88	3359	90
山　西	3422	139	3678	143
内蒙古	2205	76	2347	69
辽　宁	7538	178	8041	173
吉　林	2792	99	2889	98
黑龙江	3401	151	3667	151
上　海	12893	269	13008	269
江　苏	10131	437	10633	425
浙　江	9838	447	10906	481
安　徽	3425	213	3692	215
福　建	5037	176	5337	199
江　西	2991	105	3084	107
山　东	6073	137	6571	137
河　南	4341	98	4527	100
湖　北	6132	360	6721	356
湖　南	4469	218	4555	219
广　东	13664	457	15526	484
广　西	5310	523	5573	532
海　南	761	33	806	33
重　庆	2797	210	3042	183
四　川	11082	549	11131	531
贵　州	1919	87	2086	87
云　南	3673	308	3879	315
西　藏	165	15	173	15
陕　西	2982	99	3126	98
甘　肃	2293	148	2376	150
青　海	668	60	692	60
宁　夏	725	25	828	23
新　疆	2267	109	2435	109

1-20 水利、环境和公共设施管理业按地区分组的法人单位数

单位：个

地　区	法人单位数(2006年)	#多产业法人单位	法人单位数(2007年)	#多产业法人单位
全　国	**48811**	**2669**	**50953**	**2671**
北　京	2001	51	2047	56
天　津	831	9	926	10
河　北	1129	47	1203	48
山　西	1456	86	1589	86
内蒙古	1095	51	1142	52
辽　宁	2174	87	2268	85
吉　林	883	35	908	34
黑龙江	1313	74	1339	74
上　海	2122	80	2007	72
江　苏	3899	154	4056	151
浙　江	2995	161	3224	166
安　徽	1574	178	1680	178
福　建	1749	94	1853	97
江　西	1255	65	1306	64
山　东	2240	114	2374	113
河　南	1915	73	1979	71
湖　北	2458	182	2551	182
湖　南	2326	172	2346	172
广　东	3758	173	4054	174
广　西	1626	130	1698	131
海　南	258	27	277	28
重　庆	1052	97	1137	94
四　川	2731	125	2790	126
贵　州	891	42	956	42
云　南	1580	106	1640	107
西　藏	26	0	30	0
陕　西	1544	46	1567	44
甘　肃	803	91	826	92
青　海	222	18	228	18
宁　夏	204	23	215	23
新　疆	701	78	737	81

1-21 居民服务和其他服务业按地区分组的法人单位数

单位：个

地 区	法人单位数（2006年）	#多产业法人单位	法人单位数（2007年）	#多产业法人单位
全 国	**102228**	**3702**	**110525**	**3729**
北 京	16989	645	16475	643
天 津	4218	76	4531	98
河 北	1936	60	2205	62
山 西	2544	89	2863	90
内蒙古	1230	41	1453	44
辽 宁	3966	104	4400	110
吉 林	1549	32	1629	32
黑龙江	1658	62	1791	62
上 海	12966	629	12932	592
江 苏	7999	227	8517	229
浙 江	4383	247	4939	256
安 徽	2238	88	2542	88
福 建	2924	129	3354	146
江 西	1095	25	1184	24
山 东	6622	102	7326	96
河 南	2298	71	2556	69
湖 北	2720	126	3977	121
湖 南	1302	38	1409	38
广 东	10212	369	11189	395
广 西	1339	78	1552	80
海 南	341	9	384	8
重 庆	1754	97	2188	106
四 川	3352	122	3721	110
贵 州	968	26	1156	27
云 南	1090	55	1261	53
西 藏	48	3	55	3
陕 西	2006	32	2225	33
甘 肃	734	39	800	39
青 海	214	17	242	17
宁 夏	417	15	460	15
新 疆	1116	49	1209	43

1-22 教育按地区分组的法人单位数

单位：个

地 区	法人单位数 (2006年)	#多产业法人单位	法人单位数 (2007年)	#多产业法人单位
全 国	**308760**	**35169**	**312339**	**35005**
北 京	6734	243	6624	258
天 津	2527	87	2590	93
河 北	17487	1937	17463	1919
山 西	8282	1675	8477	1674
内蒙古	4648	730	4710	726
辽 宁	9700	1390	9843	1391
吉 林	4706	850	4740	847
黑龙江	6504	876	6563	873
上 海	5137	284	5210	275
江 苏	12878	853	13027	846
浙 江	12920	1692	13615	1671
安 徽	20986	1739	21008	1738
福 建	10743	945	10872	944
江 西	8397	1499	8457	1499
山 东	15149	1393	15353	1391
河 南	16917	2316	17127	2319
湖 北	15427	1337	15507	1313
湖 南	10939	2721	10911	2693
广 东	28586	1283	29272	1298
广 西	17643	1167	17786	1171
海 南	2470	221	2462	221
重 庆	6678	1913	6787	1878
四 川	16605	2119	16757	2091
贵 州	8821	1527	8940	1532
云 南	6230	1423	6432	1408
西 藏	487	118	492	118
陕 西	15571	1139	15585	1129
甘 肃	8705	838	8736	836
青 海	942	197	982	199
宁 夏	1144	171	1184	172
新 疆	4797	486	4827	482

1-23 卫生、社会保障和社会福利业按地区分组的法人单位数

单位：个

地 区	法人单位数 (2006年)	#多产业法人单位	法人单位数 (2007年)	#多产业法人单位
全 国	**185014**	**14435**	**187376**	**14438**
北 京	2533	126	2562	141
天 津	995	11	1053	17
河 北	6747	544	6610	542
山 西	4340	587	4456	588
内蒙古	2943	276	2990	276
辽 宁	8579	483	8651	484
吉 林	3203	170	3224	168
黑龙江	3812	639	3835	639
上 海	2102	169	2228	160
江 苏	9753	793	9810	793
浙 江	6880	1058	7178	1049
安 徽	4817	793	4887	792
福 建	6332	285	6394	287
江 西	6028	515	6077	515
山 东	9597	1085	9725	1083
河 南	29660	213	30031	213
湖 北	6067	1109	6177	1109
湖 南	6075	911	6133	911
广 东	6972	984	7310	988
广 西	6405	518	6480	520
海 南	668	11	690	10
重 庆	3080	716	3220	705
四 川	12633	555	12620	558
贵 州	3439	243	3552	245
云 南	3757	578	3807	580
西 藏	272	27	272	27
陕 西	20875	374	20800	375
甘 肃	2842	359	2925	357
青 海	688	108	682	108
宁 夏	695	44	708	45
新 疆	2225	151	2289	153

1-24 文化、体育和娱乐业按地区分组的法人单位数

单位：个

地 区	法人单位数(2006年)	#多产业法人单位	法人单位数(2007年)	#多产业法人单位
全 国	**72873**	**2928**	**76430**	**2898**
北 京	8917	235	9327	260
天 津	919	11	976	12
河 北	1763	52	1838	51
山 西	2096	107	2214	107
内蒙古	1384	34	1415	34
辽 宁	3000	97	3136	97
吉 林	1293	31	1310	30
黑龙江	1444	68	1471	67
上 海	3859	214	3892	198
江 苏	4666	166	4825	162
浙 江	4243	263	4558	251
安 徽	1882	106	1978	104
福 建	2630	90	2815	88
江 西	1710	60	1749	59
山 东	3025	110	3278	110
河 南	2685	78	2814	77
湖 北	2788	159	2923	157
湖 南	2361	103	2414	103
广 东	5142	268	5516	261
广 西	2667	142	2760	141
海 南	461	15	705	21
重 庆	1077	80	1289	79
四 川	4622	117	4707	117
贵 州	1209	22	1274	21
云 南	1988	99	2046	94
西 藏	133	7	135	7
陕 西	1870	35	1935	35
甘 肃	1240	69	1285	66
青 海	347	26	357	26
宁 夏	363	6	387	6
新 疆	1089	58	1101	57

1-25 公共管理和社会组织按地区分组的法人单位数

单位：个

地　区	法人单位数(2006年)	#多产业法人单位	法人单位数(2007年)	#多产业法人单位
全　国	**1252706**	**137808**	**1257950**	**136886**
北　京	13554	885	13616	905
天　津	8316	142	8331	153
河　北	70982	3473	71593	3520
山　西	47810	10482	48160	10483
内蒙古	27607	2035	27811	2031
辽　宁	35677	4640	36053	4648
吉　林	23302	1337	23471	1338
黑龙江	30445	4414	30576	4412
上　海	12102	584	12275	573
江　苏	54677	2748	55041	2759
浙　江	65119	4320	65712	4288
安　徽	45502	12034	44537	11196
福　建	37292	5781	37627	5789
江　西	38696	3156	38897	3151
山　东	113053	18435	113517	18446
河　南	74938	3495	75426	3503
湖　北	54446	12751	54793	12703
湖　南	76983	6617	77014	6600
广　东	48732	3990	49393	4006
广　西	37717	6593	38051	6593
海　南	5609	413	5633	428
重　庆	22836	2696	22517	2685
四　川	100071	5087	100345	4948
贵　州	35291	2944	33928	2954
云　南	32517	4590	33285	4618
西　藏	10601	729	10612	729
陕　西	49097	5470	49199	5445
甘　肃	35481	4320	35973	4324
青　海	10285	980	10344	993
宁　夏	8502	609	8528	605
新　疆	25466	2058	25692	2060

第二部分

限额以上企业法人单位综合资料

2-1 限额以上企业按行业大类分组的单位数、从业人数和营业收入

(2007年)

行业大类	代码	企业单位数(个)	从业人数(万人)	男	女	营业收入(亿元)
全国		**485004**	**10956.88**	**7468.54**	**3488.34**	**477113.3**
采矿业	B	**15494**	**618.65**	**503.89**	**114.76**	**17894.96**
煤炭开采和洗选业	0600	7178	403.96	335.33	68.62	7228.48
石油和天然气开采业	0700	205	78.19	56.23	21.95	6290.45
黑色金属矿采选业	0800	2915	46.15	38.98	7.18	1557.66
有色金属矿采选业	0900	2097	45.74	37.24	8.51	1827.73
非金属矿采选业	1000	3053	44.27	35.83	8.44	982.75
其他采矿业	1100	46	0.34	0.27	0.07	7.89
制造业	C	**307380**	**6395.28**	**3798.52**	**2596.76**	**291035.8**
农副食品加工业	1300	17499	234.69	137.28	97.4	12922.26
食品制造业	1400	6939	134.17	68.88	65.29	4949.52
饮料制造业	1500	4341	91.8	55.91	35.89	3728.82
烟草制品业	1600	160	17.92	10.74	7.18	3441.13
纺织业	1700	27162	585	228.07	356.94	15214.94
纺织服装、鞋、帽制造业	1800	14297	389.27	146.05	243.22	6553
皮革、毛皮、羽毛(绒)及其制品业	1900	7278	230.28	96.75	133.53	4112.17
木材加工及木、竹、藤、棕、草制品业	2000	7442	95.59	56.04	39.56	2456.65
家具制造业	2100	4534	95.37	64.46	30.91	2462.56
造纸及纸制品业	2200	9103	157.61	98.28	59.33	6466.45
印刷业和记录媒介的复制	2300	5157	69.3	40.32	28.99	1823.76
文教体育用品制造业	2400	3973	115.73	51.9	63.83	1803.85
石油加工、炼焦及核燃料加工业	2500	2103	70.47	52.46	18.01	13317.08
化学原料及化学制品制造业	2600	21690	343.54	234.06	109.48	21444.34
医药制造业	2700	5414	121.69	67.35	54.34	4669.64
化学纤维制造业	2800	1593	42.12	25.99	16.14	3608.33
橡胶制品业	2900	3526	77.08	45.92	31.16	2575.28
塑料制品业	3000	14887	209.8	120.72	89.07	7042.38

2-1续表

行业大类	代码	企业单位数(个)	从业人数(万人)	男	女	营业收入(亿元)
非金属矿物制品业	3100	23798	423.43	291.71	131.72	11624.81
黑色金属冶炼及压延加工业	3200	7057	264.27	210.47	53.8	26873.53
有色金属冶炼及压延加工业	3300	6532	153.05	114.09	38.96	13707.56
金属制品业	3400	18148	260.68	178.46	82.21	10191.13
通用设备制造业	3500	27211	411.98	299.01	112.98	16186.98
专用设备制造业	3600	13116	243.22	176.44	66.77	8631.23
交通运输设备制造业	3700	13886	372.88	266.23	106.65	23376.83
电气机械及器材制造业	3900	18709	417.53	244.5	173.03	19544.63
通信设备、计算机及其他电子设备制造业	4000	10562	531.94	295.81	236.12	35103.07
仪器仪表及文化、办公用机械制造业	4100	4324	98.76	55.14	43.62	3788.95
工艺品及其他制造业	4200	6265	129.52	60.77	68.75	2803.18
废弃资源和废旧材料回收加工业	4300	673	6.59	4.76	1.83	611.73
电力、燃气及水的生产和供应业	D	**7904**	**272.84**	**190.3**	**82.54**	**19675.11**
电力、热力的生产和供应业	4400	5442	216.5	154.84	61.66	17966.38
燃气生产和供应业	4500	610	15.48	10.45	5.03	992.65
水的生产和供应业	4600	1852	40.86	25.01	15.85	716.07
建筑业	E	**67276**	**2822.36**	**2547.95**	**274.41**	**41156.06**
房屋和土木工程建筑业	4700	38465	2421.55	2190.58	230.98	35296.21
建筑安装业	4800	11228	208.98	183.93	25.05	3447.03
建筑装饰业	4900	12719	103.27	91.67	11.6	1661.58
其他建筑业	5000	4864	88.56	81.78	6.78	751.24
批发和零售业	H	**62621**	**539.56**	**286.26**	**253.3**	**104072.6**
批发业	6300	34683	227.26	142.57	84.69	82973.87
零售业	6500	27938	312.3	143.69	168.61	21098.76
住宿和餐饮业	I	**24329**	**308.18**	**141.62**	**166.57**	**3278.74**
住宿业	6600	10788	162.29	72.83	89.46	1626.11
餐饮业	6700	13541	145.89	68.79	77.1	1652.63

2-2 限额以上企业按地区分组的单位数、从业人数和营业收入

(2007年)

地区	企业单位数(个)	从业人数(万人)	男	女	营业收入(亿元)
全国	**485004**	**10956.88**	**7468.54**	**3488.34**	**477113.30**
北京	17917	242.77	155.7	87.07	30788.47
天津	5224	12.05	8.56	3.49	803.23
河北	16385	437.4	311.69	125.70	15468.27
山西	7681	291.87	229.03	62.84	10967.16
内蒙古	4930	116.22	80.82	35.40	5671.02
辽宁	23428	452.74	314.87	137.87	26132.09
吉林	5959	139.1	95.9	43.20	5099.11
黑龙江	5666	161.85	111.57	50.28	6367.33
上海	22820	426.12	384.16	41.95	41856.77
江苏	54783	1304.08	921.12	382.96	63645.25
浙江	63255	1160.09	769.5	390.59	51091.78
安徽	10796	269.47	196.63	72.84	6480.61
福建	20646	430.44	238.41	192.03	14808.95
江西	8558	200.36	126.38	73.99	5741.76
山东	48895	1025.79	664.82	360.97	41873.26
河南	21420	492.36	336.92	155.44	11950.56
湖北	13326	337.17	230.66	106.52	11924.96
湖南	14377	355.92	256.95	98.97	11123.79
广东	56530	1582.67	923.76	658.90	70504.59
广西	6715	150.46	101.57	48.90	5231.68
海南	1097	19.22	10.86	8.37	1408.33
重庆	8013	230.26	173.79	56.47	6577.11
四川	20140	463.88	351.19	112.69	12339.50
贵州	3366	92.15	67.9	24.25	1963.50
云南	6100	148.67	111.8	36.87	6131.23
西藏	353	5.88	4.56	1.33	127.63
陕西	7142	175.43	125.34	50.09	4163.86
甘肃	3992	119.31	87.06	32.25	2871.11
青海	1287	23.44	16.32	7.13	643.67
宁夏	1652	29.91	20.89	9.02	1147.93
新疆	2551	59.8	39.83	19.97	2208.79

2-3 限额以上企业按地区、营业状态分组的单位数

(2007年)　　单位：个

地区	企业单位数	营业	停业(歇业)	筹建	当年撤消	其他
全国	**485004**	**472870**	**4503**	**5590**	**516**	**1525**
北京	17917	17671	159	18	28	41
天津	5224	3237	155	1689	12	131
河北	16385	15657	342	303	16	67
山西	7681	7399	189	79	0	14
内蒙古	4930	4758	56	105	2	9
辽宁	23428	23130	250	5	11	32
吉林	5959	5807	95	19	6	32
黑龙江	5666	5435	125	70	4	32
上海	22820	22396	309	0	0	115
江苏	54783	54755	17	5	0	6
浙江	63255	62837	123	188	41	66
安徽	10796	10340	76	263	27	90
福建	20646	19902	89	576	15	64
江西	8558	8174	172	132	41	39
山东	48895	48081	252	404	53	105
河南	21420	20943	235	94	57	91
湖北	13326	12969	128	121	23	85
湖南	14377	14158	151	6	17	45
广东	56530	55453	435	439	27	176
广西	6715	6523	53	90	20	29
海南	1097	1079	7	8	0	3
重庆	8013	7890	41	67	2	13
四川	20140	19158	513	340	73	56
贵州	3366	3167	113	59	12	15
云南	6100	5916	67	81	1	35
西藏	353	306	4	0	0	43
陕西	7142	6666	108	326	12	30
甘肃	3992	3795	105	44	10	38
青海	1287	1205	37	30	1	14
宁夏	1652	1603	18	24	5	2
新疆	2551	2460	79	5	0	7

2-4 限额以上企业按地区、控股情况分组的单位数

(2007年)　　单位：个

地 区	企业单位数	#国有控股	#集体控股	#私人控股	#港澳台商控股	#外商控股
全 国	**485004**	**50089**	**50003**	**319327**	**30828**	**33295**
北 京	17917	3203	2050	10872	512	1260
天 津	5224	181	129	4401	94	418
河 北	16385	1913	2412	10975	323	751
山 西	7681	1531	1611	4358	76	102
内蒙古	4930	741	596	3408	68	117
辽 宁	23428	1877	2535	16345	616	2051
吉 林	5959	1211	839	3481	107	321
黑龙江	5666	1163	893	3407	49	117
上 海	22820	2198	2510	11354	2118	4640
江 苏	54783	4538	4694	37244	3328	4978
浙 江	63255	1803	3186	51753	3171	3336
安 徽	10796	1750	1423	6967	279	373
福 建	20646	1397	1483	11980	3571	2210
江 西	8558	1707	846	5271	421	309
山 东	48895	3925	4944	33531	1116	4106
河 南	21420	2936	3945	14049	218	267
湖 北	13326	2154	1991	8337	386	454
湖 南	14377	1736	1713	10193	332	394
广 东	56530	4004	3975	29828	13069	5631
广 西	6715	1132	996	4099	238	248
海 南	1097	259	116	581	72	67
重 庆	8013	861	687	6222	96	146
四 川	20140	1705	1788	15963	227	453
贵 州	3366	1264	433	1528	58	82
云 南	6100	1099	1008	3731	117	140
西 藏	353	133	104	110	0	6
陕 西	7142	1530	1018	4329	72	183
甘 肃	3992	824	1542	1526	35	47
青 海	1287	319	216	713	15	20
宁 夏	1652	286	94	1223	13	36
新 疆	2551	709	226	1548	31	32

2-5 限额以上企业按地区、

(2007年)

地 区	企业单位数				
		7人及以下	8-19人	20-49个	50-99人
全 国	**485004**	**21077**	**41941**	**104760**	**112154**
北 京	17917	1749	3470	4727	3368
天 津	5224	3022	1227	557	226
河 北	16385	549	1187	3294	3755
山 西	7681	149	416	1164	1520
内蒙古	4930	159	381	975	1289
辽 宁	23428	849	2283	6814	5469
吉 林	5959	188	495	1323	1356
黑龙江	5666	382	681	1183	1102
上 海	22820	565	2254	5386	5653
江 苏	54783	766	3504	12529	14165
浙 江	63255	1242	5301	16020	16718
安 徽	10796	476	1099	2405	2253
福 建	20646	915	1763	4174	4792
江 西	8558	245	415	1515	2036
山 东	48895	2061	4409	10530	11479
河 南	21420	628	1988	4562	5249
湖 北	13326	283	965	2878	3135
湖 南	14377	144	488	2903	3932
广 东	56530	1168	3477	10167	12465
广 西	6715	214	549	1386	1431
海 南	1097	43	110	245	255
重 庆	8013	224	572	1454	1679
四 川	20140	2921	1945	3627	3739
贵 州	3366	90	174	556	810
云 南	6100	314	654	1163	1137
西 藏	353	10	18	64	91
陕 西	7142	1023	976	1164	1169
甘 肃	3992	288	382	816	742
青 海	1287	83	188	279	237
宁 夏	1652	102	210	341	397
新 疆	2551	225	360	559	505

从业人员规模分组的单位数

单位：个

100-299人	300-499人	500-999人	1000-4999人	5000-9999人	10000人以上
92248	**71774**	**23851**	**13781**	**1945**	**1473**
2301	1514	457	266	37	28
113	49	18	11	0	1
3198	2578	1008	681	75	60
1803	1640	538	345	52	54
956	717	267	149	20	17
3805	2777	827	474	55	75
1161	935	291	168	21	21
1049	810	237	175	23	24
4427	3070	906	446	64	49
11032	8208	2489	1641	255	194
12197	7967	2318	1177	174	141
1864	1565	685	364	54	31
4086	3286	1005	499	68	58
2043	1544	483	215	39	23
9163	7183	2464	1337	174	95
4056	3183	1038	558	88	70
2572	2080	826	494	56	37
3179	2405	742	464	71	49
11920	10760	3825	2220	323	205
1383	1148	392	172	18	22
209	167	51	12	1	4
1711	1404	561	310	59	39
3359	2663	1026	701	90	69
763	624	198	117	19	15
1139	1089	375	183	27	19
77	73	12	8	0	0
1140	1006	341	247	40	36
662	618	242	201	22	19
212	195	61	25	4	3
278	213	63	41	3	4
390	303	105	80	13	11

2-6 限额以上企业按地区、

(2007年)

地区	企业单位数		
		100万元及以下	100万-200万元
全国	**485004**	**33766**	**11578**
北京	17917	676	501
天津	5224	4050	210
河北	16385	1853	606
山西	7681	461	216
内蒙古	4930	313	141
辽宁	23428	830	406
吉林	5959	332	139
黑龙江	5666	906	325
上海	22820	375	208
江苏	54783	1247	1117
浙江	63255	793	563
安徽	10796	1202	544
福建	20646	1300	410
江西	8558	505	215
山东	48895	3514	1453
河南	21420	1640	912
湖北	13326	729	434
湖南	14377	388	205
广东	56530	1374	553
广西	6715	460	184
海南	1097	79	58
重庆	8013	588	276
四川	20140	4615	703
贵州	3366	407	187
云南	6100	576	293
西藏	353	69	22
陕西	7142	2030	264
甘肃	3992	707	206
青海	1287	291	126
宁夏	1652	123	57
新疆	2551	1333	44

营业收入规模分组的单位数

单位：个

200万-500万元	500万-1000万元	1000万-2000万元	2000万-5000万元	5000万-1亿元	1亿元以上
27889	**90137**	**89678**	**108675**	**57135**	**66146**
1519	3098	3357	3905	1993	2868
213	140	129	228	108	146
1394	2787	2403	3249	1929	2164
432	1331	1375	1687	855	1324
384	816	729	1083	662	802
774	5586	4436	5558	2827	3011
356	1660	1079	1177	593	623
767	957	854	907	460	490
685	3510	4481	5827	3088	4646
2246	7435	10742	15057	7811	9128
1868	15593	14839	14176	6858	8565
1186	2025	1903	2073	876	987
1269	4507	3994	4619	2180	2367
633	1791	1500	1908	1076	930
3083	9253	8058	10871	5987	6676
2472	4776	3522	3875	2219	2004
1068	3045	2442	2732	1470	1406
605	2767	2808	3797	2075	1732
1818	9577	11060	14449	8085	9614
500	1258	1277	1451	725	860
124	134	190	218	120	174
689	1267	1606	1718	910	959
1253	2729	2970	3698	2121	2051
478	664	480	576	268	306
614	954	1062	1175	632	794
36	51	50	50	39	36
560	1051	1018	1102	484	633
461	732	628	676	264	318
196	188	161	162	76	87
131	266	317	359	192	207
75	189	208	312	152	238

2-7 限额以上企业按行业中类、

(2007年)

行业中类	代码	企业单位数	北京	天津	河北	山西	内蒙古
全国		**485004**	**17917**	**5224**	**16385**	**7681**	**4930**
采矿业	B	**15494**	**52**	**2**	**1106**	**1911**	**514**
煤炭开采和洗选业	0600	7178	24	0	184	1693	253
烟煤和无烟煤的开采洗选	0610	6917	24	0	171	1689	111
褐煤的开采洗选	0620	226	0	0	13	3	141
其他煤炭采选	0690	35	0	0	0	1	1
石油和天然气开采业	0700	205	2	1	6	0	11
天然原油和天然气开采	0710	107	0	0	4	0	8
与石油和天然气开采有关的服务活动	0790	98	2	1	2	0	3
黑色金属矿采选业	0800	2915	8	0	733	193	119
铁矿采选	0810	2738	8	0	732	191	117
其他黑色金属矿采选	0890	177	0	0	1	2	2
有色金属矿采选业	0900	2097	0	0	40	9	68
常用有色金属矿采选	0910	1280	0	0	13	5	45
贵金属矿采选	0920	527	0	0	19	4	12
稀有稀土金属矿采选	0930	290	0	0	8	0	11
非金属矿采选业	1000	3053	18	0	143	16	61
土砂石开采	1010	2171	17	0	110	13	34
化学矿采选	1020	262	0	0	3	0	2
采盐	1030	188	0	0	17	0	5
石棉及其他非金属矿采选	1090	432	1	0	13	3	20
其他采矿业	1100	46	0	1	0	0	2
制造业	C	**307380**	**6193**	**1931**	**10512**	**2422**	**2289**
农副食品加工业	1300	17499	213	45	736	129	405
谷物磨制	1310	4068	10	8	116	26	41
饲料加工	1320	2592	79	6	111	24	49
植物油加工	1330	1791	5	4	91	15	30
制糖	1340	285	2	0	6	2	6
屠宰及肉类加工	1350	2834	70	8	174	24	217
水产品加工	1360	1968	4	1	21	0	0
蔬菜、水果和坚果加工	1370	2242	23	9	73	13	19
其他农副食品加工	1390	1719	20	9	144	25	43
食品制造业	1400	6939	183	35	274	82	121
焙烤食品制造	1410	1030	55	6	38	7	14

地区分组的单位数

单位：个

辽宁	吉林	黑龙江	上海	江苏	浙江	安徽	福建	江西	山东	代码
23428	**5959**	**5666**	**22820**	**54783**	**63255**	**10796**	**20646**	**8558**	**48895**	
1248	**335**	**225**	**1**	**194**	**289**	**371**	**528**	**580**	**900**	**B**
200	143	169	0	18	2	88	210	234	272	0600
195	119	164	0	16	1	87	205	233	263	0610
1	22	5	0	1	0	0	0	1	6	0620
4	2	0	0	1	1	1	5	0	3	0690
9	46	25	1	1	0	0	0	0	16	0700
2	38	4	1	1	0	0	0	0	13	0710
7	8	21	0	0	0	0	0	0	3	0790
610	61	7	0	23	7	80	72	99	159	0800
593	60	7	0	23	7	78	68	98	159	0810
17	1	0	0	0	0	2	4	1	0	0890
178	31	11	0	6	29	51	96	131	100	0900
124	9	5	0	4	14	42	71	47	3	0910
33	17	4	0	0	2	6	17	23	96	0920
21	5	2	0	2	13	3	8	61	1	0930
249	52	13	0	145	250	151	148	116	350	1000
162	35	2	0	110	228	124	108	89	235	1010
31	2	0	0	7	2	6	4	1	1	1020
10	0	0	0	18	1	1	7	2	84	1030
46	15	11	0	10	19	20	29	24	30	1090
2	2	0	0	1	1	1	2	0	3	1100
14943	**3441**	**2311**	**15021**	**40936**	**51581**	**6616**	**14111**	**5289**	**32705**	**C**
1235	489	384	170	1207	915	714	738	370	3443	1300
195	172	131	7	423	73	359	89	170	494	1310
277	67	48	40	147	138	50	96	71	257	1320
51	33	59	17	115	32	122	23	26	413	1330
4	2	10	0	7	0	0	6	1	10	1340
226	89	70	41	164	100	72	35	42	532	1350
275	12	0	14	160	341	11	265	17	535	1360
116	50	14	23	133	192	58	157	19	848	1370
91	64	52	28	58	39	42	67	24	354	1390
319	114	154	258	356	395	147	384	144	1358	1400
55	9	18	72	46	45	21	55	22	134	1410

2-7续表 1

行业中类	代码	企业单位数	北京	天津	河北	山西	内蒙古
糖果、巧克力及蜜饯制造	1420	565	14	2	30	11	1
方便食品制造	1430	971	18	6	41	7	6
液体乳及乳制品制造	1440	683	13	2	59	19	61
罐头制造	1450	781	2	2	22	15	3
调味品、发酵制品制造	1460	924	21	1	44	14	23
其他食品制造	1490	1985	60	16	40	9	13
饮料制造业	1500	4341	63	10	178	56	88
酒精制造	1510	192	0	0	6	5	3
酒的制造	1520	2106	17	4	111	25	73
软饮料制造	1530	1277	42	6	61	26	12
精制茶加工	1540	766	4	0	0	0	0
烟草制品业	1600	160	2	0	4	1	2
烟叶复烤	1610	51	0	0	0	0	0
卷烟制造	1620	81	1	0	4	1	2
其他烟草制品加工	1690	28	1	0	0	0	0
纺织业	1700	27162	157	41	736	46	168
棉、化纤纺织及印染精加工	1710	11751	20	7	396	38	4
毛纺织和染整精加工	1720	1379	15	2	160	1	91
麻纺织	1730	353	0	0	1	2	1
丝绢纺织及精加工	1740	2487	0	0	3	2	0
纺织制成品制造	1750	4428	43	18	116	1	8
针织品、编织品及其制品制造	1760	6764	79	14	60	2	64
纺织服装、鞋、帽制造业	1800	14297	269	58	284	13	33
纺织服装制造	1810	13410	259	54	265	12	33
纺织面料鞋的制造	1820	606	7	2	7	1	0
制帽	1830	281	3	2	12	0	0
皮革、毛皮、羽毛(绒)及其制品业	1900	7278	38	5	327	1	12
皮革鞣制加工	1910	770	1	0	97	0	0
皮革制品制造	1920	5689	30	5	142	0	5
毛皮鞣制及制品加工	1930	375	7	0	71	1	5
羽毛(绒)加工及制品制造	1940	444	0	0	17	0	2
木材加工及木、竹、藤、棕、草制品业	2000	7442	32	26	121	5	95
锯材、木片加工	2010	1045	3	4	3	0	57
人造板制造	2020	3921	9	3	90	4	29
木制品制造	2030	1607	20	18	24	1	7
竹、藤、棕、草制品制造	2040	869	0	1	4	0	2

单位：个

辽宁	吉林	黑龙江	上海	江苏	浙江	安徽	福建	江西	山东	代码
16	1	3	30	15	34	5	72	9	66	1420
42	33	19	34	53	32	35	50	37	110	1430
20	7	62	13	33	29	12	13	11	76	1440
45	4	4	12	33	100	15	120	17	111	1450
61	18	17	34	57	34	19	33	10	147	1460
80	42	31	63	119	121	40	41	38	714	1490
204	151	103	60	220	316	161	269	101	454	1500
7	16	12	0	29	3	6	0	0	25	1510
103	92	67	19	130	104	91	46	45	297	1520
94	43	23	39	46	71	20	55	31	123	1530
0	0	1	2	15	138	44	168	25	9	1540
5	5	3	2	5	4	12	6	2	11	1600
1	1	3	0	0	0	3	3	1	3	1610
3	4	0	2	3	2	7	2	1	6	1620
1	0	0	0	2	2	2	1	0	2	1690
472	59	66	910	6397	8068	437	948	391	2796	1700
145	18	17	175	3071	2891	189	363	145	1687	1710
8	8	1	56	374	278	16	12	4	133	1720
8	4	28	1	79	28	23	2	18	21	1730
65	0	0	17	804	1047	75	6	28	65	1740
112	15	16	280	988	1308	80	171	28	450	1750
134	14	4	381	1081	2516	54	394	168	440	1760
577	48	15	1039	2535	3026	296	1193	215	978	1800
574	45	15	982	2336	2874	290	1104	204	866	1810
1	2	0	29	95	118	5	83	9	98	1820
2	1	0	28	104	34	1	6	2	14	1830
245	12	13	227	525	2074	127	983	101	341	1900
3	1	6	4	36	192	5	81	13	64	1910
227	5	5	211	405	1688	40	882	78	209	1920
6	1	0	4	30	96	2	2	0	50	1930
9	5	2	8	54	98	80	18	10	18	1940
424	269	147	164	991	784	260	838	249	928	2000
97	60	54	12	98	35	41	76	25	100	2010
118	118	48	33	764	310	131	424	133	640	2020
203	91	42	112	109	217	39	153	45	124	2030
6	0	3	7	20	222	49	185	46	64	2040

2-7续表 2

行业中类	代码	企业单位数	北京	天津	河北	山西	内蒙古
家具制造业	2100	4534	117	44	120	5	10
木质家具制造	2110	2968	85	31	62	4	10
竹、藤家具制造	2120	70	0	0	0	0	0
金属家具制造	2130	901	19	7	52	1	0
塑料家具制造	2140	73	1	0	0	0	0
其他家具制造	2190	522	12	6	6	0	0
造纸及纸制品业	2200	9103	119	56	332	25	32
纸浆制造	2210	117	0	1	5	1	1
造纸	2220	3828	29	14	193	14	15
纸制品制造	2230	5158	90	41	134	10	16
印刷业和记录媒介的复制	2300	5157	294	27	139	23	23
印刷	2310	4812	260	25	120	22	21
装订及其他印刷服务活动	2320	257	20	2	17	1	2
记录媒介的复制	2330	88	14	0	2	0	0
文教体育用品制造业	2400	3973	45	21	56	14	0
文化用品制造	2410	945	9	7	6	0	0
体育用品制造	2420	1014	10	9	21	14	0
乐器制造	2430	264	19	5	25	0	0
玩具制造	2440	1611	4	0	3	0	0
游艺器材及娱乐用品制造	2450	139	3	0	1	0	0
石油加工及炼焦业	2500	2103	45	9	130	269	29
精炼石油产品的制造	2510	1199	43	7	53	9	7
炼焦	2520	897	2	1	77	260	22
化学原料及化学制品制造业	2600	21690	419	93	840	271	288
基础化学原料制造	2610	5311	66	14	300	123	180
肥料制造	2620	2181	16	3	95	41	42
农药制造	2630	783	10	2	46	2	3
涂料、油墨、颜料及类似产品制造	2640	3456	102	20	113	20	11
合成材料制造	2650	1879	47	11	48	10	5
专用化学产品制造	2660	6620	139	29	202	69	44
日用化学产品制造	2670	1460	39	14	36	6	3

单位：个

辽宁	吉林	黑龙江	上海	江苏	浙江	安徽	福建	江西	山东	代码
226	47	37	261	174	668	49	249	61	841	2100
187	36	32	157	97	303	34	147	43	796	2110
0	0	0	1	0	9	2	5	1	7	2120
17	3	4	48	51	261	6	76	6	15	2130
2	1	1	3	5	20	0	4	1	3	2140
20	7	0	52	21	75	7	17	10	20	2190
293	63	67	335	642	1415	144	569	139	1627	2200
0	1	3	0	8	2	5	9	0	12	2210
106	27	38	69	212	670	78	177	78	756	2220
187	35	26	266	422	743	61	383	61	859	2230
151	47	41	378	372	828	93	201	79	354	2300
138	41	38	349	356	801	93	188	77	329	2310
12	2	3	20	10	23	0	10	0	24	2320
1	4	0	9	6	4	0	3	2	1	2330
59	10	15	278	647	1051	104	197	58	267	2400
14	4	10	87	69	445	10	39	29	30	2410
24	2	2	68	177	233	29	89	11	101	2420
12	4	2	24	29	26	1	6	1	37	2430
4	0	0	94	357	281	63	58	17	96	2440
5	0	1	5	15	66	1	5	0	3	2450
262	29	64	51	149	54	14	22	18	251	2500
244	23	46	50	124	54	10	20	10	198	2510
17	6	18	1	24	0	4	2	8	51	2520
970	298	190	1069	3456	2004	425	578	630	2573	2600
257	113	50	164	1081	438	83	92	144	520	2610
104	41	35	9	166	39	80	65	24	312	2620
32	11	14	17	177	66	28	17	31	106	2630
147	15	17	318	629	473	50	118	41	204	2640
52	18	9	135	441	259	56	63	18	284	2650
330	84	54	292	813	592	101	154	328	1070	2660
48	16	11	134	149	137	27	69	44	77	2670

2-7续表 3

行业中类	代码	企业单位数	北京	天津	河北	山西	内蒙古
医药制造业	2700	5414	191	14	170	100	62
化学药品原药制造	2710	976	8	5	42	12	11
化学药品制剂制造	2720	1110	58	1	29	41	11
中药饮片加工	2730	533	25	0	16	5	7
中成药制造	2740	1301	38	0	39	28	15
兽用药品制造	2750	443	13	2	25	9	9
生物、生化制品的制造	2760	575	37	4	13	3	7
卫生材料及医药用品制造	2770	476	12	2	6	2	2
化学纤维制造业	2800	1593	17	4	28	3	2
纤维素纤维原料及纤维制造	2810	214	3	0	10	2	2
合成纤维制造	2820	1379	14	4	18	1	0
橡胶制品业	2900	3526	42	22	267	22	4
轮胎制造	2910	441	5	6	12	2	0
橡胶板、管、带的制造	2920	774	4	3	100	11	2
橡胶零件制造	2930	800	17	6	63	3	1
再生橡胶制造	2940	184	2	1	27	4	1
日用及医用橡胶制品制造	2950	233	7	0	27	2	0
橡胶靴鞋制造	2960	592	2	1	10	0	0
其他橡胶制品制造	2990	502	5	5	28	0	0
塑料制品业	3000	14887	244	80	395	39	44
塑料薄膜制造	3010	1525	27	6	70	8	3
塑料板、管、型材的制造	3020	2435	35	5	93	13	18
塑料丝、绳及编织品的制造	3030	1862	18	5	57	11	13
泡沫塑料制造	3040	975	26	5	28	1	1
塑料人造革、合成革制造	3050	420	3	1	16	0	0
塑料包装箱及容器制造	3060	1642	52	24	39	5	4
塑料零件制造	3070	1710	20	7	20	0	1
日用塑料制造	3080	2243	33	4	39	1	0
其他塑料制品制造	3090	2075	30	23	33	0	4
非金属矿物制品业	3100	23798	429	79	1266	395	260
水泥、石灰和石膏的制造	3110	5307	28	3	420	138	89
水泥及石膏制品制造	3120	3390	168	22	131	33	41
砖瓦、石材及其他建筑材料制造	3130	6104	89	28	264	45	66
玻璃及玻璃制品制造	3140	3415	67	7	220	49	18
陶瓷制品制造	3150	1887	7	2	64	26	2
耐火材料制品制造	3160	1763	25	5	93	55	11
石墨及其他非金属矿物制品制造	3190	1932	45	12	74	49	33

单位：个

辽宁	吉林	黑龙江	上海	江苏	浙江	安徽	福建	江西	山东	代码
259	264	76	223	473	446	147	91	219	468	2700
39	9	2	37	181	163	17	6	44	79	2710
67	49	31	68	98	62	36	23	31	77	2720
39	34	7	18	14	21	28	8	18	38	2730
52	134	21	23	22	40	34	30	77	63	2740
15	9	6	11	32	24	6	8	20	69	2750
38	23	6	44	37	60	15	11	6	75	2760
9	6	3	22	89	76	11	5	23	67	2770
29	8	6	51	585	459	17	68	15	94	2800
4	1	0	4	61	30	2	12	5	25	2810
25	7	6	47	524	429	15	56	10	69	2820
223	27	10	233	469	566	72	206	46	397	2900
20	3	1	14	43	39	6	14	8	168	2910
58	12	7	46	109	128	15	7	11	98	2920
93	3	2	67	135	130	26	24	5	39	2930
7	1	0	5	33	14	4	4	11	21	2940
8	3	0	16	43	33	9	4	6	15	2950
12	0	0	19	54	175	6	125	1	26	2960
25	5	0	66	52	47	6	28	4	30	2990
609	105	85	971	1641	3139	271	817	144	1109	3000
72	14	9	110	162	247	35	81	5	159	3010
136	25	28	141	321	463	50	76	28	253	3020
163	19	25	38	208	295	45	43	43	281	3030
40	5	1	68	123	199	15	67	9	66	3040
5	1	0	12	60	199	4	25	6	12	3050
72	19	8	145	210	267	44	48	24	95	3060
39	5	1	141	244	573	36	50	8	41	3070
30	8	8	118	151	626	21	314	11	82	3080
52	9	5	198	162	270	21	113	10	120	3090
1466	311	204	612	1911	1487	600	1771	758	2775	3100
215	79	65	34	309	256	185	262	207	421	3110
202	41	28	168	348	378	118	90	60	348	3120
338	104	63	145	265	242	115	1088	158	1016	3130
144	36	28	146	583	351	95	62	70	493	3140
43	1	4	33	76	61	11	211	201	173	3150
401	15	6	36	124	109	21	9	18	165	3160
123	35	10	50	206	90	55	49	44	159	3190

2-7续表 4

行业中类	代码	企业单位数	北京	天津	河北	山西	内蒙古
黑色金属冶炼及压延加工业	3200	7057	52	56	529	217	214
炼铁	3210	937	6	1	115	111	37
炼钢	3220	399	2	1	38	18	3
钢压延加工	3230	4183	42	53	358	38	23
铁合金冶炼	3240	1538	2	1	18	50	151
有色金属冶炼及压延加工业	3300	6532	97	28	207	118	100
常用有色金属冶炼	3310	1930	8	3	71	89	37
贵金属冶炼	3320	239	3	0	12	1	7
稀有稀土金属冶炼	3330	487	8	0	3	4	38
有色金属合金制造	3340	566	15	2	30	7	5
有色金属压延加工	3350	3310	63	23	91	17	13
金属制品业	3400	18148	401	271	722	88	68
结构性金属制品制造	3410	4988	251	87	196	23	29
金属工具制造	3420	2198	22	19	68	7	2
集装箱及金属包装容器制造	3430	1668	23	15	41	7	4
金属丝绳及其制品的制造	3440	1161	2	28	120	3	17
建筑、安全用金属制品制造	3450	2533	32	31	164	35	4
金属表面处理及热处理加工	3460	1410	20	21	26	4	2
搪瓷制品制造	3470	252	1	4	10	0	1
不锈钢及类似日用金属制品制造	3480	2230	11	27	42	8	1
其他金属制品制造	3490	1708	39	39	55	1	8
通用设备制造业	3500	27211	465	262	1063	229	79
锅炉及原动机制造	3510	1383	28	4	86	15	9
金属加工机械制造	3520	2674	67	46	80	17	4
起重运输设备制造	3530	1836	24	14	43	9	3
泵、阀门、压缩机及类似机械的制造	3540	4730	88	48	112	27	8
轴承、齿轮、传动和驱动部件的制造	3550	2550	20	7	72	3	2
烘炉、熔炉及电炉制造	3560	210	10	2	5	1	1
风机、衡器、包装设备等通用设备制造	3570	3633	113	32	92	15	9
通用零部件制造及机械修理	3580	4608	52	100	190	33	27
金属铸、锻加工	3590	5587	63	9	383	109	16

单位：个

辽宁	吉林	黑龙江	上海	江苏	浙江	安徽	福建	江西	山东	代码
547	69	31	163	1151	759	89	203	92	437	3200
66	16	6	1	79	18	24	31	13	90	3210
34	5	1	1	64	25	7	22	6	28	3220
355	38	23	150	956	695	52	105	62	293	3230
92	10	1	11	52	21	6	45	11	26	3240
341	42	18	252	932	867	119	140	337	246	3300
100	17	5	25	126	103	43	30	87	43	3310
22	3	0	3	15	13	4	4	18	11	3320
28	5	6	8	47	9	5	19	68	10	3330
39	4	0	39	91	71	8	22	16	14	3340
152	13	7	177	653	671	59	65	148	168	3350
758	109	58	1350	2562	3233	297	428	155	1720	3400
314	51	19	442	828	475	108	100	57	544	3410
58	10	4	142	323	616	38	48	13	180	3420
92	14	6	101	221	146	25	48	8	494	3430
51	2	2	65	321	156	35	24	12	71	3440
91	19	10	115	199	826	21	69	32	133	3450
66	1	14	168	260	339	9	21	2	52	3460
7	1	0	19	26	60	5	3	5	21	3470
31	5	1	133	133	442	11	51	13	87	3480
48	6	2	165	251	173	45	64	13	138	3490
2342	183	152	1759	4520	5798	722	556	216	3746	3500
104	21	30	74	302	136	40	21	21	177	3510
217	17	21	214	514	341	95	49	19	319	3520
150	17	7	135	264	250	46	29	8	513	3530
389	18	14	329	678	1365	62	96	26	810	3540
234	13	15	139	383	815	61	47	33	358	3550
12	1	2	11	66	27	8	3	2	7	3560
228	41	10	334	739	797	38	57	29	340	3570
386	26	31	336	622	1272	86	114	42	443	3580
622	29	22	187	952	795	286	140	36	779	3590

行业中类	代码	企业单位数	北京	天津	河北	山西	内蒙古
专用设备制造业	3600	13116	509	176	448	100	50
矿山、冶金、建筑专用设备制造	3610	2765	69	52	181	46	20
化工、木材、非金属加工专用设备制造	3620	2936	50	48	51	2	2
食品、饮料、烟草及饲料生产专用设备制造	3630	683	21	3	36	1	5
印刷、制药、日化生产专用设备制造	3640	853	36	5	19	0	1
纺织、服装和皮革工业专用设备制造	3650	1444	18	4	27	25	0
电子和电工机械专用设备制造	3660	868	58	21	19	10	5
农、林、牧、渔专用机械制造	3670	1098	9	3	35	7	12
医疗仪器设备及器械制造	3680	835	99	7	14	2	0
环保、社会公共安全及其他专用设备制造	3690	1634	149	33	66	7	5
交通运输设备制造业	3700	13886	373	168	419	76	31
铁路运输设备制造	3710	574	60	3	29	25	1
汽车制造	3720	9296	284	63	309	48	28
摩托车制造	3730	1730	0	0	19	0	0
自行车制造	3740	875	3	82	40	0	1
船舶及浮动装置制造	3750	1067	3	14	11	0	0
航空航天器制造	3760	167	17	1	4	1	0
交通器材及其他交通运输设备制造	3790	177	6	5	7	2	1
电气机械及器材制造业	3900	18709	403	93	430	50	42
电机制造	3910	2100	32	8	17	6	6
输配电及控制设备制造	3920	5598	232	36	118	27	20
电线、电缆、光缆及电工器材制造	3930	4166	55	26	208	11	9
电池制造	3940	991	17	2	30	2	4
家用电力器具制造	3950	2318	14	8	14	0	0
非电力家用器具制造	3960	471	14	3	15	1	0
照明器具制造	3970	2614	18	3	16	1	1
其他电气机械及器材制造	3990	451	21	7	12	2	2
通信设备、计算机及其他电子设备制造业	4000	10562	508	110	102	17	16
通信设备制造	4010	1281	124	6	14	4	1
雷达及配套设备制造	4020	45	3	0	0	0	0
广播电视设备制造	4030	380	28	0	9	2	1
电子计算机制造	4040	1236	102	2	4	2	2
电子器件制造	4050	1593	87	11	16	1	0
电子元件制造	4060	4354	65	69	47	7	10
家用视听设备制造	4070	935	9	1	4	0	2
其他电子设备制造	4090	738	90	21	8	1	0

单位：个

辽宁	吉林	黑龙江	上海	江苏	浙江	安徽	福建	江西	山东	代码
876	154	159	915	2054	1882	266	351	140	1401	3600
319	54	68	102	406	131	59	78	45	357	3610
178	32	8	277	435	648	42	99	9	188	3620
26	6	9	38	78	73	11	13	5	77	3630
62	5	8	82	102	139	18	26	10	96	3640
31	1	3	107	368	465	15	46	13	124	3650
41	9	19	66	103	66	23	13	13	75	3660
34	23	30	24	132	87	45	17	6	314	3670
31	12	4	104	135	93	15	13	20	50	3680
154	12	10	115	295	180	38	46	19	120	3690
582	349	78	797	1729	2711	325	433	160	1414	3700
71	27	11	16	67	21	7	1	2	35	3710
395	316	61	548	958	1772	270	305	120	1158	3720
2	2	0	43	201	434	4	58	6	75	3730
4	0	0	67	212	258	7	3	10	29	3740
92	0	3	98	253	196	30	57	16	88	3750
11	2	3	11	11	6	2	4	5	7	3760
7	2	0	14	27	24	5	5	1	22	3790
810	94	92	1247	2606	4300	441	486	208	1031	3900
67	10	13	128	381	618	42	123	20	148	3910
398	41	42	427	803	1125	94	125	58	377	3920
226	23	22	298	706	711	175	63	59	219	3930
10	4	3	48	107	159	36	53	27	74	3940
27	3	3	101	167	676	53	31	11	70	3950
8	4	4	23	44	103	14	6	2	55	3960
54	7	3	168	322	838	24	74	27	53	3970
20	2	2	54	76	70	3	11	4	35	3990
248	32	9	700	1651	1503	124	374	98	572	4000
22	4	2	104	125	168	8	58	13	78	4010
4	0	0	2	6	1	3	2	0	1	4020
11	0	0	9	54	84	5	12	2	15	4030
29	6	4	83	202	86	8	45	8	49	4040
50	10	1	153	328	184	14	53	19	67	4050
77	11	1	247	817	812	73	142	40	296	4060
11	0	0	50	62	101	9	32	11	16	4070
44	1	1	52	57	67	4	30	5	50	4090

2-7续表 6

行业中类	代码	企业单位数	北京	天津	河北	山西	内蒙古
仪器仪表及文化、办公用机械制造业	4100	4324	356	22	69	15	0
通用仪器仪表制造	4110	1993	203	13	42	9	0
专用仪器仪表制造	4120	640	87	3	15	5	0
钟表与计时仪器制造	4130	405	3	3	3	0	0
光学仪器及眼镜制造	4140	704	20	1	3	1	0
文化、办公用机械制造	4150	434	17	1	4	0	0
其他仪器仪表的制造及修理	4190	148	26	1	2	0	0
工艺品及其他制造业	4200	6265	101	54	107	12	8
工艺美术品制造	4210	4376	31	25	74	3	4
日用杂品制造	4220	1348	8	7	24	0	0
煤制品制造	4230	98	13	2	2	0	1
其他未列明的制造业	4290	434	47	20	7	9	3
废弃资源和废旧材料回收加工业	4300	673	9	22	13	1	3
金属废料和碎屑的加工处理	4310	459	7	20	8	1	1
非金属废料和碎屑的加工处理	4320	214	2	2	5	0	2
电力、燃气及水的生产和供应业	**D**	**7904**	**124**	**29**	**351**	**135**	**230**
电力、热力的生产和供应业	4400	5442	86	20	247	92	191
电力生产	4410	3116	9	3	95	70	57
电力供应	4420	1603	8	2	117	8	78
热力生产和供应	4430	723	69	15	35	14	56
燃气生产和供应业	4500	610	15	5	29	7	5
水的生产和供应业	4600	1852	23	4	75	36	34
自来水的生产和供应	4610	1706	15	1	67	34	30
污水处理及其再生利用	4620	127	7	2	7	2	3
其他水的处理、利用与分配	4690	19	1	1	1	0	1
建筑业	**E**	**67276**	**2960**	**483**	**2326**	**1641**	**695**
房屋和土木工程建筑业	4700	38465	944	177	1588	870	574
房屋工程建筑	4710	27471	568	53	1264	586	429
土木工程建筑	4720	10994	376	124	324	284	145
建筑安装业	4800	11228	692	135	278	274	59
建筑装饰业	4900	12719	1080	133	336	344	30
其他建筑业	5000	4864	244	38	124	153	32
工程准备	5010	1557	95	13	29	56	5
提供施工设备服务	5020	554	15	6	7	28	7
其他未列明的建筑活动	5090	2753	134	19	88	69	20

单位：个

辽宁	吉林	黑龙江	上海	江苏、	浙江	安徽	福建	江西	山东	代码
248	21	23	337	459	946	43	199	44	293	4100
168	12	15	175	232	432	24	44	19	193	4110
40	5	4	47	75	112	14	14	6	43	4120
5	0	0	14	8	54	0	66	3	24	4130
9	2	2	38	96	254	2	52	11	7	4140
15	0	1	49	44	70	2	19	4	15	4150
11	2	1	14	4	24	1	4	1	11	4190
154	24	9	167	451	1736	82	803	88	737	4200
113	12	2	105	244	1108	52	597	67	657	4210
12	2	1	40	167	588	15	171	14	35	4220
18	5	2	0	4	2	5	3	3	5	4230
11	5	4	21	35	37	10	32	4	39	4290
9	8	2	42	66	147	18	10	11	43	4300
7	6	1	29	31	96	13	5	8	25	4310
2	2	1	13	35	51	5	5	3	18	4320
353	**205**	**204**	**75**	**328**	**539**	**219**	**456**	**269**	**491**	**D**
271	158	146	30	196	345	133	373	186	308	4400
69	52	45	19	150	249	53	290	83	144	4410
56	30	67	3	4	73	73	78	99	106	4420
146	76	34	8	42	23	7	5	4	58	4430
27	14	8	12	30	33	22	9	15	56	4500
55	33	50	33	102	161	64	74	68	127	4600
47	33	48	25	93	130	63	73	67	120	4610
6	0	2	8	9	29	1	1	1	6	4620
2	0	0	0	0	2	0	0	0	1	4690
3702	**1063**	**1692**	**2946**	**7635**	**4612**	**2059**	**1974**	**1330**	**6397**	**E**
1826	647	983	1280	3991	2746	1093	1028	900	3843	4700
1172	437	713	841	2633	1580	786	748	655	2955	4710
654	210	270	439	1358	1166	307	280	245	888	4720
945	230	356	748	1331	552	302	290	164	998	4800
730	131	228	661	1510	1047	486	477	231	1101	4900
201	55	125	257	803	267	178	179	35	455	5000
129	26	54	34	324	132	43	51	13	113	5010
6	3	9	22	84	25	18	58	1	51	5020
66	26	62	201	395	110	117	70	21	291	5090

行业中类	代码	企业单位数	北京	天津	河北	山西	内蒙古
批发和零售业	H	**62621**	**6136**	**2636**	**1558**	**1131**	**727**
批发业	6300	34683	3575	2174	814	522	323
农畜产品批发	6310	1710	59	61	101	23	48
食品、饮料及烟草制品批发	6320	3512	210	96	106	47	43
纺织、服装及日用品批发	6330	2962	228	144	23	2	5
文化、体育用品及器材批发	6340	968	179	65	13	10	2
医药及医疗器材批发	6350	2021	196	29	66	29	16
矿产品、建材及化工产品批发	6360	13541	1338	855	336	330	154
机械设备、五金交电及电子产品批发	6370	7416	1125	589	136	64	47
贸易经纪与代理	6380	494	83	86	5	1	1
其他批发	6390	2059	157	249	28	16	7
零售业	6500	27938	2561	462	744	609	404
综合零售	6510	6865	233	44	319	145	65
食品、饮料及烟草制品专门零售	6520	1320	86	44	32	19	18
纺织、服装及日用品专门零售	6530	1575	192	48	27	31	24
文化、体育用品及器材专门零售	6540	1925	215	38	75	64	22
医药及医疗器材专门零售	6550	1689	180	25	46	30	24
汽车、摩托车、燃料及零配件专门零售	6560	7839	635	46	135	228	160
家用电器及电子产品专门零售	6570	3917	775	85	68	49	55
五金、家具及室内装修材料专门零售	6580	1475	117	73	30	16	25
无店铺及其他零售	6590	1333	128	59	12	27	11
住宿和餐饮业	I	**24329**	**2452**	**143**	**532**	**441**	**475**
住宿业	6600	10788	811	28	341	239	195
旅游饭店	6610	9077	609	10	252	196	139
一般旅馆	6620	1490	171	16	80	41	48
其他住宿服务	6690	221	31	2	9	2	8
餐饮业	6700	13541	1641	115	191	202	280
正餐服务	6710	12596	1475	96	188	197	277
快餐服务	6720	511	115	11	1	4	3
饮料及冷饮服务	6730	95	17	0	0	1	0
其他餐饮服务	6790	339	34	8	2	0	0

单位：个

辽宁	吉林	黑龙江	上海	江苏	浙江	安徽	福建	江西	山东	代码
2182	**609**	**926**	**3525**	**3934**	**4742**	**1028**	**2796**	**595**	**6349**	**H**
1132	287	491	2355	1951	3234	565	1675	255	3190	6300
101	116	121	24	85	49	93	30	21	186	6310
90	36	53	188	181	253	77	163	33	399	6320
51	5	7	299	305	590	40	246	19	199	6330
17	7	3	59	28	81	11	56	8	45	6340
78	25	28	119	78	122	66	70	28	102	6350
466	56	181	770	801	1413	141	689	74	1426	6360
284	34	71	547	389	552	96	305	55	529	6370
18	0	2	42	4	4	2	14	1	27	6380
27	8	25	307	80	170	39	102	16	277	6390
1050	322	435	1170	1983	1508	463	1121	340	3159	6500
211	70	139	240	520	302	191	268	98	852	6510
28	8	16	93	109	63	16	50	4	171	6520
67	21	24	87	84	41	20	40	9	165	6530
66	35	30	66	168	101	43	78	66	162	6540
71	20	35	65	127	93	32	42	28	171	6550
428	114	96	365	647	603	83	444	82	785	6560
131	40	57	96	209	221	61	127	42	390	6570
38	8	23	81	49	18	8	39	6	292	6580
10	6	15	77	70	66	9	33	5	171	6590
1000	**306**	**308**	**1252**	**1756**	**1492**	**503**	**781**	**495**	**2053**	**I**
391	181	142	267	723	897	311	424	256	514	6600
356	167	116	267	598	854	275	344	228	447	6610
30	13	19	0	113	37	34	76	28	58	6620
5	1	7	0	12	6	2	4	0	9	6690
609	125	166	985	1033	595	192	357	239	1539	6700
590	122	154	887	959	553	180	330	234	1478	6710
14	2	9	45	35	19	7	15	5	41	6720
1	0	2	12	8	8	0	2	0	2	6730
4	1	1	41	31	15	5	10	0	18	6790

2-7续表 8

行业中类	代码	企业单位数					
		河南	湖北	湖南	广东	广西	海南
总计		**21420**	**13326**	**14377**	**56530**	**6715**	**1097**
采矿业	**B**	**1190**	**551**	**1330**	**358**	**255**	**39**
煤炭开采和洗选业	0600	617	92	711	0	15	0
烟煤和无烟煤的开采洗选	0610	614	87	706	0	13	0
褐煤的开采洗选	0620	3	0	5	0	2	0
其他煤炭采选	0690	0	5	0	0	0	0
石油和天然气开采业	0700	6	5	0	9	0	1
天然原油和天然气开采	0710	4	3	0	4	0	1
与石油和天然气开采有关的服务活动	0790	2	2	0	5	0	0
黑色金属矿采选业	0800	94	124	114	65	58	6
铁矿采选	0810	92	117	73	64	17	6
其他黑色金属矿采选	0890	2	7	41	1	41	0
有色金属矿采选业	0900	272	51	319	48	126	23
常用有色金属矿采选	0910	76	38	244	25	110	20
贵金属矿采选	0920	160	10	25	4	8	3
稀有稀土金属矿采选	0930	36	3	50	19	8	0
非金属矿采选业	1000	200	273	184	234	55	9
土砂石开采	1010	157	169	140	208	28	1
化学矿采选	1020	8	89	11	3	8	0
采盐	1030	0	0	2	8	3	2
石棉及其他非金属矿采选	1090	35	15	31	15	16	6
其他采矿业	1100	1	6	2	2	1	0
制造业	**C**	**11205**	**8008**	**8511**	**41535**	**3710**	**402**
农副食品加工业	1300	1403	828	669	811	353	66
谷物磨制	1310	678	343	180	61	30	1
饲料加工	1320	175	90	150	216	90	9
植物油加工	1330	175	165	80	48	17	0
制糖	1340	3	2	8	46	79	18
屠宰及肉类加工	1350	187	69	107	115	12	0
水产品加工	1360	11	35	16	187	23	31
蔬菜、水果和坚果加工	1370	63	39	53	73	13	2
其他农副食品加工	1390	111	85	75	65	89	5
食品制造业	1400	401	235	275	688	119	28
焙烤食品制造	1410	111	41	23	120	15	2

单位：个

重庆	四川	贵州	云南	西藏	陕西	甘肃	青海	宁夏	新疆	代码
8013	**20140**	**3366**	**6100**	**353**	**7142**	**3992**	**1287**	**1652**	**2551**	
364	**1113**	**394**	**379**	**25**	**733**	**235**	**68**	**71**	**133**	**B**
311	758	309	210	1	436	66	25	67	70	0600
310	754	307	193	1	430	66	23	66	69	0610
1	3	1	16	0	0	0	0	1	1	0620
0	1	1	1	0	6	0	2	0	0	0690
1	12	0	1	0	32	4	2	1	13	0700
1	10	0	1	0	3	2	2	0	5	0710
0	2	0	0	0	29	2	0	1	8	0790
13	82	18	42	8	45	42	10	0	23	0800
3	79	4	35	2	34	41	8	0	22	0810
10	3	14	7	6	11	1	2	0	1	0890
4	109	35	98	13	132	79	19	1	18	0900
4	92	28	88	10	72	61	16	1	13	0910
0	10	6	5	1	39	16	3	0	4	0920
0	7	1	5	2	21	2	0	0	1	0930
35	144	32	27	3	79	43	12	2	9	1000
27	95	7	5	1	48	15	0	0	3	1010
5	11	22	20	2	17	4	2	0	1	1020
1	14	0	2	0	3	1	5	0	2	1030
2	24	3	0	0	11	23	5	2	3	1090
0	8	0	1	0	9	1	0	0	0	1100
3386	**9965**	**1761**	**1979**	**53**	**3237**	**1604**	**385**	**617**	**721**	**C**
224	928	140	166	4	275	239	34	56	110	1300
41	187	18	11	1	95	68	1	21	18	1310
40	199	26	43	0	44	21	3	10	16	1320
9	81	45	10	1	44	19	7	5	49	1330
0	8	2	50	0	0	3	0	0	10	1340
58	268	35	14	1	39	26	21	8	10	1350
0	5	0	2	0	1	1	0	0	0	1360
53	105	9	17	0	15	45	0	4	4	1370
23	75	5	19	1	37	56	2	8	3	1390
70	386	55	53	3	145	55	13	40	49	1400
11	49	5	10	0	28	9	0	5	4	1410

2-7续表 9

行业中类	代码	企业单位数					
		河南	湖北	湖南	广东	广西	海南
糖果、巧克力及蜜饯制造	1420	16	14	14	167	4	3
方便食品制造	1430	97	43	57	94	13	2
液体乳及乳制品制造	1440	30	17	15	26	11	4
罐头制造	1450	12	30	57	53	33	5
调味品、发酵制品制造	1460	64	25	29	91	8	1
其他食品制造	1490	71	65	80	137	35	11
饮料制造业	1500	279	203	190	220	105	18
酒精制造	1510	19	4	1	7	26	1
酒的制造	1520	154	77	62	68	21	3
软饮料制造	1530	86	56	51	129	42	13
精制茶加工	1540	20	66	76	16	16	1
烟草制品业	1600	12	10	9	8	3	1
烟叶复烤	1610	4	2	5	2	1	0
卷烟制造	1620	5	3	2	4	2	1
其他烟草制品加工	1690	3	5	2	2	0	0
纺织业	1700	800	837	310	2529	126	8
棉、化纤纺织及印染精加工	1710	602	575	131	829	22	0
毛纺织和染整精加工	1720	28	12	8	122	3	0
麻纺织	1730	10	30	61	6	3	1
丝绢纺织及精加工	1740	10	14	3	63	62	0
纺织制成品制造	1750	91	157	55	385	19	3
针织品、编织品及其制品制造	1760	59	49	52	1124	17	4
纺织服装、鞋、帽制造业	1800	162	318	105	2918	33	1
纺织服装制造	1810	133	307	95	2764	32	1
纺织面料鞋的制造	1820	23	8	10	93	1	0
制帽	1830	6	3	0	61	0	0
皮革、毛皮、羽毛(绒)及其制品业	1900	200	33	99	1502	60	2
皮革鞣制加工	1910	60	4	42	111	13	0
皮革制品制造	1920	52	25	53	1338	28	1
毛皮鞣制及制品加工	1930	69	1	0	17	0	0
羽毛(绒)加工及制品制造	1940	19	3	4	36	19	1
木材加工及木、竹、藤、棕、草制品业	2000	359	147	442	509	297	24
锯材、木片加工	2010	119	14	42	73	67	13
人造板制造	2020	200	94	282	211	122	6
木制品制造	2030	23	22	37	155	65	5
竹、藤、棕、草制品制造	2040	17	17	81	70	43	0

单位：个

重庆	四川	贵州	云南	西藏	陕西	甘肃	青海	宁夏	新疆	代码
1	20	2	3	0	10	1	0	1	0	1420
10	84	11	5	0	20	8	0	3	1	1430
5	25	4	11	1	48	14	6	18	18	1440
9	42	5	7	1	5	3	0	0	14	1450
22	81	19	10	0	16	10	3	7	5	1460
12	85	9	7	1	18	10	4	6	7	1490
50	393	89	100	5	121	73	12	22	27	1500
0	13	0	3	0	4	0	0	0	2	1510
21	256	61	22	4	41	57	5	14	16	1520
19	53	12	26	1	57	16	7	8	9	1530
10	71	16	49	0	19	0	0	0	0	1540
4	7	10	21	0	6	2	0	2	1	1600
2	3	5	10	0	1	0	0	1	0	1610
2	3	5	8	0	4	2	0	1	1	1620
0	1	0	3	0	1	0	0	0	0	1690
194	392	17	17	0	125	46	8	20	41	1700
110	163	9	6	0	82	21	2	2	31	1710
1	5	0	1	0	6	14	3	16	1	1720
8	10	1	1	0	0	2	0	0	4	1730
60	138	1	6	0	17	0	1	0	0	1740
9	50	3	1	0	12	6	1	2	0	1750
6	26	3	2	0	8	3	1	0	5	1760
27	96	10	4	0	26	9	4	2	3	1800
26	86	9	4	0	25	8	2	2	3	1810
1	10	1	0	0	1	1	0	0	0	1820
0	0	0	0	0	0	0	2	0	0	1830
55	262	1	2	2	3	12	1	8	5	1900
3	23	0	0	0	0	6	0	2	3	1910
41	207	1	1	1	2	5	0	0	2	1920
0	4	0	0	1	1	1	1	5	0	1930
11	28	0	1	0	0	0	0	1	0	1940
12	179	43	44	5	27	7	1	1	12	2000
1	24	8	4	5	6	2	0	0	2	2010
7	82	17	25	0	9	4	1	0	7	2020
4	46	15	15	0	10	1	0	1	3	2030
0	27	3	0	0	2	0	0	0	0	2040

2-7续表 10

行业中类	代码	企业单位数					
		河南	湖北	湖南	广东	广西	海南
家具制造业	2100	132	47	83	1091	25	11
木质家具制造	2110	57	32	59	613	18	11
竹、藤家具制造	2120	2	0	13	23	3	0
金属家具制造	2130	65	4	5	226	1	0
塑料家具制造	2140	1	1	0	19	2	0
其他家具制造	2190	7	10	6	210	1	0
造纸及纸制品业	2200	370	224	307	1480	153	14
纸浆制造	2210	9	2	11	25	11	1
造纸	2220	235	95	189	402	79	3
纸制品制造	2230	126	127	107	1053	63	10
印刷业和记录媒介的复制	2300	139	146	118	1125	63	15
印刷	2310	126	134	113	1045	58	12
装订及其他印刷服务活动	2320	10	9	3	54	3	1
记录媒介的复制	2330	3	3	2	26	2	2
文教体育用品制造业	2400	25	18	20	1049	10	0
文化用品制造	2410	9	3	5	154	3	0
体育用品制造	2420	3	2	9	197	2	0
乐器制造	2430	6	6	0	59	0	0
玩具制造	2440	6	7	6	608	5	0
游艺器材及娱乐用品制造	2450	1	0	0	31	0	0
石油加工及炼焦业	2500	76	31	35	99	10	3
精炼石油产品的制造	2510	34	25	19	93	8	3
炼焦	2520	42	6	16	6	2	0
化学原料及化学制品制造业	2600	794	683	1336	2121	416	43
基础化学原料制造	2610	189	177	291	164	63	4
肥料制造	2620	142	194	122	60	60	10
农药制造	2630	41	30	35	23	24	2
涂料、油墨、颜料及类似产品制造	2640	74	72	92	748	30	0
合成材料制造	2650	36	35	27	230	6	2
专用化学产品制造	2660	258	151	737	524	202	15
日用化学产品制造	2670	54	24	32	372	31	10

单位：个

重庆	四川	贵州	云南	西藏	陕西	甘肃	青海	宁夏	新疆	代码
24	160	7	6	0	22	7	1	2	7	2100
15	110	5	1	0	10	6	1	2	4	2110
0	3	0	0	0	1	0	0	0	0	2120
3	20	2	1	0	5	0	0	0	3	2130
1	5	0	0	0	2	1	0	0	0	2140
5	22	0	4	0	4	0	0	0	0	2190
89	336	30	77	0	86	33	4	17	25	2200
1	3	1	1	0	1	2	0	0	1	2210
44	161	14	45	0	45	15	1	14	10	2220
44	172	15	31	0	40	16	3	3	14	2230
62	197	52	60	4	56	34	8	7	21	2300
62	179	48	55	4	52	32	8	7	19	2310
0	15	3	5	0	4	2	0	0	2	2320
0	3	1	0	0	0	0	0	0	0	2330
1	15	5	1	0	5	2	0	0	0	2400
1	7	2	1	0	0	1	0	0	0	2410
0	5	2	0	0	3	1	0	0	0	2420
0	2	0	0	0	0	0	0	0	0	2430
0	1	1	0	0	0	0	0	0	0	2440
0	0	0	0	0	2	0	0	0	0	2450
18	75	51	36	0	178	39	3	18	35	2500
4	33	1	3	0	20	33	1	5	19	2510
14	42	50	33	0	158	4	2	13	16	2520
206	873	197	268	4	254	162	79	86	64	2600
73	310	83	103	0	81	67	18	47	16	2610
32	170	67	88	1	57	35	52	12	7	2620
10	28	3	2	0	14	3	2	4	0	2630
30	74	6	15	0	12	14	0	4	7	2640
3	40	5	3	0	18	6	1	4	7	2650
48	181	22	41	2	61	31	6	14	26	2660
10	70	11	16	1	11	6	0	1	1	2670

2-7续表 11

行业中类	代码	企业单位数					
		河南	湖北	湖南	广东	广西	海南
医药制造业	2700	303	270	208	338	151	44
化学药品原药制造	2710	54	72	37	36	7	3
化学药品制剂制造	2720	67	40	32	84	17	32
中药饮片加工	2730	27	23	32	39	15	1
中成药制造	2740	58	61	55	90	84	6
兽用药品制造	2750	33	11	27	26	15	0
生物、生化制品的制造	2760	31	22	16	36	11	0
卫生材料及医药用品制造	2770	33	41	9	27	2	2
化学纤维制造业	2800	30	26	13	95	1	3
纤维素纤维原料及纤维制造	2810	8	12	2	19	0	0
合成纤维制造	2820	22	14	11	76	1	3
橡胶制品业	2900	132	66	53	475	20	3
轮胎制造	2910	23	11	6	23	3	0
橡胶板、管、带的制造	2920	49	15	11	52	6	1
橡胶零件制造	2930	14	12	5	109	3	0
再生橡胶制造	2940	6	5	7	8	2	0
日用及医用橡胶制品制造	2950	3	5	1	43	3	1
橡胶靴鞋制造	2960	25	8	9	97	1	0
其他橡胶制品制造	2990	12	10	14	143	2	1
塑料制品业	3000	316	313	211	3397	109	14
塑料薄膜制造	3010	26	27	24	312	13	5
塑料板、管、型材的制造	3020	65	77	54	334	13	1
塑料丝、绳及编织品的制造	3030	115	76	40	119	42	5
泡沫塑料制造	3040	19	12	5	236	2	1
塑料人造革、合成革制造	3050	2	7	6	55	0	0
塑料包装箱及容器制造	3060	21	39	23	369	18	2
塑料零件制造	3070	9	19	5	462	2	0
日用塑料制造	3080	17	22	20	679	10	0
其他塑料制品制造	3090	42	34	34	831	9	0
非金属矿物制品业	3100	1757	821	1081	2352	438	31
水泥、石灰和石膏的制造	3110	240	204	356	422	206	16
水泥及石膏制品制造	3120	182	137	91	307	50	10
砖瓦、石材及其他建筑材料制造	3130	330	296	173	564	72	1
玻璃及玻璃制品制造	3140	182	65	80	362	27	1
陶瓷制品制造	3150	96	13	210	550	55	0
耐火材料制品制造	3160	411	51	58	29	5	0
石墨及其他非金属矿物制品制造	3190	316	55	113	118	23	3

单位：个

重庆	四川	贵州	云南	西藏	陕西	甘肃	青海	宁夏	新疆	代码
82	346	107	92	7	167	50	23	10	13	2700
25	41	3	7	0	30	4	0	2	0	2710
15	58	13	23	0	34	5	1	4	3	2720
7	63	5	9	0	19	11	2	1	1	2730
18	85	79	45	7	57	16	15	1	8	2740
12	46	2	1	0	5	4	1	1	1	2750
4	35	3	5	0	20	9	3	1	0	2760
1	18	2	2	0	2	1	1	0	0	2770
3	22	2	1	0	6	2	0	1	2	2800
0	7	0	1	0	2	0	0	0	2	2810
3	15	2	0	0	4	2	0	1	0	2820
35	70	16	7	0	30	6	3	3	1	2900
11	8	3	2	0	5	3	0	2	0	2910
4	12	2	2	0	4	1	2	1	1	2920
6	17	5	1	0	14	0	0	0	0	2930
2	14	0	1	0	3	0	1	0	0	2940
2	1	0	0	0	0	1	0	0	0	2950
8	5	5	1	0	1	1	0	0	0	2960
2	13	1	0	0	3	0	0	0	0	2990
109	374	45	78	0	68	80	4	22	54	3000
8	49	6	17	0	5	16	0	1	8	3010
22	98	9	16	0	15	16	1	5	24	3020
25	68	14	26	0	19	28	3	10	8	3030
11	16	4	4	0	5	3	0	1	2	3040
1	3	1	0	0	0	0	0	1	0	3050
14	65	4	9	0	9	8	0	1	4	3060
6	14	3	0	0	3	0	0	1	0	3070
7	16	2	4	0	7	5	0	1	7	3080
15	45	2	2	0	5	4	0	1	1	3090
341	1186	279	285	14	425	216	61	98	89	3100
125	328	164	190	11	165	88	20	26	35	3110
67	144	16	37	2	87	37	6	21	20	3120
62	341	31	19	1	101	50	15	5	17	3130
56	193	15	14	0	28	11	1	3	8	3140
10	16	6	6	0	8	1	1	0	0	3150
14	66	9	6	0	9	8	2	1	1	3160
7	98	38	13	0	27	21	16	42	8	3190

2-7续表 12

行业中类	代码	企业单位数					
		河南	湖北	湖南	广东	广西	海南
黑色金属冶炼及压延加工业	3200	239	173	371	331	210	7
炼铁	3210	33	40	33	16	26	0
炼钢	3220	15	29	5	34	8	1
钢压延加工	3230	130	79	79	269	48	6
铁合金冶炼	3240	61	25	254	12	128	0
有色金属冶炼及压延加工业	3300	365	125	504	681	139	3
常用有色金属冶炼	3310	175	45	263	86	92	1
贵金属冶炼	3320	8	4	68	3	4	1
稀有稀土金属冶炼	3330	45	9	45	20	14	1
有色金属合金制造	3340	33	13	53	44	8	0
有色金属压延加工	3350	104	54	75	528	21	0
金属制品业	3400	377	338	252	3899	102	8
结构性金属制品制造	3410	186	140	65	642	30	2
金属工具制造	3420	21	43	57	407	10	0
集装箱及金属包装容器制造	3430	27	41	14	213	14	4
金属丝绳及其制品的制造	3440	37	26	19	112	2	1
建筑、安全用金属制品制造	3450	33	18	20	567	7	0
金属表面处理及热处理加工	3460	16	16	13	308	8	1
搪瓷制品制造	3470	9	2	7	57	6	0
不锈钢及类似日用金属制品制造	3480	33	23	11	1112	14	0
其他金属制品制造	3490	15	29	46	481	11	0
通用设备制造业	3500	803	528	575	1515	162	2
锅炉及原动机制造	3510	53	31	46	37	23	0
金属加工机械制造	3520	65	73	59	174	20	0
起重运输设备制造	3530	92	40	31	87	7	0
泵、阀门、压缩机及类似机械的制造	3540	119	58	85	180	10	0
轴承、齿轮、传动和驱动部件的制造	3550	83	45	36	77	8	1
烘炉、熔炉及电炉制造	3560	1	2	11	21	1	0
风机、衡器、包装设备等通用设备制造	3570	89	68	74	353	14	0
通用零部件制造及机械修理	3580	83	72	49	334	35	0
金属铸、锻加工	3590	218	139	184	252	44	1

单位：个

重庆	四川	贵州	云南	西藏	陕西	甘肃	青海	宁夏	新疆	代码
86	357	220	137	0	69	117	35	69	27	3200
5	38	42	54	0	6	13	0	8	9	3210
2	22	10	7	0	6	1	1	1	2	3220
64	161	13	27	0	28	14	3	7	12	3230
15	136	155	49	0	29	89	31	53	4	3240
89	219	114	198	0	126	64	19	26	16	3300
57	85	83	128	0	53	33	17	18	7	3310
0	3	4	10	0	3	11	0	0	4	3320
0	32	15	33	0	6	6	1	2	0	3330
6	26	2	4	0	10	2	0	2	0	3340
26	73	10	23	0	54	12	1	4	5	3350
127	471	34	60	0	120	66	24	22	28	3400
50	200	8	26	0	39	32	15	11	18	3410
16	63	6	2	0	15	4	2	2	0	3420
11	46	4	12	0	17	12	1	2	5	3430
5	19	7	5	0	4	6	5	2	2	3440
12	54	2	6	0	25	4	0	3	1	3450
12	19	3	3	0	5	1	0	0	0	3460
2	2	0	0	0	3	1	0	0	0	3470
9	23	2	1	0	6	0	0	0	0	3480
10	45	2	5	0	6	6	1	2	2	3490
209	802	57	69	0	246	79	13	34	25	3500
20	70	1	4	0	17	8	2	2	1	3510
19	144	9	17	0	51	12	4	7	0	3520
22	21	1	3	0	7	2	0	6	5	3530
26	120	7	5	0	39	7	1	1	2	3540
17	47	7	4	0	9	6	0	7	1	3550
4	3	0	0	0	9	0	0	0	0	3560
31	75	11	4	0	27	7	0	2	4	3570
22	159	12	14	0	38	16	3	2	9	3580
48	163	9	18	0	49	21	3	7	3	3590

2-7续表 13

行业中类	代码	企业单位数					
		河南	湖北	湖南	广东	广西	海南
专用设备制造业	3600	661	274	300	1389	119	6
矿山、冶金、建筑专用设备制造	3610	198	76	93	73	26	0
化工、木材、非金属加工专用设备制造	3620	63	37	30	598	20	0
食品、饮料、烟草及饲料生产专用设备制造	3630	70	30	29	61	17	1
印刷、制药、日化生产专用设备制造	3640	47	11	25	108	6	0
纺织、服装和皮革工业专用设备制造	3650	39	21	17	86	0	0
电子和电工机械专用设备制造	3660	27	18	29	167	4	0
农、林、牧、渔专用机械制造	3670	149	16	28	27	28	4
医疗仪器设备及器械制造	3680	16	21	11	124	11	0
环保、社会公共安全及其他专用设备制造	3690	52	44	38	145	7	1
交通运输设备制造业	3700	333	717	291	958	233	32
铁路运输设备制造	3710	31	17	48	8	6	0
汽车制造	3720	220	631	214	495	204	24
摩托车制造	3730	52	16	12	207	2	6
自行车制造	3740	11	2	0	134	2	0
船舶及浮动装置制造	3750	7	41	10	95	17	2
航空航天器制造	3760	4	8	4	4	1	0
交通器材及其他交通运输设备制造	3790	8	2	3	15	1	0
电气机械及器材制造业	3900	369	286	323	4365	89	7
电机制造	3910	36	43	35	274	7	0
输配电及控制设备制造	3920	102	97	116	930	45	2
电线、电缆、光缆及电工器材制造	3930	132	79	93	750	19	4
电池制造	3940	26	27	24	291	8	1
家用电力器具制造	3950	17	19	17	1028	5	0
非电力家用器具制造	3960	9	6	5	129	0	0
照明器具制造	3970	39	9	19	895	2	0
其他电气机械及器材制造	3990	8	6	14	68	3	0
通信设备、计算机及其他电子设备制造业	4000	72	143	104	3639	60	4
通信设备制造	4010	13	31	19	356	17	1
雷达及配套设备制造	4020	0	1	2	1	1	0
广播电视设备制造	4030	1	4	7	115	3	0
电子计算机制造	4040	1	13	7	545	6	0
电子器件制造	4050	11	33	15	443	9	2
电子元件制造	4060	30	38	45	1362	15	1
家用视听设备制造	4070	5	5	2	594	5	0
其他电子设备制造	4090	11	18	7	223	4	0

单位：个

重庆	四川	贵州	云南	西藏	陕西	甘肃	青海	宁夏	新疆	代码
70	448	38	47	0	187	59	5	15	17	3600
16	165	15	12	0	67	21	1	12	3	3610
20	66	4	4	0	16	9	0	0	0	3620
4	31	4	15	0	15	3	0	1	0	3630
2	26	1	1	0	13	3	1	0	0	3640
3	6	0	1	0	21	0	0	0	3	3650
9	44	4	2	0	17	5	0	1	0	3660
4	21	7	7	0	10	8	0	1	10	3670
5	35	2	0	0	10	1	0	0	0	3680
7	54	1	5	0	18	9	3	0	1	3690
953	460	55	42	4	103	35	11	4	10	3700
9	42	6	3	0	21	5	1	0	1	3710
353	348	33	38	2	56	21	10	3	9	3720
559	27	1	0	0	3	1	0	0	0	3730
2	7	0	0	0	1	0	0	0	0	3740
28	5	1	0	0	0	0	0	0	0	3750
1	20	12	0	0	22	6	0	0	0	3760
1	11	2	1	2	0	2	0	1	0	3790
139	418	42	59	0	160	61	10	22	26	3900
17	34	3	6	0	15	5	1	4	1	3910
53	158	13	22	0	81	33	2	9	12	3920
37	131	14	17	0	43	16	4	5	11	3930
8	16	2	4	0	5	0	0	2	1	3940
8	32	7	0	0	5	1	1	0	0	3950
3	9	1	7	0	1	3	1	1	0	3960
9	20	1	0	0	6	3	1	0	1	3970
4	18	1	3	0	4	0	0	1	0	3990
26	306	18	11	0	93	17	0	1	4	4000
11	78	2	2	0	16	3	0	0	1	4010
0	14	0	0	0	3	1	0	0	0	4020
0	9	0	0	0	5	2	0	0	2	4030
1	24	1	3	0	3	0	0	0	0	4040
2	44	8	2	0	21	9	0	0	0	4050
8	100	6	1	0	31	1	0	1	1	4060
4	10	1	0	0	1	0	0	0	0	4070
0	27	0	3	0	13	1	0	0	0	4090

行业中类	代码	企业单位数					
		河南	湖北	湖南	广东	广西	海南
仪器仪表及文化、办公用机械制造业	4100	97	87	61	696	18	1
通用仪器仪表制造	4110	51	50	37	124	10	0
专用仪器仪表制造	4120	14	17	16	55	4	0
钟表与计时仪器制造	4130	1	2	1	212	1	1
光学仪器及眼镜制造	4140	23	11	4	109	3	0
文化、办公用机械制造	4150	2	2	2	174	0	0
其他仪器仪表的制造及修理	4190	6	5	1	22	0	0
工艺品及其他制造业	4200	188	64	85	1152	76	3
工艺美术品制造	4210	149	33	39	921	57	3
日用杂品制造	4220	17	10	32	166	11	0
煤制品制造	4230	9	2	7	2	0	0
其他未列明的制造业	4290	13	18	7	63	7	0
废弃资源和废旧材料回收加工业	4300	11	17	81	102	10	0
金属废料和碎屑的加工处理	4310	6	14	77	67	8	0
非金属废料和碎屑的加工处理	4320	5	3	4	35	2	0
电力、燃气及水的生产和供应业	**D**	**317**	**283**	**351**	**730**	**267**	**33**
电力、热力的生产和供应业	4400	245	176	239	388	207	18
电力生产	4410	112	138	184	296	112	14
电力供应	4420	120	34	52	88	91	4
热力生产和供应	4430	13	4	3	4	4	0
燃气生产和供应业	4500	22	16	15	63	11	5
水的生产和供应业	4600	50	91	97	279	49	10
自来水的生产和供应	4610	47	86	89	264	47	10
污水处理及其再生利用	4620	2	3	7	14	2	0
其他水的处理、利用与分配	4690	1	2	1	1	0	0
建筑业	**E**	**2790**	**2446**	**2201**	**4252**	**1049**	**5**
房屋和土木工程建筑业	4700	1635	1513	1636	2315	668	5
房屋工程建筑	4710	1208	1093	1271	1663	520	5
土木工程建筑	4720	427	420	365	652	148	0
建筑安装业	4800	411	375	239	929	136	0
建筑装饰业	4900	566	305	142	774	164	0
其他建筑业	5000	178	253	184	234	81	0
工程准备	5010	38	71	24	78	28	0
提供施工设备服务	5020	22	30	27	17	38	0
其他未列明的建筑活动	5090	118	152	133	139	15	0

单位：个

重庆	四川	贵州	云南	西藏	陕西	甘肃	青海	宁夏	新疆	代码
58	94	17	28	0	61	16	2	7	6	4100
31	47	10	7	0	26	8	2	5	4	4110
10	23	2	0	0	22	5	0	0	2	4120
0	1	1	0	0	1	0	0	1	0	4130
15	11	4	21	0	3	2	0	0	0	4140
0	7	0	0	0	4	1	0	1	0	4150
2	5	0	0	0	5	0	0	0	0	4190
14	76	9	8	1	31	14	6	2	3	4200
4	32	2	3	1	19	11	6	1	1	4210
10	13	0	2	0	1	1	0	0	1	4220
0	5	1	2	0	3	1	0	1	0	4230
0	26	6	1	0	8	0	0	0	1	4290
9	17	1	2	0	16	2	1	0	0	4300
7	9	1	2	0	8	1	1	0	0	4310
2	8	0	0	0	8	1	0	0	0	4320
144	**580**	**215**	**286**	**21**	**190**	**248**	**75**	**42**	**114**	**D**
82	377	165	251	17	123	203	44	28	97	4400
52	293	87	141	13	99	96	37	17	37	4410
29	83	78	109	4	9	78	3	1	18	4420
1	1	0	1	0	15	29	4	10	42	4430
31	111	5	3	1	17	4	2	7	10	4500
31	92	45	32	3	50	41	29	7	7	4600
31	85	44	32	3	44	36	28	7	7	4610
0	6	1	0	0	3	4	1	0	0	4620
0	1	0	0	0	3	1	0	0	0	4690
2658	**4205**	**528**	**1809**	**157**	**1100**	**938**	**423**	**495**	**705**	**E**
1532	2580	408	1180	121	823	616	255	350	338	4700
1301	2014	344	899	89	655	435	156	201	197	4710
231	566	64	281	32	168	181	99	149	141	4720
377	491	56	233	32	127	147	82	62	177	4800
527	842	51	328	4	94	146	63	69	119	4900
222	292	13	68	0	56	29	23	14	71	5000
53	57	5	30	0	14	7	7	13	15	5010
34	26	0	3	0	6	1	3	1	6	5020
135	209	8	35	0	36	21	13	0	50	5090

行业中类	代码	企业单位数					
		河南	湖北	湖南	广东	广西	海南
批发和零售业	H	**4479**	**1312**	**1097**	**6790**	**987**	**294**
批发业	6300	1427	694	339	4431	490	153
农畜产品批发	6310	162	66	19	98	20	3
食品、饮料及烟草制品批发	6320	220	75	62	555	69	16
纺织、服装及日用品批发	6330	61	36	13	460	22	13
文化、体育用品及器材批发	6340	33	22	21	195	14	7
医药及医疗器材批发	6350	98	80	59	355	28	46
矿产品、建材及化工产品批发	6360	583	218	92	1549	206	45
机械设备、五金交电及电子产品批发	6370	222	170	51	862	100	20
贸易经纪与代理	6380	0	4	8	159	5	0
其他批发	6390	48	23	14	198	26	3
零售业	6500	3052	618	758	2359	497	141
综合零售	6510	1358	202	264	469	89	32
食品、饮料及烟草制品专门零售	6520	161	28	14	65	23	5
纺织、服装及日用品专门零售	6530	208	25	31	111	16	3
文化、体育用品及器材专门零售	6540	127	57	98	112	35	9
医药及医疗器材专门零售	6550	144	51	66	139	43	1
汽车、摩托车、燃料及零配件专门零售	6560	539	146	154	1006	150	62
家用电器及电子产品专门零售	6570	279	73	85	251	106	23
五金、家具及室内装修材料专门零售	6580	136	16	29	84	17	3
无店铺及其他零售	6590	100	20	17	122	18	3
住宿和餐饮业	I	**1439**	**726**	**887**	**2865**	**447**	**324**
住宿业	6600	447	399	468	1178	306	282
旅游饭店	6610	295	350	382	998	273	271
一般旅馆	6620	139	44	78	145	31	10
其他住宿服务	6690	13	5	8	35	2	1
餐饮业	6700	992	327	419	1687	141	42
正餐服务	6710	887	309	400	1585	133	40
快餐服务	6720	65	11	10	48	6	1
饮料及冷饮服务	6730	7	1	3	14	1	0
其他餐饮服务	6790	33	6	6	40	1	1

单位：个

重庆	四川	贵州	云南	西藏	陕西	甘肃	青海	宁夏	新疆	代码
920	**3380**	**243**	**1111**	**32**	**1205**	**734**	**226**	**304**	**633**	**H**
483	1978	151	627	15	336	363	95	172	386	6300
16	44	3	14	2	26	30	3	8	78	6310
38	215	33	87	4	33	62	10	20	38	6320
16	117	2	20	1	18	8	2	3	7	6330
4	49	6	10	0	8	1	4	4	6	6340
57	125	19	44	1	12	20	5	11	9	6350
226	656	58	307	3	137	154	49	78	150	6360
102	643	22	116	3	76	70	16	38	82	6370
1	19	0	2	0	1	1	0	0	4	6380
23	110	8	27	1	25	17	6	10	12	6390
437	1402	92	484	17	869	371	131	132	247	6500
101	249	32	78	4	126	65	24	25	50	6510
16	95	4	41	3	48	34	19	3	4	6520
28	132	3	8	0	84	15	7	5	19	6530
11	69	4	33	2	40	58	8	12	21	6540
36	76	9	26	1	45	22	10	14	17	6550
117	203	21	198	5	141	73	34	48	91	6560
78	328	17	62	0	81	56	16	19	37	6570
43	160	1	13	0	107	32	2	4	5	6580
7	90	1	25	2	197	16	11	2	3	6590
541	**897**	**225**	**536**	**65**	**677**	**233**	**110**	**123**	**245**	**I**
178	420	146	458	57	283	144	64	54	184	6600
148	356	126	393	48	217	122	41	42	157	6610
28	49	19	58	9	41	19	21	12	23	6620
2	15	1	7	0	25	3	2	0	4	6690
363	477	79	78	8	394	89	46	69	61	6700
349	406	73	73	7	364	85	39	67	59	6710
3	17	6	4	1	7	1	1	2	2	6720
2	11	0	0	0	2	1	0	0	0	6730
9	43	0	1	0	21	2	6	0	0	6790

2-8 限额以上企业按行业小类、东中西以及东北部地区分组的单位数

(2007年)　　　　单位：个

行业小类	代码	法人单位数	东部地区	中部地区	西部地区	东北部地区
全国		**485004**	**307552**	**76158**	**66241**	**35053**
采矿业	B	**15494**	**3469**	**5933**	**4284**	**1808**
煤炭开采和洗选业	0600	7178	710	3435	2521	512
烟煤和无烟煤的开采洗选	0610	6917	680	3416	2343	478
褐煤的开采洗选	0620	226	20	12	166	28
其他煤炭采选	0690	35	10	7	12	6
石油和天然气开采业	0700	205	37	11	77	80
天然原油和天然气开采	0710	107	24	7	32	44
与石油和天然气开采有关的服务活动	0790	98	13	4	45	36
黑色金属矿采选业	0800	2915	1073	704	460	678
铁矿采选	0810	2738	1067	649	362	660
其他黑色金属矿采选	0890	177	6	55	98	18
有色金属矿采选业	0900	2097	342	833	702	220
常用有色金属矿采选	0910	1280	150	452	540	138
铜矿采选	0911	241	10	99	123	9
铅锌矿采选	0912	722	104	244	331	43
镍钴矿采选	0913	23	0	10	10	3
锡矿采选	0914	58	2	43	13	0
锑矿采选	0915	29	0	23	6	0
铝矿采选	0916	30	1	19	9	1
镁矿采选	0917	85	2	1	3	79
其他常用有色金属矿采选	0919	92	31	13	45	3
贵金属矿采选	0920	527	141	228	104	54
金矿采选	0921	494	135	213	94	52
银矿采选	0922	31	5	14	10	2
其他贵金属矿采选	0929	2	1	1	0	0
稀有稀土金属矿采选	0930	290	51	153	58	28
钨钼矿采选	0931	225	31	136	33	25
稀土金属矿采选	0932	23	6	10	7	0
放射性金属矿采选	0933	6	4	1	0	1
其他稀有金属矿采选	0939	36	10	6	18	2
非金属矿采选业	1000	3053	1297	940	502	314
土砂石开采	1010	2171	1017	692	263	199
石灰石、石膏开采	1011	592	288	175	66	63

注：东部地区包括北京、天津、河北、上海、江苏、浙江、福建、山东、广东、海南；
中部地区包括山西、安徽、江西、河南、湖北、湖南；
西部地区包括内蒙古、广西、重庆、四川、贵州、云南、西藏、陕西、甘肃、青海、宁夏、新疆；
东北部地区包括辽宁、吉林、黑龙江。

2-8续表 1

单位：个

行业小类	代码	法人单位数	东部地区	中部地区	西部地区	东北部地区
建筑装饰用石开采	1012	465	207	148	55	55
耐火土石开采	1013	246	101	106	24	15
粘土及其他土砂石开采	1019	868	421	263	118	66
化学矿采选	1020	262	20	115	94	33
采盐	1030	188	137	5	36	10
石棉及其他非金属矿采选	1090	432	123	128	109	72
石棉、云母矿采选	1091	32	4	4	24	0
石墨、滑石采选	1092	98	23	29	16	30
宝石、玉石开采	1093	17	12	1	1	3
其他非金属矿采选	1099	285	84	94	68	39
其他采矿业	1100	46	10	10	22	4
制造业	**C**	**307380**	**214927**	**42051**	**29707**	**20695**
农副食品加工业	1300	17499	8344	4113	2934	2108
谷物磨制	1310	4068	1282	1756	532	498
饲料加工	1320	2592	1099	560	541	392
植物油加工	1330	1791	748	583	317	143
食用植物油加工	1331	1683	705	554	288	136
非食用植物油加工	1332	108	43	29	29	7
制糖	1340	285	95	16	158	16
屠宰及肉类加工	1350	2834	1239	501	709	385
畜禽屠宰	1351	1696	676	309	472	239
肉制品及副产品加工	1352	1138	563	192	237	146
水产品加工	1360	1968	1559	90	32	287
水产品冷冻加工	1361	1382	1127	49	16	190
鱼糜制品及水产品干腌制加工	1362	358	276	18	6	58
水产饲料制造	1363	132	87	17	6	22
鱼油提取及制品的制造	1364	8	6	0	1	1
其他水产品加工	1369	88	63	6	3	16
蔬菜、水果和坚果加工	1370	2242	1533	245	284	180
其他农副食品加工	1390	1719	789	362	361	207
淀粉及淀粉制品的制造	1391	792	343	163	210	76
豆制品制造	1392	250	109	62	40	39
蛋品加工	1393	87	40	35	6	6
其他未列明的农副食品加工	1399	590	297	102	105	86

行业小类	代码	法人单位数	东部地区	中部地区	西部地区	东北部地区
食品制造业	1400	6939	3959	1284	1109	587
焙烤食品制造	1410	1030	573	225	150	82
糕点、面包制造	1411	466	271	61	81	53
饼干及其他焙烤食品制造	1419	564	302	164	69	29
糖果、巧克力及蜜饯制造	1420	565	433	69	43	20
糖果、巧克力制造	1421	315	234	42	24	15
蜜饯制作	1422	250	199	27	19	5
方便食品制造	1430	971	440	276	161	94
米、面制品制造	1431	459	184	162	85	28
速冻食品制造	1432	210	112	41	19	38
方便面及其他方便食品制造	1439	302	144	73	57	28
液体乳及乳制品制造	1440	683	268	104	222	89
罐头制造	1450	781	460	146	122	53
肉、禽类罐头制造	1451	85	33	21	28	3
水产品罐头制造	1452	45	35	2	2	6
蔬菜、水果罐头制造	1453	581	350	112	84	35
其他罐头食品制造	1459	70	42	11	8	9
调味品、发酵制品制造	1460	924	463	161	204	96
味精制造	1461	96	59	13	19	5
酱油、食醋及类似制品的制造	1462	399	175	84	79	61
其他调味品、发酵制品制造	1469	429	229	64	106	30
其他食品制造	1490	1985	1322	303	207	153
营养、保健食品制造	1491	355	209	69	37	40
冷冻饮品及食用冰制造	1492	232	107	45	30	50
盐加工	1493	75	27	24	14	10
食品及饲料添加剂制造	1494	982	821	75	59	27
其他未列明的食品制造	1499	341	158	90	67	26
饮料制造业	1500	4341	1808	990	1085	458
酒精制造	1510	192	71	35	51	35
酒的制造	1520	2106	799	454	591	262
白酒制造	1521	1200	340	260	429	171
啤酒制造	1522	549	253	133	104	59
黄酒制造	1523	97	70	14	11	2
葡萄酒制造	1524	145	83	16	21	25
其他酒制造	1529	115	53	31	26	5

单位：个

行业小类	代码	法人单位数	东部地区	中部地区	西部地区	东北部地区
软饮料制造	1530	1277	585	270	262	160
碳酸饮料制造	1531	160	67	42	24	27
瓶(罐)装饮用水制造	1532	386	166	75	80	65
果菜汁及果菜汁饮料制造	1533	345	154	62	97	32
含乳饮料和植物蛋白饮料制造	1534	185	93	50	21	21
固体饮料制造	1535	84	41	13	24	6
茶饮料及其他软饮料制造	1539	117	64	28	16	9
精制茶加工	1540	766	353	231	181	1
烟草制品业	1600	160	43	46	58	13
烟叶复烤	1610	51	8	15	23	5
卷烟制造	1620	81	25	19	30	7
其他烟草制品加工	1690	28	10	12	5	1
纺织业	1700	27162	22590	2821	1154	597
棉、化纤纺织及印染精加工	1710	11751	9439	1680	452	180
棉、化纤纺织加工	1711	9700	7577	1568	406	149
棉、化纤印染精加工	1712	2051	1862	112	46	31
毛纺织和染整精加工	1720	1379	1152	69	141	17
毛条加工	1721	202	115	20	63	4
毛纺织	1722	959	841	46	60	12
毛染整精加工	1723	218	196	3	18	1
麻纺织	1730	353	139	144	30	40
丝绢纺织及精加工	1740	2487	2005	132	285	65
缫丝加工	1741	714	372	79	232	31
绢纺和丝织加工	1742	1541	1404	53	50	34
丝印染精加工	1743	232	229	0	3	0
纺织制成品制造	1750	4428	3762	412	111	143
棉及化纤制品制造	1751	1938	1675	172	42	49
毛制品制造	1752	282	251	16	10	5
麻制品制造	1753	88	40	21	16	11
丝制品制造	1754	244	213	15	14	2
绳、索、缆的制造	1755	235	184	26	8	17
纺织带和帘子布制造	1756	360	334	15	1	10
无纺布制造	1757	610	525	49	10	26
其他纺织制成品制造	1759	671	540	98	10	23

2-8续表 4

单位：个

行业小类	代码	法人单位数	东部地区	中部地区	西部地区	东北部地区
针织品、编织品及其制品制造	1760	6764	6093	384	135	152
棉、化纤针织品及编织品制造	1761	4024	3643	256	34	91
毛针织品及编织品制造	1762	2005	1781	84	90	50
丝针织品及编织品制造	1763	354	332	15	5	2
其他针织品及编织品制造	1769	381	337	29	6	9
纺织服装、鞋、帽制造业	1800	14297	12301	1109	247	640
纺织服装制造	1810	13410	11505	1041	230	634
纺织面料鞋的制造	1820	606	532	56	15	3
制帽	1830	281	264	12	2	3
皮革、毛皮、羽毛(绒)及其制品业	1900	7278	6024	561	423	270
皮革鞣制加工	1910	770	586	124	50	10
皮革制品制造	1920	5689	4911	248	293	237
皮鞋制造	1921	3122	2562	127	233	200
皮革服装制造	1922	497	442	22	15	18
皮箱、包(袋)制造	1923	1470	1416	45	2	7
皮手套及皮装饰制品制造	1924	339	267	40	28	4
其他皮革制品制造	1929	261	224	14	15	8
毛皮鞣制及制品加工	1930	375	277	73	18	7
毛皮鞣制加工	1931	106	59	36	10	1
毛皮服装加工	1932	125	110	7	4	4
其他毛皮制品加工	1939	144	108	30	4	2
羽毛(绒)加工及制品制造	1940	444	250	116	62	16
羽毛(绒)加工	1941	224	95	69	53	7
羽毛(绒)制品加工	1942	220	155	47	9	9
木材加工及木、竹、藤、棕、草制品业	2000	7442	4417	1462	723	840
锯材、木片加工	2010	1045	417	241	176	211
锯材加工	2011	621	208	139	104	170
木片加工	2012	424	209	102	72	41
人造板制造	2020	3921	2490	844	303	284
胶合板制造	2021	2285	1533	521	148	83
纤维板制造	2022	428	210	98	89	31
刨花板制造	2023	231	128	60	26	17
其他人造板、材制造	2029	977	619	165	40	153

行业小类	代码	法人单位数	东部地区	中部地区	西部地区	东北部地区
木制品制造	2030	1607	937	167	167	336
建筑用木料及木材组件加工	2031	735	403	75	71	186
木容器制造	2032	310	221	42	13	34
软木制品及其他木制品制造	2039	562	313	50	83	116
竹、藤、棕、草制品制造	2040	869	573	210	77	9
家具制造业	2100	4534	3576	377	271	310
木质家具制造	2110	2968	2302	229	182	255
竹、藤家具制造	2120	70	45	18	7	0
金属家具制造	2130	901	755	87	35	24
塑料家具制造	2140	73	55	3	11	4
其他家具制造	2190	522	419	40	36	27
造纸及纸制品业	2200	9103	6589	1209	882	423
纸浆制造	2210	117	63	28	22	4
造纸	2220	3828	2525	689	443	171
机制纸及纸板制造	2221	3386	2190	634	409	153
手工纸制造	2222	26	11	9	4	2
加工纸制造	2223	416	324	46	30	16
纸制品制造	2230	5158	4001	492	417	248
纸和纸板容器的制造	2231	3652	2883	337	262	170
其他纸制品制造	2239	1506	1118	155	155	78
印刷业和记录媒介的复制	2300	5157	3733	598	587	239
印刷	2310	4812	3485	565	545	217
书、报、刊印刷	2311	1571	1104	194	198	75
本册印制	2312	391	246	64	51	30
包装装潢及其他印刷	2319	2850	2135	307	296	112
装订及其他印刷服务活动	2320	257	181	23	36	17
记录媒介的复制	2330	88	67	10	6	5
文教体育用品制造业	2400	3973	3611	239	39	84
文化用品制造	2410	945	846	56	15	28
文具制造	2411	383	366	8	3	6
笔的制造	2412	403	360	31	1	11
教学用模型及教具制造	2413	67	47	7	6	7
墨水、墨汁制造	2414	20	15	1	4	0
其他文化用品制造	2419	72	58	9	1	4

单位：个

行业小类	代码	法人单位数	东部地区	中部地区	西部地区	东北部地区
体育用品制造	2420	1014	905	68	13	28
球类制造	2421	155	127	23	4	1
体育器材及配件制造	2422	298	269	17	3	9
训练健身器材制造	2423	259	233	18	4	4
运动防护用具制造	2424	95	86	3	0	6
其他体育用品制造	2429	207	190	7	2	8
乐器制造	2430	264	230	14	2	18
中乐器制造	2431	33	24	9	0	0
西乐器制造	2432	140	132	2	0	6
电子乐器制造	2433	35	30	1	0	4
其他乐器及零件制造	2439	56	44	2	2	8
玩具制造	2440	1611	1501	99	7	4
游艺器材及娱乐用品制造	2450	139	129	2	2	6
露天游乐场所游乐设备制造	2451	81	75	1	2	3
游艺用品及室内游艺器材制造	2452	58	54	1	0	3
石油加工及炼焦业	2500	2103	813	443	492	355
精炼石油产品的制造	2510	1199	645	107	134	313
原油加工及石油制品制造	2511	1176	635	104	130	307
人造原油生产	2512	23	10	3	4	6
炼焦	2520	897	164	336	356	41
化学原料及化学制品制造业	2600	21690	13196	4139	2897	1458
基础化学原料制造	2610	5311	2843	1007	1041	420
无机酸制造	2611	599	311	118	131	39
无机碱制造	2612	338	176	65	75	22
无机盐制造	2613	1268	503	292	410	63
有机化学原料制造	2614	1966	1325	295	146	200
其他基础化学原料制造	2619	1140	528	237	279	96
肥料制造	2620	2181	775	603	623	180
氮肥制造	2621	508	162	190	139	17
磷肥制造	2622	388	72	143	170	3
钾肥制造	2623	85	14	9	56	6
复混肥料制造	2624	921	394	207	219	101
有机肥料及微生物肥料制造	2625	193	103	30	25	35
其他肥料制造	2629	86	30	24	14	18

单位：个

行业小类	代码	法人单位数	东部地区	中部地区	西部地区	东北部地区
农药制造	2630	783	466	167	93	57
化学农药制造	2631	659	401	138	77	43
生物化学农药及微生物农药制造	2632	124	65	29	16	14
涂料、油墨、颜料及类似产品制造	2640	3456	2725	349	203	179
涂料制造	2641	1955	1521	172	135	127
油墨及类似产品制造	2642	331	289	21	13	8
颜料制造	2643	406	288	82	28	8
染料制造	2644	493	418	42	13	20
密封用填料及类似品制造	2645	271	209	32	14	16
合成材料制造	2650	1879	1520	182	98	79
初级形态的塑料及合成树脂制造	2651	1178	973	117	43	45
合成橡胶制造	2652	221	170	17	25	9
合成纤维单(聚合)体的制造	2653	199	165	14	12	8
其他合成材料制造	2659	281	212	34	18	17
专用化学产品制造	2660	6620	3830	1644	678	468
化学试剂和助剂制造	2661	2371	1691	318	133	229
专项化学用品制造	2662	1446	1079	157	103	107
林产化学产品制造	2663	488	193	128	160	7
炸药及火工产品制造	2664	1184	113	843	187	41
信息化学品制造	2665	240	170	41	16	13
环境污染处理专用药剂材料制造	2666	111	70	17	11	13
动物胶制造	2667	117	56	34	20	7
其他专用化学产品制造	2669	663	458	106	48	51
日用化学产品制造	2670	1460	1037	187	161	75
肥皂及合成洗涤剂制造	2671	367	244	53	44	26
化妆品制造	2672	369	320	14	22	13
口腔清洁用品制造	2673	39	24	4	8	3
香料、香精制造	2674	355	235	62	47	11
其他日用化学产品制造	2679	330	214	54	40	22
医药制造业	2700	5414	2458	1247	1110	599
化学药品原药制造	2710	976	560	236	130	50
化学药品制剂制造	2720	1110	532	247	184	147
中药饮片加工	2730	533	180	133	140	80
中成药制造	2740	1301	351	313	430	207

2-8续表 8

单位：个

行业小类	代码	法人单位数	东部地区	中部地区	西部地区	东北部地区
兽用药品制造	2750	443	210	106	97	30
生物、生化制品的制造	2760	575	317	93	98	67
卫生材料及医药用品制造	2770	476	308	119	31	18
化学纤维制造业	2800	1593	1404	104	42	43
纤维素纤维原料及纤维制造	2810	214	164	31	14	5
化纤浆粕制造	2811	60	47	7	6	0
人造纤维(纤维素纤维)制造	2812	154	117	24	8	5
合成纤维制造	2820	1379	1240	73	28	38
锦纶纤维制造	2821	161	135	16	3	7
涤纶纤维制造	2822	651	591	31	15	14
腈纶纤维制造	2823	47	37	5	2	3
维纶纤维制造	2824	13	7	5	1	0
其他合成纤维制造	2829	507	470	16	7	14
橡胶制品业	2900	3526	2680	391	195	260
轮胎制造	2910	441	324	56	37	24
车辆、飞机及工程机械轮胎制造	2911	315	239	32	25	19
力车胎制造	2912	76	60	10	3	3
轮胎翻新加工	2913	50	25	14	9	2
橡胶板、管、带的制造	2920	774	548	112	37	77
橡胶零件制造	2930	800	590	65	47	98
再生橡胶制造	2940	184	115	37	24	8
日用及医用橡胶制品制造	2950	233	189	26	7	11
橡胶靴鞋制造	2960	592	509	49	22	12
其他橡胶制品制造	2990	502	405	46	21	30
塑料制品业	3000	14887	11807	1294	987	799
塑料薄膜制造	3010	1525	1179	125	126	95
塑料板、管、型材的制造	3020	2435	1722	287	237	189
塑料丝、绳及编织品的制造	3030	1862	1069	330	256	207
泡沫塑料制造	3040	975	819	61	49	46
塑料人造革、合成革制造	3050	420	383	25	6	6
塑料包装箱及容器制造	3060	1642	1251	156	136	99
塑料零件制造	3070	1710	1558	77	30	45
日用塑料制造	3080	2243	2046	92	59	46
塑料鞋制造	3081	558	532	20	6	0
日用塑料杂品制造	3082	1685	1514	72	53	46

单位：个

行业小类	代码	法人单位数	东部地区	中部地区	西部地区	东北部地区
其他塑料制品制造	3090	2075	1780	141	88	66
非金属矿物制品业	3100	23798	12713	5412	3692	1981
水泥、石灰和石膏的制造	3110	5307	2171	1330	1447	359
水泥制造	3111	4926	2003	1212	1384	327
石灰和石膏制造	3112	381	168	118	63	32
水泥及石膏制品制造	3120	3390	1970	621	528	271
水泥制品制造	3121	2335	1411	377	378	169
砼结构构件制造	3122	500	268	116	63	53
石棉水泥制品制造	3123	89	33	31	11	14
轻质建筑材料制造	3124	329	189	68	48	24
其他水泥制品制造	3129	137	69	29	28	11
砖瓦、石材及其他建筑材料制造	3130	6104	3702	1117	780	505
粘土砖瓦及建筑砌块制造	3131	2032	809	581	356	286
建筑陶瓷制品制造	3132	1260	891	131	206	32
建筑用石加工	3133	1737	1365	217	86	69
防水建筑材料制造	3134	374	245	49	33	47
隔热和隔音材料制造	3135	277	173	38	30	36
其他建筑材料制造	3139	424	219	101	69	35
玻璃及玻璃制品制造	3140	3415	2292	541	374	208
平板玻璃制造	3141	267	153	45	49	20
技术玻璃制品制造	3142	534	399	63	37	35
光学玻璃制造	3143	120	88	13	15	4
玻璃仪器制造	3144	117	78	22	11	6
日用玻璃制品及玻璃包装容器制造	3145	1023	644	185	144	50
玻璃保温容器制造	3146	72	52	13	5	2
玻璃纤维及制品制造	3147	571	415	79	46	31
玻璃纤维增强塑料制品制造	3148	417	260	80	33	44
其他玻璃制品制造	3149	294	203	41	34	16
陶瓷制品制造	3150	1887	1177	557	105	48
卫生陶瓷制品制造	3151	276	218	44	12	2
特种陶瓷制品制造	3152	499	194	253	18	34
日用陶瓷制品制造	3153	810	484	244	71	11
园林、陈设艺术及其他陶瓷制品制造	3159	302	281	16	4	1

2-8续表 10

单位：个

行业小类	代码	法　人 单位数	东部 地区	中部 地区	西部 地区	东北部 地　区
耐火材料制品制造	3160	1763	595	614	132	422
石棉制品制造	3161	139	75	31	17	16
云母制品制造	3162	44	28	12	3	1
耐火陶瓷制品及其他耐火材料制造	3169	1580	492	571	112	405
石墨及其他非金属矿物制品制造	3190	1932	806	632	326	168
石墨及碳素制品制造	3191	699	257	238	125	79
其他非金属矿物制品制造	3199	1233	549	394	201	89
黑色金属冶炼及压延加工业	3200	7057	3688	1181	1541	647
炼铁	3210	937	357	254	238	88
炼钢	3220	399	216	80	63	40
钢压延加工	3230	4183	2927	440	400	416
铁合金冶炼	3240	1538	188	407	840	103
有色金属冶炼及压延加工业	3300	6532	3453	1568	1110	401
常用有色金属冶炼	3310	1930	496	702	610	122
铜冶炼	3311	357	165	112	63	17
铅锌冶炼	3312	542	86	197	233	26
镍钴冶炼	3313	90	35	19	28	8
锡冶炼	3314	71	25	22	24	0
锑冶炼	3315	76	3	49	24	0
铝冶炼	3316	419	141	151	104	23
镁冶炼	3317	158	5	86	34	33
其他常用有色金属冶炼	3319	217	36	66	100	15
贵金属冶炼	3320	239	65	103	46	25
金冶炼	3321	119	34	29	34	22
银冶炼	3322	83	19	56	8	0
其他贵金属冶炼	3329	37	12	18	4	3
稀有稀土金属冶炼	3330	487	125	176	147	39
钨钼冶炼	3331	150	33	82	12	23
稀土金属冶炼	3332	170	51	55	59	5
其他稀有金属冶炼	3339	167	41	39	76	11
有色金属合金制造	3340	566	328	130	65	43
有色金属压延加工	3350	3310	2439	457	242	172
常用有色金属压延加工	3351	3059	2289	401	210	159
贵金属压延加工	3352	92	61	17	11	3
稀有稀土金属压延加工	3353	159	89	39	21	10

行业小类	代码	法人单位数	东部地区	中部地区	西部地区	东北部地区
金属制品业	3400	18148	14594	1507	1122	925
结构性金属制品制造	3410	4988	3567	579	458	384
金属结构制造	3411	3859	2801	470	312	276
金属门窗制造	3412	1129	766	109	146	108
金属工具制造	3420	2198	1825	179	122	72
切削工具制造	3421	549	402	71	49	27
手工具制造	3422	690	618	44	18	10
农用及园林用金属工具制造	3423	173	125	21	12	15
刀剪及类似日用金属工具制造	3424	339	327	7	3	2
其他金属工具制造	3429	447	353	36	40	18
集装箱及金属包装容器制造	3430	1668	1306	122	128	112
集装箱制造	3431	68	63	0	0	5
金属压力容器制造	3432	403	254	42	55	52
金属包装容器制造	3433	1197	989	80	73	55
金属丝绳及其制品的制造	3440	1161	900	132	74	55
建筑、安全用金属制品制造	3450	2533	2136	159	118	120
建筑、家具用金属配件制造	3451	1275	1175	35	43	22
建筑装饰及水暖管道零件制造	3452	892	716	69	43	64
安全、消防用金属制品制造	3453	216	134	42	16	24
其他建筑、安全用金属制品制造	3459	150	111	13	16	10
金属表面处理及热处理加工	3460	1410	1216	60	53	81
搪瓷制品制造	3470	252	201	28	15	8
工业生产配套用搪瓷制品制造	3471	55	40	3	7	5
搪瓷卫生洁具制造	3472	52	47	4	1	0
搪瓷日用品及其他搪瓷制品制造	3479	145	114	21	7	3
不锈钢及类似日用金属制品制造	3480	2230	2038	99	56	37
金属制厨房调理及卫生器具制造	3481	402	375	13	9	5
金属制厨用器皿及餐具制造	3482	910	826	45	19	20
其他日用金属制品制造	3489	918	837	41	28	12
其他金属制品制造	3490	1708	1405	149	98	56
铸币及贵金属制实验室用品制造	3491	14	9	2	0	3
其他未列明的金属制品制造	3499	1694	1396	147	98	53

2-8续表 12

单位：个

行业小类	代码	法人单位数	东部地区	中部地区	西部地区	东北部地区
通用设备制造业	3500	27211	19686	3073	1775	2677
锅炉及原动机制造	3510	1383	865	206	157	155
锅炉及辅助设备制造	3511	690	373	101	99	117
内燃机及配件制造	3512	559	403	91	41	24
汽轮机及辅机制造	3513	64	46	4	2	12
水轮机及辅机制造	3514	45	26	6	12	1
其他原动机制造	3519	25	17	4	3	1
金属加工机械制造	3520	2674	1804	328	287	255
金属切削机床制造	3521	595	402	68	65	60
金属成形机床制造	3522	452	330	76	16	30
铸造机械制造	3523	481	314	94	42	31
金属切割及焊接设备制造	3524	305	240	18	24	23
机床附件制造	3525	282	188	21	25	48
其他金属加工机械制造	3529	559	330	51	115	63
起重运输设备制造	3530	1836	1359	226	77	174
泵、阀门、压缩机及类似机械的制造	3540	4730	3706	377	226	421
泵及真空设备制造	3541	1223	844	121	75	183
气体压缩机械制造	3542	327	237	30	36	24
阀门和旋塞的制造	3543	2140	1823	124	65	128
液压和气压动力机械及元件制造	3544	1040	802	102	50	86
轴承、齿轮、传动和驱动部件的制造	3550	2550	1919	261	108	262
轴承制造	3551	1669	1262	156	46	205
齿轮、传动和驱动部件制造	3552	881	657	105	62	57
烘炉、熔炉及电炉制造	3560	210	152	25	18	15
风机、衡器、包装设备等通用设备制造	3570	3633	2857	313	184	279
风机、风扇制造	3571	495	334	59	38	64
气体、液体分离及纯净设备制造	3572	431	338	38	22	33
制冷、空调设备制造	3573	806	666	50	35	55
风动和电动工具制造	3574	558	519	21	11	7
喷枪及类似器具制造	3575	123	108	9	3	3
包装专用设备制造	3576	252	204	28	9	11
衡器制造	3577	166	132	22	5	7
其他通用设备制造	3579	802	556	86	61	99
通用零部件制造及机械修理	3580	4608	3463	365	337	443
金属密封件制造	3581	341	267	15	30	29

单位：个

行业小类	代码	法人单位数	东部地区	中部地区	西部地区	东北部地区
紧固件、弹簧制造	3582	1819	1636	82	49	52
机械零部件加工及设备修理	3583	1632	944	202	186	300
其他通用零部件制造	3589	816	616	66	72	62
金属铸、锻加工	3590	5587	3561	972	381	673
钢铁铸件制造	3591	4389	2689	816	321	563
锻件及粉末冶金制品制造	3592	1198	872	156	60	110
专用设备制造业	3600	13116	9131	1741	1055	1189
矿山、冶金、建筑专用设备制造	3610	2765	1449	517	358	441
采矿、采石设备制造	3611	933	404	257	92	180
石油钻采专用设备制造	3612	491	227	45	99	120
建筑工程用机械制造	3613	578	365	98	80	35
建筑材料生产专用机械制造	3614	389	241	61	51	36
冶金专用设备制造	3615	374	212	56	36	70
化工、木材、非金属加工专用设备制造	3620	2936	2394	183	141	218
炼油、化工生产专用设备制造	3621	361	224	32	38	67
橡胶加工专用设备制造	3622	156	105	8	19	24
塑料加工专用设备制造	3623	453	420	9	10	14
木材加工机械制造	3624	150	109	19	9	13
模具制造	3625	1721	1463	105	57	96
其他非金属加工专用设备制造	3629	95	73	10	8	4
食品、饮料、烟草及饲料生产专用设备制造	3630	683	401	146	95	41
食品、饮料、烟草工业专用设备制造	3631	340	241	47	38	14
农副食品加工专用设备制造	3632	295	136	91	47	21
饲料生产专用设备制造	3633	48	24	8	10	6
印刷、制药、日化生产专用设备制造	3640	853	613	111	54	75
制浆和造纸专用设备制造	3641	230	156	30	16	28
印刷专用设备制造	3642	268	216	22	14	16
日用化工专用设备制造	3643	37	27	6	3	1
制药专用设备制造	3644	115	79	16	5	15
照明器具生产专用设备制造	3645	73	48	16	5	4
玻璃、陶瓷和搪瓷制品生产专用设备制造	3646	78	58	12	3	5
其他日用品生产专用设备制造	3649	52	29	9	8	6
纺织、服装和皮革工业专用设备制造	3650	1444	1245	130	34	35
纺织专用设备制造	3651	920	781	96	21	22

单位：个

行业小类	代码	法人单位数	东部地区	中部地区	西部地区	东北部地区
皮革、毛皮及其制品加工专用设备制造	3652	53	48	4	0	1
缝纫机械制造	3653	393	355	18	12	8
其他服装加工专用设备制造	3659	78	61	12	1	4
电子和电工机械专用设备制造	3660	868	588	120	91	69
电工机械专用设备制造	3661	332	226	53	24	29
电子工业专用设备制造	3662	443	330	44	42	27
航空、航天及其他专用设备制造	3669	34	22	4	5	3
农、林、牧、渔专用机械制造	3670	1098	652	251	108	87
拖拉机制造	3671	190	91	53	36	10
机械化农业及园艺机具制造	3672	328	181	71	38	38
营林及木竹采伐机械制造	3673	8	4	0	3	1
畜牧机械制造	3674	24	18	1	3	2
渔业机械制造	3675	34	31	1	0	2
农林牧渔机械配件制造	3676	342	229	83	9	21
其他农林牧渔业机械制造及机械修理	3679	172	98	42	19	13
医疗仪器设备及器械制造	3680	835	639	85	64	47
医疗诊断、监护及治疗设备制造	3681	222	166	13	25	18
口腔科用设备及器具制造	3682	31	26	2	3	0
实验室及医用消毒设备和器具的制造	3683	45	32	5	2	6
医疗、外科及兽医用器械制造	3684	253	195	36	14	8
机械治疗及病房护理设备制造	3685	75	59	7	7	2
假肢、人工器官及植(介)入器械制造	3686	58	48	4	4	2
其他医疗设备及器械制造	3689	151	113	18	9	11
环保、社会公共安全及其他专用设备制造	3690	1634	1150	198	110	176
环境污染防治专用设备制造	3691	649	452	95	29	73
地质勘查专用设备制造	3692	29	16	8	3	2
邮政专用机械及器材制造	3693	7	7	0	0	0
商业、饮食、服务业专用设备制造	3694	36	29	4	1	2
社会公共安全设备及器材制造	3695	171	123	23	6	19
交通安全及管制专用设备制造	3696	51	30	10	6	5
水资源专用机械制造	3697	116	75	14	11	16
其他专用设备制造	3699	575	418	44	54	59
交通运输设备制造业	3700	13886	9034	1902	1941	1009
铁路运输设备制造	3710	574	240	130	95	109

2-8续表 15

单位：个

行业小类	代码	法　人 单位数	东部 地区	中部 地区	西部 地区	东北部 地　区
铁路机车车辆及动车组制造	3711	34	13	8	7	6
工矿有轨专用车辆制造	3712	19	8	5	3	3
铁路机车车辆配件制造	3713	262	118	66	41	37
铁路专用设备及器材、配件制造	3714	188	71	38	33	46
其他铁路设备制造及设备修理	3719	71	30	13	11	17
汽车制造	3720	9296	5916	1503	1105	772
汽车整车制造	3721	258	124	46	58	30
改装汽车制造	3722	820	636	96	46	42
电车制造	3723	18	9	6	2	1
汽车车身、挂车的制造	3724	250	132	70	31	17
汽车零部件及配件制造	3725	7252	4597	1200	839	616
汽车修理	3726	698	418	85	129	66
摩托车制造	3730	1730	1043	90	593	4
摩托车整车制造	3731	225	165	20	38	2
摩托车零部件及配件制造	3732	1505	878	70	555	2
自行车制造	3740	875	828	30	13	4
脚踏自行车及残疾人座车制造	3741	602	589	9	4	0
助动自行车制造	3742	273	239	21	9	4
船舶及浮动装置制造	3750	1067	817	104	51	95
金属船舶制造	3751	422	312	54	36	20
非金属船舶制造	3752	45	33	7	3	2
娱乐船和运动船的建造和修理	3753	34	26	3	1	4
船用配套设备制造	3754	305	224	31	7	43
船舶修理及拆船	3755	245	210	7	3	25
航标器材及其他浮动装置的制造	3759	16	12	2	1	1
航空航天器制造	3760	167	65	24	62	16
飞机制造及修理	3761	141	50	22	55	14
航天器制造	3762	20	12	1	5	2
其他飞行器制造	3769	6	3	1	2	0
交通器材及其他交通运输设备制造	3790	177	125	21	22	9
潜水及水下救捞装备制造	3791	7	6	1	0	0
交通管理用金属标志及设施制造	3792	87	56	10	15	6
其他交通运输设备制造	3799	83	63	10	7	3

2-8续表 16 单位：个

行业小类	代码	法人单位数	东部地区	中部地区	西部地区	东北部地区
电气机械及器材制造业	3900	18709	14968	1677	1068	996
电机制造	3910	2100	1729	182	99	90
发电机及发电机组制造	3911	437	330	43	47	17
电动机制造	3912	856	674	95	35	52
微电机及其他电机制造	3919	807	725	44	17	21
输配电及控制设备制造	3920	5598	4175	494	448	481
变压器、整流器和电感器制造	3921	1405	979	157	126	143
电容器及其配套设备制造	3922	296	218	36	22	20
配电开关控制设备制造	3923	2352	1737	193	172	250
电力电子元器件制造	3924	954	807	55	59	33
其他输配电及控制设备制造	3929	591	434	53	69	35
电线、电缆、光缆及电工器材制造	3930	4166	3040	549	306	271
电线电缆制造	3931	3361	2476	444	228	213
光纤、光缆制造	3932	153	106	19	19	9
绝缘制品制造	3933	333	251	36	27	19
其他电工器材制造	3939	319	207	50	32	30
电池制造	3940	991	782	142	50	17
家用电力器具制造	3950	2318	2109	117	59	33
家用制冷电器具制造	3951	198	161	24	8	5
家用空气调节器制造	3952	207	172	19	7	9
家用通风电器具制造	3953	212	202	5	4	1
家用厨房电器具制造	3954	622	601	8	11	2
家用清洁卫生电器具制造	3955	224	202	9	11	2
家用美容、保健电器具制造	3956	132	127	4	0	1
家用电力器具专用配件制造	3957	258	217	34	5	2
其他家用电力器具制造	3959	465	427	14	13	11
非电力家用器具制造	3960	471	392	37	26	16
燃气、太阳能及类似能源的器具制造	3961	372	313	28	20	11
其他非电力家用器具制造	3969	99	79	9	6	5
照明器具制造	3970	2614	2387	119	44	64
电光源制造	3971	586	510	43	10	23
照明灯具制造	3972	1464	1350	60	22	32
灯用电器附件及其他照明器具制造	3979	564	527	16	12	9
其他电气机械及器材制造	3990	451	354	37	36	24
车辆专用照明及电气信号设备装置制造	3991	198	182	6	7	3
其他未列明的电气机械制造	3999	253	172	31	29	21

行业小类	代码	法人单位数	东部地区	中部地区	西部地区	东北部地区
通信设备、计算机及其他电子设备制造业	4000	10562	9163	558	552	289
通信设备制造	4010	1281	1034	88	131	28
通信传输设备制造	4011	288	215	26	40	7
通信交换设备制造	4012	147	119	15	10	3
通信终端设备制造	4013	228	179	11	34	4
移动通信及终端设备制造	4014	274	243	13	12	6
其他通信设备制造	4019	344	278	23	35	8
雷达及配套设备制造	4020	45	16	6	19	4
广播电视设备制造	4030	380	326	21	22	11
广播电视节目制作及发射设备制造	4031	40	26	2	4	8
广播电视接收设备及器材制造	4032	270	246	14	8	2
应用电视设备及其他广播电视设备制造	4039	70	54	5	10	1
电子计算机制造	4040	1236	1118	39	40	39
电子计算机整机制造	4041	198	179	6	6	7
计算机网络设备制造	4042	154	132	7	10	5
电子计算机外部设备制造	4043	884	807	26	24	27
电子器件制造	4050	1593	1344	93	95	61
电子真空器件制造	4051	157	118	15	17	7
半导体分立器件制造	4052	292	238	13	17	24
集成电路制造	4053	420	360	20	31	9
光电子器件及其他电子器件制造	4059	724	628	45	30	21
电子元件制造	4060	4354	3858	233	174	89
电子元件及组件制造	4061	3664	3193	224	167	80
印制电路板制造	4062	690	665	9	7	9
家用视听设备制造	4070	935	869	32	23	11
家用影视设备制造	4071	405	358	22	17	8
家用音响设备制造	4072	530	511	10	6	3
其他电子设备制造	4090	738	598	46	48	46
仪器仪表及文化、办公用机械制造业	4100	4324	3378	347	307	292
通用仪器仪表制造	4110	1993	1458	190	150	195
工业自动控制系统装置制造	4111	829	592	88	55	94
电工仪器仪表制造	4112	302	227	25	27	23
绘图、计算及测量仪器制造	4113	170	124	25	15	6

单位：个

行业小类	代码	法　人单位数	东部地区	中部地区	西部地区	东北部地　区
实验分析仪器制造	4114	239	191	9	10	29
试验机制造	4115	82	56	6	8	12
供应用仪表及其他通用仪器制造	4119	371	268	37	35	31
专用仪器仪表制造	4120	640	451	72	68	49
环境监测专用仪器仪表制造	4121	60	42	7	6	5
汽车及其他用计数仪表制造	4122	134	104	17	5	8
导航、气象及海洋专用仪器制造	4123	55	37	9	7	2
农林牧渔专用仪器仪表制造	4124	6	6	0	0	0
地质勘探和地震专用仪器制造	4125	45	24	4	12	5
教学专用仪器制造	4126	55	36	9	8	2
核子及核辐射测量仪器制造	4127	9	4	1	2	2
电子测量仪器制造	4128	148	117	13	11	7
其他专用仪器制造	4129	128	81	12	17	18
钟表与计时仪器制造	4130	405	388	7	5	5
光学仪器及眼镜制造	4140	704	580	52	59	13
光学仪器制造	4141	308	202	40	58	8
眼镜制造	4142	396	378	12	1	5
文化、办公用机械制造	4150	434	393	12	13	16
电影机械制造	4151	11	10	1	0	0
幻灯及投影设备制造	4152	27	26	1	0	0
照相机及器材制造	4153	136	123	4	4	5
复印和胶印设备制造	4154	101	94	2	1	4
计算器及货币专用设备制造	4155	88	77	3	4	4
其他文化、办公用机械制造	4159	71	63	1	4	3
其他仪器仪表的制造及修理	4190	148	108	14	12	14
工艺品及其他制造业	4200	6265	5311	519	248	187
工艺美术品制造	4210	4376	3765	343	141	127
雕塑工艺品制造	4211	596	474	84	24	14
金属工艺品制造	4212	469	436	13	14	6
漆器工艺品制造	4213	147	134	7	5	1
花画工艺品制造	4214	269	220	15	2	32
天然植物纤维编织工艺品制造	4215	466	376	27	44	19
抽纱刺绣工艺品制造	4216	643	608	26	3	6

2-8续表 19 单位：个

行业小类	代码	法人单位数	东部地区	中部地区	西部地区	东北部地区
地毯、挂毯制造	4217	287	233	27	22	5
珠宝首饰及有关物品的制造	4218	365	328	20	11	6
其他工艺美术品制造	4219	1134	956	124	16	38
日用杂品制造	4220	1348	1206	88	39	15
制镜及类似品加工	4221	92	82	9	1	0
鬃毛加工、制刷及清扫工具的制造	4222	319	256	30	25	8
其他日用杂品制造	4229	937	868	49	13	7
煤制品制造	4230	98	33	26	14	25
其他未列明的制造业	4290	434	301	61	52	20
废弃资源和废旧材料回收加工业	4300	673	454	139	61	19
金属废料和碎屑的加工处理	4310	459	288	119	38	14
非金属废料和碎屑的加工处理	4320	214	166	20	23	5
电力、燃气及水的生产和供应业	**D**	**7904**	**3156**	**1574**	**2412**	**762**
电力、热力的生产和供应业	4400	5442	2011	1071	1785	575
电力生产	4410	3116	1269	640	1041	166
火力发电	4411	1237	632	262	246	97
水力发电	4412	1744	557	370	769	48
核力发电	4413	8	7	0	1	0
其他能源发电	4419	127	73	8	25	21
电力供应	4420	1603	483	386	581	153
热力生产和供应	4430	723	259	45	163	256
燃气生产和供应业	4500	610	257	97	207	49
水的生产和供应业	4600	1852	888	406	420	138
自来水的生产和供应	4610	1706	798	386	394	128
污水处理及其再生利用	4620	127	83	16	20	8
其他水的处理、利用与分配	4690	19	7	4	6	2
建筑业	**E**	**67276**	**33590**	**12467**	**14762**	**6457**
房屋和土木工程建筑业	4700	38465	17917	7647	9445	3456
房屋工程建筑	4710	27471	12310	5599	7240	2322
土木工程建筑	4720	10994	5607	2048	2205	1134
铁路、道路、隧道和桥梁工程建筑	4721	4883	2489	957	956	481
水利和港口工程建筑	4722	1513	703	356	336	118

单位：个

行业小类	代码	法 人 单位数	东部 地区	中部 地区	西部 地区	东北部 地 区
工矿工程建筑	4723	632	256	142	146	88
架线和管道工程建筑	4724	1947	977	332	412	226
其他土木工程建筑	4729	2019	1182	261	355	221
建筑安装业	4800	11228	5953	1765	1979	1531
建筑装饰业	4900	12719	7119	2074	2437	1089
其他建筑业	5000	4864	2601	981	901	381
工程准备	5010	1557	869	245	234	209
提供施工设备服务	5020	554	285	126	125	18
其他未列明的建筑活动	5090	2753	1447	610	542	154
批发和零售业	**H**	**62621**	**38760**	**9642**	**10502**	**3717**
批发业	6300	34683	23552	3802	5419	1910
农畜产品批发	6310	1710	696	384	292	338
谷物、豆及薯类批发	6311	950	301	227	130	292
种子、饲料批发	6312	267	134	49	56	28
棉、麻批发	6313	249	112	75	58	4
牲畜批发	6314	27	14	6	7	0
其他农畜产品批发	6319	217	135	27	41	14
食品、饮料及烟草制品批发	6320	3512	2167	514	652	179
米、面制品及食用油批发	6321	673	365	110	133	65
糕点、糖果及糖批发	6322	187	116	13	54	4
果品、蔬菜批发	6323	228	171	20	30	7
肉、禽、蛋及水产品批发	6324	355	281	37	29	8
盐及调味品批发	6325	265	136	70	46	13
饮料及茶叶批发	6326	495	319	50	108	18
烟草制品批发	6327	805	412	177	173	43
其他食品批发	6329	504	367	37	79	21
纺织、服装及日用品批发	6330	2962	2507	171	221	63
纺织品、针织品及原料批发	6331	1117	972	65	65	15
服装批发	6332	866	740	46	58	22
鞋帽批发	6333	171	161	4	4	2
厨房、卫生间用具及日用杂货批发	6334	161	125	18	13	5
化妆品及卫生用品批发	6335	190	144	10	30	6
其他日用品批发	6339	457	365	28	51	13

单位：个

行业小类	代码	法人单位数	东部地区	中部地区	西部地区	东北部地区
文化、体育用品及器材批发	6340	968	728	105	108	27
文具用品批发	6341	278	236	11	22	9
体育用品批发	6342	66	55	0	10	1
图书批发	6343	219	118	65	28	8
报刊批发	6344	18	11	0	7	0
音像制品及电子出版物批发	6345	44	35	2	7	0
首饰、工艺品及收藏品批发	6346	177	150	8	15	4
其他文化用品批发	6349	166	123	19	19	5
医药及医疗器材批发	6350	2021	1183	360	347	131
西药批发	6351	1286	663	270	243	110
中药材及中成药批发	6352	428	264	78	69	17
医疗用品及器材批发	6353	307	256	12	35	4
矿产品、建材及化工产品批发	6360	13541	9222	1438	2178	703
煤炭及制品批发	6361	1302	776	298	175	53
石油及制品批发	6362	1900	1215	254	272	159
非金属矿及制品批发	6363	158	94	13	44	7
金属及金属矿批发	6364	4916	3477	433	749	257
建材批发	6365	1676	1113	95	408	60
化肥批发	6366	842	364	191	237	50
农药批发	6367	91	48	15	23	5
农用薄膜批发	6368	25	17	1	5	2
其他化工产品批发	6369	2631	2118	138	265	110
机械设备、五金交电及电子产品批发	6370	7416	5054	658	1315	389
农业机械批发	6371	261	134	45	64	18
汽车、摩托车及零配件批发	6372	1462	879	235	241	107
五金、交电批发	6373	1207	838	58	283	28
家用电器批发	6374	649	466	69	91	23
计算机、软件及辅助设备批发	6375	925	719	59	85	62
通讯及广播电视设备批发	6376	413	275	45	69	24
其他机械设备及电子产品批发	6379	2499	1743	147	482	127
贸易经纪与代理	6380	494	424	16	34	20
其他批发	6390	2059	1571	156	272	60
再生物资回收与批发	6391	787	492	101	154	40
其他未列明的批发	6399	1272	1079	55	118	20

单位：个

行业小类	代码	法人单位数	东部地区	中部地区	西部地区	东北部地区
零售业	6500	27938	15208	5840	5083	1807
综合零售	6510	6865	3279	2258	908	420
百货零售	6511	3110	1519	911	436	244
超级市场零售	6512	2602	1371	755	347	129
其他综合零售	6519	1153	389	592	125	47
食品、饮料及烟草制品专门零售	6520	1320	718	242	308	52
粮油零售	6521	318	132	72	100	14
糕点、面包零售	6522	65	42	8	9	6
果品、蔬菜零售	6523	58	31	8	19	0
肉、禽、蛋及水产品零售	6524	174	77	64	27	6
饮料及茶叶零售	6525	152	87	14	46	5
烟草制品零售	6526	210	145	20	36	9
其他食品零售	6529	343	204	56	71	12
纺织、服装及日用品专门零售	6530	1575	798	324	341	112
纺织品及针织品零售	6531	194	85	67	33	9
服装零售	6532	771	394	145	171	61
鞋帽零售	6533	105	54	28	17	6
钟表、眼镜零售	6534	116	69	11	18	18
化妆品及卫生用品零售	6535	85	32	9	38	6
其他日用品零售	6539	304	164	64	64	12
文化、体育用品及器材专门零售	6540	1925	1024	455	315	131
文具用品零售	6541	142	96	9	31	6
体育用品零售	6542	63	38	8	11	6
图书零售	6543	1223	542	386	190	105
报刊零售	6544	22	16	2	3	1
音像制品及电子出版物零售	6545	26	19	4	3	0
珠宝首饰零售	6546	241	175	29	31	6
工艺美术品及收藏品零售	6547	92	51	9	31	1
照相器材零售	6548	48	39	3	4	2
其他文化用品零售	6549	68	48	5	11	4
医药及医疗器材专门零售	6550	1689	889	351	323	126
药品零售	6551	1454	708	337	289	120
医疗用品及器材零售	6552	235	181	14	34	6

行业小类	代码	法人单位数	东部地区	中部地区	西部地区	东北部地区
汽车、摩托车、燃料及零配件专门零售	6560	7839	4728	1232	1241	638
汽车零售	6561	4979	2978	754	852	395
汽车零配件零售	6562	405	241	49	75	40
摩托车及零配件零售	6563	594	372	100	96	26
机动车燃料零售	6564	1861	1137	329	218	177
家用电器及电子产品专门零售	6570	3917	2245	589	855	228
家用电器零售	6571	1527	803	383	254	87
计算机、软件及辅助设备零售	6572	1396	863	121	311	101
通信设备零售	6573	521	300	69	127	25
其他电子产品零售	6579	473	279	16	163	15
五金、家具及室内装修材料专门零售	6580	1475	786	211	409	69
五金零售	6581	663	350	84	204	25
家具零售	6582	361	194	85	60	22
涂料零售	6583	36	27	2	5	2
其他室内装修材料零售	6589	415	215	40	140	20
无店铺及其他零售	6590	1333	741	178	383	31
流动货摊零售	6591	9	6	1	2	0
邮购及电子销售	6592	15	12	1	1	1
生活用燃料零售	6593	468	311	79	61	17
花卉零售	6594	34	23	2	9	0
旧货零售	6595	6	1	0	5	0
其他未列明的零售	6599	801	388	95	305	13
住宿和餐饮业	I	**24329**	**13650**	**4491**	**4574**	**1614**
住宿业	6600	10788	5465	2120	2489	714
旅游饭店	6610	9077	4650	1726	2062	639
一般旅馆	6620	1490	706	364	358	62
其他住宿服务	6690	221	109	30	69	13
餐饮业	6700	13541	8185	2371	2085	900
正餐服务	6710	12596	7591	2207	1932	866
快餐服务	6720	511	331	102	53	25
饮料及冷饮服务	6730	95	63	12	17	3
其他餐饮服务	6790	339	200	50	83	6

2-9 限额以上企业按行业中类、直辖市和省会城市

(2007年)

行业中类	代码	企业单位数	北京	天津	石家庄
总计		**485004**	**17917**	**5224**	**2771**
采矿业	B	**15494**	**52**	**2**	**99**
煤炭开采和洗选业	0600	7178	24	0	40
烟煤和无烟煤的开采洗选	0610	6917	24	0	28
褐煤的开采洗选	0620	226	0	0	12
其他煤炭采选	0690	35	0	0	0
石油和天然气开采业	0700	205	2	1	0
天然原油和天然气开采	0710	107	0	0	0
与石油和天然气开采有关的服务活动	0790	98	2	1	0
黑色金属矿采选业	0800	2915	8	0	32
铁矿采选	0810	2738	8	0	32
其他黑色金属矿采选	0890	177	0	0	0
有色金属矿采选业	0900	2097	0	0	1
常用有色金属矿采选	0910	1280	0	0	0
贵金属矿采选	0920	527	0	0	1
稀有稀土金属矿采选	0930	290	0	0	0
非金属矿采选业	1000	3053	18	0	26
土砂石开采	1010	2171	17	0	23
化学矿采选	1020	262	0	0	0
采盐	1030	188	0	0	0
石棉及其他非金属矿采选	1090	432	1	0	3
其他采矿业	1100	46	0	1	0
制造业	C	**307380**	**6193**	**1931**	**2081**
农副食品加工业	1300	17499	213	45	173
谷物磨制	1310	4068	10	8	29
饲料加工	1320	2592	79	6	42
植物油加工	1330	1791	5	4	20
制糖	1340	285	2	0	4
屠宰及肉类加工	1350	2834	70	8	34
水产品加工	1360	1968	4	1	0
蔬菜、水果和坚果加工	1370	2242	23	9	7
其他农副食品加工	1390	1719	20	9	37
食品制造业	1400	6939	183	35	57
焙烤食品制造	1410	1030	55	6	7

以及计划单列市分组的单位数

单位：个

太原	呼和浩特	沈阳	长春	哈尔滨	上海	南京	杭州	合肥	代码
1513	**781**	**6298**	**1694**	**1832**	**22820**	**4472**	**11738**	**1435**	
91	**19**	**34**	**20**	**7**	**1**	**37**	**58**	**0**	**B**
62	2	7	14	2	0	0	1	0	0600
62	2	7	14	2	0	0	0	0	0610
0	0	0	0	0	0	0	0	0	0620
0	0	0	0	0	0	0	1	0	0690
0	0	1	3	1	1	0	0	0	0700
0	0	1	1	1	1	0	0	0	0710
0	0	0	2	0	0	0	0	0	0790
29	12	4	0	0	0	6	1	0	0800
29	12	3	0	0	0	6	1	0	0810
0	0	1	0	0	0	0	0	0	0890
0	1	1	0	2	0	2	11	0	0900
0	0	0	0	1	0	1	9	0	0910
0	1	0	0	0	0	0	0	0	0920
0	0	1	0	1	0	1	2	0	0930
0	4	21	3	2	0	29	45	0	1000
0	3	13	3	2	0	25	37	0	1010
0	0	0	0	0	0	1	1	0	1020
0	0	0	0	0	0	0	0	0	1030
0	1	8	0	0	0	3	7	0	1090
0	0	0	0	0	0	0	0	0	1100
411	**255**	**4275**	**955**	**618**	**15021**	**1990**	**8509**	**624**	**C**
12	28	256	109	65	170	40	146	24	1300
3	5	61	20	16	7	12	8	6	1310
3	7	94	32	10	40	5	18	6	1320
1	1	14	6	7	17	4	3	1	1330
0	0	0	0	0	0	0	0	0	1340
3	5	54	29	15	41	13	25	3	1350
0	0	2	0	0	14	1	7	0	1360
0	2	13	8	7	23	4	74	7	1370
2	8	18	14	10	28	1	11	1	1390
12	16	87	30	43	258	27	129	9	1400
0	1	20	3	6	72	5	21	1	1410

2-9续表 1

行业中类	代码	企业单位数	北京	天津	石家庄
糖果、巧克力及蜜饯制造	1420	565	14	2	5
方便食品制造	1430	971	18	6	8
液体乳及乳制品制造	1440	683	13	2	14
罐头制造	1450	781	2	2	2
调味品、发酵制品制造	1460	924	21	1	5
其他食品制造	1490	1985	60	16	16
饮料制造业	1500	4341	63	10	26
酒精制造	1510	192	0	0	0
酒的制造	1520	2106	17	4	8
软饮料制造	1530	1277	42	6	18
精制茶加工	1540	766	4	0	0
烟草制品业	1600	160	2	0	2
烟叶复烤	1610	51	0	0	0
卷烟制造	1620	81	1	0	2
其他烟草制品加工	1690	28	1	0	0
纺织业	1700	27162	157	41	201
棉、化纤纺织及印染精加工	1710	11751	20	7	170
毛纺织和染整精加工	1720	1379	15	2	5
麻纺织	1730	353	0	0	0
丝绢纺织及精加工	1740	2487	0	0	0
纺织制成品制造	1750	4428	43	18	16
针织品、编织品及其制品制造	1760	6764	79	14	10
纺织服装、鞋、帽制造业	1800	14297	269	58	78
纺织服装制造	1810	13410	259	54	68
纺织面料鞋的制造	1820	606	7	2	6
制帽	1830	281	3	2	4
皮革、毛皮、羽毛(绒)及其制品业	1900	7278	38	5	170
皮革鞣制加工	1910	770	1	0	82
皮革制品制造	1920	5689	30	5	78
毛皮鞣制及制品加工	1930	375	7	0	7
羽毛(绒)加工及制品制造	1940	444	0	0	3
木材加工及木、竹、藤、棕、草制品业	2000	7442	32	26	36
锯材、木片加工	2010	1045	3	4	0
人造板制造	2020	3921	9	3	29
木制品制造	2030	1607	20	18	7
竹、藤、棕、草制品制造	2040	869	0	1	0

单位：个

太原	呼和浩特	沈阳	长春	哈尔滨	上海	南京	杭州	合肥	代码
1	0	9	1	1	30	1	18	0	1420
0	3	21	9	9	34	7	10	3	1430
1	7	4	3	11	13	4	8	1	1440
1	0	3	0	1	12	1	18	1	1450
7	2	13	6	6	34	1	8	1	1460
2	3	17	8	9	63	8	46	2	1490
7	7	59	32	34	60	14	69	5	1500
0	0	3	2	2	0	0	0	0	1510
3	6	24	22	20	19	3	13	2	1520
4	1	32	8	12	39	11	26	3	1530
0	0	0	0	0	2	0	30	0	1540
1	1	2	1	1	2	1	3	1	1600
0	0	0	0	1	0	0	0	0	1610
1	1	1	1	0	2	1	1	1	1620
0	0	1	0	0	0	0	2	0	1690
3	25	67	6	25	910	63	1393	20	1700
1	1	17	1	7	175	13	722	7	1710
1	4	2	0	0	56	3	18	1	1720
0	0	0	0	9	1	3	2	0	1730
1	0	0	0	0	17	4	178	1	1740
0	0	26	4	8	280	20	253	9	1750
0	20	22	1	1	381	20	220	2	1760
3	12	67	20	2	1039	171	509	21	1800
3	12	67	19	2	982	164	473	21	1810
0	0	0	0	0	29	4	29	0	1820
0	0	0	1	0	28	3	7	0	1830
0	2	193	3	0	227	21	229	9	1900
0	0	0	0	0	4	0	5	0	1910
0	1	188	0	0	211	10	160	2	1920
0	1	2	0	0	4	1	5	0	1930
0	0	3	3	0	8	10	59	7	1940
0	1	99	22	64	164	7	103	5	2000
0	0	18	2	17	12	0	6	0	2010
0	1	40	10	25	33	3	35	1	2020
0	0	40	10	20	112	4	27	1	2030
0	0	1	0	2	7	0	35	3	2040

2-9续表 2

行业中类	代码	企业单位数	北京	天津	石家庄
家具制造业	2100	4534	117	44	24
木质家具制造	2110	2968	85	31	22
竹、藤家具制造	2120	70	0	0	0
金属家具制造	2130	901	19	7	2
塑料家具制造	2140	73	1	0	0
其他家具制造	2190	522	12	6	0
造纸及纸制品业	2200	9103	119	56	60
纸浆制造	2210	117	0	1	1
造纸	2220	3828	29	14	16
纸制品制造	2230	5158	90	41	43
印刷业和记录媒介的复制	2300	5157	294	27	24
印刷	2310	4812	260	25	20
装订及其他印刷服务活动	2320	257	20	2	3
记录媒介的复制	2330	88	14	0	1
文教体育用品制造业	2400	3973	45	21	1
文化用品制造	2410	945	9	7	0
体育用品制造	2420	1014	10	9	0
乐器制造	2430	264	19	5	0
玩具制造	2440	1611	4	0	1
游艺器材及娱乐用品制造	2450	139	3	0	0
石油加工及炼焦业	2500	2103	45	9	19
精炼石油产品的制造	2510	1199	43	7	12
炼焦	2520	897	2	1	7
化学原料及化学制品制造业	2600	21690	419	93	271
基础化学原料制造	2610	5311	66	14	132
肥料制造	2620	2181	16	3	27
农药制造	2630	783	10	2	20
涂料、油墨、颜料及类似产品制造	2640	3456	102	20	23
合成材料制造	2650	1879	47	11	12
专用化学产品制造	2660	6620	139	29	38
日用化学产品制造	2670	1460	39	14	19

单位：个

太原	呼和浩特	沈阳	长春	哈尔滨	上海	南京	杭州	合肥	代码
3	2	120	15	14	261	12	109	13	2100
3	2	98	10	11	157	7	45	8	2110
0	0	0	0	0	1	0	3	0	2120
0	0	8	1	3	48	3	45	1	2130
0	0	1	0	0	3	1	5	0	2140
0	0	13	4	0	52	1	11	4	2190
4	8	73	14	15	335	28	552	18	2200
0	0	0	0	1	0	0	0	0	2210
0	2	17	4	8	69	5	384	5	2220
4	6	56	10	6	266	23	168	13	2230
10	7	78	21	15	378	33	141	26	2300
10	7	69	20	13	349	30	134	26	2310
0	0	9	1	2	20	1	4	0	2320
0	0	0	0	0	9	2	3	0	2330
1	0	22	2	9	278	36	166	3	2400
0	0	5	2	7	87	2	70	0	2410
1	0	12	0	1	68	9	59	2	2420
0	0	1	0	1	24	2	8	0	2430
0	0	0	0	0	94	23	20	1	2440
0	0	4	0	0	5	0	9	0	2450
20	2	55	7	5	51	12	21	1	2500
0	2	51	6	4	50	12	21	1	2510
20	0	3	1	1	1	0	0	0	2520
40	20	236	50	20	1069	221	542	36	2600
10	9	50	16	2	164	87	112	5	2610
2	7	14	10	1	9	9	8	7	2620
2	0	9	0	3	17	8	21	3	2630
9	0	52	3	5	318	24	126	1	2640
3	0	12	7	1	135	25	62	3	2650
14	2	84	11	7	292	57	182	12	2660
0	2	15	3	1	134	11	31	5	2670

2-9续表 3

行业中类	代码	企业单位数	北京	天津	石家庄
医药制造业	2700	5414	191	14	59
化学药品原药制造	2710	976	8	5	21
化学药品制剂制造	2720	1110	58	1	9
中药饮片加工	2730	533	25	0	0
中成药制造	2740	1301	38	0	7
兽用药品制造	2750	443	13	2	17
生物、生化制品的制造	2760	575	37	4	3
卫生材料及医药用品制造	2770	476	12	2	2
化学纤维制造业	2800	1593	17	4	9
纤维素纤维原料及纤维制造	2810	214	3	0	6
合成纤维制造	2820	1379	14	4	3
橡胶制品业	2900	3526	42	22	16
轮胎制造	2910	441	5	6	2
橡胶板、管、带的制造	2920	774	4	3	4
橡胶零件制造	2930	800	17	6	2
再生橡胶制造	2940	184	2	1	2
日用及医用橡胶制品制造	2950	233	7	0	6
橡胶靴鞋制造	2960	592	2	1	0
其他橡胶制品制造	2990	502	5	5	0
塑料制品业	3000	14887	244	80	82
塑料薄膜制造	3010	1525	27	6	7
塑料板、管、型材的制造	3020	2435	35	5	20
塑料丝、绳及编织品的制造	3030	1862	18	5	15
泡沫塑料制造	3040	975	26	5	8
塑料人造革、合成革制造	3050	420	3	1	1
塑料包装箱及容器制造	3060	1642	52	24	5
塑料零件制造	3070	1710	20	7	0
日用塑料制造	3080	2243	33	4	13
其他塑料制品制造	3090	2075	30	23	13
非金属矿物制品业	3100	23798	429	79	239
水泥、石灰和石膏的制造	3110	5307	28	3	103
水泥及石膏制品制造	3120	3390	168	22	18
砖瓦、石材及其他建筑材料制造	3130	6104	89	28	68
玻璃及玻璃制品制造	3140	3415	67	7	14
陶瓷制品制造	3150	1887	7	2	5
耐火材料制品制造	3160	1763	25	5	15
石墨及其他非金属矿物制品制造	3190	1932	45	12	16

单位：个

太原	呼和浩特	沈阳	长春	哈尔滨	上海	南京	杭州	合肥	代码
20	18	101	74	35	223	39	86	19	2700
6	5	15	2	0	37	5	13	0	2710
7	2	29	22	11	68	16	15	7	2720
2	4	8	6	6	18	1	8	1	2730
2	3	18	15	13	23	2	8	4	2740
1	3	9	3	0	11	7	9	0	2750
1	1	17	20	4	44	6	22	7	2760
1	0	5	6	1	22	2	11	0	2770
1	2	1	1	2	51	6	89	2	2800
0	2	0	0	0	4	3	10	0	2810
1	0	1	1	2	47	3	79	2	2820
1	1	74	10	1	233	19	73	9	2900
1	0	6	2	0	14	1	9	3	2910
0	0	25	2	1	46	8	16	2	2920
0	1	18	3	0	67	3	11	2	2930
0	0	3	0	0	5	2	4	0	2940
0	0	2	0	0	16	0	7	1	2950
0	0	4	0	0	19	0	20	0	2960
0	0	16	3	0	66	5	6	1	2990
13	7	218	39	22	971	86	399	38	3000
3	0	17	5	2	110	9	41	2	3010
6	2	48	9	4	141	15	101	8	3020
0	1	69	5	4	38	11	21	1	3030
1	1	23	2	0	68	12	38	3	3040
0	0	3	0	0	12	0	8	2	3050
3	3	20	9	4	145	14	58	5	3060
0	0	8	3	0	141	4	36	10	3070
0	0	11	1	6	118	9	47	4	3080
0	0	19	5	2	198	12	49	3	3090
44	26	308	55	40	612	164	339	35	3100
11	8	12	12	18	34	34	63	5	3110
11	14	75	14	8	168	62	104	21	3120
8	3	121	15	7	145	18	32	3	3130
3	0	46	11	3	146	31	108	5	3140
1	0	22	0	0	33	6	6	0	3150
4	1	14	2	1	36	4	16	0	3160
6	0	18	1	3	50	9	10	1	3190

行业中类	代码	企业单位数	北京	天津	石家庄
黑色金属冶炼及压延加工业	3200	7057	52	56	35
炼铁	3210	937	6	1	15
炼钢	3220	399	2	1	0
钢压延加工	3230	4183	42	53	16
铁合金冶炼	3240	1538	2	1	4
有色金属冶炼及压延加工业	3300	6532	97	28	25
常用有色金属冶炼	3310	1930	8	3	10
贵金属冶炼	3320	239	3	0	1
稀有稀土金属冶炼	3330	487	8	0	1
有色金属合金制造	3340	566	15	2	0
有色金属压延加工	3350	3310	63	23	13
金属制品业	3400	18148	401	271	99
结构性金属制品制造	3410	4988	251	87	18
金属工具制造	3420	2198	22	19	12
集装箱及金属包装容器制造	3430	1668	23	15	10
金属丝绳及其制品的制造	3440	1161	2	28	21
建筑、安全用金属制品制造	3450	2533	32	31	19
金属表面处理及热处理加工	3460	1410	20	21	1
搪瓷制品制造	3470	252	1	4	4
不锈钢及类似日用金属制品制造	3480	2230	11	27	6
其他金属制品制造	3490	1708	39	39	8
通用设备制造业	3500	27211	465	262	152
锅炉及原动机制造	3510	1383	28	4	16
金属加工机械制造	3520	2674	67	46	8
起重运输设备制造	3530	1836	24	14	0
泵、阀门、压缩机及类似机械的制造	3540	4730	88	48	22
轴承、齿轮、传动和驱动部件的制造	3550	2550	20	7	10
烘炉、熔炉及电炉制造	3560	210	10	2	0
风机、衡器、包装设备等通用设备制造	3570	3633	113	32	16
通用零部件制造及机械修理	3580	4608	52	100	10
金属铸、锻加工	3590	5587	63	9	70

单位：个

太原	呼和浩特	沈阳	长春	哈尔滨	上海	南京	杭州	合肥	代码
23	11	92	10	7	163	63	116	4	3200
6	4	5	0	2	1	13	4	0	3210
3	0	5	1	0	1	4	2	2	3220
12	0	77	9	5	150	42	98	2	3230
2	7	5	0	0	11	4	12	0	3240
23	8	102	8	9	252	45	106	1	3300
14	2	13	2	4	25	8	30	0	3310
0	0	1	0	0	3	2	0	0	3320
0	4	1	0	0	8	5	2	0	3330
1	0	17	2	0	39	7	7	0	3340
8	2	70	4	5	177	23	67	1	3350
34	8	235	40	16	1350	118	573	35	3400
9	7	107	17	3	442	44	137	17	3410
1	0	12	2	3	142	11	158	0	3420
3	0	28	4	3	101	13	44	1	3430
1	0	14	1	2	65	8	37	0	3440
11	1	26	9	3	115	7	66	5	3450
2	0	18	1	1	168	16	49	2	3460
0	0	3	0	0	19	1	14	2	3470
6	0	10	4	1	133	5	17	5	3480
1	0	17	2	0	165	13	51	3	3490
41	9	644	48	45	1759	193	760	80	3500
4	1	21	7	17	74	12	43	1	3510
6	1	91	3	4	214	31	64	8	3520
5	0	38	3	1	135	11	90	14	3530
4	3	125	8	4	329	28	74	7	3540
0	0	27	0	6	139	6	112	8	3550
0	1	4	0	1	11	6	8	0	3560
5	2	77	8	4	334	34	126	10	3570
5	1	127	7	6	336	17	123	10	3580
12	0	134	12	2	187	48	120	22	3590

行业中类	代码	企业单位数	北京	天津	石家庄
专用设备制造业	3600	13116	509	176	56
矿山、冶金、建筑专用设备制造	3610	2765	69	52	12
化工、木材、非金属加工专用设备制造	3620	2936	50	48	3
食品、饮料、烟草及饲料生产专用设备制造	3630	683	21	3	15
印刷、制药、日化生产专用设备制造	3640	853	36	5	0
纺织、服装和皮革工业专用设备制造	3650	1444	18	4	4
电子和电工机械专用设备制造	3660	868	58	21	4
农、林、牧、渔专用机械制造	3670	1098	9	3	11
医疗仪器设备及器械制造	3680	835	99	7	2
环保、社会公共安全及其他专用设备制造	3690	1634	149	33	5
交通运输设备制造业	3700	13886	373	168	46
铁路运输设备制造	3710	574	60	3	7
汽车制造	3720	9296	284	63	31
摩托车制造	3730	1730	0	0	2
自行车制造	3740	875	3	82	2
船舶及浮动装置制造	3750	1067	3	14	0
航空航天器制造	3760	167	17	1	2
交通器材及其他交通运输设备制造	3790	177	6	5	2
电气机械及器材制造业	3900	18709	403	93	66
电机制造	3910	2100	32	8	1
输配电及控制设备制造	3920	5598	232	36	15
电线、电缆、光缆及电工器材制造	3930	4166	55	26	29
电池制造	3940	991	17	2	6
家用电力器具制造	3950	2318	14	8	6
非电力家用器具制造	3960	471	14	3	7
照明器具制造	3970	2614	18	3	2
其他电气机械及器材制造	3990	451	21	7	0
通信设备、计算机及其他电子设备制造业	4000	10562	508	110	19
通信设备制造	4010	1281	124	6	2
雷达及配套设备制造	4020	45	3	0	0
广播电视设备制造	4030	380	28	0	2
电子计算机制造	4040	1236	102	2	0
电子器件制造	4050	1593	87	11	6
电子元件制造	4060	4354	65	69	7
家用视听设备制造	4070	935	9	1	0
其他电子设备制造	4090	738	90	21	2

单位：个

太原	呼和浩特	沈阳	长春	哈尔滨	上海	南京	杭州	合肥	代码
32	7	286	39	26	915	109	278	45	3600
15	3	91	4	6	102	22	28	13	3610
1	1	51	9	3	277	25	52	4	3620
1	3	9	1	2	38	7	5	1	3630
0	0	16	3	5	82	6	26	1	3640
0	0	19	1	0	107	5	54	2	3650
5	0	21	1	5	66	9	20	9	3660
2	0	6	8	3	24	6	12	1	3670
1	0	16	8	0	104	11	32	3	3680
7	0	57	4	2	115	18	49	11	3690
17	7	217	227	36	797	114	307	46	3700
12	0	38	21	5	16	19	5	0	3710
4	6	162	202	26	548	55	191	43	3720
0	0	1	2	0	43	9	12	0	3730
0	0	1	0	0	67	5	79	0	3740
0	0	1	0	2	98	24	9	1	3750
0	0	9	1	3	11	1	0	1	3760
1	1	5	1	0	14	1	11	1	3790
12	10	374	30	47	1247	135	608	60	3900
2	0	32	1	6	128	16	46	3	3910
7	6	171	14	19	427	55	154	27	3920
1	2	105	7	14	298	24	196	8	3930
0	2	4	0	2	48	2	16	0	3940
0	0	15	1	2	101	9	64	18	3950
0	0	4	2	0	23	5	9	1	3960
0	0	34	3	2	168	21	108	3	3970
2	0	9	2	2	54	3	15	0	3990
15	7	99	18	5	700	138	309	39	4000
4	1	8	2	2	104	29	82	6	4010
0	0	0	0	0	2	4	1	2	4020
1	1	2	0	0	9	8	25	3	4030
2	2	15	5	2	83	15	28	6	4040
1	0	12	4	0	153	21	43	9	4050
6	1	22	7	1	247	48	91	7	4060
0	2	5	0	0	50	5	15	2	4070
1	0	35	0	0	52	8	24	4	4090

2-9续表 6

行业中类	代码	企业单位数	北京	天津	石家庄
仪器仪表及文化、办公用机械制造业	4100	4324	356	22	16
通用仪器仪表制造	4110	1993	203	13	6
专用仪器仪表制造	4120	640	87	3	3
钟表与计时仪器制造	4130	405	3	3	3
光学仪器及眼镜制造	4140	704	20	1	3
文化、办公用机械制造	4150	434	17	1	0
其他仪器仪表的制造及修理	4190	148	26	1	1
工艺品及其他制造业	4200	6265	101	54	17
工艺美术品制造	4210	4376	31	25	12
日用杂品制造	4220	1348	8	7	2
煤制品制造	4230	98	13	2	1
其他未列明的制造业	4290	434	47	20	2
废弃资源和废旧材料回收加工业	4300	673	9	22	3
金属废料和碎屑的加工处理	4310	459	7	20	3
非金属废料和碎屑的加工处理	4320	214	2	2	0
电力、燃气及水的生产和供应业	**D**	**7904**	**124**	**29**	**31**
电力、热力的生产和供应业	4400	5442	86	20	16
电力生产	4410	3116	9	3	13
电力供应	4420	1603	8	2	1
热力生产和供应	4430	723	69	15	2
燃气生产和供应业	4500	610	15	5	3
水的生产和供应业	4600	1852	23	4	12
自来水的生产和供应	4610	1706	15	1	8
污水处理及其再生利用	4620	127	7	2	4
其他水的处理、利用与分配	4690	19	1	1	0
建筑业	**E**	**67276**	**2960**	**483**	**214**
房屋和土木工程建筑业	4700	38465	944	177	140
房屋工程建筑	4710	27471	568	53	122
土木工程建筑	4720	10994	376	124	18
建筑安装业	4800	11228	692	135	33
建筑装饰业	4900	12719	1080	133	32
其他建筑业	5000	4864	244	38	9
工程准备	5010	1557	95	13	3
提供施工设备服务	5020	554	15	6	1
其他未列明的建筑活动	5090	2753	134	19	5

单位：个

太原	呼和浩特	沈阳	长春	哈尔滨	上海	南京	杭州	合肥	代码
15	0	59	12	11	337	53	175	14	4100
9	0	37	7	7	175	31	114	10	4110
5	0	12	3	2	47	7	28	4	4120
0	0	1	0	0	14	0	10	0	4130
1	0	1	1	1	38	11	9	0	4140
0	0	5	0	0	49	4	11	0	4150
0	0	3	1	1	14	0	3	0	4190
3	2	50	11	3	167	19	171	6	4200
0	0	40	5	0	105	16	132	1	4210
0	0	3	1	0	40	2	31	1	4220
0	0	4	1	0	0	0	0	0	4230
3	2	3	4	3	21	1	8	4	4290
1	1	1	1	1	42	3	8	0	4300
1	0	0	1	0	29	2	5	0	4310
0	1	1	0	1	13	1	3	0	4320
9	**21**	**73**	**36**	**35**	**75**	**27**	**82**	**11**	**D**
7	15	58	25	22	30	14	54	7	4400
4	4	11	7	4	19	12	39	2	4410
2	6	4	4	12	3	1	9	2	4420
1	5	43	14	6	8	1	6	3	4430
0	1	6	5	2	12	5	8	1	4500
2	5	9	6	11	33	8	20	3	4600
2	3	8	6	11	25	7	11	3	4610
0	2	1	0	0	8	1	9	0	4620
0	0	0	0	0	0	0	0	0	4690
649	**154**	**867**	**376**	**798**	**2946**	**1401**	**1075**	**453**	**E**
182	119	259	169	365	1280	574	558	149	4700
74	89	140	100	243	841	274	286	100	4710
108	30	119	69	122	439	300	272	49	4720
174	22	290	111	220	748	331	147	92	4800
192	8	257	68	138	661	370	287	156	4900
101	5	61	28	75	257	126	83	56	5000
44	1	47	8	39	34	40	37	6	5010
6	1	0	0	3	22	9	7	10	5020
51	3	14	20	33	201	77	39	40	5090

2-9续表 7

行业中类	代码	企业单位数	北京	天津	石家庄
批发和零售业	H	**62621**	**6136**	**2636**	**255**
批发业	6300	34683	3575	2174	158
农畜产品批发	6310	1710	59	61	14
食品、饮料及烟草制品批发	6320	3512	210	96	20
纺织、服装及日用品批发	6330	2962	228	144	11
文化、体育用品及器材批发	6340	968	179	65	2
医药及医疗器材批发	6350	2021	196	29	21
矿产品、建材及化工产品批发	6360	13541	1338	855	58
机械设备、五金交电及电子产品批发	6370	7416	1125	589	26
贸易经纪与代理	6380	494	83	86	0
其他批发	6390	2059	157	249	6
零售业	6500	27938	2561	462	97
综合零售	6510	6865	233	44	40
食品、饮料及烟草制品专门零售	6520	1320	86	44	6
纺织、服装及日用品专门零售	6530	1575	192	48	6
文化、体育用品及器材专门零售	6540	1925	215	38	5
医药及医疗器材专门零售	6550	1689	180	25	9
汽车、摩托车、燃料及零配件专门零售	6560	7839	635	46	16
家用电器及电子产品专门零售	6570	3917	775	85	8
五金、家具及室内装修材料专门零售	6580	1475	117	73	6
无店铺及其他零售	6590	1333	128	59	1
住宿和餐饮业	I	**24329**	**2452**	**143**	**91**
住宿业	6600	10788	811	28	58
旅游饭店	6610	9077	609	10	45
一般旅馆	6620	1490	171	16	13
其他住宿服务	6690	221	31	2	0
餐饮业	6700	13541	1641	115	33
正餐服务	6710	12596	1475	96	33
快餐服务	6720	511	115	11	0
饮料及冷饮服务	6730	95	17	0	0
其他餐饮服务	6790	339	34	8	0

单位：个

太原	呼和浩特	沈阳	长春	哈尔滨	上海	南京	杭州	合肥	代码
235	**163**	**732**	**221**	**254**	**3525**	**630**	**1591**	**243**	**H**
135	70	364	104	145	2355	373	1307	166	6300
3	4	14	15	13	24	9	7	12	6310
12	14	23	7	9	188	29	70	14	6320
1	3	13	3	5	299	36	207	23	6330
6	1	8	5	3	59	15	33	6	6340
11	9	49	14	14	119	15	40	21	6350
68	20	115	28	52	770	170	647	31	6360
29	18	137	28	38	547	94	261	53	6370
1	0	0	0	2	42	0	0	0	6380
4	1	5	4	9	307	5	42	6	6390
100	93	368	117	109	1170	257	284	77	6500
18	13	60	25	36	240	64	59	24	6510
8	4	14	2	4	93	24	14	1	6520
10	2	36	6	6	87	14	10	6	6530
7	2	17	8	7	66	20	15	2	6540
6	4	24	6	12	65	19	19	2	6550
41	47	139	56	29	365	78	123	27	6560
7	16	56	9	12	96	19	34	11	6570
0	4	20	4	3	81	7	3	2	6580
3	1	2	1	0	77	12	7	2	6590
118	**169**	**317**	**86**	**120**	**1252**	**387**	**423**	**104**	**I**
67	50	87	43	64	267	144	238	33	6600
61	41	74	43	48	267	117	234	31	6610
5	7	13	0	10	0	24	4	1	6620
1	2	0	0	6	0	3	0	1	6690
51	119	230	43	56	985	243	185	71	6700
50	119	222	43	50	887	224	168	67	6710
1	0	5	0	4	45	10	6	1	6720
0	0	0	0	2	12	3	6	0	6730
0	0	3	0	0	41	6	5	3	6790

2-9续表 8

行业中类	代码	福州	南昌	济南	郑州
总计		**4012**	**1817**	**4059**	**3647**
采矿业	B	**21**	**2**	**55**	**202**
煤炭开采和洗选业	0600	0	0	12	185
烟煤和无烟煤的开采洗选	0610	0	0	11	185
褐煤的开采洗选	0620	0	0	1	0
其他煤炭采选	0690	0	0	0	0
石油和天然气开采业	0700	0	0	2	1
天然原油和天然气开采	0710	0	0	1	1
与石油和天然气开采有关的服务活动	0790	0	0	1	0
黑色金属矿采选业	0800	0	0	4	1
铁矿采选	0810	0	0	4	1
其他黑色金属矿采选	0890	0	0	0	0
有色金属矿采选业	0900	1	0	0	4
常用有色金属矿采选	0910	0	0	0	4
贵金属矿采选	0920	1	0	0	0
稀有稀土金属矿采选	0930	0	0	0	0
非金属矿采选业	1000	20	2	36	11
土砂石开采	1010	13	2	35	9
化学矿采选	1020	0	0	0	0
采盐	1030	1	0	0	0
石棉及其他非金属矿采选	1090	6	0	1	2
其他采矿业	1100	0	0	1	0
制造业	C	**2574**	**919**	**2282**	**1802**
农副食品加工业	1300	191	69	112	67
谷物磨制	1310	11	22	18	17
饲料加工	1320	30	27	15	25
植物油加工	1330	5	3	21	7
制糖	1340	0	0	1	0
屠宰及肉类加工	1350	8	7	22	2
水产品加工	1360	109	3	2	5
蔬菜、水果和坚果加工	1370	16	3	18	5
其他农副食品加工	1390	12	4	15	6
食品制造业	1400	61	41	76	60
焙烤食品制造	1410	11	7	11	5

单位：个

企业单位数								代码
武汉	长沙	广州	南宁	海口	重庆	成都	贵阳	
3470	**3181**	**8789**	**1778**	**577**	**6138**	**8967**	**1098**	
7	**90**	**12**	**18**	**1**	**169**	**29**	**16**	**B**
0	26	0	1	0	144	11	2	0600
0	26	0	1	0	143	11	2	0610
0	0	0	0	0	1	0	0	0620
0	0	0	0	0	0	0	0	0690
1	0	0	0	0	0	5	0	0700
0	0	0	0	0	0	4	0	0710
1	0	0	0	0	0	1	0	0790
1	11	0	4	0	1	0	0	0800
1	3	0	0	0	1	0	0	0810
0	8	0	4	0	0	0	0	0890
1	5	1	7	1	1	2	3	0900
1	1	0	5	1	1	1	3	0910
0	1	0	1	0	0	1	0	0920
0	3	1	1	0	0	0	0	0930
4	48	11	6	0	23	10	11	1000
4	39	11	4	0	20	7	0	1010
0	2	0	1	0	1	1	11	1020
0	0	0	0	0	1	0	0	1030
0	7	0	1	0	1	2	0	1090
0	0	0	0	0	0	1	0	1100
1635	**1927**	**4895**	**768**	**190**	**2531**	**4075**	**650**	**C**
67	104	96	129	21	128	213	29	1300
7	16	8	9	0	14	10	3	1310
13	41	35	52	6	29	58	11	1320
12	7	16	2	0	1	19	8	1330
0	0	3	11	3	0	1	0	1340
17	20	6	4	0	29	60	5	1350
5	0	9	2	11	0	2	0	1360
6	8	12	5	1	40	34	1	1370
7	12	7	44	0	15	29	1	1390
48	58	128	39	16	51	176	30	1400
7	7	21	5	1	10	30	3	1410

行业中类	代码	福州	南昌	济南	郑州
糖果、巧克力及蜜饯制造	1420	10	1	1	9
方便食品制造	1430	13	12	8	19
液体乳及乳制品制造	1440	3	3	9	3
罐头制造	1450	6	1	4	0
调味品、发酵制品制造	1460	6	5	20	10
其他食品制造	1490	12	12	23	14
饮料制造业	1500	36	16	36	18
酒精制造	1510	0	0	1	0
酒的制造	1520	4	4	20	8
软饮料制造	1530	13	8	15	10
精制茶加工	1540	19	4	0	0
烟草制品业	1600	0	1	2	2
烟叶复烤	1610	0	0	0	0
卷烟制造	1620	0	1	2	1
其他烟草制品加工	1690	0	0	0	1
纺织业	1700	223	145	69	41
棉、化纤纺织及印染精加工	1710	67	32	36	32
毛纺织和染整精加工	1720	1	0	4	0
麻纺织	1730	2	0	0	0
丝绢纺织及精加工	1740	0	1	0	0
纺织制成品制造	1750	39	3	18	7
针织品、编织品及其制品制造	1760	114	109	11	2
纺织服装、鞋、帽制造业	1800	138	27	37	40
纺织服装制造	1810	124	27	35	40
纺织面料鞋的制造	1820	14	0	2	0
制帽	1830	0	0	0	0
皮革、毛皮、羽毛(绒)及其制品业	1900	51	12	11	6
皮革鞣制加工	1910	4	1	5	1
皮革制品制造	1920	39	11	5	3
毛皮鞣制及制品加工	1930	0	0	0	2
羽毛(绒)加工及制品制造	1940	8	0	1	0
木材加工及木、竹、藤、棕、草制品业	2000	100	14	23	12
锯材、木片加工	2010	4	3	8	3
人造板制造	2020	41	5	3	7
木制品制造	2030	16	5	12	1
竹、藤、棕、草制品制造	2040	39	1	0	1

单位：个

企业单位数								代码
武汉	长沙	广州	南宁	海口	重庆	成都	贵阳	
0	1	17	0	0	1	10	2	1420
7	9	16	5	1	4	30	8	1430
6	7	11	7	2	5	10	2	1440
2	3	2	9	3	6	25	0	1450
9	6	23	2	0	16	28	10	1460
17	25	38	11	9	9	43	5	1490
15	43	30	26	10	33	96	13	1500
0	0	0	6	0	0	0	0	1510
4	11	6	2	2	14	59	9	1520
10	14	23	5	8	15	22	4	1530
1	18	1	13	0	4	15	0	1540
3	2	1	2	1	3	3	2	1600
0	1	0	1	0	1	1	1	1610
1	1	1	1	1	2	1	1	1620
2	0	0	0	0	0	1	0	1690
59	34	303	19	4	127	64	8	1700
36	9	165	2	0	86	19	4	1710
2	1	9	0	0	0	2	0	1720
0	1	0	1	0	4	0	0	1730
1	1	2	14	0	27	4	0	1740
12	14	41	2	0	6	19	1	1750
8	8	86	0	4	4	20	3	1760
60	41	392	7	1	18	49	5	1800
57	35	371	7	1	17	46	4	1810
1	6	10	0	0	1	3	1	1820
2	0	11	0	0	0	0	0	1830
6	15	229	5	0	31	216	1	1900
0	2	14	2	0	3	10	0	1910
4	13	212	3	0	23	189	1	1920
0	0	1	0	0	0	4	0	1930
2	0	2	0	0	5	13	0	1940
13	39	47	42	3	7	71	4	2000
0	2	3	16	1	1	10	0	2010
9	17	26	20	0	2	30	2	2020
3	7	15	4	2	4	25	2	2030
1	13	3	2	0	0	6	0	2040

2-9续表 10

行业中类	代码	福州	南昌	济南	郑州
家具制造业	2100	53	5	21	14
木质家具制造	2110	35	4	16	11
竹、藤家具制造	2120	1	0	0	0
金属家具制造	2130	12	1	2	1
塑料家具制造	2140	0	0	0	0
其他家具制造	2190	5	0	3	2
造纸及纸制品业	2200	76	18	44	84
纸浆制造	2210	1	0	0	0
造纸	2220	14	3	17	61
纸制品制造	2230	61	15	27	23
印刷业和记录媒介的复制	2300	54	41	47	46
印刷	2310	50	40	44	41
装订及其他印刷服务活动	2320	2	0	3	4
记录媒介的复制	2330	2	1	0	1
文教体育用品制造业	2400	25	21	11	3
文化用品制造	2410	6	18	5	1
体育用品制造	2420	3	2	4	1
乐器制造	2430	2	0	0	0
玩具制造	2440	11	1	0	0
游艺器材及娱乐用品制造	2450	3	0	2	1
石油加工及炼焦业	2500	5	4	17	8
精炼石油产品的制造	2510	4	4	15	5
炼焦	2520	1	0	2	3
化学原料及化学制品制造业	2600	74	50	179	117
基础化学原料制造	2610	10	8	14	32
肥料制造	2620	4	4	15	14
农药制造	2630	2	3	15	9
涂料、油墨、颜料及类似产品制造	2640	31	8	27	11
合成材料制造	2650	1	2	29	8
专用化学产品制造	2660	18	16	73	32
日用化学产品制造	2670	8	9	6	11

单位：个

企业单位数								代码
武汉	长沙	广州	南宁	海口	重庆	成都	贵阳	
10	26	82	4	5	20	129	5	2100
6	11	38	4	5	13	93	3	2110
0	7	3	0	0	0	0	0	2120
2	3	24	0	0	3	14	2	2130
0	0	0	0	0	0	3	0	2140
2	5	17	0	0	4	19	0	2190
51	78	155	42	6	50	116	12	2200
1	1	0	3	0	0	1	1	2210
14	41	48	22	1	13	41	3	2220
36	36	107	17	5	37	74	8	2230
46	48	129	26	11	55	112	31	2300
42	45	116	25	10	55	98	30	2310
3	2	7	0	0	0	13	0	2320
1	1	6	1	1	0	1	1	2330
6	5	117	1	0	1	10	2	2400
0	2	20	1	0	1	4	2	2410
2	3	32	0	0	0	3	0	2420
4	0	21	0	0	0	2	0	2430
0	0	40	0	0	0	1	0	2440
0	0	4	0	0	0	0	0	2450
11	8	14	2	0	13	11	1	2500
10	8	12	2	0	4	7	1	2510
1	0	2	0	0	9	4	0	2520
101	450	406	78	14	141	287	64	2600
22	37	42	12	2	44	63	26	2610
7	13	9	14	3	18	28	11	2620
5	4	3	8	1	8	14	1	2630
22	29	111	3	0	29	44	4	2640
10	7	58	2	2	2	23	5	2650
27	349	90	30	3	31	72	10	2660
8	11	93	9	3	9	43	7	2670

2-9续表 11

行业中类	代码	福州	南昌	济南	郑州
医药制造业	2700	25	63	83	45
化学药品原药制造	2710	3	6	13	4
化学药品制剂制造	2720	7	9	16	9
中药饮片加工	2730	1	2	6	2
中成药制造	2740	5	23	9	9
兽用药品制造	2750	2	9	17	15
生物、生化制品的制造	2760	5	2	16	5
卫生材料及医药用品制造	2770	2	12	6	1
化学纤维制造业	2800	22	2	2	3
纤维素纤维原料及纤维制造	2810	1	0	0	0
合成纤维制造	2820	21	2	2	3
橡胶制品业	2900	29	9	12	17
轮胎制造	2910	1	1	2	5
橡胶板、管、带的制造	2920	1	1	7	4
橡胶零件制造	2930	5	1	0	5
再生橡胶制造	2940	0	1	1	0
日用及医用橡胶制品制造	2950	1	3	1	1
橡胶靴鞋制造	2960	18	1	0	0
其他橡胶制品制造	2990	3	1	1	2
塑料制品业	3000	283	32	95	39
塑料薄膜制造	3010	22	2	24	4
塑料板、管、型材的制造	3020	26	6	23	11
塑料丝、绳及编织品的制造	3030	5	6	10	8
泡沫塑料制造	3040	10	2	6	4
塑料人造革、合成革制造	3050	4	2	2	1
塑料包装箱及容器制造	3060	11	8	9	4
塑料零件制造	3070	13	2	0	0
日用塑料制造	3080	166	0	6	1
其他塑料制品制造	3090	26	4	15	6
非金属矿物制品业	3100	247	79	220	578
水泥、石灰和石膏的制造	3110	5	7	34	54
水泥及石膏制品制造	3120	17	17	40	53
砖瓦、石材及其他建筑材料制造	3130	177	26	68	33
玻璃及玻璃制品制造	3140	19	10	17	17
陶瓷制品制造	3150	24	1	13	9
耐火材料制品制造	3160	0	1	27	281
石墨及其他非金属矿物制品制造	3190	5	17	21	131

单位：个

企业单位数								代码
武汉	长沙	广州	南宁	海口	重庆	成都	贵阳	
63	60	76	56	35	54	165	61	2700
4	19	5	3	2	18	24	0	2710
19	7	22	8	27	11	44	5	2720
4	4	12	9	1	3	28	1	2730
15	8	16	25	5	14	27	51	2740
2	11	9	7	0	3	14	1	2750
15	7	7	3	0	4	15	2	2760
4	4	5	1	0	1	13	1	2770
0	1	10	0	3	2	7	1	2800
0	0	3	0	0	0	3	0	2810
0	1	7	0	3	2	4	1	2820
12	8	83	3	0	26	31	14	2900
3	1	5	0	0	8	3	3	2910
4	1	6	1	0	4	8	2	2920
3	2	19	0	0	5	4	5	2930
0	0	3	1	0	1	6	0	2940
0	0	6	0	0	2	1	0	2950
0	3	26	0	0	4	1	3	2960
2	1	18	1	0	2	8	1	2990
51	76	299	44	10	87	168	32	3000
1	6	30	5	5	8	13	5	3010
17	20	50	6	1	18	55	6	3020
4	5	9	21	1	17	12	8	3030
1	3	25	1	1	7	12	2	3040
0	2	15	0	0	1	3	1	3050
10	17	43	7	2	11	31	4	3060
6	0	31	0	0	6	6	3	3070
4	8	49	1	0	6	5	1	3080
8	15	47	3	0	13	31	2	3090
143	185	228	74	3	239	312	88	3100
15	49	72	30	0	67	49	31	3110
53	32	60	23	2	60	63	4	3120
27	43	22	9	0	47	88	9	3130
13	12	49	6	0	42	76	8	3140
2	10	17	3	0	9	6	3	3150
26	11	4	3	0	11	16	6	3160
7	28	4	0	1	3	14	27	3190

2-9续表 12

行业中类	代码	福州	南昌	济南	郑州
黑色金属冶炼及压延加工业	3200	40	7	34	44
炼铁	3210	2	0	4	3
炼钢	3220	5	0	2	6
钢压延加工	3230	30	7	21	23
铁合金冶炼	3240	3	0	7	12
有色金属冶炼及压延加工业	3300	21	24	29	63
常用有色金属冶炼	3310	4	4	6	20
贵金属冶炼	3320	0	0	2	0
稀有稀土金属冶炼	3330	1	1	0	4
有色金属合金制造	3340	0	2	3	9
有色金属压延加工	3350	16	17	18	30
金属制品业	3400	67	39	129	64
结构性金属制品制造	3410	24	16	68	39
金属工具制造	3420	6	7	8	1
集装箱及金属包装容器制造	3430	5	2	11	5
金属丝绳及其制品的制造	3440	2	0	7	3
建筑、安全用金属制品制造	3450	11	8	23	3
金属表面处理及热处理加工	3460	2	0	3	6
搪瓷制品制造	3470	1	1	1	1
不锈钢及类似日用金属制品制造	3480	7	2	3	0
其他金属制品制造	3490	9	3	5	6
通用设备制造业	3500	121	38	438	106
锅炉及原动机制造	3510	9	5	38	9
金属加工机械制造	3520	14	6	53	14
起重运输设备制造	3530	6	2	18	5
泵、阀门、压缩机及类似机械的制造	3540	16	2	44	42
轴承、齿轮、传动和驱动部件的制造	3550	15	0	13	1
烘炉、熔炉及电炉制造	3560	1	2	2	0
风机、衡器、包装设备等通用设备制造	3570	22	8	45	13
通用零部件制造及机械修理	3580	16	9	68	6
金属铸、锻加工	3590	22	4	157	16

单位：个

企业单位数								代码
武汉	长沙	广州	南宁	海口	重庆	成都	贵阳	
22	23	38	13	0	55	81	33	3200
2	3	1	1	0	3	3	8	3210
3	0	2	0	0	1	5	7	3220
15	11	33	6	0	50	61	8	3230
2	9	2	6	0	1	12	10	3240
23	49	59	11	2	50	86	17	3300
5	11	7	6	1	23	24	10	3310
0	0	0	1	0	0	1	0	3320
0	5	3	0	1	0	7	0	3330
4	15	5	0	0	5	8	1	3340
14	18	44	4	0	22	46	6	3350
118	54	335	23	3	85	294	23	3400
63	18	56	12	0	33	134	6	3410
7	5	26	0	0	10	39	4	3420
9	1	22	5	2	10	20	2	3430
5	8	8	0	0	4	11	4	3440
9	5	72	3	0	8	34	2	3450
8	2	51	1	1	7	9	2	3460
0	0	9	0	0	2	0	0	3470
5	4	70	1	0	6	18	1	3480
12	11	21	1	0	5	29	2	3490
149	169	224	16	0	179	363	39	3500
14	8	9	6	0	19	28	1	3510
23	25	32	1	0	18	79	5	3520
6	7	27	1	0	22	8	1	3530
20	29	20	0	0	13	50	5	3540
7	5	12	0	0	17	19	3	3550
0	4	1	0	0	4	1	0	3560
32	31	60	2	0	27	49	8	3570
29	9	28	3	0	22	72	11	3580
18	51	35	3	0	37	57	5	3590

2-9续表 13

行业中类	代码	福州	南昌	济南	郑州
专用设备制造业	3600	64	39	151	156
矿山、冶金、建筑专用设备制造	3610	6	8	32	59
化工、木材、非金属加工专用设备制造	3620	18	2	21	17
食品、饮料、烟草及饲料生产专用设备制造	3630	1	1	8	14
印刷、制药、日化生产专用设备制造	3640	8	1	26	8
纺织、服装和皮革工业专用设备制造	3650	3	2	4	18
电子和电工机械专用设备制造	3660	6	1	6	9
农、林、牧、渔专用机械制造	3670	2	4	4	14
医疗仪器设备及器械制造	3680	6	15	9	7
环保、社会公共安全及其他专用设备制造	3690	14	5	41	10
交通运输设备制造业	3700	124	44	128	48
铁路运输设备制造	3710	0	2	10	11
汽车制造	3720	109	33	86	33
摩托车制造	3730	2	1	27	0
自行车制造	3740	0	3	1	0
船舶及浮动装置制造	3750	13	3	2	1
航空航天器制造	3760	0	2	2	1
交通器材及其他交通运输设备制造	3790	0	0	0	2
电气机械及器材制造业	3900	139	49	115	78
电机制造	3910	34	2	11	5
输配电及控制设备制造	3920	36	20	49	23
电线、电缆、光缆及电工器材制造	3930	17	14	15	42
电池制造	3940	8	6	2	0
家用电力器具制造	3950	7	4	12	2
非电力家用器具制造	3960	0	0	11	0
照明器具制造	3970	35	3	6	2
其他电气机械及器材制造	3990	2	0	9	4
通信设备、计算机及其他电子设备制造业	4000	104	18	64	16
通信设备制造	4010	16	1	17	5
雷达及配套设备制造	4020	1	0	0	0
广播电视设备制造	4030	2	1	2	1
电子计算机制造	4040	19	5	19	1
电子器件制造	4050	22	5	7	2
电子元件制造	4060	27	2	6	2
家用视听设备制造	4070	8	3	1	0
其他电子设备制造	4090	9	1	12	5

单位：个

企业单位数								代码
武汉	长沙	广州	南宁	海口	重庆	成都	贵阳	
97	85	155	22	3	62	229	24	3600
21	24	11	2	0	14	60	10	3610
13	4	61	0	0	19	40	4	3620
5	4	15	8	1	2	5	1	3630
4	9	9	2	0	2	12	1	3640
6	5	17	0	0	3	3	0	3650
11	7	7	0	0	9	39	4	3660
2	6	3	5	1	4	7	2	3670
14	7	13	3	0	5	23	2	3680
21	19	19	2	1	4	40	0	3690
156	105	306	25	30	800	237	44	3700
10	2	1	0	0	7	16	4	3710
126	93	178	20	24	255	177	26	3720
1	7	75	1	6	510	15	1	3730
2	0	14	1	0	2	5	0	3740
14	2	33	2	0	24	1	0	3750
2	1	1	0	0	1	15	11	3760
1	0	4	1	0	1	8	2	3790
132	75	374	28	4	124	252	27	3900
20	8	22	2	0	16	14	2	3910
48	28	65	12	2	46	95	9	3920
35	18	76	9	2	32	87	9	3930
16	10	40	1	0	6	6	2	3940
7	6	80	2	0	8	23	4	3950
2	0	12	0	0	3	6	1	3960
0	3	75	0	0	9	12	0	3970
4	2	4	2	0	4	9	0	3990
91	34	336	14	4	24	179	17	4000
26	7	46	3	1	11	63	2	4010
1	1	1	0	0	0	5	0	4020
4	3	13	1	0	0	5	0	4030
12	5	44	1	0	1	21	1	4040
22	8	40	4	2	1	30	8	4050
12	7	96	2	1	7	33	5	4060
1	0	70	1	0	4	5	1	4070
13	3	26	2	0	0	17	0	4090

2-9续表 14

行业中类	代码	福州	南昌	济南	郑州
仪器仪表及文化、办公用机械制造业	4100	48	7	60	15
通用仪器仪表制造	4110	9	4	48	9
专用仪器仪表制造	4120	8	2	7	2
钟表与计时仪器制造	4130	19	1	1	0
光学仪器及眼镜制造	4140	10	0	1	0
文化、办公用机械制造	4150	1	0	1	0
其他仪器仪表的制造及修理	4190	1	0	2	4
工艺品及其他制造业	4200	151	3	29	11
工艺美术品制造	4210	133	1	19	10
日用杂品制造	4220	11	0	4	0
煤制品制造	4230	0	0	0	0
其他未列明的制造业	4290	7	2	5	1
废弃资源和废旧材料回收加工业	4300	2	2	8	1
金属废料和碎屑的加工处理	4310	2	2	6	1
非金属废料和碎屑的加工处理	4320	0	0	2	0
电力、燃气及水的生产和供应业	**D**	**51**	**19**	**52**	**38**
电力、热力的生产和供应业	4400	34	13	29	25
电力生产	4410	24	5	11	15
电力供应	4420	9	5	8	8
热力生产和供应	4430	1	3	10	2
燃气生产和供应业	4500	4	1	13	4
水的生产和供应业	4600	13	5	10	9
自来水的生产和供应	4610	13	5	8	9
污水处理及其再生利用	4620	0	0	2	0
其他水的处理、利用与分配	4690	0	0	0	0
建筑业	**E**	**567**	**428**	**781**	**561**
房屋和土木工程建筑业	4700	291	213	319	206
房屋工程建筑	4710	211	123	213	124
土木工程建筑	4720	80	90	106	82
建筑安装业	4800	101	106	177	140
建筑装饰业	4900	130	92	228	142
其他建筑业	5000	45	17	57	73
工程准备	5010	6	9	21	13
提供施工设备服务	5020	10	1	9	8
其他未列明的建筑活动	5090	29	7	27	52

单位：个

企业单位数								代码
武汉	长沙	广州	南宁	海口	重庆	成都	贵阳	
63	33	92	5	0	55	74	16	4100
35	24	14	3	0	29	36	9	4110
12	6	10	1	0	10	18	2	4120
1	0	28	1	0	0	1	1	4130
10	0	22	0	0	14	11	4	4140
2	2	17	0	0	0	3	0	4150
3	1	1	0	0	2	5	0	4190
10	18	138	12	1	6	36	6	4200
4	12	109	5	1	3	12	0	4210
1	3	18	2	0	3	2	0	4220
1	3	1	0	0	0	3	1	4230
4	0	10	4	0	0	19	5	4290
9	1	13	0	0	5	8	1	4300
9	1	9	0	0	5	4	1	4310
0	0	4	0	0	0	4	0	4320
33	**28**	**80**	**20**	**7**	**59**	**94**	**30**	**D**
15	7	34	13	2	31	50	17	4400
9	6	30	4	1	21	37	8	4410
4	1	2	9	1	9	13	9	4420
2	0	2	0	0	1	0	0	4430
4	6	13	1	2	15	24	4	4500
14	15	33	6	3	13	20	9	4600
11	10	32	6	3	13	16	8	4610
1	5	1	0	0	0	4	1	4620
2	0	0	0	0	0	0	0	4690
1011	**486**	**753**	**454**	**3**	**2165**	**1672**	**193**	**E**
465	283	402	201	3	1125	767	111	4700
321	209	258	137	3	930	535	80	4710
144	74	144	64	0	195	232	31	4720
254	87	199	77	0	328	301	36	4800
152	60	116	117	0	499	437	36	4900
140	56	36	59	0	213	167	10	5000
43	11	19	23	0	46	32	4	5010
12	7	0	36	0	34	13	0	5020
85	38	17	0	0	133	122	6	5090

行业中类	代码	福州	南昌	济南	郑州
批发和零售业	H	**593**	**249**	**641**	**767**
批发业	6300	304	130	338	365
农畜产品批发	6310	8	1	31	28
食品、饮料及烟草制品批发	6320	38	6	25	32
纺织、服装及日用品批发	6330	39	15	8	24
文化、体育用品及器材批发	6340	21	5	7	13
医药及医疗器材批发	6350	17	10	20	28
矿产品、建材及化工产品批发	6360	84	43	151	113
机械设备、五金交电及电子产品批发	6370	74	43	70	114
贸易经纪与代理	6380	1	1	1	0
其他批发	6390	22	6	25	13
零售业	6500	289	119	303	402
综合零售	6510	81	25	65	122
食品、饮料及烟草制品专门零售	6520	11	2	20	16
纺织、服装及日用品专门零售	6530	18	5	11	20
文化、体育用品及器材专门零售	6540	20	8	10	17
医药及医疗器材专门零售	6550	9	8	16	15
汽车、摩托车、燃料及零配件专门零售	6560	104	56	98	106
家用电器及电子产品专门零售	6570	23	12	30	71
五金、家具及室内装修材料专门零售	6580	14	3	30	21
无店铺及其他零售	6590	9	0	23	14
住宿和餐饮业	I	**206**	**200**	**248**	**277**
住宿业	6600	86	27	64	103
旅游饭店	6610	70	27	57	80
一般旅馆	6620	15	0	7	22
其他住宿服务	6690	1	0	0	1
餐饮业	6700	120	173	184	174
正餐服务	6710	113	168	178	147
快餐服务	6720	5	5	5	21
饮料及冷饮服务	6730	0	0	0	3
其他餐饮服务	6790	2	0	1	3

单位：个

企业单位数								代码
武汉	长沙	广州	南宁	海口	重庆	成都	贵阳	
506	**367**	**2190**	**400**	**255**	**764**	**2578**	**129**	**H**
355	147	1573	199	139	428	1601	86	6300
13	3	27	3	1	10	23	2	6310
17	23	109	34	9	30	121	10	6320
28	9	185	8	13	15	105	1	6330
10	12	90	5	6	4	45	4	6340
58	20	131	9	46	53	80	12	6350
128	26	549	78	41	199	516	35	6360
86	39	381	52	20	99	597	18	6370
4	6	48	0	0	1	19	0	6380
11	9	53	10	3	17	95	4	6390
151	220	617	201	116	336	977	43	6500
36	41	97	19	20	71	105	12	6510
4	3	15	10	2	13	69	2	6520
11	8	38	6	3	24	113	3	6530
12	13	36	9	5	8	49	1	6540
20	20	41	17	1	18	42	6	6550
47	90	248	74	58	106	119	11	6560
12	23	102	61	22	49	255	7	6570
6	17	21	3	3	41	145	1	6580
3	5	19	2	2	6	80	0	6590
278	**283**	**859**	**118**	**121**	**450**	**519**	**80**	**I**
99	101	240	74	88	127	169	39	6600
99	97	217	66	83	105	131	39	6610
0	3	22	8	4	20	29	0	6620
0	1	1	0	1	2	9	0	6690
179	182	619	44	33	323	350	41	6700
166	171	592	41	31	309	287	40	6710
10	5	18	3	1	3	17	1	6720
0	2	4	0	0	2	10	0	6730
3	4	5	0	1	9	36	0	6790

2-9续表 16

行业中类	代码	昆明	拉萨	西安	兰州
总计		**2459**	**157**	**2145**	**1334**
采矿业	**B**	**44**	**15**	**6**	**17**
煤炭开采和洗选业	0600	5	0	0	10
烟煤和无烟煤的开采洗选	0610	1	0	0	10
褐煤的开采洗选	0620	4	0	0	0
其他煤炭采选	0690	0	0	0	0
石油和天然气开采业	0700	0	0	1	0
天然原油和天然气开采	0710	0	0	0	0
与石油和天然气开采有关的服务活动	0790	0	0	1	0
黑色金属矿采选业	0800	4	4	1	0
铁矿采选	0810	4	1	1	0
其他黑色金属矿采选	0890	0	3	0	0
有色金属矿采选业	0900	15	10	3	1
常用有色金属矿采选	0910	14	8	0	1
贵金属矿采选	0920	0	1	1	0
稀有稀土金属矿采选	0930	1	1	2	0
非金属矿采选业	1000	20	1	0	6
土砂石开采	1010	2	1	0	4
化学矿采选	1020	17	0	0	0
采盐	1030	1	0	0	0
石棉及其他非金属矿采选	1090	0	0	0	2
其他采矿业	1100	0	0	1	0
制造业	**C**	**825**	**31**	**1072**	**571**
农副食品加工业	1300	50	2	60	17
谷物磨制	1310	2	1	23	3
饲料加工	1320	29	0	13	4
植物油加工	1330	2	1	4	2
制糖	1340	0	0	0	0
屠宰及肉类加工	1350	7	0	12	4
水产品加工	1360	0	0	0	0
蔬菜、水果和坚果加工	1370	5	0	3	4
其他农副食品加工	1390	5	0	5	0
食品制造业	1400	23	2	38	12
焙烤食品制造	1410	6	0	12	3

单位：个

企业单位数								代码
西宁	银川	乌鲁木齐	大连	宁波	厦门	青岛	深圳	
774	**843**	**1315**	**5512**	**12601**	**3151**	**6809**	**9125**	
6	**4**	**11**	**20**	**4**	**3**	**26**	**6**	**B**
1	3	6	0	0	0	0	0	0600
1	3	6	0	0	0	0	0	0610
0	0	0	0	0	0	0	0	0620
0	0	0	0	0	0	0	0	0690
0	1	1	0	0	0	0	5	0700
0	0	1	0	0	0	0	1	0710
0	1	0	0	0	0	0	4	0790
2	0	0	0	1	0	13	0	0800
1	0	0	0	1	0	13	0	0810
1	0	0	0	0	0	0	0	0890
1	0	3	1	0	0	0	0	0900
1	0	2	0	0	0	0	0	0910
0	0	1	1	0	0	0	0	0920
0	0	0	0	0	0	0	0	0930
2	0	1	18	3	3	13	1	1000
0	0	0	11	2	3	2	1	1010
0	0	0	0	0	0	0	0	1020
1	0	1	5	1	0	1	0	1030
1	0	0	2	0	0	10	0	1090
0	0	0	1	0	0	0	0	1100
205	**256**	**306**	**3484**	**10936**	**1759**	**4760**	**6823**	**C**
13	26	16	334	125	80	89	50	1300
1	12	3	16	6	9	7	5	1310
2	5	3	25	8	15	5	13	1320
3	3	2	8	7	4	6	6	1330
0	0	0	0	0	0	1	0	1340
6	4	6	35	2	6	3	9	1350
0	0	0	181	55	16	18	4	1360
0	1	1	37	39	19	39	6	1370
1	1	1	32	8	11	10	7	1390
7	22	12	94	57	35	453	59	1400
0	4	2	15	6	6	8	12	1410

行业中类	代码	昆明	拉萨	西安	兰州
糖果、巧克力及蜜饯制造	1420	0	0	4	0
方便食品制造	1430	2	0	4	1
液体乳及乳制品制造	1440	5	1	9	2
罐头制造	1450	4	0	0	0
调味品、发酵制品制造	1460	1	0	4	1
其他食品制造	1490	5	1	5	5
饮料制造业	1500	19	3	21	11
酒精制造	1510	0	0	0	0
酒的制造	1520	2	3	5	4
软饮料制造	1530	13	0	16	7
精制茶加工	1540	4	0	0	0
烟草制品业	1600	3	0	2	1
烟叶复烤	1610	2	0	0	0
卷烟制造	1620	1	0	2	1
其他烟草制品加工	1690	0	0	0	0
纺织业	1700	4	0	23	11
棉、化纤纺织及印染精加工	1710	2	0	15	3
毛纺织和染整精加工	1720	0	0	1	4
麻纺织	1730	0	0	0	0
丝绢纺织及精加工	1740	0	0	1	0
纺织制成品制造	1750	0	0	4	4
针织品、编织品及其制品制造	1760	2	0	2	0
纺织服装、鞋、帽制造业	1800	4	0	10	4
纺织服装制造	1810	4	0	10	4
纺织面料鞋的制造	1820	0	0	0	0
制帽	1830	0	0	0	0
皮革、毛皮、羽毛(绒)及其制品业	1900	1	2	1	1
皮革鞣制加工	1910	0	0	0	0
皮革制品制造	1920	0	1	1	0
毛皮鞣制及制品加工	1930	0	1	0	1
羽毛(绒)加工及制品制造	1940	1	0	0	0
木材加工及木、竹、藤、棕、草制品业	2000	9	0	9	2
锯材、木片加工	2010	0	0	1	0
人造板制造	2020	2	0	2	1
木制品制造	2030	7	0	6	1
竹、藤、棕、草制品制造	2040	0	0	0	0

单位：个

企业单位数								
西宁	银川	乌鲁木齐	大连	宁波	厦门	青岛	深圳	代码
0	1	0	2	2	2	2	12	1420
0	1	0	7	1	11	3	10	1430
3	7	3	4	2	2	2	3	1440
0	0	3	29	28	2	7	3	1450
1	5	3	15	4	6	7	2	1460
3	4	1	22	14	6	424	17	1490
9	6	6	22	40	19	13	19	1500
0	0	0	0	1	0	0	0	1510
4	4	4	9	19	3	8	3	1520
5	2	2	13	7	9	5	16	1530
0	0	0	0	13	7	0	0	1540
0	0	0	0	1	2	1	1	1600
0	0	0	0	0	0	0	0	1610
0	0	0	0	1	1	1	1	1620
0	0	0	0	0	1	0	0	1690
6	18	9	109	1241	88	110	118	1700
2	1	5	19	167	20	32	24	1710
2	16	1	1	60	1	6	0	1720
0	0	0	1	2	0	0	0	1730
0	0	0	5	11	2	2	6	1740
1	1	0	42	215	31	32	46	1750
1	0	3	41	786	34	38	42	1760
3	2	1	258	568	123	89	398	1800
2	2	1	255	543	120	74	389	1810
0	0	0	1	14	1	5	4	1820
1	0	0	2	11	2	10	5	1830
1	3	0	22	56	49	59	113	1900
0	1	0	1	7	1	3	0	1910
0	0	0	19	41	46	55	107	1920
1	2	0	1	3	0	1	3	1930
0	0	0	1	5	2	0	3	1940
0	1	3	110	59	11	15	42	2000
0	0	0	17	0	0	3	6	2010
0	0	2	17	1	1	4	12	2020
0	1	1	74	19	8	4	21	2030
0	0	0	2	39	2	4	3	2040

2-9续表 18

行业中类	代码	昆明	拉萨	西安	兰州
家具制造业	2100	6	0	14	2
木质家具制造	2110	1	0	8	1
竹、藤家具制造	2120	0	0	0	0
金属家具制造	2130	1	0	1	0
塑料家具制造	2140	0	0	2	1
其他家具制造	2190	4	0	3	0
造纸及纸制品业	2200	21	0	36	14
纸浆制造	2210	0	0	0	1
造纸	2220	11	0	23	3
纸制品制造	2230	10	0	13	10
印刷业和记录媒介的复制	2300	27	4	35	15
印刷	2310	22	4	34	14
装订及其他印刷服务活动	2320	5	0	1	1
记录媒介的复制	2330	0	0	0	0
文教体育用品制造业	2400	1	0	2	1
文化用品制造	2410	1	0	0	0
体育用品制造	2420	0	0	0	1
乐器制造	2430	0	0	0	0
玩具制造	2440	0	0	0	0
游艺器材及娱乐用品制造	2450	0	0	2	0
石油加工及炼焦业	2500	8	0	7	28
精炼石油产品的制造	2510	3	0	6	26
炼焦	2520	5	0	1	1
化学原料及化学制品制造业	2600	123	2	49	76
基础化学原料制造	2610	42	0	4	28
肥料制造	2620	40	1	2	13
农药制造	2630	2	0	5	1
涂料、油墨、颜料及类似产品制造	2640	10	0	7	7
合成材料制造	2650	1	0	5	5
专用化学产品制造	2660	17	1	21	19
日用化学产品制造	2670	11	0	5	3

单位：个

企业单位数								代码
西宁	银川	乌鲁木齐	大连	宁波	厦门	青岛	深圳	
1	2	6	54	100	28	478	144	2100
1	2	4	48	46	16	475	70	2110
0	0	0	0	3	0	0	1	2120
0	0	2	1	31	9	2	18	2130
0	0	0	0	4	2	0	2	2140
0	0	0	5	16	1	1	53	2190
4	5	14	69	178	71	862	229	2200
0	0	0	0	0	1	1	0	2210
1	4	6	15	31	13	417	11	2220
3	1	8	54	147	57	444	218	2230
6	5	17	37	135	59	34	192	2300
6	5	16	35	129	54	29	175	2310
0	0	1	1	6	4	5	14	2320
0	0	0	1	0	1	0	3	2330
0	0	0	17	323	43	31	181	2400
0	0	0	5	184	1	1	31	2410
0	0	0	5	67	41	6	28	2420
0	0	0	4	8	0	5	3	2430
0	0	0	3	60	1	19	110	2440
0	0	0	0	4	0	0	9	2450
2	4	8	16	12	3	5	8	2500
1	4	8	15	12	3	4	8	2510
1	0	0	1	0	0	1	0	2520
17	26	34	156	234	75	59	258	2600
8	12	6	31	39	4	5	10	2610
3	6	6	11	2	2	4	3	2620
2	1	0	13	3	1	2	3	2630
0	2	4	33	62	21	10	114	2640
1	1	4	7	50	17	16	31	2650
3	3	13	44	64	13	17	64	2660
0	1	1	17	14	17	5	33	2670

行业中类	代码	昆明	拉萨	西安	兰州
医药制造业	2700	52	4	55	19
化学药品原药制造	2710	4	0	3	1
化学药品制剂制造	2720	15	0	20	2
中药饮片加工	2730	2	0	2	2
中成药制造	2740	25	4	21	6
兽用药品制造	2750	0	0	1	2
生物、生化制品的制造	2760	4	0	7	6
卫生材料及医药用品制造	2770	2	0	1	0
化学纤维制造业	2800	1	0	2	2
纤维素纤维原料及纤维制造	2810	1	0	0	0
合成纤维制造	2820	0	0	2	2
橡胶制品业	2900	5	0	10	2
轮胎制造	2910	2	0	1	2
橡胶板、管、带的制造	2920	1	0	1	0
橡胶零件制造	2930	1	0	4	0
再生橡胶制造	2940	1	0	1	0
日用及医用橡胶制品制造	2950	0	0	0	0
橡胶靴鞋制造	2960	0	0	0	0
其他橡胶制品制造	2990	0	0	3	0
塑料制品业	3000	43	0	35	44
塑料薄膜制造	3010	4	0	2	6
塑料板、管、型材的制造	3020	9	0	8	9
塑料丝、绳及编织品的制造	3030	16	0	4	13
泡沫塑料制造	3040	3	0	4	3
塑料人造革、合成革制造	3050	0	0	0	0
塑料包装箱及容器制造	3060	8	0	7	5
塑料零件制造	3070	0	0	2	0
日用塑料制造	3080	3	0	4	4
其他塑料制品制造	3090	0	0	4	4
非金属矿物制品业	3100	84	7	88	64
水泥、石灰和石膏的制造	3110	31	5	20	18
水泥及石膏制品制造	3120	26	1	38	13
砖瓦、石材及其他建筑材料制造	3130	8	1	14	10
玻璃及玻璃制品制造	3140	9	0	10	9
陶瓷制品制造	3150	0	0	1	0
耐火材料制品制造	3160	5	0	0	4
石墨及其他非金属矿物制品制造	3190	5	0	5	10

单位：个

企业单位数								代码
西宁	银川	乌鲁木齐	大连	宁波	厦门	青岛	深圳	
21	8	10	43	37	14	6	48	2700
0	1	0	4	8	1	0	4	2710
1	4	3	16	11	3	1	10	2720
2	0	0	1	0	0	1	3	2730
13	1	6	6	2	5	0	14	2740
1	1	1	2	1	1	2	0	2750
3	1	0	13	11	4	1	14	2760
1	0	0	1	4	0	1	3	2770
0	1	0	4	93	5	5	8	2800
0	0	0	0	7	0	2	3	2810
0	1	0	4	86	5	3	5	2820
3	3	1	28	98	38	49	70	2900
0	2	0	2	4	5	26	1	2910
2	1	1	8	19	1	10	11	2920
0	0	0	9	44	12	5	17	2930
1	0	0	0	2	0	2	0	2940
0	0	0	2	7	2	1	5	2950
0	0	0	2	6	5	3	4	2960
0	0	0	5	16	13	2	32	2990
4	11	36	154	845	159	56	596	3000
0	0	5	19	37	21	4	36	3010
1	4	17	21	49	19	13	60	3020
3	4	3	36	32	3	5	6	3030
0	1	2	8	39	10	4	30	3040
0	1	0	0	4	1	1	5	3050
0	0	3	20	86	12	6	83	3060
0	0	0	17	330	15	8	115	3070
0	1	6	7	167	34	6	87	3080
0	0	0	26	101	44	9	174	3090
23	24	40	185	183	93	61	153	3100
7	5	10	40	10	5	3	0	3110
5	10	12	45	58	16	12	47	3120
6	1	12	39	16	44	22	25	3130
0	3	5	32	54	11	6	47	3140
1	0	0	6	13	9	0	14	3150
1	0	1	7	12	1	2	4	3160
3	5	0	16	20	7	16	16	3190

2-9续表 20

行业中类	代码	昆明	拉萨	西安	兰州
黑色金属冶炼及压延加工业	3200	34	0	13	46
炼铁	3210	8	0	2	2
炼钢	3220	2	0	0	1
钢压延加工	3230	20	0	7	12
铁合金冶炼	3240	4	0	4	31
有色金属冶炼及压延加工业	3300	64	0	26	18
常用有色金属冶炼	3310	35	0	5	7
贵金属冶炼	3320	5	0	1	0
稀有稀土金属冶炼	3330	5	0	3	2
有色金属合金制造	3340	3	0	5	1
有色金属压延加工	3350	16	0	12	8
金属制品业	3400	42	0	54	31
结构性金属制品制造	3410	18	0	19	15
金属工具制造	3420	1	0	6	1
集装箱及金属包装容器制造	3430	10	0	10	7
金属丝绳及其制品的制造	3440	5	0	0	3
建筑、安全用金属制品制造	3450	4	0	7	1
金属表面处理及热处理加工	3460	1	0	2	0
搪瓷制品制造	3470	0	0	1	1
不锈钢及类似日用金属制品制造	3480	0	0	4	0
其他金属制品制造	3490	3	0	5	3
通用设备制造业	3500	52	0	113	57
锅炉及原动机制造	3510	3	0	4	6
金属加工机械制造	3520	15	0	13	6
起重运输设备制造	3530	2	0	3	1
泵、阀门、压缩机及类似机械的制造	3540	5	0	16	5
轴承、齿轮、传动和驱动部件的制造	3550	2	0	3	1
烘炉、熔炉及电炉制造	3560	0	0	6	0
风机、衡器、包装设备等通用设备制造	3570	2	0	18	6
通用零部件制造及机械修理	3580	10	0	17	14
金属铸、锻加工	3590	13	0	33	18

单位：个

企业单位数								代码
西宁	银川	乌鲁木齐	大连	宁波	厦门	青岛	深圳	
14	10	13	57	215	13	9	11	3200
0	1	2	1	1	0	2	0	3210
0	0	1	4	7	0	1	0	3220
2	5	10	51	207	13	5	11	3230
12	4	0	1	0	0	1	0	3240
10	5	5	31	227	24	6	48	3300
8	3	2	5	17	4	3	11	3310
0	0	1	0	0	0	0	0	3320
1	0	0	0	6	2	0	0	3330
0	0	0	5	17	8	0	4	3340
1	2	2	21	187	10	3	33	3350
21	17	18	210	896	116	502	446	3400
14	10	13	78	100	25	44	108	3410
2	1	0	20	158	15	15	30	3420
1	2	3	25	28	6	408	32	3430
4	0	2	12	43	6	6	21	3440
0	3	0	25	247	17	10	33	3450
0	0	0	25	116	7	5	30	3460
0	0	0	0	8	1	1	1	3470
0	0	0	5	152	22	2	76	3480
0	1	0	20	44	17	11	115	3490
10	27	16	785	1657	67	962	217	3500
2	2	0	21	24	0	12	2	3510
4	6	0	61	90	3	27	38	3520
0	6	4	43	57	11	413	3	3530
1	1	1	129	300	9	428	24	3540
0	5	1	177	292	7	6	13	3550
0	0	0	2	4	1	1	0	3560
0	2	4	59	205	11	17	55	3570
2	1	3	101	465	22	13	72	3580
1	4	3	192	220	3	45	10	3590

2-9续表 21

行业中类	代码	昆明	拉萨	西安	兰州
专用设备制造业	3600	40	0	100	38
矿山、冶金、建筑专用设备制造	3610	10	0	33	16
化工、木材、非金属加工专用设备制造	3620	3	0	7	9
食品、饮料、烟草及饲料生产专用设备制造	3630	14	0	4	1
印刷、制药、日化生产专用设备制造	3640	1	0	8	2
纺织、服装和皮革工业专用设备制造	3650	1	0	12	0
电子和电工机械专用设备制造	3660	2	0	13	3
农、林、牧、渔专用机械制造	3670	4	0	5	1
医疗仪器设备及器械制造	3680	0	0	4	0
环保、社会公共安全及其他专用设备制造	3690	5	0	14	6
交通运输设备制造业	3700	26	4	50	20
铁路运输设备制造	3710	3	0	13	4
汽车制造	3720	22	2	24	11
摩托车制造	3730	0	0	2	0
自行车制造	3740	0	0	1	0
船舶及浮动装置制造	3750	0	0	0	0
航空航天器制造	3760	0	0	10	4
交通器材及其他交通运输设备制造	3790	1	2	0	1
电气机械及器材制造业	3900	40	0	108	17
电机制造	3910	5	0	12	4
输配电及控制设备制造	3920	14	0	62	1
电线、电缆、光缆及电工器材制造	3930	12	0	25	8
电池制造	3940	3	0	3	0
家用电力器具制造	3950	0	0	2	1
非电力家用器具制造	3960	4	0	0	0
照明器具制造	3970	0	0	2	3
其他电气机械及器材制造	3990	2	0	2	0
通信设备、计算机及其他电子设备制造业	4000	10	0	55	8
通信设备制造	4010	2	0	14	2
雷达及配套设备制造	4020	0	0	1	1
广播电视设备制造	4030	0	0	4	2
电子计算机制造	4040	3	0	1	0
电子器件制造	4050	2	0	17	1
电子元件制造	4060	1	0	15	1
家用视听设备制造	4070	0	0	0	0
其他电子设备制造	4090	2	0	3	1

单位：个

企业单位数								代码
西宁	银川	乌鲁木齐	大连	宁波	厦门	青岛	深圳	
5	3	7	191	563	75	139	372	3600
1	2	2	45	12	14	11	8	3610
0	0	0	70	307	26	34	159	3620
0	0	0	0	27	2	3	2	3630
1	0	0	9	17	3	1	22	3640
0	0	0	6	104	13	57	14	3650
0	0	0	10	15	3	19	58	3660
0	1	4	6	26	0	4	2	3670
0	0	0	8	23	3	2	51	3680
3	0	1	37	32	11	8	56	3690
7	3	10	177	731	58	485	154	3700
1	0	1	21	4	0	12	3	3710
6	2	9	76	552	40	449	51	3720
0	0	0	1	74	7	0	5	3730
0	0	0	0	73	1	3	84	3740
0	0	0	76	24	4	8	7	3750
0	0	0	1	1	4	4	2	3760
0	1	0	2	3	2	9	2	3790
9	19	17	151	1330	110	52	916	3900
1	3	1	22	133	8	11	58	3910
1	9	6	71	202	46	18	331	3920
4	4	9	37	168	20	5	216	3930
0	1	1	2	41	4	0	106	3940
1	0	0	9	417	8	13	101	3950
1	1	0	1	33	1	1	6	3960
1	0	0	6	314	21	4	73	3970
0	1	0	3	22	2	0	25	3990
0	0	3	77	428	157	29	1461	4000
0	0	1	6	52	21	6	197	4010
0	0	0	1	0	0	1	0	4020
0	0	1	3	20	5	0	45	4030
0	0	0	11	35	18	1	257	4040
0	0	0	18	57	23	1	200	4050
0	0	1	27	214	67	12	452	4060
0	0	0	3	44	13	3	238	4070
0	0	0	8	6	10	5	72	4090

行业中类	代码	昆明	拉萨	西安	兰州
仪器仪表及文化、办公用机械制造业	4100	27	0	47	8
通用仪器仪表制造	4110	6	0	25	3
专用仪器仪表制造	4120	0	0	16	3
钟表与计时仪器制造	4130	0	0	0	0
光学仪器及眼镜制造	4140	21	0	3	1
文化、办公用机械制造	4150	0	0	1	1
其他仪器仪表的制造及修理	4190	0	0	2	0
工艺品及其他制造业	4200	5	1	8	2
工艺美术品制造	4210	3	1	5	0
日用杂品制造	4220	0	0	0	1
煤制品制造	4230	2	0	1	0
其他未列明的制造业	4290	0	0	2	0
废弃资源和废旧材料回收加工业	4300	1	0	1	0
金属废料和碎屑的加工处理	4310	1	0	1	0
非金属废料和碎屑的加工处理	4320	0	0	0	0
电力、燃气及水的生产和供应业	**D**	**30**	**8**	**22**	**33**
电力、热力的生产和供应业	4400	25	7	12	25
电力生产	4410	11	5	6	13
电力供应	4420	14	2	2	8
热力生产和供应	4430	0	0	4	4
燃气生产和供应业	4500	2	0	4	2
水的生产和供应业	4600	3	1	6	6
自来水的生产和供应	4610	3	1	6	4
污水处理及其再生利用	4620	0	0	0	2
其他水的处理、利用与分配	4690	0	0	0	0
建筑业	**E**	**856**	**60**	**382**	**374**
房屋和土木工程建筑业	4700	395	55	212	162
房屋工程建筑	4710	265	40	160	87
土木工程建筑	4720	130	15	52	75
建筑安装业	4800	197	2	88	102
建筑装饰业	4900	221	3	58	94
其他建筑业	5000	43	0	24	16
工程准备	5010	19	0	5	5
提供施工设备服务	5020	1	0	2	0
其他未列明的建筑活动	5090	23	0	17	11

单位：个

企业单位数								代码
西宁	银川	乌鲁木齐	大连	宁波	厦门	青岛	深圳	
2	5	3	69	216	55	11	277	4100
2	3	3	48	113	13	6	63	4110
0	0	0	8	25	3	3	17	4120
0	1	0	3	17	0	1	86	4130
0	0	0	4	26	30	0	27	4140
0	1	0	4	28	8	0	74	4150
0	0	0	2	7	1	1	10	4190
6	0	1	23	216	86	85	229	4200
6	0	0	15	93	44	73	172	4210
0	0	1	5	116	34	3	45	4220
0	0	0	0	0	0	0	0	4230
0	0	0	3	6	8	9	12	4290
1	0	0	1	72	3	5	4	4300
1	0	0	0	51	1	3	0	4310
0	0	0	1	21	2	2	4	4320
8	**16**	**39**	**64**	**71**	**11**	**7**	**43**	**D**
7	10	35	44	39	7	5	16	4400
3	6	7	10	29	5	1	15	4410
3	1	2	5	7	0	1	1	4420
1	3	26	29	3	2	3	0	4430
0	5	2	8	3	1	1	1	4500
1	1	2	12	29	3	1	26	4600
1	1	2	7	27	3	1	24	4610
0	0	0	3	2	0	0	1	4620
0	0	0	2	0	0	0	1	4690
303	**298**	**474**	**1099**	**714**	**351**	**766**	**723**	**E**
154	176	150	553	356	98	419	231	4700
99	87	60	385	202	67	341	136	4710
55	89	90	168	154	31	78	95	4720
69	56	154	318	116	73	122	239	4800
60	54	105	164	204	104	161	198	4900
20	12	65	64	38	76	64	55	5000
7	12	13	23	17	24	18	17	5010
2	0	6	3	6	34	13	6	5020
11	0	46	38	15	18	33	32	5090

行业中类	代码	昆明	拉萨	西安	兰州
批发和零售业	H	**550**	**12**	**387**	**246**
批发业	6300	355	5	93	147
农畜产品批发	6310	4	0	3	3
食品、饮料及烟草制品批发	6320	45	2	8	15
纺织、服装及日用品批发	6330	7	0	9	7
文化、体育用品及器材批发	6340	9	0	1	0
医药及医疗器材批发	6350	34	0	2	14
矿产品、建材及化工产品批发	6360	165	1	27	62
机械设备、五金交电及电子产品批发	6370	77	2	33	42
贸易经纪与代理	6380	2	0	1	1
其他批发	6390	12	0	9	3
零售业	6500	195	7	294	99
综合零售	6510	18	2	10	16
食品、饮料及烟草制品专门零售	6520	8	1	11	5
纺织、服装及日用品专门零售	6530	6	0	15	5
文化、体育用品及器材专门零售	6540	4	1	21	9
医药及医疗器材专门零售	6550	7	1	29	3
汽车、摩托车、燃料及零配件专门零售	6560	99	2	24	35
家用电器及电子产品专门零售	6570	43	0	33	21
五金、家具及室内装修材料专门零售	6580	6	0	26	4
无店铺及其他零售	6590	4	0	125	1
住宿和餐饮业	I	**154**	**31**	**276**	**93**
住宿业	6600	95	26	72	37
旅游饭店	6610	93	23	66	29
一般旅馆	6620	2	3	6	7
其他住宿服务	6690	0	0	0	1
餐饮业	6700	59	5	204	56
正餐服务	6710	54	4	195	54
快餐服务	6720	4	1	3	1
饮料及冷饮服务	6730	0	0	1	0
其他餐饮服务	6790	1	0	5	1

单位：个

企业单位数 西宁	银川	乌鲁木齐	大连	宁波	厦门	青岛	深圳	代码
175	**192**	**362**	**610**	**603**	**896**	**978**	**1062**	**H**
79	119	223	426	427	749	582	759	6300
2	6	15	23	8	7	18	12	6310
4	10	21	37	42	56	59	90	6320
2	3	6	34	90	155	86	98	6330
4	4	6	8	22	28	15	39	6340
4	8	6	14	17	10	24	50	6350
43	54	97	183	150	294	192	171	6360
15	30	64	108	82	153	149	234	6370
0	0	1	15	1	0	5	32	6380
5	4	7	4	15	46	34	33	6390
96	73	139	184	176	147	396	303	6500
14	9	25	35	45	31	64	60	6510
9	0	2	4	3	8	19	5	6520
7	2	18	9	3	7	20	36	6530
2	4	5	11	13	8	18	16	6540
8	10	8	14	11	5	16	14	6550
30	31	61	84	71	64	129	126	6560
15	14	15	19	24	18	57	25	6570
2	2	4	7	3	4	57	13	6580
9	1	1	1	3	2	16	8	6590
77	**77**	**123**	**235**	**273**	**131**	**272**	**468**	**I**
36	32	76	127	162	67	90	166	6600
24	32	72	118	152	56	84	156	6610
12	0	4	5	10	10	4	8	6620
0	0	0	4	0	1	2	2	6690
41	45	47	108	111	64	182	302	6700
34	43	45	99	106	52	177	265	6710
1	2	2	7	3	8	2	15	6720
0	0	0	1	1	0	2	6	6730
6	0	0	1	1	4	1	16	6790

2-10 限额以上企业按行业中类、控股情况分组的单位数

(2007年) 单位：个

行业中类	代码	企业单位数	#国有控股	#集体控股	#私人控股	#港澳台商控股	#外商控股
全国		**485004**	**50089**	**50003**	**319327**	**30828**	**33295**
采矿业	B	**15494**	**1720**	**3389**	**10118**	**119**	**131**
煤炭开采和洗选业	0600	7178	902	2070	4175	10	14
烟煤和无烟煤的开采洗选	0610	6917	859	2032	3997	10	13
褐煤的开采洗选	0620	226	35	29	161	0	1
其他煤炭采选	0690	35	8	9	17	0	0
石油和天然气开采业	0700	205	92	41	61	4	6
天然原油和天然气开采	0710	107	69	14	19	2	2
与石油和天然气开采有关的服务活动	0790	98	23	27	42	2	4
黑色金属矿采选业	0800	2915	145	321	2413	16	16
铁矿采选	0810	2738	126	292	2286	16	14
其他黑色金属矿采选	0890	177	19	29	127	0	2
有色金属矿采选业	0900	2097	314	417	1308	25	32
常用有色金属矿采选	0910	1280	129	168	935	24	24
贵金属矿采选	0920	527	114	228	178	0	6
稀有稀土金属矿采选	0930	290	71	21	195	1	2
非金属矿采选业	1000	3053	265	538	2119	64	63
土砂石开采	1010	2171	131	361	1591	48	39
化学矿采选	1020	262	40	65	148	3	6
采盐	1030	188	67	41	73	2	3
石棉及其他非金属矿采选	1090	432	27	71	307	11	15
其他采矿业	1100	46	2	2	42	0	0
制造业	C	**307380**	**17368**	**25106**	**205271**	**28463**	**30305**
农副食品加工业	1300	17499	1245	1276	12829	710	1345
谷物磨制	1310	4068	370	248	3355	37	53
饲料加工	1320	2592	145	150	1999	112	181
植物油加工	1330	1791	129	163	1386	28	75
制糖	1340	285	62	30	170	11	10
屠宰及肉类加工	1350	2834	322	236	2050	95	118
水产品加工	1360	1968	81	198	1118	180	371
蔬菜、水果和坚果加工	1370	2242	47	90	1546	165	370
其他农副食品加工	1390	1719	89	161	1205	82	167
食品制造业	1400	6939	508	507	4452	521	915
焙烤食品制造	1410	1030	52	57	655	113	150

2-10续表 1 单位：个

行业中类	代码	企业单位数	#国有控股	#集体控股	#私人控股	#港澳台商控股	#外商控股
糖果、巧克力及蜜饯制造	1420	565	24	34	372	68	66
方便食品制造	1430	971	77	65	657	67	99
液体乳及乳制品制造	1440	683	78	79	441	21	60
罐头制造	1450	781	39	48	507	67	117
调味品、发酵制品制造	1460	924	101	90	577	50	94
其他食品制造	1490	1985	137	134	1243	135	329
饮料制造业	1500	4341	429	400	2867	215	416
酒精制造	1510	192	17	25	144	3	3
酒的制造	1520	2106	278	207	1390	78	144
软饮料制造	1530	1277	86	86	743	110	247
精制茶加工	1540	766	48	82	590	24	22
烟草制品业	1600	160	123	17	13	5	1
烟叶复烤	1610	51	41	1	5	3	1
卷烟制造	1620	81	68	8	3	1	0
其他烟草制品加工	1690	28	14	8	5	1	0
纺织业	1700	27162	962	1515	19921	2774	1928
棉、化纤纺织及印染精加工	1710	11751	509	706	9158	879	481
毛纺织和染整精加工	1720	1379	59	148	934	149	82
麻纺织	1730	353	19	33	240	38	21
丝绢纺织及精加工	1740	2487	90	106	2086	128	75
纺织制成品制造	1750	4428	135	267	2985	488	535
针织品、编织品及其制品制造	1760	6764	150	255	4518	1092	734
纺织服装、鞋、帽制造业	1800	14297	394	596	8152	2881	2224
纺织服装制造	1810	13410	376	552	7592	2728	2118
纺织面料鞋的制造	1820	606	13	30	399	104	59
制帽	1830	281	5	14	161	49	47
皮革、毛皮、羽毛(绒)及其制品业	1900	7278	83	333	4578	1317	946
皮革鞣制加工	1910	770	9	57	506	112	86
皮革制品制造	1920	5689	58	225	3478	1132	777
毛皮鞣制及制品加工	1930	375	6	10	280	34	43
羽毛(绒)加工及制品制造	1940	444	10	41	314	39	40
木材加工及木、竹、藤、棕、草制品业	2000	7442	203	297	6045	431	446
锯材、木片加工	2010	1045	47	41	884	31	33
人造板制造	2020	3921	106	132	3364	173	140
木制品制造	2030	1607	41	85	1142	154	182
竹、藤、棕、草制品制造	2040	869	9	39	655	73	91

2-10续表 2　　单位：个

行业中类	代码	企业单位数	#国有控股	#集体控股	#私人控股	#港澳台商控股	#外商控股
家具制造业	2100	4534	99	159	2965	630	675
木质家具制造	2110	2968	64	97	1943	397	462
竹、藤家具制造	2120	70	0	1	54	7	8
金属家具制造	2130	901	16	45	612	117	111
塑料家具制造	2140	73	3	3	47	16	4
其他家具制造	2190	522	16	13	309	93	90
造纸及纸制品业	2200	9103	355	910	6245	780	794
纸浆制造	2210	117	21	11	72	8	5
造纸	2220	3828	176	426	2707	213	293
纸制品制造	2230	5158	158	473	3466	559	496
印刷业和记录媒介的复制	2300	5157	643	502	3334	406	261
印刷	2310	4812	586	465	3147	370	233
装订及其他印刷服务活动	2320	257	29	31	156	26	15
记录媒介的复制	2330	88	28	6	31	10	13
文教体育用品制造业	2400	3973	92	162	2148	940	623
文化用品制造	2410	945	22	34	622	148	119
体育用品制造	2420	1014	22	51	489	244	207
乐器制造	2430	264	11	8	150	33	61
玩具制造	2440	1611	33	63	787	493	229
游艺器材及娱乐用品制造	2450	139	4	6	100	22	7
石油加工及炼焦业	2500	2103	251	232	1443	65	105
精炼石油产品的制造	2510	1199	142	146	782	44	79
炼焦	2520	897	106	86	657	21	26
化学原料及化学制品制造业	2600	21690	1592	2407	14446	1380	1782
基础化学原料制造	2610	5311	481	666	3659	184	299
肥料制造	2620	2181	295	232	1500	54	90
农药制造	2630	783	76	95	539	24	47
涂料、油墨、颜料及类似产品制造	2640	3456	153	343	2149	407	395
合成材料制造	2650	1879	112	193	1128	186	251
专用化学产品制造	2660	6620	399	751	4601	357	484
日用化学产品制造	2670	1460	76	127	870	168	216

2-10续表 3

单位：个

行业中类	代码	企业单位数	#国有控股	#集体控股	#私人控股	#港澳台商控股	#外商控股
医药制造业	2700	5414	698	515	3325	346	515
化学药品原药制造	2710	976	119	85	637	55	77
化学药品制剂制造	2720	1110	180	97	608	83	136
中药饮片加工	2730	533	37	58	375	27	35
中成药制造	2740	1301	240	168	716	99	78
兽用药品制造	2750	443	40	31	334	6	31
生物、生化制品的制造	2760	575	63	45	337	38	90
卫生材料及医药用品制造	2770	476	19	31	318	38	68
化学纤维制造业	2800	1593	90	107	1127	148	119
纤维素纤维原料及纤维制造	2810	214	27	12	129	22	24
合成纤维制造	2820	1379	63	95	998	126	95
橡胶制品业	2900	3526	148	349	2285	359	375
轮胎制造	2910	441	30	36	306	17	47
橡胶板、管、带的制造	2920	774	35	93	565	37	41
橡胶零件制造	2930	800	31	89	497	76	107
再生橡胶制造	2940	184	3	26	143	5	7
日用及医用橡胶制品制造	2950	233	11	12	134	39	37
橡胶靴鞋制造	2960	592	26	51	339	111	63
其他橡胶制品制造	2990	502	12	42	301	74	73
塑料制品业	3000	14887	402	1102	9886	1984	1476
塑料薄膜制造	3010	1525	65	142	969	187	152
塑料板、管、型材的制造	3020	2435	93	206	1700	220	209
塑料丝、绳及编织品的制造	3030	1862	60	218	1434	62	76
泡沫塑料制造	3040	975	27	72	672	126	76
塑料人造革、合成革制造	3050	420	2	24	308	48	37
塑料包装箱及容器制造	3060	1642	43	112	1072	242	172
塑料零件制造	3070	1710	39	96	1038	278	256
日用塑料制造	3080	2243	32	128	1469	381	232
其他塑料制品制造	3090	2075	41	104	1224	440	266
非金属矿物制品业	3100	23798	1662	2952	16586	1211	1305
水泥、石灰和石膏的制造	3110	5307	641	944	3494	116	103
水泥及石膏制品制造	3120	3390	302	324	2386	195	173
砖瓦、石材及其他建筑材料制造	3130	6104	228	755	4469	289	335
玻璃及玻璃制品制造	3140	3415	155	270	2457	240	275
陶瓷制品制造	3150	1887	117	136	1163	260	197
耐火材料制品制造	3160	1763	88	287	1252	44	90
石墨及其他非金属矿物制品制造	3190	1932	131	236	1365	67	132

2-10续表 4 单位：个

行业中类	代码	企业单位数	#国有控股	#集体控股	#私人控股	#港澳台商控股	#外商控股
黑色金属冶炼及压延加工业	3200	7057	388	775	5402	224	256
炼铁	3210	937	60	111	736	13	16
炼钢	3220	399	44	41	288	13	13
钢压延加工	3230	4183	206	408	3177	180	201
铁合金冶炼	3240	1538	78	215	1201	18	26
有色金属冶炼及压延加工业	3300	6532	481	737	4608	370	328
常用有色金属冶炼	3310	1930	191	218	1382	61	77
贵金属冶炼	3320	239	41	33	150	7	8
稀有稀土金属冶炼	3330	487	49	44	351	13	30
有色金属合金制造	3340	566	29	65	386	35	50
有色金属压延加工	3350	3310	171	377	2339	254	163
金属制品业	3400	18148	613	1545	12691	1625	1644
结构性金属制品制造	3410	4988	232	453	3673	296	326
金属工具制造	3420	2198	62	139	1607	197	190
集装箱及金属包装容器制造	3430	1668	85	191	981	131	276
金属丝绳及其制品的制造	3440	1161	41	109	844	57	109
建筑、安全用金属制品制造	3450	2533	50	164	1815	228	271
金属表面处理及热处理加工	3460	1410	36	212	942	120	97
搪瓷制品制造	3470	252	6	24	186	15	19
不锈钢及类似日用金属制品制造	3480	2230	32	116	1528	342	211
其他金属制品制造	3490	1708	69	137	1115	239	145
通用设备制造业	3500	27211	1401	2577	19591	1218	2374
锅炉及原动机制造	3510	1383	154	194	903	39	89
金属加工机械制造	3520	2674	216	227	1871	141	218
起重运输设备制造	3530	1836	121	156	1192	84	283
泵、阀门、压缩机及类似机械的制造	3540	4730	229	400	3292	202	591
轴承、齿轮、传动和驱动部件的制造	3550	2550	145	183	1914	101	203
烘炉、熔炉及电炉制造	3560	210	8	22	143	12	25
风机、衡器、包装设备等通用设备制造	3570	3633	180	300	2503	251	389
通用零部件制造及机械修理	3580	4608	182	445	3374	253	346
金属铸、锻加工	3590	5587	166	650	4399	135	230

2-10续表 5 单位：个

行业中类	代码	企业单位数	#国有控股	#集体控股	#私人控股	#港澳台商控股	#外商控股
专用设备制造业	3600	13116	1083	1076	8440	1032	1439
矿山、冶金、建筑专用设备制造	3610	2765	346	307	1860	71	169
化工、木材、非金属加工专用设备制造	3620	2936	127	161	1745	439	457
食品、饮料、烟草及饲料生产专用设备制造	3630	683	65	74	468	30	44
印刷、制药、日化生产专用设备制造	3640	853	50	58	575	72	95
纺织、服装和皮革工业专用设备制造	3650	1444	81	117	982	141	120
电子和电工机械专用设备制造	3660	868	102	59	473	98	131
农、林、牧、渔专用机械制造	3670	1098	106	102	794	23	67
医疗仪器设备及器械制造	3680	835	62	65	479	65	161
环保、社会公共安全及其他专用设备制造	3690	1634	144	133	1064	93	195
交通运输设备制造业	3700	13886	1346	1302	8677	797	1743
铁路运输设备制造	3710	574	166	128	241	11	26
汽车制造	3720	9296	830	857	5700	512	1380
摩托车制造	3730	1730	52	146	1377	73	82
自行车制造	3740	875	17	37	560	144	116
船舶及浮动装置制造	3750	1067	158	106	662	45	95
航空航天器制造	3760	167	109	5	25	3	25
交通器材及其他交通运输设备制造	3790	177	14	23	112	9	19
电气机械及器材制造业	3900	18709	867	1622	12125	2031	2028
电机制造	3910	2100	138	173	1421	137	227
输配电及控制设备制造	3920	5598	320	631	3561	475	596
电线、电缆、光缆及电工器材制造	3930	4166	175	477	2740	420	349
电池制造	3940	991	47	57	614	135	136
家用电力器具制造	3950	2318	69	107	1472	366	301
非电力家用器具制造	3960	471	17	16	356	29	53
照明器具制造	3970	2614	77	124	1689	421	300
其他电气机械及器材制造	3990	451	24	37	272	48	66
通信设备、计算机及其他电子设备制造业	4000	10562	665	407	4385	2403	2669
通信设备制造	4010	1281	148	67	581	184	294
雷达及配套设备制造	4020	45	30	1	12	1	1
广播电视设备制造	4030	380	21	17	218	61	63
电子计算机制造	4040	1236	54	35	378	358	406
电子器件制造	4050	1593	129	68	566	331	496
电子元件制造	4060	4354	196	172	1890	1007	1071
家用视听设备制造	4070	935	41	27	348	321	198
其他电子设备制造	4090	738	46	20	392	140	140

行业中类	代码	企业单位数	#国有控股	#集体控股	#私人控股	#港澳台商控股	#外商控股
仪器仪表及文化、办公用机械制造业	4100	4324	351	299	2343	574	735
通用仪器仪表制造	4110	1993	170	164	1270	109	266
专用仪器仪表制造	4120	640	92	53	354	41	95
钟表与计时仪器制造	4130	405	13	27	150	155	58
光学仪器及眼镜制造	4140	704	45	26	339	138	156
文化、办公用机械制造	4150	434	20	14	146	117	136
其他仪器仪表的制造及修理	4190	148	11	15	84	14	24
工艺品及其他制造业	4200	6265	175	348	3890	1046	776
工艺美术品制造	4210	4376	93	253	2693	750	560
日用杂品制造	4220	1348	10	40	900	242	153
煤制品制造	4230	98	10	15	69	1	3
其他未列明的制造业	4290	434	55	40	227	52	60
废弃资源和废旧材料回收加工业	4300	673	19	79	472	40	62
金属废料和碎屑的加工处理	4310	459	13	61	307	26	51
非金属废料和碎屑的加工处理	4320	214	6	18	165	14	11
电力、燃气及水的生产和供应业	**D**	**7904**	**4780**	**843**	**1676**	**265**	**290**
电力、热力的生产和供应业	4400	5442	3274	537	1242	176	181
电力生产	4410	3116	1463	403	916	156	162
电力供应	4420	1603	1474	55	62	5	6
热力生产和供应	4430	723	337	79	264	15	13
燃气生产和供应业	4500	610	217	46	216	54	74
水的生产和供应业	4600	1852	1289	260	218	35	35
自来水的生产和供应	4610	1706	1229	242	169	28	25
污水处理及其再生利用	4620	127	58	17	35	7	8
其他水的处理、利用与分配	4690	19	2	1	14	0	2
建筑业	**E**	**67276**	**9631**	**11262**	**45370**	**476**	**387**
房屋和土木工程建筑业	4700	38465	6800	8275	23092	101	123
房屋工程建筑	4710	27471	3276	6675	17326	68	71
土木工程建筑	4720	10994	3524	1600	5766	33	52
建筑安装业	4800	11228	1393	1505	8104	105	98
建筑装饰业	4900	12719	830	1003	10470	247	135
其他建筑业	5000	4864	608	479	3704	23	31
工程准备	5010	1557	237	129	1174	8	6
提供施工设备服务	5020	554	50	39	453	6	4
其他未列明的建筑活动	5090	2753	321	311	2077	9	21

行业中类	代码	企业单位数	#国有控股	#集体控股	#私人控股	#港澳台商控股	#外商控股
批发和零售业	H	**62621**	**11919**	**6971**	**41573**	**628**	**1311**
批发业	6300	34683	7278	2989	23035	393	879
农畜产品批发	6310	1710	945	205	532	7	15
食品、饮料及烟草制品批发	6320	3512	1715	245	1443	31	64
纺织、服装及日用品批发	6330	2962	481	211	2127	50	93
文化、体育用品及器材批发	6340	968	268	46	606	25	21
医药及医疗器材批发	6350	2021	478	191	1307	12	28
矿产品、建材及化工产品批发	6360	13541	2187	1374	9677	85	186
机械设备、五金交电及电子产品批发	6370	7416	843	480	5698	124	259
贸易经纪与代理	6380	494	122	24	297	10	40
其他批发	6390	2059	239	213	1348	49	173
零售业	6500	27938	4641	3982	18538	235	432
综合零售	6510	6865	958	1973	3579	109	207
食品、饮料及烟草制品专门零售	6520	1320	460	185	642	4	22
纺织、服装及日用品专门零售	6530	1575	138	207	1147	39	42
文化、体育用品及器材专门零售	6540	1925	1189	95	611	13	14
医药及医疗器材专门零售	6550	1689	402	188	1077	6	2
汽车、摩托车、燃料及零配件专门零售	6560	7839	968	831	5925	33	53
家用电器及电子产品专门零售	6570	3917	179	232	3466	9	22
五金、家具及室内装修材料专门零售	6580	1475	141	126	1157	8	39
无店铺及其他零售	6590	1333	206	145	934	14	31
住宿和餐饮业	I	**24329**	**4671**	**2432**	**15319**	**877**	**871**
住宿业	6600	10788	3787	1372	4693	455	382
旅游饭店	6610	9077	3262	1142	3829	419	345
一般旅馆	6620	1490	458	204	754	29	32
其他住宿服务	6690	221	67	26	110	7	5
餐饮业	6700	13541	884	1060	10626	422	489
正餐服务	6710	12596	837	982	10012	364	347
快餐服务	6720	511	24	34	297	41	113
饮料及冷饮服务	6730	95	3	8	68	5	10
其他餐饮服务	6790	339	20	36	249	12	19

2-11 限额以上企业按地区、

(2007年)

地区	企业单位数	内资企业	国有企业	集体企业	股份合作企业
全国	**485004**	**415301**	**26403**	**25370**	**8582**
北京	17917	15961	1283	807	616
天津	5224	4692	62	35	26
河北	16385	15281	1362	1150	249
山西	7681	7504	980	1087	95
内蒙古	4930	4748	385	121	57
辽宁	23428	20289	1196	1688	352
吉林	5959	5546	634	333	62
黑龙江	5666	5498	777	483	104
上海	22820	16086	847	1151	528
江苏	54783	44739	1196	2526	1316
浙江	63255	54038	755	857	1254
安徽	10796	10147	721	582	246
福建	20646	14863	829	686	434
江西	8558	7834	937	452	250
山东	48895	43309	2399	2991	700
河南	21420	20889	1726	2776	377
湖北	13326	12504	1199	709	237
湖南	14377	13778	1107	929	296
广东	56530	37585	2125	2188	418
广西	6715	6240	767	556	105
海南	1097	954	159	28	11
重庆	8013	7746	396	361	124
四川	20140	19491	989	845	283
贵州	3366	3232	761	275	68
云南	6100	5845	587	501	123
西藏	353	347	112	65	6
陕西	7142	6900	679	552	88
甘肃	3992	3911	731	457	106
青海	1287	1252	222	67	42
宁夏	1652	1603	156	33	5
新疆	2551	2489	324	79	4

登记注册类型分组的单位数

单位：个

国有联营企业	集体联营企业	国有与集体联营	国有独资公司	其他企业	港、澳、台商投资企业	外商投资企业
2073	**91075**	**14254**	**247381**	**162**	**33643**	**36060**
61	4884	325	7985		587	1369
7	558	54	3937	13	99	433
63	3597	872	7986	2	335	769
53	2173	269	2847		75	102
17	1497	229	2442		66	116
43	3897	473	12640		709	2430
8	1482	412	2614	1	100	313
14	1432	351	2333	4	49	119
286	2548	245	10481		2104	4630
160	6568	1029	31944		4185	5859
88	10177	596	40308	3	4406	4811
55	2304	562	5668	9	278	371
144	2921	368	9479	2	3573	2210
18	1765	355	4055	1	418	306
124	8820	1724	26548	3	1204	4382
111	4350	1013	10498	38	236	295
75	3217	857	6209	1	379	443
66	2709	676	7994	1	326	273
299	8801	796	22923	35	13566	5379
20	1337	284	3146	25	238	237
16	374	59	302	5	69	74
21	2147	261	4434	2	105	162
69	6777	1074	9445	9	210	439
32	781	147	1165	3	56	78
34	1278	291	3031		116	139
5	61	20	78			6
151	2052	581	2793	4	64	178
23	1005	177	1411	1	34	47
3	343	51	524		14	21
3	364	37	1005		13	36
4	856	66	1156		29	33

2-12 限额以上企业按行业中类、

(2007年)

行业中类	代码	企业单位数	内资企业	国有企业	集体企业
全国		**485004**	**415301**	**26403**	**25370**
采矿业	B	**15494**	**15240**	**921**	**2531**
煤炭开采和洗选业	0600	7178	7156	546	1638
烟煤和无烟煤的开采洗选	0610	6917	6896	520	1618
褐煤的开采洗选	0620	226	225	21	14
其他煤炭采选	0690	35	35	5	6
石油和天然气开采业	0700	205	196	34	18
天然原油和天然气开采	0710	107	104	20	3
与石油和天然气开采有关的服务活动	0790	98	92	14	15
黑色金属矿采选业	0800	2915	2882	56	209
铁矿采选	0810	2738	2707	42	189
其他黑色金属矿采选	0890	177	175	14	20
有色金属矿采选业	0900	2097	2043	137	289
常用有色金属矿采选	0910	1280	1234	53	92
贵金属矿采选	0920	527	521	61	184
稀有稀土金属矿采选	0930	290	288	23	13
非金属矿采选业	1000	3053	2918	146	375
土砂石开采	1010	2171	2079	69	265
化学矿采选	1020	262	253	15	34
采盐	1030	188	182	48	29
石棉及其他非金属矿采选	1090	432	404	14	47
其他采矿业	1100	46	45	2	2
制造业	C	**307380**	**243125**	**6430**	**11575**
农副食品加工业	1300	17499	15246	641	502
谷物磨制	1310	4068	3975	217	79
饲料加工	1320	2592	2281	57	39
植物油加工	1330	1791	1684	49	65
制糖	1340	285	263	21	2
屠宰及肉类加工	1350	2834	2598	217	107
水产品加工	1360	1968	1329	37	105
蔬菜、水果和坚果加工	1370	2242	1661	14	36
其他农副食品加工	1390	1719	1455	29	69
食品制造业	1400	6939	5423	207	157
焙烤食品制造	1410	1030	760	29	14

登记注册类型分组的单位数

单位：个

股份合作企业	国有联营企业	集体联营企业	国有与集体联营	国有独资公司	其他企业	港、澳、台商投资企业	外商投资企业	代码
8582	**2073**	**91075**	**14254**	**247381**	**162**	**33643**	**36060**	
255	**217**	**2418**	**443**	**8450**	**5**	**122**	**132**	**B**
152	155	1063	198	3403	1	9	13	0600
144	153	982	188	3290	1	9	12	0610
8	1	71	9	101	0	0	1	0620
0	1	10	1	12	0	0	0	0690
3	1	68	30	42	0	4	5	0700
2	0	38	29	12	0	2	1	0710
1	1	30	1	30	0	2	4	0790
20	8	403	62	2124	0	18	15	0800
16	8	384	57	2011	0	18	13	0810
4	0	19	5	113	0	0	2	0890
35	20	428	67	1067	0	23	31	0900
19	10	245	39	776	0	22	24	0910
14	9	106	19	128	0	0	6	0920
2	1	77	9	163	0	1	1	0930
45	33	453	83	1779	4	68	67	1000
34	22	265	45	1375	4	52	40	1010
2	4	65	12	121	0	3	6	1020
4	2	45	10	44	0	2	4	1030
5	5	78	16	239	0	11	17	1090
0	0	3	3	35	0	0	1	1100
5766	**945**	**46233**	**7447**	**164669**	**60**	**31215**	**33040**	**C**
262	51	2827	621	10337	5	774	1479	1300
61	17	570	130	2900	1	38	55	1310
32	12	523	111	1507	0	123	188	1320
31	4	308	71	1156	0	31	76	1330
2	2	116	22	98	0	12	10	1340
46	8	525	117	1577	1	104	132	1350
47	3	258	50	829	0	203	436	1360
17	1	259	44	1287	3	177	404	1370
26	4	268	76	983	0	86	178	1390
107	13	1294	244	3393	8	543	973	1400
15	1	134	18	548	1	115	155	1410

2-12续表 1

行业中类	代码	企业单位数	内资企业	国有企业	集体企业
糖果、巧克力及蜜饯制造	1420	565	428	8	16
方便食品制造	1430	971	790	33	20
液体乳及乳制品制造	1440	683	604	24	15
罐头制造	1450	781	576	12	16
调味品、发酵制品制造	1460	924	765	47	28
其他食品制造	1490	1985	1500	54	48
饮料制造业	1500	4341	3679	187	128
酒精制造	1510	192	185	5	5
酒的制造	1520	2106	1876	115	57
软饮料制造	1530	1277	900	33	20
精制茶加工	1540	766	718	34	46
烟草制品业	1600	160	152	87	14
烟叶复烤	1610	51	47	22	0
卷烟制造	1620	81	79	56	8
其他烟草制品加工	1690	28	26	9	6
纺织业	1700	27162	21618	251	624
棉、化纤纺织及印染精加工	1710	11751	10164	130	283
毛纺织和染整精加工	1720	1379	1109	18	59
麻纺织	1730	353	291	4	14
丝绢纺织及精加工	1740	2487	2224	23	37
纺织制成品制造	1750	4428	3239	36	111
针织品、编织品及其制品制造	1760	6764	4591	40	120
纺织服装、鞋、帽制造业	1800	14297	8471	82	276
纺织服装制造	1810	13410	7875	78	261
纺织面料鞋的制造	1820	606	428	4	7
制帽	1830	281	168	0	8
皮革、毛皮、羽毛(绒)及其制品业	1900	7278	4773	25	134
皮革鞣制加工	1910	770	544	4	32
皮革制品制造	1920	5689	3592	14	79
毛皮鞣制及制品加工	1930	375	287	3	7
羽毛(绒)加工及制品制造	1940	444	350	4	16
木材加工及木、竹、藤、棕、草制品业	2000	7442	6473	90	133
锯材、木片加工	2010	1045	971	31	22
人造板制造	2020	3921	3578	42	34
木制品制造	2030	1607	1245	15	53
竹、藤、棕、草制品制造	2040	869	679	2	24

单位：个

股份合作企业	国有联营企业	集体联营企业	国有与集体联营	国有独资公司	其他企业	港、澳、台商投资企业	外商投资企业	代码
7	2	89	12	293	1	72	65	1420
15	2	184	40	495	1	71	110	1430
11	2	212	61	279	0	19	60	1440
9	1	125	21	392	0	73	132	1450
17	0	202	37	434	0	53	106	1460
33	5	348	55	952	5	140	345	1490
79	11	880	201	2192	1	223	439	1500
2	1	55	8	109	0	4	3	1510
41	6	495	130	1032	0	74	156	1520
19	3	230	47	547	1	120	257	1530
17	1	100	16	504	0	25	23	1540
1	1	40	7	2	0	6	2	1600
1	0	20	4	0	0	3	1	1610
0	1	12	1	1	0	1	1	1620
0	0	8	2	1	0	2	0	1690
345	52	2846	418	17074	8	3244	2300	1700
151	20	1429	233	7916	2	1042	545	1710
25	4	174	23	805	1	177	93	1720
6	4	43	13	207	0	39	23	1730
32	2	280	38	1812	0	167	96	1740
67	9	415	63	2535	3	573	616	1750
64	13	505	48	3799	2	1246	927	1760
122	20	1121	156	6694	0	3163	2663	1800
100	19	1036	147	6234	0	2999	2536	1810
16	1	68	4	328	0	107	71	1820
6	0	17	5	132	0	57	56	1830
100	4	701	59	3749	1	1410	1095	1900
16	0	81	20	391	0	124	102	1910
78	4	549	27	2840	1	1206	891	1920
0	0	26	5	246	0	35	53	1930
6	0	45	7	272	0	45	49	1940
59	13	705	138	5331	4	476	493	2000
9	4	99	29	775	2	36	38	2010
28	5	408	87	2974	0	185	158	2020
16	2	138	17	1002	2	170	192	2030
6	2	60	5	580	0	85	105	2040

2-12续表 2

行业中类	代码	企业单位数	内资企业	国有企业	集体企业
家具制造业	2100	4534	3138	31	55
木质家具制造	2110	2968	2060	22	34
竹、藤家具制造	2120	70	54	0	0
金属家具制造	2130	901	651	8	17
塑料家具制造	2140	73	53	0	2
其他家具制造	2190	522	320	1	2
造纸及纸制品业	2200	9103	7426	125	522
纸浆制造	2210	117	103	6	7
造纸	2220	3828	3262	66	237
纸制品制造	2230	5158	4061	53	278
印刷业和记录媒介的复制	2300	5157	4445	422	224
印刷	2310	4812	4170	394	205
装订及其他印刷服务活动	2320	257	211	17	18
记录媒介的复制	2330	88	64	11	1
文教体育用品制造业	2400	3973	2274	21	83
文化用品制造	2410	945	652	10	19
体育用品制造	2420	1014	527	6	20
乐器制造	2430	264	161	2	3
玩具制造	2440	1611	829	2	38
游艺器材及娱乐用品制造	2450	139	105	1	3
石油加工及炼焦业	2500	2103	1923	70	104
精炼石油产品的制造	2510	1199	1068	47	81
炼焦	2520	897	848	21	23
化学原料及化学制品制造业	2600	21690	18300	495	1199
基础化学原料制造	2610	5311	4766	133	325
肥料制造	2620	2181	2033	126	81
农药制造	2630	783	704	27	41
涂料、油墨、颜料及类似产品制造	2640	3456	2589	31	173
合成材料制造	2650	1879	1403	17	104
专用化学产品制造	2660	6620	5734	137	427
日用化学产品制造	2670	1460	1071	24	48

单位：个

股份合作企业	国有联营企业	集体联营企业	国有与集体联营	国有独资公司	其他企业	港、澳、台商投资企业	外商投资企业	代码
36	4	479	64	2469	0	667	729	2100
21	1	338	46	1598	0	415	493	2110
0	0	6	0	48	0	8	8	2120
11	2	69	11	533	0	126	124	2130
1	0	12	1	37	0	16	4	2140
3	1	54	6	253	0	102	100	2190
195	24	1316	189	5054	1	848	829	2200
1	0	27	5	57	0	8	6	2210
79	11	601	113	2155	0	249	317	2220
115	13	688	71	2842	1	591	506	2230
152	23	983	94	2547	0	451	261	2300
141	20	907	87	2416	0	408	234	2310
11	3	42	4	116	0	32	14	2320
0	0	34	3	15	0	11	13	2330
39	8	229	27	1867	0	1000	699	2400
8	1	60	6	548	0	160	133	2410
14	4	55	9	419	0	257	230	2420
2	1	24	3	126	0	37	66	2430
14	2	83	9	681	0	521	261	2440
1	0	7	0	93	0	25	9	2450
36	14	452	154	1093	0	72	108	2500
28	10	206	81	615	0	49	82	2510
8	4	245	73	474	0	23	26	2520
548	82	3944	751	11277	4	1507	1883	2600
157	27	1162	202	2760	0	217	328	2610
47	6	530	124	1119	0	57	91	2620
23	3	192	59	358	1	27	52	2630
90	14	504	77	1698	2	444	423	2640
38	3	289	55	897	0	205	271	2650
166	26	1029	190	3758	1	383	503	2660
27	3	238	44	687	0	174	215	2670

2-12续表 3

行业中类	代码	企业单位数	内资企业	国有企业	集体企业
医药制造业	2700	5414	4475	152	99
化学药品原药制造	2710	976	817	19	28
化学药品制剂制造	2720	1110	878	48	10
中药饮片加工	2730	533	464	8	13
中成药制造	2740	1301	1110	52	18
兽用药品制造	2750	443	404	9	7
生物、生化制品的制造	2760	575	433	13	7
卫生材料及医药用品制造	2770	476	369	3	16
化学纤维制造业	2800	1593	1285	19	43
纤维素纤维原料及纤维制造	2810	214	159	4	4
合成纤维制造	2820	1379	1126	15	39
橡胶制品业	2900	3526	2733	51	176
轮胎制造	2910	441	370	5	15
橡胶板、管、带的制造	2920	774	685	14	43
橡胶零件制造	2930	800	606	9	46
再生橡胶制造	2940	184	170	2	15
日用及医用橡胶制品制造	2950	233	148	4	9
橡胶靴鞋制造	2960	592	405	11	22
其他橡胶制品制造	2990	502	349	6	26
塑料制品业	3000	14887	11164	110	527
塑料薄膜制造	3010	1525	1145	17	59
塑料板、管、型材的制造	3020	2435	1955	29	105
塑料丝、绳及编织品的制造	3030	1862	1702	19	103
泡沫塑料制造	3040	975	755	3	42
塑料人造革、合成革制造	3050	420	316	0	10
塑料包装箱及容器制造	3060	1642	1207	12	52
塑料零件制造	3070	1710	1148	14	50
日用塑料制造	3080	2243	1595	6	61
其他塑料制品制造	3090	2075	1341	10	45
非金属矿物制品业	3100	23798	21090	658	1554
水泥、石灰和石膏的制造	3110	5307	5074	264	524
水泥及石膏制品制造	3120	3390	2978	119	126
砖瓦、石材及其他建筑材料制造	3130	6104	5455	113	403
玻璃及玻璃制品制造	3140	3415	2828	34	123
陶瓷制品制造	3150	1887	1417	51	62
耐火材料制品制造	3160	1763	1619	31	190
石墨及其他非金属矿物制品制造	3190	1932	1719	46	126

单位：个

股份合作企业	国有联营企业	集体联营企业	国有与集体联营	国有独资公司	其他企业	港、澳、台商投资企业	外商投资企业	代码
91	28	1561	477	2066	1	378	561	2700
19	7	268	70	406	0	67	92	2710
9	9	398	105	299	0	87	145	2720
18	3	119	36	267	0	30	39	2730
27	2	450	180	381	0	108	83	2740
6	1	105	28	248	0	7	32	2750
8	4	140	43	218	0	41	101	2760
4	2	81	15	247	1	38	69	2770
25	3	198	35	962	0	181	127	2800
3	0	39	10	99	0	26	29	2810
22	3	159	25	863	0	155	98	2820
94	11	524	74	1803	0	392	401	2900
8	2	82	16	242	0	22	49	2910
23	4	106	20	475	0	40	49	2920
22	2	99	13	415	0	82	112	2930
7	1	31	4	110	0	6	8	2940
1	1	21	6	106	0	44	41	2950
29	0	122	4	217	0	119	68	2960
4	1	63	11	238	0	79	74	2990
269	33	1942	204	8076	3	2149	1574	3000
30	4	225	36	774	0	216	164	3010
33	8	359	51	1370	0	247	233	3020
66	6	294	41	1173	0	73	87	3030
13	4	109	13	570	1	140	80	3040
3	1	55	1	246	0	60	44	3050
32	3	216	26	866	0	257	178	3060
32	0	150	5	897	0	297	265	3070
38	3	295	15	1175	2	398	250	3080
22	4	239	16	1005	0	461	273	3090
549	145	4294	766	13121	3	1318	1390	3100
139	55	1201	268	2623	0	126	107	3110
39	27	758	105	1802	2	226	186	3120
215	31	845	127	3720	1	304	345	3130
54	8	508	102	1999	0	271	316	3140
39	6	291	51	917	0	267	203	3150
35	7	327	54	975	0	51	93	3160
28	11	364	59	1085	0	73	140	3190

2-12续表 4

行业中类	代码	企业单位数	内资企业	国有企业	集体企业
黑色金属冶炼及压延加工业	3200	7057	6508	111	357
炼铁	3210	937	906	19	50
炼钢	3220	399	368	10	23
钢压延加工	3230	4183	3743	53	204
铁合金冶炼	3240	1538	1491	29	80
有色金属冶炼及压延加工业	3300	6532	5761	128	388
常用有色金属冶炼	3310	1930	1782	44	104
贵金属冶炼	3320	239	224	19	15
稀有稀土金属冶炼	3330	487	439	12	20
有色金属合金制造	3340	566	471	11	32
有色金属压延加工	3350	3310	2845	42	217
金属制品业	3400	18148	14620	198	821
结构性金属制品制造	3410	4988	4317	72	243
金属工具制造	3420	2198	1764	21	80
集装箱及金属包装容器制造	3430	1668	1234	27	99
金属丝绳及其制品的制造	3440	1161	984	18	60
建筑、安全用金属制品制造	3450	2533	1988	15	78
金属表面处理及热处理加工	3460	1410	1178	11	139
搪瓷制品制造	3470	252	220	1	14
不锈钢及类似日用金属制品制造	3480	2230	1634	11	35
其他金属制品制造	3490	1708	1301	22	73
通用设备制造业	3500	27211	23187	587	1214
锅炉及原动机制造	3510	1383	1238	66	84
金属加工机械制造	3520	2674	2283	99	89
起重运输设备制造	3530	1836	1449	56	67
泵、阀门、压缩机及类似机械的制造	3540	4730	3860	91	150
轴承、齿轮、传动和驱动部件的制造	3550	2550	2177	49	73
烘炉、熔炉及电炉制造	3560	210	171	2	14
风机、衡器、包装设备等通用设备制造	3570	3633	2900	69	134
通用零部件制造及机械修理	3580	4608	3940	90	224
金属铸、锻加工	3590	5587	5169	65	379

单位：个

股份合作企业	国有联营企业	集体联营企业	国有与集体联营	国有独资公司	其他企业	港、澳、台商投资企业	外商投资企业	代码
150	34	1294	176	4383	3	263	286	3200
16	5	198	41	576	1	13	18	3210
3	2	100	9	221	0	18	13	3220
96	14	657	73	2646	0	213	227	3230
35	13	339	53	940	2	19	28	3240
135	33	1198	216	3662	1	406	365	3300
37	14	375	98	1109	1	66	82	3310
2	6	50	13	119	0	7	8	3320
8	2	93	19	285	0	16	32	3330
11	2	110	14	291	0	37	58	3340
77	9	570	72	1858	0	280	185	3350
374	56	2334	281	10552	4	1760	1768	3400
85	21	823	95	2975	3	326	345	3410
31	3	252	32	1345	0	214	220	3420
48	4	234	34	788	0	145	289	3430
30	6	127	21	722	0	70	107	3440
54	8	273	31	1529	0	244	301	3450
59	4	152	14	799	0	127	105	3460
5	1	23	6	170	0	14	18	3470
34	3	233	23	1294	1	370	226	3480
28	6	217	25	930	0	250	157	3490
749	79	3990	540	16024	4	1397	2627	3500
48	7	276	66	691	0	42	103	3510
56	12	455	68	1504	0	154	237	3520
50	8	298	41	929	0	93	294	3530
158	6	810	106	2539	0	228	642	3540
60	10	344	40	1601	0	126	247	3550
3	0	35	0	117	0	14	25	3560
92	8	506	73	2018	0	300	433	3570
119	12	572	53	2867	3	285	383	3580
163	16	694	93	3758	1	155	263	3590

2-12续表 5

行业中类	代码	企业单位数	内资企业	国有企业	集体企业
专用设备制造业	3600	13116	10488	446	414
矿山、冶金、建筑专用设备制造	3610	2765	2503	151	130
化工、木材、非金属加工专用设备制造	3620	2936	1988	49	68
食品、饮料、烟草及饲料生产专用设备制造	3630	683	606	34	30
印刷、制药、日化生产专用设备制造	3640	853	677	15	19
纺织、服装和皮革工业专用设备制造	3650	1444	1152	23	46
电子和电工机械专用设备制造	3660	868	630	36	19
农、林、牧、渔专用机械制造	3670	1098	1007	48	42
医疗仪器设备及器械制造	3680	835	588	32	20
环保、社会公共安全及其他专用设备制造	3690	1634	1337	58	40
交通运输设备制造业	3700	13886	11146	598	606
铁路运输设备制造	3710	574	529	112	86
汽车制造	3720	9296	7274	315	357
摩托车制造	3730	1730	1569	10	63
自行车制造	3740	875	592	4	25
船舶及浮动装置制造	3750	1067	897	88	59
航空航天器制造	3760	167	138	58	2
交通器材及其他交通运输设备制造	3790	177	147	11	14
电气机械及器材制造业	3900	18709	14295	266	735
电机制造	3910	2100	1678	40	63
输配电及控制设备制造	3920	5598	4424	114	291
电线、电缆、光缆及电工器材制造	3930	4166	3345	55	228
电池制造	3940	991	709	16	25
家用电力器具制造	3950	2318	1614	10	41
非电力家用器具制造	3960	471	378	3	9
照明器具制造	3970	2614	1817	18	56
其他电气机械及器材制造	3990	451	330	10	22
通信设备、计算机及其他电子设备制造业	4000	10562	5248	167	139
通信设备制造	4010	1281	782	45	13
雷达及配套设备制造	4020	45	42	9	0
广播电视设备制造	4030	380	248	7	1
电子计算机制造	4040	1236	454	13	13
电子器件制造	4050	1593	723	26	17
电子元件制造	4060	4354	2151	44	79
家用视听设备制造	4070	935	401	8	9
其他电子设备制造	4090	738	447	15	7

单位：个

股份合作企业	国有联营企业	集体联营企业	国有与集体联营	国有独资公司	其他企业	港、澳、台商投资企业	外商投资企业	代码
286	45	2421	368	6506	2	1107	1521	3600
62	5	652	91	1412	0	79	183	3610
37	8	393	51	1381	1	461	487	3620
20	1	117	30	374	0	31	46	3630
24	5	169	22	423	0	77	99	3640
40	7	199	25	812	0	159	133	3650
12	4	186	24	349	0	105	133	3660
22	10	212	45	627	1	19	72	3670
24	2	159	20	331	0	75	172	3680
45	3	334	60	797	0	101	196	3690
326	50	2531	353	6680	2	881	1859	3700
19	3	123	16	170	0	15	30	3710
215	33	1781	279	4293	1	562	1460	3720
47	4	332	19	1094	0	74	87	3730
6	1	64	7	484	1	159	124	3740
38	9	154	19	530	0	58	112	3750
1	0	51	10	16	0	3	26	3760
0	0	26	3	93	0	10	20	3790
379	51	3239	413	9210	2	2252	2162	3900
52	8	365	55	1094	1	170	252	3910
128	21	1296	150	2424	0	546	628	3920
125	16	697	103	2121	0	459	362	3930
9	2	132	27	498	0	138	144	3940
19	1	319	35	1189	0	391	313	3950
2	0	64	7	293	0	35	58	3960
37	3	287	27	1389	0	465	332	3970
7	0	79	9	202	1	48	73	3990
77	28	1372	230	3235	0	2582	2732	4000
15	9	270	44	386	0	198	301	4010
0	1	19	6	7	0	1	2	4020
4	3	57	11	165	0	69	63	4030
1	0	120	31	276	0	374	408	4040
7	3	219	44	407	0	359	511	4050
38	9	484	60	1437	0	1092	1111	4060
4	3	89	14	274	0	336	198	4070
8	0	114	20	283	0	153	138	4090

2-12续表 6

行业中类	代码	企业单位数	内资企业	国有企业	集体企业
仪器仪表及文化、办公用机械制造业	4100	4324	2915	132	133
通用仪器仪表制造	4110	1993	1577	57	65
专用仪器仪表制造	4120	640	490	47	26
钟表与计时仪器制造	4130	405	184	5	14
光学仪器及眼镜制造	4140	704	384	11	12
文化、办公用机械制造	4150	434	170	7	7
其他仪器仪表的制造及修理	4190	148	110	5	9
工艺品及其他制造业	4200	6265	4310	68	176
工艺美术品制造	4210	4376	2964	36	125
日用杂品制造	4220	1348	923	0	24
煤制品制造	4230	98	94	4	13
其他未列明的制造业	4290	434	321	25	14
废弃资源和废旧材料回收加工业	4300	673	558	5	38
金属废料和碎屑的加工处理	4310	459	371	4	27
非金属废料和碎屑的加工处理	4320	214	187	1	11
电力、燃气及水的生产和供应业	**D**	**7904**	**7262**	**3349**	**303**
电力、热力的生产和供应业	4400	5442	5017	2129	106
电力生产	4410	3116	2736	757	69
电力供应	4420	1603	1591	1161	15
热力生产和供应	4430	723	690	211	22
燃气生产和供应业	4500	610	463	118	8
水的生产和供应业	4600	1852	1782	1102	189
自来水的生产和供应	4610	1706	1651	1068	184
污水处理及其再生利用	4620	127	114	33	5
其他水的处理、利用与分配	4690	19	17	1	0
建筑业	**E**	**67276**	**66406**	**5174**	**6439**
房屋和土木工程建筑业	4700	38465	38258	3869	5080
房屋工程建筑	4710	27471	27343	1723	4281
土木工程建筑	4720	10994	10915	2146	799
建筑安装业	4800	11228	11018	678	742
建筑装饰业	4900	12719	12316	310	409
其他建筑业	5000	4864	4814	317	208
工程准备	5010	1557	1544	143	55
提供施工设备服务	5020	554	546	22	22
其他未列明的建筑活动	5090	2753	2724	152	131

单位：个

股份合作企业	国有联营企业	集体联营企业	国有与集体联营	国有独资公司	其他企业	港、澳、台商投资企业	外商投资企业	代码
80	11	784	99	1676	0	614	795	4100
47	8	419	65	916	0	121	295	4110
11	2	138	15	251	0	47	103	4120
4	1	43	1	116	0	161	60	4130
12	0	112	11	226	0	146	174	4140
1	0	40	4	111	0	125	139	4150
5	0	32	3	56	0	14	24	4190
96	13	641	81	3232	3	1108	847	4200
73	9	406	55	2257	3	796	616	4210
20	2	127	14	736	0	257	168	4220
0	1	16	2	58	0	1	3	4230
3	1	88	10	180	0	53	60	4290
5	5	93	11	401	0	43	72	4300
4	5	65	7	259	0	27	61	4310
1	0	28	4	142	0	16	11	4320
76	**63**	**2159**	**419**	**888**	**5**	**306**	**336**	**D**
59	46	1688	349	636	4	208	217	4400
48	32	1104	274	451	1	188	192	4410
6	9	323	53	24	0	5	7	4420
5	5	261	22	161	3	15	18	4430
10	5	175	25	121	1	63	84	4500
7	12	296	45	131	0	35	35	4600
7	10	245	41	96	0	28	27	4610
0	2	43	4	27	0	7	6	4620
0	0	8	0	8	0	0	2	4690
1139	**283**	**19941**	**2957**	**30465**	**7**	**483**	**387**	**E**
717	185	12109	2069	14227	2	91	116	4700
581	120	8519	1611	10506	2	60	68	4710
136	65	3590	458	3721	0	31	48	4720
181	33	3342	377	5663	1	109	101	4800
170	44	3189	326	7868	0	261	142	4900
71	21	1301	185	2707	4	22	28	5000
21	12	356	55	900	2	7	6	5010
9	1	141	17	334	0	6	2	5020
41	8	804	113	1473	2	9	20	5090

行业中类	代码	企业单位数	内资企业	国有企业	集体企业
批发和零售业	H	**62621**	**60735**	**6973**	**3376**
批发业	6300	34683	33422	4371	1197
农畜产品批发	6310	1710	1688	769	118
食品、饮料及烟草制品批发	6320	3512	3419	1370	105
纺织、服装及日用品批发	6330	2962	2819	192	64
文化、体育用品及器材批发	6340	968	925	188	14
医药及医疗器材批发	6350	2021	1985	247	13
矿产品、建材及化工产品批发	6360	13541	13279	1005	663
机械设备、五金交电及电子产品批发	6370	7416	7024	386	114
贸易经纪与代理	6380	494	446	71	7
其他批发	6390	2059	1837	143	99
零售业	6500	27938	27313	2602	2179
综合零售	6510	6865	6576	446	1397
食品、饮料及烟草制品专门零售	6520	1320	1294	326	87
纺织、服装及日用品专门零售	6530	1575	1493	77	128
文化、体育用品及器材专门零售	6540	1925	1897	989	34
医药及医疗器材专门零售	6550	1689	1684	207	28
汽车、摩托车、燃料及零配件专门零售	6560	7839	7761	300	311
家用电器及电子产品专门零售	6570	3917	3891	71	73
五金、家具及室内装修材料专门零售	6580	1475	1429	75	59
无店铺及其他零售	6590	1333	1288	111	62
住宿和餐饮业	I	**24329**	**22533**	**3556**	**1146**
住宿业	6600	10788	9915	2995	693
旅游饭店	6610	9077	8276	2555	557
一般旅馆	6620	1490	1430	382	123
其他住宿服务	6690	221	209	58	13
餐饮业	6700	13541	12618	561	453
正餐服务	6710	12596	11873	542	421
快餐服务	6720	511	356	9	15
饮料及冷饮服务	6730	95	80	3	2
其他餐饮服务	6790	339	309	7	15

单位：个

股份合作企业	国有联营企业	集体联营企业	国有与集体联营	国有独资公司	其他企业	港、澳、台商投资企业	外商投资企业	代码
850	**433**	**16298**	**2285**	**30469**	**51**	**604**	**1282**	**H**
357	202	9101	1145	17024	25	386	875	6300
15	10	320	56	399	1	7	15	6310
28	18	719	99	1077	3	30	63	6320
17	20	868	99	1555	4	48	95	6330
4	9	232	22	455	1	22	21	6340
26	7	789	118	785	0	11	25	6350
155	86	3455	521	7388	6	82	180	6360
81	37	2098	178	4121	9	128	264	6370
1	3	120	12	231	1	9	39	6380
30	12	500	40	1013	0	49	173	6390
493	231	7197	1140	13445	26	218	407	6500
135	32	1688	383	2490	5	96	193	6510
39	17	325	37	460	3	4	22	6520
17	8	360	41	859	3	39	43	6530
16	8	363	43	442	2	14	14	6540
46	7	603	101	690	2	4	1	6550
150	127	2196	369	4302	6	30	48	6560
41	13	909	98	2686	0	8	18	6570
25	8	316	34	908	4	8	38	6580
24	11	437	34	608	1	15	30	6590
496	**132**	**4026**	**703**	**12440**	**34**	**913**	**883**	**I**
199	91	2093	404	3431	9	485	388	6600
157	83	1796	353	2768	7	448	353	6610
36	7	246	42	592	2	30	30	6620
6	1	51	9	71	0	7	5	6690
297	41	1933	299	9009	25	428	495	6700
279	36	1787	272	8512	24	369	354	6710
7	1	73	9	241	1	42	113	6720
5	0	13	3	54	0	5	10	6730
6	4	60	15	202	0	12	18	6790

2-13 限额以上企业按登记注册类型、

(2007年)

登记注册类型	企业单位数	100万元及以下	100万-200万元	200万-500万元
全国	**485004**	**33766**	**11578**	**27889**
内资	**415301**	**32493**	**11225**	**26610**
国有	26403	1872	881	2220
集体	25370	1575	683	2072
股份合作	8582	400	201	549
联营企业	2073	96	47	116
国有联营	433	15	11	14
集体联营	571	44	16	46
国有与集体联营	431	9	3	20
其他联营	638	28	17	36
有限责任公司	91075	7499	2257	4794
国有独资公司	2253	129	17	66
其他有限责任公司	88822	7370	2240	4728
股份有限公司	14254	960	323	845
私营企业	247381	20038	6825	15989
私营独资	48912	3597	1431	3993
私营合伙	10727	783	295	930
私营有限责任公司	175928	14452	4633	10082
私营股份有限公司	11814	1206	466	984
其他内资	162	52	8	25
港、澳、台商投资	**33643**	**543**	**173**	**693**
与港澳台合资经营	11672	171	54	240
与港澳台合作经营	1832	16	6	30
港澳台商独资	19795	347	107	417
港澳台商投资股份有限公司	344	9	6	6
外商投资	**36060**	**730**	**180**	**586**
中外合资经营	14948	282	78	287
中外合作经营	1765	22	15	36
外资企业	18803	417	77	245
外商投资股份有限公司	544	9	10	18

营业收入规模分组的单位数

单位：个

500万－1000万元	1000万－2000万元	2000万－5000万元	5000万－1亿元	1亿元以上
90137	**89678**	**108675**	**57135**	**66146**
81207	**77711**	**90703**	**45956**	**49396**
3860	3956	5105	2912	5597
5209	5044	5921	2706	2160
2001	1818	1997	832	784
336	380	520	256	322
40	55	114	68	116
117	115	120	53	60
57	79	136	58	69
122	131	150	77	77
13628	14911	19780	11762	16444
142	231	372	274	1022
13486	14680	19408	11488	15422
1933	1864	2664	1804	3861
54209	49728	54698	25675	20219
14084	10076	9825	3919	1987
2989	2312	2150	851	417
34841	35230	40278	19624	16788
2295	2110	2445	1281	1027
31	10	18	9	9
4612	**6220**	**9086**	**5402**	**6914**
1344	1929	3078	1940	2916
253	341	540	335	311
2970	3907	5388	3079	3580
45	43	80	48	107
4318	**5747**	**8886**	**5777**	**9836**
1888	2417	3620	2359	4017
199	293	485	309	406
2163	2973	4677	3038	5213
68	64	104	71	200

2-14 限额以上企业按行业中类、

(2007年)

行业中类	代码	企业单位数	100万元及以下	100万-200万元
总计		**485004**	**33766**	**11578**
采矿业	B	**15494**	**695**	**219**
煤炭开采和洗选业	0600	7178	156	84
烟煤和无烟煤的开采洗选	0610	6917	146	81
褐煤的开采洗选	0620	226	2	1
其他煤炭采选	0690	35	8	2
石油和天然气开采业	0700	205	29	3
天然原油和天然气开采	0710	107	4	0
与石油和天然气开采有关的服务活动	0790	98	25	3
黑色金属矿采选业	0800	2915	138	47
铁矿采选	0810	2738	126	45
其他黑色金属矿采选	0890	177	12	2
有色金属矿采选业	0900	2097	100	24
常用有色金属矿采选	0910	1280	69	16
贵金属矿采选	0920	527	18	4
稀有稀土金属矿采选	0930	290	13	4
非金属矿采选业	1000	3053	258	58
土砂石开采	1010	2171	197	35
化学矿采选	1020	262	28	12
采盐	1030	188	3	2
石棉及其他非金属矿采选	1090	432	30	9
其他采矿业	1100	46	14	3
制造业	C	**307380**	**9607**	**2705**
农副食品加工业	1300	17499	673	205
谷物磨制	1310	4068	168	40
饲料加工	1320	2592	81	18
植物油加工	1330	1791	93	32
制糖	1340	285	6	1
屠宰及肉类加工	1350	2834	121	39
水产品加工	1360	1968	34	10
蔬菜、水果和坚果加工	1370	2242	84	36
其他农副食品加工	1390	1719	86	29
食品制造业	1400	6939	357	72
焙烤食品制造	1410	1030	68	16

营业收入规模分组的单位数

单位：个

200万-500万元	500万-1000万元	1000万-2000万元	2000万-5000万元	5000万-1亿元	1亿元以上	代码
27889	**90137**	**89678**	**108675**	**57135**	**66146**	
741	**3487**	**3085**	**3761**	**1827**	**1679**	**B**
394	1655	1493	1822	821	753	0600
387	1592	1469	1776	768	698	0610
6	51	19	41	53	53	0620
1	12	5	5	0	2	0690
3	23	21	27	16	83	0700
2	15	9	16	11	50	0710
1	8	12	11	5	33	0790
131	595	540	734	421	309	0800
119	559	494	700	400	295	0810
12	36	46	34	21	14	0890
70	391	337	481	316	378	0900
54	258	239	312	184	148	0910
14	81	57	108	79	166	0920
2	52	41	61	53	64	0930
140	813	689	689	251	155	1000
98	598	488	515	156	84	1010
12	49	55	55	30	21	1020
10	38	40	37	24	34	1030
20	128	106	82	41	16	1090
3	10	5	8	2	1	1100
8566	**65477**	**65543**	**75840**	**38166**	**41476**	**C**
637	3577	3272	4132	2458	2545	1300
175	968	874	1005	502	336	1310
70	428	430	601	446	518	1320
75	296	316	396	270	313	1330
4	22	20	46	64	122	1340
97	512	532	666	382	485	1350
42	368	317	471	336	390	1360
104	549	474	576	239	180	1370
70	434	309	371	219	201	1390
240	1529	1307	1605	877	952	1400
44	257	202	225	123	95	1410

2-14续表 1

行业中类	代码	企业单位数	100万元及以下	100万-200万元
糖果、巧克力及蜜饯制造	1420	565	30	10
方便食品制造	1430	971	62	8
液体乳及乳制品制造	1440	683	24	5
罐头制造	1450	781	26	8
调味品、发酵制品制造	1460	924	53	10
其他食品制造	1490	1985	94	15
饮料制造业	1500	4341	241	67
酒精制造	1510	192	9	2
酒的制造	1520	2106	104	32
软饮料制造	1530	1277	78	11
精制茶加工	1540	766	50	22
烟草制品业	1600	160	2	1
烟叶复烤	1610	51	0	0
卷烟制造	1620	81	2	1
其他烟草制品加工	1690	28	0	0
纺织业	1700	27162	385	157
棉、化纤纺织及印染精加工	1710	11751	152	64
毛纺织和染整精加工	1720	1379	25	9
麻纺织	1730	353	3	2
丝绢纺织及精加工	1740	2487	20	6
纺织制成品制造	1750	4428	76	33
针织品、编织品及其制品制造	1760	6764	109	43
纺织服装、鞋、帽制造业	1800	14297	368	93
纺织服装制造	1810	13410	352	87
纺织面料鞋的制造	1820	606	11	3
制帽	1830	281	5	3
皮革、毛皮、羽毛(绒)及其制品业	1900	7278	174	34
皮革鞣制加工	1910	770	21	3
皮革制品制造	1920	5689	130	27
毛皮鞣制及制品加工	1930	375	10	0
羽毛(绒)加工及制品制造	1940	444	13	4
木材加工及木、竹、藤、棕、草制品业	2000	7442	291	73
锯材、木片加工	2010	1045	108	22
人造板制造	2020	3921	79	23
木制品制造	2030	1607	72	23
竹、藤、棕、草制品制造	2040	869	32	5

单位：个

200万-500万元	500万-1000万元	1000万-2000万元	2000万-5000万元	5000万-1亿元	1亿元以上	代码
33	148	107	127	47	63	1420
38	216	176	201	116	154	1430
21	125	105	147	95	161	1440
20	180	150	192	126	79	1450
43	224	168	188	94	144	1460
41	379	399	525	276	256	1490
186	1083	753	874	444	693	1500
2	37	30	30	41	41	1510
93	493	354	455	215	360	1520
39	307	190	253	132	267	1530
52	246	179	136	56	25	1540
1	5	11	25	30	85	1600
0	2	4	11	18	16	1610
0	0	1	9	6	62	1620
1	3	6	5	6	7	1690
719	5370	6192	7617	3590	3132	1700
289	2055	2471	3236	1714	1770	1710
38	225	282	369	213	218	1720
8	52	71	115	55	47	1730
55	390	643	846	302	225	1740
137	1028	1043	1175	509	427	1750
192	1620	1682	1876	797	445	1760
341	3219	3570	3905	1705	1096	1800
315	2968	3348	3692	1610	1038	1810
15	162	161	148	62	44	1820
11	89	61	65	33	14	1830
174	1497	1591	2012	916	880	1900
19	100	145	194	122	166	1910
136	1207	1300	1583	691	615	1920
10	110	77	93	43	32	1930
9	80	69	142	60	67	1940
322	2250	1663	1705	682	456	2000
81	340	216	178	62	38	2010
141	1080	862	1024	420	292	2020
60	505	376	317	149	105	2030
40	325	209	186	51	21	2040

2-14续表 2

行业中类	代码	企业单位数	100万元及以下	100万-200万元
家具制造业	2100	4534	184	41
木质家具制造	2110	2968	124	27
竹、藤家具制造	2120	70	3	0
金属家具制造	2130	901	28	10
塑料家具制造	2140	73	5	0
其他家具制造	2190	522	24	4
造纸及纸制品业	2200	9103	244	62
纸浆制造	2210	117	9	5
造纸	2220	3828	83	14
纸制品制造	2230	5158	152	43
印刷业和记录媒介的复制	2300	5157	233	62
印刷	2310	4812	199	57
装订及其他印刷服务活动	2320	257	31	5
记录媒介的复制	2330	88	3	0
文教体育用品制造业	2400	3973	96	32
文化用品制造	2410	945	25	8
体育用品制造	2420	1014	31	11
乐器制造	2430	264	7	2
玩具制造	2440	1611	31	8
游艺器材及娱乐用品制造	2450	139	2	3
石油加工及炼焦业	2500	2103	71	15
精炼石油产品的制造	2510	1199	53	7
炼焦	2520	897	17	8
化学原料及化学制品制造业	2600	21690	611	205
基础化学原料制造	2610	5311	133	64
肥料制造	2620	2181	92	33
农药制造	2630	783	12	3
涂料、油墨、颜料及类似产品制造	2640	3456	64	20
合成材料制造	2650	1879	51	12
专用化学产品制造	2660	6620	177	55
日用化学产品制造	2670	1460	82	18

单位：个

200万–500万元	500万–1000万元	1000万–2000万元	2000万–5000万元	5000万–1亿元	1亿元以上	代码
104	967	964	1174	572	528	2100
69	647	635	769	373	324	2110
3	24	18	14	5	3	2120
20	184	189	243	112	115	2130
1	21	12	19	11	4	2140
11	91	110	129	71	82	2190
255	2059	1980	2296	1141	1066	2200
3	19	19	27	12	23	2210
91	689	789	1058	528	576	2220
161	1351	1172	1211	601	467	2230
196	1539	1237	1101	454	335	2300
188	1461	1162	1015	419	311	2310
6	70	59	57	18	11	2320
2	8	16	29	17	13	2330
107	1009	913	1002	476	338	2400
25	294	233	225	85	50	2410
21	216	233	265	121	116	2420
9	68	55	70	34	19	2430
46	397	356	412	217	144	2440
6	34	36	30	19	9	2450
32	305	280	410	283	707	2500
17	197	173	260	149	343	2510
15	108	105	150	134	360	2520
567	4184	4414	5452	2860	3397	2600
157	982	985	1386	757	847	2610
66	423	353	451	320	443	2620
23	143	146	179	125	152	2630
65	724	734	916	447	486	2640
30	276	346	467	234	463	2650
172	1356	1572	1705	815	768	2660
54	280	278	348	162	238	2670

行业中类	代码	企业单位数	100万元及以下	100万-200万元
医药制造业	2700	5414	137	41
化学药品原药制造	2710	976	21	6
化学药品制剂制造	2720	1110	19	7
中药饮片加工	2730	533	16	4
中成药制造	2740	1301	26	11
兽用药品制造	2750	443	17	6
生物、生化制品的制造	2760	575	25	2
卫生材料及医药用品制造	2770	476	13	5
化学纤维制造业	2800	1593	21	4
纤维素纤维原料及纤维制造	2810	214	6	0
合成纤维制造	2820	1379	15	4
橡胶制品业	2900	3526	90	17
轮胎制造	2910	441	24	4
橡胶板、管、带的制造	2920	774	18	1
橡胶零件制造	2930	800	12	3
再生橡胶制造	2940	184	8	0
日用及医用橡胶制品制造	2950	233	5	2
橡胶靴鞋制造	2960	592	8	1
其他橡胶制品制造	2990	502	15	6
塑料制品业	3000	14887	381	140
塑料薄膜制造	3010	1525	44	35
塑料板、管、型材的制造	3020	2435	73	32
塑料丝、绳及编织品的制造	3030	1862	43	13
泡沫塑料制造	3040	975	23	13
塑料人造革、合成革制造	3050	420	14	1
塑料包装箱及容器制造	3060	1642	48	16
塑料零件制造	3070	1710	25	4
日用塑料制造	3080	2243	43	9
其他塑料制品制造	3090	2075	68	17
非金属矿物制品业	3100	23798	923	317
水泥、石灰和石膏的制造	3110	5307	108	29
水泥及石膏制品制造	3120	3390	194	54
砖瓦、石材及其他建筑材料制造	3130	6104	371	140
玻璃及玻璃制品制造	3140	3415	101	34
陶瓷制品制造	3150	1887	42	19
耐火材料制品制造	3160	1763	43	14
石墨及其他非金属矿物制品制造	3190	1932	64	27

单位：个

200万–500万元	500万–1000万元	1000万–2000万元	2000万–5000万元	5000万–1亿元	1亿元以上	代码
162	1054	1036	1274	784	926	2700
22	145	175	220	155	232	2710
16	165	183	265	179	276	2720
18	127	115	136	78	39	2730
46	248	264	308	203	195	2740
25	108	89	102	57	39	2750
20	129	99	137	63	100	2760
15	132	111	106	49	45	2770
17	193	263	455	220	420	2800
1	44	43	45	18	57	2810
16	149	220	410	202	363	2820
106	866	803	863	395	386	2900
10	84	77	81	43	118	2910
25	207	178	184	85	76	2920
18	240	210	184	76	57	2930
7	51	45	47	15	11	2940
6	45	49	67	24	35	2950
16	109	139	174	95	50	2960
24	130	105	126	57	39	2990
385	3671	3475	3721	1693	1421	3000
38	328	310	371	171	228	3010
69	555	540	621	288	257	3020
69	513	443	463	218	100	3030
26	271	232	251	91	68	3040
7	41	50	93	85	129	3050
38	415	391	404	191	139	3060
28	431	451	415	184	172	3070
56	610	541	587	242	155	3080
54	507	517	516	223	173	3090
852	5525	4991	5771	3002	2417	3100
143	907	1216	1488	725	691	3110
90	620	595	892	571	374	3120
312	1788	1199	1216	605	473	3130
104	816	738	817	409	396	3140
69	443	431	507	229	147	3150
46	429	396	424	250	161	3160
88	522	416	427	213	175	3190

2-14续表 4

行业中类	代码	企业单位数	100万元及以下	100万-200万元
黑色金属冶炼及压延加工业	3200	7057	209	44
炼铁	3210	937	37	8
炼钢	3220	399	14	6
钢压延加工	3230	4183	114	25
铁合金冶炼	3240	1538	44	5
有色金属冶炼及压延加工业	3300	6532	174	43
常用有色金属冶炼	3310	1930	67	14
贵金属冶炼	3320	239	6	4
稀有稀土金属冶炼	3330	487	9	1
有色金属合金制造	3340	566	20	4
有色金属压延加工	3350	3310	72	20
金属制品业	3400	18148	760	203
结构性金属制品制造	3410	4988	284	84
金属工具制造	3420	2198	73	34
集装箱及金属包装容器制造	3430	1668	41	10
金属丝绳及其制品的制造	3440	1161	62	10
建筑、安全用金属制品制造	3450	2533	88	20
金属表面处理及热处理加工	3460	1410	34	3
搪瓷制品制造	3470	252	6	1
不锈钢及类似日用金属制品制造	3480	2230	69	19
其他金属制品制造	3490	1708	103	22
通用设备制造业	3500	27211	1002	291
锅炉及原动机制造	3510	1383	51	20
金属加工机械制造	3520	2674	142	39
起重运输设备制造	3530	1836	25	3
泵、阀门、压缩机及类似机械的制造	3540	4730	99	26
轴承、齿轮、传动和驱动部件的制造	3550	2550	39	27
烘炉、熔炉及电炉制造	3560	210	7	2
风机、衡器、包装设备等通用设备制造	3570	3633	164	35
通用零部件制造及机械修理	3580	4608	302	72
金属铸、锻加工	3590	5587	173	67

单位：个

200万－500万元	500万－1000万元	1000万－2000万元	2000万－5000万元	5000万－1亿元	1亿元以上	代码
175	799	1069	1725	1071	1965	3200
26	123	137	203	133	270	3210
8	36	46	65	58	166	3220
95	460	638	1010	601	1240	3230
46	180	248	447	279	289	3240
140	846	1027	1423	1059	1820	3300
57	237	265	379	308	603	3310
3	32	40	41	39	74	3320
11	64	67	126	86	123	3330
16	91	100	137	89	109	3340
53	422	555	740	537	911	3350
478	3942	4206	4508	2163	1888	3400
150	1041	1116	1171	599	543	3410
74	563	534	532	251	137	3420
20	302	346	450	238	261	3430
28	200	264	302	127	168	3440
54	602	600	656	295	218	3450
37	357	379	353	128	119	3460
9	56	64	72	27	17	3470
47	460	523	558	308	246	3480
59	361	380	414	190	179	3490
829	6437	6290	6649	2960	2753	3500
57	298	267	297	172	221	3510
95	629	596	634	284	255	3520
31	297	391	521	250	318	3530
95	1056	1075	1256	575	548	3540
81	663	639	603	261	237	3550
6	42	51	58	22	22	3560
87	780	812	906	393	456	3570
125	1246	1148	1032	409	274	3580
252	1426	1311	1342	594	422	3590

2-14续表 5

行业中类	代码	企业单位数	100万元及以下	100万-200万元
专用设备制造业	3600	13116	523	106
矿山、冶金、建筑专用设备制造	3610	2765	122	24
化工、木材、非金属加工专用设备制造	3620	2936	91	26
食品、饮料、烟草及饲料生产专用设备制造	3630	683	28	4
印刷、制药、日化生产专用设备制造	3640	853	25	6
纺织、服装和皮革工业专用设备制造	3650	1444	37	7
电子和电工机械专用设备制造	3660	868	70	11
农、林、牧、渔专用机械制造	3670	1098	42	11
医疗仪器设备及器械制造	3680	835	21	3
环保、社会公共安全及其他专用设备制造	3690	1634	87	14
交通运输设备制造业	3700	13886	413	105
铁路运输设备制造	3710	574	9	5
汽车制造	3720	9296	252	74
摩托车制造	3730	1730	11	6
自行车制造	3740	875	81	5
船舶及浮动装置制造	3750	1067	44	12
航空航天器制造	3760	167	4	2
交通器材及其他交通运输设备制造	3790	177	12	1
电气机械及器材制造业	3900	18709	376	100
电机制造	3910	2100	38	22
输配电及控制设备制造	3920	5598	139	32
电线、电缆、光缆及电工器材制造	3930	4166	78	17
电池制造	3940	991	24	5
家用电力器具制造	3950	2318	34	6
非电力家用器具制造	3960	471	13	5
照明器具制造	3970	2614	26	9
其他电气机械及器材制造	3990	451	24	4
通信设备、计算机及其他电子设备制造业	4000	10562	277	62
通信设备制造	4010	1281	24	2
雷达及配套设备制造	4020	45	0	0
广播电视设备制造	4030	380	5	4
电子计算机制造	4040	1236	19	4
电子器件制造	4050	1593	39	9
电子元件制造	4060	4354	123	28
家用视听设备制造	4070	935	16	5
其他电子设备制造	4090	738	51	10

单位：个

200万－500万元	500万－1000万元	1000万－2000万元	2000万－5000万元	5000万－1亿元	1亿元以上	代码
407	2930	2924	3151	1529	1546	3600
90	562	542	647	372	406	3610
68	719	691	698	336	307	3620
31	162	165	153	77	63	3630
27	198	189	215	114	79	3640
35	335	367	371	147	145	3650
31	142	192	196	95	131	3660
57	267	219	247	115	140	3670
26	175	191	221	91	107	3680
42	370	368	403	182	168	3690
319	2603	2794	3349	1790	2513	3700
16	90	117	154	74	109	3710
212	1769	1893	2226	1186	1684	3720
28	347	397	457	206	278	3730
23	158	170	211	121	106	3740
33	191	166	233	157	231	3750
1	12	12	20	21	95	3760
6	36	39	48	25	10	3790
350	3536	3917	4708	2419	3303	3900
52	404	424	525	268	367	3910
97	1153	1268	1444	669	796	3920
84	685	748	990	598	966	3930
28	147	188	226	119	254	3940
22	358	431	608	336	523	3950
13	113	108	98	56	65	3960
38	588	637	708	322	286	3970
16	88	113	109	51	46	3990
166	1606	1998	2313	1461	2679	4000
13	187	236	263	196	360	4010
0	2	4	13	6	20	4020
7	68	92	90	52	62	4030
8	133	196	245	163	468	4040
22	216	266	337	221	483	4050
90	753	890	985	605	880	4060
14	124	160	212	129	275	4070
12	123	154	168	89	131	4090

行业中类	代码	企业单位数	100万元及以下	100万-200万元
仪器仪表及文化、办公用机械制造业	4100	4324	97	26
通用仪器仪表制造	4110	1993	44	8
专用仪器仪表制造	4120	640	14	10
钟表与计时仪器制造	4130	405	6	1
光学仪器及眼镜制造	4140	704	17	5
文化、办公用机械制造	4150	434	11	2
其他仪器仪表的制造及修理	4190	148	5	0
工艺品及其他制造业	4200	6265	239	83
工艺美术品制造	4210	4376	155	60
日用杂品制造	4220	1348	26	11
煤制品制造	4230	98	16	3
其他未列明的制造业	4290	434	42	9
废弃资源和废旧材料回收加工业	4300	673	54	4
金属废料和碎屑的加工处理	4310	459	36	1
非金属废料和碎屑的加工处理	4320	214	18	3
电力、燃气及水的生产和供应业	D	**7904**	**443**	**150**
电力、热力的生产和供应业	4400	5442	295	59
电力生产	4410	3116	217	37
电力供应	4420	1603	30	11
热力生产和供应	4430	723	48	11
燃气生产和供应业	4500	610	36	6
水的生产和供应业	4600	1852	112	85
自来水的生产和供应	4610	1706	88	83
污水处理及其再生利用	4620	127	16	1
其他水的处理、利用与分配	4690	19	8	1
建筑业	E	**67276**	**12092**	**5056**
房屋和土木工程建筑业	4700	38465	3820	1549
房屋工程建筑	4710	27471	2393	984
土木工程建筑	4720	10994	1427	565
建筑安装业	4800	11228	2233	943
建筑装饰业	4900	12719	4444	2058
其他建筑业	5000	4864	1595	506
工程准备	5010	1557	507	161
提供施工设备服务	5020	554	234	61
其他未列明的建筑活动	5090	2753	854	284

单位：个

200万-500万元	500万-1000万元	1000万-2000万元	2000万-5000万元	5000万-1亿元	1亿元以上	代码
85	1022	1015	1046	465	568	4100
37	508	480	480	193	243	4110
20	135	144	150	82	85	4120
12	94	97	113	48	34	4130
8	176	184	165	64	85	4140
3	71	74	100	64	109	4150
5	38	36	38	14	12	4190
204	1753	1479	1425	577	505	4200
157	1283	1018	976	396	331	4210
33	355	351	327	132	113	4220
3	20	31	17	6	2	4230
11	92	76	103	43	58	4290
10	101	109	149	90	156	4300
7	41	56	96	74	148	4310
3	60	53	53	16	8	4320
361	**1307**	**1179**	**1402**	**1004**	**2058**	**D**
146	714	699	952	804	1773	4400
109	542	452	509	359	891	4410
19	46	108	268	356	765	4420
18	126	139	175	89	117	4430
18	78	113	128	75	156	4500
197	515	367	322	125	129	4600
193	483	332	290	117	120	4610
4	30	32	30	8	6	4620
0	2	3	2	0	3	4690
7991	**7849**	**9010**	**11794**	**6960**	**6524**	**E**
3339	4131	5564	8828	5707	5527	4700
2170	2844	3899	6957	4424	3800	4710
1169	1287	1665	1871	1283	1727	4720
1776	1695	1628	1594	718	641	4800
2104	1414	1258	888	311	242	4900
772	609	560	484	224	114	5000
209	200	176	185	84	35	5010
55	64	60	50	21	9	5020
508	345	324	249	119	70	5090

行业中类	代码	企业单位数	100万元及以下	100万-200万元
批发和零售业	H	**62621**	**8839**	**1411**
批发业	6300	34683	5228	698
农畜产品批发	6310	1710	240	44
食品、饮料及烟草制品批发	6320	3512	413	89
纺织、服装及日用品批发	6330	2962	365	37
文化、体育用品及器材批发	6340	968	137	12
医药及医疗器材批发	6350	2021	128	19
矿产品、建材及化工产品批发	6360	13541	1910	241
机械设备、五金交电及电子产品批发	6370	7416	1466	105
贸易经纪与代理	6380	494	98	12
其他批发	6390	2059	471	139
零售业	6500	27938	3611	713
综合零售	6510	6865	506	169
食品、饮料及烟草制品专门零售	6520	1320	314	43
纺织、服装及日用品专门零售	6530	1575	368	55
文化、体育用品及器材专门零售	6540	1925	186	22
医药及医疗器材专门零售	6550	1689	171	51
汽车、摩托车、燃料及零配件专门零售	6560	7839	521	154
家用电器及电子产品专门零售	6570	3917	606	98
五金、家具及室内装修材料专门零售	6580	1475	500	77
无店铺及其他零售	6590	1333	439	44
住宿和餐饮业	I	**24329**	**2090**	**2037**
住宿业	6600	10788	1222	1088
旅游饭店	6610	9077	909	880
一般旅馆	6620	1490	276	185
其他住宿服务	6690	221	37	23
餐饮业	6700	13541	868	949
正餐服务	6710	12596	717	860
快餐服务	6720	511	62	52
饮料及冷饮服务	6730	95	18	9
其他餐饮服务	6790	339	71	28

单位：个

200万-500万元	500万-1000万元	1000万-2000万元	2000万-5000万元	5000万-1亿元	1亿元以上	代码
3110	**6419**	**6899**	**13348**	**8489**	**14106**	**H**
948	1081	2237	8333	5813	10345	6300
84	97	147	527	301	270	6310
124	110	226	780	573	1197	6320
55	74	148	692	534	1057	6330
21	29	85	306	158	220	6340
34	68	156	579	422	615	6350
371	397	783	3073	2211	4555	6360
198	240	560	1854	1233	1760	6370
4	10	20	97	64	189	6380
57	56	112	425	317	482	6390
2162	5338	4662	5015	2676	3761	6500
684	1577	1068	1100	621	1140	6510
98	244	243	220	82	76	6520
150	312	243	234	119	94	6530
108	466	533	413	120	77	6540
119	345	357	355	155	136	6550
445	1041	1141	1609	1114	1814	6560
337	836	726	715	310	289	6570
125	286	158	176	79	74	6580
96	231	193	193	76	61	6590
7120	**5598**	**3962**	**2530**	**689**	**303**	**I**
2504	2228	1847	1280	432	187	6600
2011	1867	1638	1180	411	181	6610
428	315	180	85	15	6	6620
65	46	29	15	6	0	6690
4616	3370	2115	1250	257	116	6700
4340	3198	2016	1179	215	71	6710
144	87	59	41	27	39	6720
30	21	8	3	3	3	6730
102	64	32	27	12	3	6790

2-15 限额以上企业按登记注册类型、营业状态分组的单位数

(2007年) 单位：个

登记注册类型	企业单位数	营业	停业(歇业)	筹建	当年关闭	其他
全国	**485004**	**472870**	**4503**	**5590**	**516**	**1525**
内资	**415301**	**404589**	**4171**	**4712**	**477**	**1352**
国有	26403	25356	679	42	58	268
集体	25370	24672	522	36	39	101
股份合作	8582	8406	82	52	13	29
联营企业	2073	2025	21	9	6	12
国有联营	433	423	3	2	1	4
集体联营	571	557	7	3	2	2
国有与集体联营	431	423	4	0	1	3
其他联营	638	622	7	4	2	3
有限责任公司	91075	89059	844	811	90	271
国有独资公司	2253	2193	24	21	2	13
其他有限责任公司	88822	86866	820	790	88	258
股份有限公司	14254	13899	137	152	19	47
私营企业	247381	241028	1882	3607	252	612
私营独资	48912	47990	319	430	70	103
私营合伙	10727	10444	84	144	21	34
私营有限责任公司	175928	171215	1334	2801	146	432
私营股份有限公司	11814	11379	145	232	15	43
其他内资	162	144	3	3	0	12
港、澳、台商投资	**33643**	**32985**	**161**	**406**	**24**	**67**
与港澳台合资经营	11672	11510	49	83	14	16
与港澳台合作经营	1832	1807	14	6	1	4
港澳台商独资	19795	19330	97	313	9	46
港澳台商投资股份有限公司	344	338	1	4	0	1
外商投资	**36060**	**35296**	**171**	**472**	**15**	**106**
中外合资经营	14948	14681	69	148	5	45
中外合作经营	1765	1735	17	7	1	5
外资企业	18803	18351	80	309	8	55
外商投资股份有限公司	544	529	5	8	1	1

2-16 限额以上企业按开业时间、营业状态分组的单位数

(2007年) 单位：个

开业时间	企业单位数	营业	停业(歇业)	筹建	当年关闭	其他
全　国	**485004**	**472870**	**4503**	**5590**	**516**	**1525**
1949年以前	1600	1572	22	0	0	6
1950-1977年	21874	21276	416	0	35	147
1978-1991年	39724	38924	578	0	69	153
1992-1995年	52986	52212	555	5	72	142
1996年	15367	15158	151	0	12	46
1997年	16992	16762	163	2	18	47
1998年	23384	23093	207	1	33	50
1999年	24894	24629	202	1	21	41
2000年	32235	31897	227	6	35	70
2001年	38774	38370	305	2	28	69
2002年	43521	42999	378	8	40	96
2003年	46213	45669	381	6	57	100
2004年	38613	38046	340	26	38	163
2005年	33686	33249	225	55	19	138
2006年	26460	26102	142	59	22	135
2007年	23894	22838	209	708	17	122
年份不详	4787	74	2	4711	0	0

第三部分

部分限额以上企业名录
（按行业大类索引）

企业名称	法人代表	电话	分机	邮政编码
煤炭开采和洗选业				
大同煤矿集团有限责任公司	吴永平	7014368		037003
兖矿集团有限公司	耿加怀	5382387		273500
阳泉煤业集团有限责任公司	任福耀	7073112		045000
开滦(集团)有限责任公司	杨中	3022361		063108
中国中煤能源股份有限公司平朔分公司	刘泽民	2208228		036006
徐州矿务集团有限公司	孙克慧	5320593		221006
平顶山煤业(集团)有限责任公司	陈建生	2921770		467000
山西焦煤集团西山煤矿总公司	李建胜	6215380		030053
山西晋城无烟煤矿业集团有限责任公司	袁宗本	3664145		048006
淮南矿业集团有限责任公司	王源	7625555		232001
新汶矿业集团有限责任公司	郎庆田	7872733		271219
淮北市矿业(集团)有限责任公司	许崇信	4951956		235006
山西潞安矿业集团公司	任润厚	5923000		046204
义马煤业(集团)有限责任公司	付永水	5898324		472300
永城煤电(集团)有限责任公司	陈雪枫	5197886		476600
国电燃料有限公司	刘彭龄	58682383		100034
山西汾西矿业(集团)有限责任公司	杨茂林	7191414		032000
铁法煤业(集团)有限责任公司	韩友波	6835663		112700
北京神华恒运能源科技有限公司	李景平	58565588	3301	102200
淄博矿业集团有限责任公司	马厚亮	5851344		255120
神华集团准格尔有限责任公司	马军	4310872		010300
大屯煤电(集团)有限公司	刘雨忠	4024304		221611
峰峰集团有限公司	张文学	7712850		056201
抚顺矿业集团有限责任公司	尹亮	2533889		113008
河南神火集团有限公司	李志经	5982955		476600
黑龙江省双鸭山矿业集团公司	赵庆福	4016644		155100
安徽省皖北煤电集团有限责任公司	葛家德	3915461	398170	234000
沈阳煤业集团有限责任公司	陈必成	62540246		110122
邢台矿业(集团)有限责任公司	郑存良	2068232		054021
霍州煤电集团有限责任公司	杨根贵	5631330		031400
神华集团神府东胜煤炭有限责任公司	郝存世	13038969563		017209
肥城矿业集团有限公司	梁兴涛	32127230		271608
北京神华昌运高技术配煤有限公司	李景平	58565588	3301	100045
河北金牛能源股份有限公司	王社平	2068481		054021
阜新矿业(集团)有限责任公司	梁金发	2829494		123000
七台河矿业精煤(集团)有限责任公司	刘文波	8790234		154600
内蒙古伊泰煤炭股份有限公司	张东海	8565620		017000

企业名录一览表

企业详细地址	主要产品(主要业务活动)
山西省大同市矿区新平旺东门街11号	煤炭开采和洗选、水泥、炸药
山东省济宁市邹城市凫山南路298号	煤炭开采
山西省阳泉市矿区北大西街5号	煤炭开采、煤层气开发
河北省唐山市路南区新华西道70号	煤炭开采、炼焦、建筑业
山西省朔州市朔城区振华	煤炭开采
江苏省徐州市泉山区淮海西路235号	原煤、洗煤、发电
河南省平顶山市新华区矿工中路21号	煤炭开采、煤炭洗选、炼焦
山西省太原市万柏林区太原市万柏林区西矿街335号	原煤开采与洗选、火力发电、焦炭化工
山西省晋城市北石店	原煤、化肥、电力
安徽省淮南市田家庵区洞山中路1号	烟煤和无烟煤的采选业
山东省泰安市新泰市孙村	煤炭开采、煤炭洗选、水泥
安徽省淮北市相山区孟山路1号	煤炭开采、煤炭洗选
山西省长治市襄垣县襄垣县侯堡镇矿区	原煤、洗精煤
河南省三门峡市义马市千秋路东段6号	原煤、炼焦洗精煤、水泥
河南省商丘市永城市光明路	煤炭开采、原煤洗选加工及销售、自建铁路运输
北京市昌平区科技园区10号	发电燃料重油的加工销售储运、煤炭经营、电力能源技术信息咨询
山西省晋中介休市裕华路95号	原煤、发电、焦炭
辽宁省铁岭市调兵山市人民路	煤炭开采、煤炭洗选、煤矸石加工
北京市昌平区科技园区超前路9号312室	煤炭加工处理(配添加剂)
山东省淄博市淄川区般阳东路215号	煤炭
内蒙古自治区鄂尔多斯市准格尔旗白云区居委会	煤炭洗选、铁路运输、发电
江苏省徐州市沛县大屯镇	原煤开采、火力发电、洗选精煤
河北邯郸市峰峰矿区鼓山北街太中路2号	原煤、洗精煤
辽宁省抚顺市新抚区中央大街25号	原煤采选、洗煤
河南省商丘市永城市谢庄村村委会	企业管理、电解铝、纺织
黑龙江省双鸭山市尖山区中植社区	煤炭开采
安徽省宿州市埇桥区西昌路	原煤
辽宁省沈阳市新城子虎石台	烟煤和无烟煤开采
河北省邢台市桥西区中兴西大街191号	煤炭、电力、建材
山西省临汾市霍州市霍州市鼓楼东街	原煤、精煤、电
内蒙古自治区鄂尔多斯市伊金霍洛旗上湾	煤炭
山东省泰安市肥城市王西村	原煤、洗精煤、发电量
北京市昌平区超前路9号	煤炭运销
河北省邢台市桥西区中兴西大街191号	煤炭开采
辽宁省阜新市海州区中华路89号	烟煤开采
黑龙江省七台河市桃山区东进路18号	原煤
内蒙古自治区鄂尔多斯市东胜区鄂尔多斯市天骄北路	煤炭产运销

续1

企业名称	法人代表	电话	分机	邮政编码
盘江煤电(集团)有限责任公司	张仕和	3700356		553536
郑州煤炭工业(集团)有限责任公司	李国安	69782700		452371
山西金海洋洁净煤有限公司	高靖海	7083670		036900
邯郸矿业集团有限公司	王杜平	7758102		056002
鹤壁煤业(集团)有限责任公司	李永新	2911250		458000
焦作煤业(集团)有限责任公司	杜工会	3533419		454002
鸡西矿业集团有限责任公司	孙永奎	2726615		158100
北京昊华能源股份有限公司	耿养谋	69844482		102300
怀仁县国怀精煤有限公司	栗玉柱	4160806		038300
保德县桥头煤矿	刘怀树	7322344		036603
萍乡矿业集团有限责任公司	徐绍芳	6582963		337000
内蒙古西蒙煤炭有限责任公司	连广明	4600826		010010
国投新集能源股份有限公司	邹津宇	8668545		232170
龙口矿业集团有限责任公司	宋子安	8658830		265700
内蒙古霍林河露天煤业股份有限公司	董文学	2353825		029200
石油和天然气开采业				
大庆油田有限责任公司	王玉普	5995686		163453
中国石化胜利油田有限公司	曹耀峰	8552074		257001
中国石油天然气股份有限公司新疆油田分公司	陈新发	6893679		834000
中国石油天然气股份公司塔里木油田分公司	孙德龙	2171744		841000
延长油田股份有限公司	田维宽	8519431		717208
中国石油天然气股份有限公司辽河油田分公司	谢文彦	7298318		124010
中海石油(中国)有限公司深圳分公司	李宁	26692880	3161	518067
中国石油天然气股份公司华北油田分公司	苏俊	2725215		062552
中国石油化工股份有限公司中原油田分公司	孔凡群	4819493		457001
中国石油天然气股份有限公司吐哈油田分公司	蔡志刚	8372348		838202
中海石油(中国)有限公司湛江分公司	朱伟林	3900393		524057
中国石油天然气股份有限公司吉林油田分公司	侯启军	6258098		138000
中国石油天然气股份有限公司冀东油田分公司	周海民	8766065		063004
长庆油田庆阳分公司	王道夫	8598586		745000
中国石化集团江苏石油勘探局	雍自强	7760030		225000
中国石油天然气股份有限公司青海油田分公司	黄立功	8934037		736202
中国石油化工股份有限公司江汉油田分公司	方志雄	6502051		433124
胜利油田东胜精攻石油开发集团股份有限公司	孙奎荣	8687566		257000
上海石油天然气有限公司	吴家骅	62555888		200041
中国石化中原油气高新股份有限公司	刘恩学	67981018		450001
中国石化集团河南石油勘探局	袁政文	63830126		473132
中国石油华北油田二连分公司	苗坤	8293960		026017

企业详细地址	主要产品(主要业务活动)
贵州省六盘水市盘县干沟桥	原煤、精煤、混煤
河南省郑州市新密市矿区西街一号	煤炭生产、销售、电力、铝锭
山西省朔州市山阴县北周庄村西	原煤洗选
河北邯郸市丛台区中国大街56号	原煤、生铁、水泥
河南省鹤壁市山城区红旗街98号	煤炭采选、火力发电
河南省焦作市山阳区解放中路239号	原煤、洗选、电力
黑龙江省鸡西市鸡冠区红旗号	原煤、洗精煤、电量
北京市门头沟区大峪新桥南大街2号	煤炭开采业
山西省朔州市怀仁县里八庄	洗煤
山西省忻州市保德县桥头村	原煤
江西省萍乡市安源区昭萍东路27号	煤炭、玻璃、客车
内蒙古自治区呼和浩特市赛罕区腾飞路	煤炭
安徽省淮南市凤台县国投新集能源股份公司居委会	煤炭采选
山东省烟台市龙口市振兴路249号	煤炭开采
内蒙古自治区通辽市霍林郭勒市哲里木	褐煤的开采与选洗
黑龙江省大庆市让胡路区昆仑大街69-3号	天然原油开采
山东省东营市东营区济南路258号	原油、天然气
新疆维吾尔自治区克拉玛依市克拉玛依区新疆克拉玛依市迎宾路66号	石油、天然气勘探、开发
新疆维吾尔自治区巴音郭楞蒙古自治州库尔勒市建设街道办事处塔指社区	天然原油和天然气开采、炼油、化工
陕西省延安市延川县永坪	原油开采
辽宁省盘锦市兴隆台区石油大街98号	原油开采、天然气
广东省深圳市南山区蛇口工业二路1号海洋石油大厦B座	原油
河北省沧州市任邱市局机关	原油、天然气
河南省濮阳市华龙区中原路277号	天然气原油开采、天然气开采、原油加工
新疆维吾尔自治区吐鲁番地区鄯善县吐哈油田	原油、天然气、液化气
广东省湛江市湛江市坡头区南调街道办事处	天燃气、石油
吉林省松原市宁江区沿江东路1219号	石油天然气开采
河北省唐山市路北区光明西里51号甲区	天然原油、天然气
甘肃庆阳市西峰区长庆北路186号	原油采掘
江苏省扬州市维扬区文汇西路1号	原油、天然气
青海省海西州德令哈市油田公司	原油、天然气
湖北省省直辖行政单位潜江市广华江汉路1号	石油、天然气、其他化工产品
山东省东营市东营区西四路226号	石油
上海市市辖区静安区江宁路336号	天然气开采、天然石油开采
河南省郑州市中原区科学大道75号	原油、天然气
河南省南阳市宛城区五一路	天然原油
内蒙古自治区锡林郭勒盟锡林浩特市斯日古楞	原油开采

续2

企业名称	法人代表	电话	分机	邮政编码
阿鲁科尔沁旗油品开发公司	李广志	7232135		025550
胜利油田鲁胜石油开发有限责任公司	彭红军	2183775		257500
大庆油田有限责任公司呼伦贝尔分公司	李文学	8374377		021008
川中油气矿南部分公司	赵松	5537027		637300
四川德阳新场气田开发有限责任公司	王一兵	2273132		618000
重庆鼎发实业股份有限公司	谭家全	74515491		408300
锡林郭勒新锦嘉矿业有限责任公司	林辉	7539985		011300
长岭县石油天然气开发有限公司	韩义	7228133		131500
华油天然气股份有限公司	李华林	88453214		610100
大庆油田公司南江分公司	孙志民	53267011		150127
胜利油田高青石油开发有限公司	刘晓明	8687569		257000
松滋市油田采油厂	王小毛	6223690		434200
新疆油田黑油山有限责任公司	杨庭云	6884556		834000
辽河石油勘探局	杨振山	7299001		124010
中国石化集团胜利石油管理局	曹耀峰	8552074		257001
新疆维吾尔自治区石油管理局	唐健	6887173		834000
华北石油管理局	单祥国	2723334		062552
吉林石油集团有限责任公司	单纪宽	6224653		138000
中国石化集团中原石油勘探局	张殿国	4821158		457001
中国石化集团江汉石油管理局	张召平	6502051		433124
中油测井技术服务有限责任公司	李越强	59285791		100220
冀东石油勘探开发公司	周海民	8766477		063004
玉门石油管理局	田玉军	3921271		735200
中国石油集团海洋工程有限公司	石林	67885386		100176
大庆东华油气开发股份有限公司	朱凤山	6723077		163713
安达市庆新油田开发有限责任公司	冯树义	7221519		151413
中亚石油有限公司	张文祥	8642671		166400
西南石油局油气测试中心	黄辉	2409254		618000
吐哈石油勘探开发指挥部	杨盛杰	2764376		839009
银川市长陇实业有限公司	焦旭鼎	5066318		750002
黑色金属矿采选业				
马钢(集团)控股有限公司	顾建国	2883492		243003
邯邢冶金矿山管理局	刘乔	6286411		056032
广东大顶矿业股份有限公司	朱关平	8246316		517145
武钢鄂州球团矿厂	刘元武	3335513		436000
浙江漓铁集团有限公司	魏仕校	84600190		312041
昆明钢铁集团有限责任公司	王长勇	8603459		650302
重庆钢铁集团矿业有限公司	梁正明	68846964		400080

企业详细地址	主要产品(主要业务活动)
内蒙古自治区赤峰市阿鲁科尔沁旗铁北	原油开采
山东省东营市垦利县高盖	石油开采
内蒙古自治区呼伦贝尔市新巴尔虎右旗贝尔	开采原油
四川省南充市南部县草市街	石油开采
四川省德阳市旌阳区泰山北路二段86号	原油天燃气勘探开发、销售天燃气、机械电器金属销售
重庆市县垫江县工农路296号	天燃气开采、墙地砖
内蒙古自治区锡林郭勒盟苏尼特左旗查干敖包	原油开采
吉林省松原市长岭县岭城路	天然原油和天然气开采
四川成都龙泉驿星光中路22号	天然气开发、压缩天然气
黑龙江省哈尔滨市双城市民强	原油开采
山东省淄博市高青县许管	原油开采
湖北省荆州市松滋市宛市街03号	原油采油
新疆维吾尔自治区克拉玛依市克拉玛依区准噶尔路23号	原油制造
辽宁省盘锦市兴隆台区石油大街96号	油田勘探服务
山东省东营市东营区济南路258号	石油开采相关服务
新疆维吾尔自治区克拉玛依市克拉玛依区友谊路98号	钻井工程、建筑施工、发供电
河北省沧州市任邱市局机关	石油勘探与开发技术服务
吉林省松原市宁江区锦江大街29号	石油天然气钻井、石油地质勘探、井下作业
河南省濮阳市华龙区任登	石油钻井、后勤服务
湖北省省直辖行政单位潜江市广华江汉路1号	石油专业施工、石油机械制造
北京市昌平区镇创新路12号	测井解释、测试、录井
河北省唐山市路北区51号甲区	井下作业、物资供应、建筑施工
甘肃省酒泉市玉门市南坪区解放路	石油天然气开采服务、水电暖生产供应、石油专用设备制造
北京市经济技术开发区宏达北路16号	海洋钻井、试油、井下作业、海洋石油勘探开发技术研究
黑龙江省大庆市让胡路区化工园区	钻井服务
黑龙江省绥化安达昌德村	天然原油开采
黑龙江省大庆市肇州县新龙	原油开采服务
四川省德阳市旌阳区淮河街11号	酸化压裂、修井、试油
新疆维吾尔自治区吐鲁番地区鄯善县友好社区	油田工程技术服务
宁夏回族自治区银川市金凤区开发区科技东街52号	钻井、试油、井下作业
安徽省马鞍山市雨山区雨山街道红旗中路8号	铁矿采选、工矿工程建筑、MG石灰石膏
河北邯郸市丛台区中华北大街54号	铁精粉
广东省河源市连平县油溪镇石背村	成品矿生产销售、原矿开采加工销售
湖北省鄂州市鄂城区新庙	选矿
浙江省绍兴市绍兴县漓铁东矿	铁精矿粉
云南省昆明市安宁市晓塘	铁矿石采选、火电
重庆市市辖区大渡口区大堰一村81幢	铁精矿、石灰石矿、百云石矿

续3

企业名称	法人代表	电话	分机	邮政编码
上海梅山矿业有限公司	焦贤仲	84084013		210041
宁波百丰选矿有限公司	曲浩	86809390	868028	315800
迁安市马兰庄新水第二铁矿	周晓玲	7036549		064405
唐山市荣茂实业集团有限公司	宫万芹	7033568		064405
遵化市北方矿业有限公司	梁平安	6634808		064200
辽宁金昌矿业有限公司	刘志国	8145241		111311
海南钢铁公司	刘明东	26609109		572700
四川会东满银沟矿业集团有限公司	李廷祥	5436087		615205
鞍钢集团弓长岭矿业公司附属企业公司	李任文	5918313		111008
福建省安溪新田矿产开发有限公司	杨景队	23166069		362413
迁安市马兰庄南山铁矿	任建民	7036442		064400
武钢矿业有限责任公司大冶铁矿	尹小鹏	5429327		435006
甘肃龙泰矿业(集团)有限责任公司	车明	6711409		735100
徐州铁矿集团	孟宪华	7250173		221138
包头市达茂旗石宝铁矿集团有限责任公司	李志强	8311316		014511
海城西洋鼎洋矿业有限公司	周福仁	3534028		114215
淄博旺达股份有限公司	贾保华	5060009		255167
本溪市火连寨铁矿选矿厂	包紫臣	5535129		117003
鲁中冶金矿业集团公司	李连华	6811285		271100
唐山首钢马兰庄铁矿有限公司	王志军	7039001		064400
吐鲁番金源矿冶有限责任公司	郭建军	8330678		838204
承德金昊建材厂	姜峰	3052037		067411
通化钢铁集团板石矿业有限责任公司	尤春林	3391681		134304
迁安市凯达工贸有限责任公司	马振生	7034375		064405
新疆钢铁雅满苏矿业有限责任公司	黄永忠	7282355		839126
后英集团鞍山活龙矿业有限公司	何宪恕	2910555		114048
桦甸市建龙矿业有限责任公司	张志祥	6733448		132409
迁安市隆宇工贸有限责任公司	张海	7034628		064405
石家庄太行矿业有限公司	周文花	82791214		050600
舞钢中加矿业发展有限公司	李宝军	8306980		462500
富蕴县蒙库铁矿有限责任公司	赵新	8728856		836100
承德宝通矿业有限公司	苑占勇	8766147		068251
滦县永顺铁矿	张艳秋	7551600		063705
江西联达冶金有限公司	吴文萍	3497730		337019
建平县中兴有限责任公司	赵金民	7813965		122400
富蕴县金宝矿业有限责任公司	刘荣春	8388198		836100
左权县鑫瑞冶金矿山有限公司	陈瑞中	8932276		032613
承德宽丰矿业有限公司	张继国	6999461		067602

企业详细地址	主要产品(主要业务活动)
江苏省南京市雨花台区梅岭社区	铁矿石采选、铁精矿、硫精矿、工业硫酸
浙江省宁波市北仑区迎宾路8号	铁矿精选
河北省唐山市迁安市新水村	铁精粉
河北省唐山市迁安市西马兰庄	铁精粉
河北省唐山市遵化市驸马寨	铁矿石、铁精粉
辽宁省辽阳市灯塔市下沟村	铁精矿、铁矿石
海南省省属虚拟市昌江黎族自治县海钢办公大楼	铁矿石采选
四川省凉山彝族自治州会东县发箐乡大坪村	铁矿石、发电
辽宁省辽阳市弓长岭区苏安大街	铁矿石
福建省泉州市安溪县洪佑	铁精矿、铁矿粉
河北省唐山市迁安市刘官营	铁精粉
湖北省黄石市铁山区胜利路53号	铁精矿、酸性球团矿
甘肃省嘉峪关市市辖长城东路7号	矿产品生产销售、建筑业、建筑装饰材料、机械加工、金属结构件制作及安装等
江苏省徐州市九里区利国街	铁矿石开采、铁矿石选矿、炼铁
内蒙古自治区包头市达茂联合旗石宝	铁矿石、铁精粉
辽宁省鞍山市海城市于家沟	开采铁矿
山东省淄博市淄川区黑旺	生铁、烧结、装载机
辽宁省本溪市溪湖区梨树沟上堡村2组	铁精粉
山东省莱芜市莱城区莱芜市张家洼办事处	铁矿采选业
河北省唐山市迁安市迁安	铁精粉、铁矿石
新疆维吾尔自治区吐鲁番地区鄯善县巴扎村六组	铁矿石、菱镁矿、石材矿
河北省承德市承德县卸甲营	铁精粉
吉林省白山市八道江区板石	铁矿石采选
河北省唐山市迁安市红石崖	铁精粉、矿石开采
新疆维吾尔自治区哈密地区哈密市后山西区	铁矿石开采
辽宁省鞍山市千山区大龙岭	精矿粉
吉林省吉林市桦甸市老金厂	铁矿采选
河北省唐山市迁安市北马兰庄	铁精粉
河北省石家庄市行唐县口头	铁精粉
河南省平顶山市舞钢市山和庄村	铁精粉
新疆维吾尔自治区阿勒泰地区富蕴县库额尔齐斯镇赛尔江西路	铁矿石、铁精粉
河北省承德市滦平县哈叭沁	铁精粉开采加工销售
河北省唐山市滦县赵家沟村	铁精粉、铁矿石
江西省萍乡市湘东区峡山口	球团矿、耐火材料
辽宁省朝阳市建平县京沈路	铁精粉磁选
新疆维吾尔自治区阿勒泰地区富蕴县库额尔齐斯赛尔江西路10号	铁矿石开采、加工
山西省晋中市左权县故驿	铁精粉、生铁、还原铁粉
河北省承德市宽城满族自治县西街村	铁精粉

续4

企业名称	法人代表	电话	分机	邮政编码
北京首云铁矿	李景顺	61039523	9523	101501
山东莱钢铁源炉料有限公司	亓俊峰	6188475		271125
唐山市金岭工贸有限公司	王双	7551600		063705
淄博市华联矿业有限责任公司	齐银山	3380047		256119
抚顺罕王傲牛铁矿有限公司	杨敏	6693355		113113
中信大锰矿业有限责任公司大新分公司	农德连	3783178		532315
桂林市兴安县地隆矿业开采有限公司全州分公司	蒋兰祥	4815355		541500
有色金属矿采选业				
云南楚雄矿冶股份有限公司	张义忠	6386306		675401
中国有色集团抚顺红透山矿业有限公司	祁成林	3265440		113321
巴彦淖尔西部铜业有限公司	陈英祥	4913398		015500
绍兴平铜(集团)有限公司	寿观民	85745106		312050
新疆新鑫矿业股份有限公司喀拉通克铜镍矿	刘俊	8771305		836107
西部矿业股份有限公司锡铁山分公司	毛小兵	6123888	8087	810001
云南华联锌铟股份有限公司	蒋政江	7361100		663701
深圳市中金岭南有色金属股份有限公司凡口铅锌矿	张木毅	6311888		512300
湖南有色股份有限公司黄沙坪矿业分公司	朱崇洲	4572224		424421
内蒙古玉龙矿业股份有限公司	王文龙	3860137		026200
内蒙古东升庙矿业有限责任公司	杜俊魁	4662981		015543
连平县大尖山铅锌矿开发有限公司	冯小健	4327630		517100
万城商务东升庙有限责任	林泓富	4666235	8888	015543
乌拉特后旗紫金矿业有限责任公司	林泓富	4668856		015543
金堆城钼业公司	宋均炉	4088201		714102
广西高峰矿业有限责任公司	邓熙骅	7577051	757637	547205
中国铝业股份有限公司(渑池)矿业分公司	狄杰宾	4965966		472433
中国铝业股份有限公司(上街)矿业分公司	姜小凯	68923027		450041
中国铝业山西分公司孝义铝矿(二部)	富崇彦	7629027		032300
山东招金集团有限公司	路东尚	8227500		265400
灵宝市金源矿业有限责任公司	方建民	8853317		472500
蓬莱金创集团公司	穆范敏	5603682		265607
广东高要河台金矿	罗新昌	8216636		526127
中矿金业股份有限公司	王永选	8319001		265401
灵宝市朱阳镇寺上采矿队	赵启高	6816519		472532
灵宝郭氏矿业有限责任公司	郭续长	6880297		472533
山东鸿福集团公司	温鸿福	8361041		265400
灵宝市豫灵东峪金矿	王百忍	6895328		472533
灵宝市兴灵矿产采选有限责任公司	梁福海	6833116		472541
青海大柴旦矿业有限公司	诺曼.皮彻	8283823		816200

企业详细地址	主要产品(主要业务活动)
北京市密云县巨各庄镇	铁精粉
山东莱芜莱城区耿公清	秋团
河北省唐山市滦县宜安	铁精粉、铁丝
山东省淄博市沂源县马家	铁精粉
辽宁省抚顺市抚顺县傲牛	铁矿粉
广西壮族自治区崇左市大新县下雷	锰粉、硫酸锰、电解金属锰
广西壮族自治区桂林市全州县炎井	矿产品开发
云南省楚雄州大姚县中仓	铜选矿产品含铜量、湿法浸出液含铜量
辽宁省抚顺市清原满族自治县坑口	粗铜、锌精铜
内蒙古自治区巴彦淖尔市乌拉特后旗莎如拉	铜矿石
浙江省绍兴市绍兴县娄家村	生产铜矿石
新疆维吾尔自治区阿勒泰地区富蕴县喀拉通克乡加勒帕克村	铜采选业
青海省海西州德令哈市人民街	铅精矿、锌精矿
云南省文山州马关县都龙街	精矿含锌、锌锭、精矿含锡
广东省韶关市仁化县安岗村组	铅精矿、锌精矿、硫精矿
湖南省郴州市桂阳县桃花源	铅精矿含铅量、锌选矿产品含锌量、硫铁矿石折含35%
内蒙古自治区锡林郭勒盟西乌珠穆沁旗巴彦胡泊嘎查	铅锌采选矿
内蒙古自治区巴彦淖尔市乌拉特后旗四居委	锌精矿
广东省河源市连平县醒狮村	铅精矿、锌精矿
内蒙古自治区巴彦淖尔市乌拉特后旗一居委	铅精粉
内蒙古自治区巴彦淖尔市乌拉特后旗宝力格	锌精矿、铅精矿
陕西省渭南市华县石可	钼精矿、氧化钼、钼加工、自营和代理出口贸易
广西壮族自治区河池市南丹县大厂	锡采选、锡精矿、锌精矿
河南省三门峡市渑池县池底	铝石
河南省郑州市上街区登封路中段	铝矿采选、炼冶产品
山西吕梁市孝义市	铝矿石
山东省烟台市招远市文化路2号	黄金
河南省三门峡市灵宝市金城大道20号	黄金、有色金属及硫铁矿、硫酸
山东省烟台市蓬莱市矫格庄	黄金、铜材
广东省肇庆市高要市河台圩镇	金矿采选
山东省烟台市招远市北截	成品金、硫精矿
河南省三门峡市灵宝市寺上村	金矿石
河南省三门峡市灵宝市上屯村	金矿石
山东省烟台市招远市横掌温家	金精矿、粉丝
河南省三门峡市灵宝市吴村	铅金矿
河南省三门峡市灵宝市故县村	金矿石
青海省海西州德令哈市滩间山	岩金

续5

企业名称	法人代表	电话	分机	邮政编码
山东金辉集团公司	贾玉辉	8311339		265401
尹庄镇乡镇企业委员会矿产品开发公司	刘社会	8866050		472501
灵宝市尹庄镇黄金矿业公司	张方铎	8855176		472501
山东河西黄金矿业集团公司	刘汝铮	8022018		265402
灵宝市豫灵镇上屯采矿队	翁黑蛋	6880001		472533
灵宝市豫灵镇文峪采矿队	孙向军	6883001		472533
灵宝市故县镇黄金选冶有限责任公司	吴长锋	6833825		472541
灵宝市城关镇黄金公司	李润武	8663761	7446	472500
山东青龙矿业集团公司	徐振军	8426042		265416
山东黄金集团有限公司三山岛金矿	刘钦	2780147		261442
灵宝市朱阳镇董家埝采矿队	刘保磊	6816519		472532
灵宝市阳平镇金矿	杨建生	6314458		472542
连平县珠江矿业有限公司	冯小健	4327630		517125
德兴矿山新技术开发有限公司	刘方云	7719801		334224
赤峰市碾子沟矿业有限责任公司	徐殿宇	2218989		024046
湖南柿竹园有色金属有限责任公司	刘澜明	2612531		423037
江西省修水香炉山钨业有限责任公司	李仲泽	7831173		332438
赤峰国维矿业有限公司	张国	8126088		024041
中钢集团赤峰金鑫矿业有限责任公司	李金千	8926000		024005
哈尔滨松江钼业有限公司	董文学	53819033		150323
西安华钼新材料股份有限公司	王真民	85293262		710100
南京铅锌银矿业有限公司	张美山	86958303		210033
非金属矿采选业				
溧水县云鹤矿业有限公司	罗火木	57401999		211224
淄博彤泰矿业有限公司	段连峰	2086618		255071
江苏船山集团有限责任公司	冷青松	5823011		212113
镇江市茅迪实业有限公司	刘义福	7426188		212442
蓬莱市小门家镇杏山采石场	金荣建	5755566		265606
蓬莱市小门家镇泊李村采石场	李茂盛	5751314		265606
中州铝厂	向大新	3501133		454174
浑源县花岗岩管理委员会	李春明	8322194		037400
文登市东意石材有限公司	王德兰	8883819		264422
华容县胜峰矿石建材厂	汪俊杰	4101692		414200
荥阳新隆石材有限公司	邵长松	64989126		450123
钟山县石材开发加工总公司	黎美华	8982097		542600
栖霞市唐家泊镇石料开发公司	于忠文	5361128		265315
衡阳县井头建材有限公司	欧辉君	6811221		421200
衡阳县溪江建材有限公司	彭家水	6960358		421241

企业详细地址	主要产品(主要业务活动)
山东省烟台市招远市西陈家	金精矿、铸件、不锈钢制品
河南省三门峡市灵宝市尹庄村	金矿石
河南省三门峡市灵宝市尹庄村	成品金
山东省烟台市招远市河西王家	黄金、水泥、塑料管
河南省三门峡市灵宝市上屯村	金矿石
河南省三门峡市灵宝市文峪村	金矿石
河南省三门峡市灵宝市故县村	含量金、金精粉
河南省三门峡市灵宝市长安路	含量金、金矿石、金精粉
山东省烟台市招远市上东庄	黄金
山东省烟台市莱州市三山岛村北	黄金开采
河南省三门峡市灵宝市董家埝村	金矿石
河南省三门峡市灵宝市乔营村	成品金、含量金、金矿石
广东省河源市连平县九连村	钨锡开采、铜铅锌开采
江西省上饶市德兴市中区	钼矿、润滑油
内蒙古自治区赤峰市松山区碾子沟	钼精粉
湖南省郴州市苏仙区柿竹园	铅锌、钨精矿、高纯铋、氧化钼
江西省九江市修水县洞下村	钨精矿
内蒙古自治区赤峰市松山区池家营	钼矿采选
内蒙古自治区赤峰市松山区鸡冠山	钼矿
黑龙江省哈尔滨市阿城区小岭	采矿选矿加工冶炼
陕西省西安市长安区东街66号	钼及相关产品检验
江苏省南京市栖霞区栖霞街89号	非金属矿及制品批发
江苏省南京市溧水县芝山	石灰石、建筑石
山东省淄博市张店区范王	石灰石
江苏省镇江市润州区韦岗	石灰石、建筑石料
江苏省镇江市句容市天王镇潘冲村3号	石灰石加工
山东省烟台市蓬莱市杏山村	石灰石开采
山东省烟台市蓬莱市泊李村	石灰石开采
河南省焦作市修武县王庄	石灰石、铝土矿
山西省大同市浑源县新华村委会	花岗岩
山东省威海市文登市葛家村	花岗石板材
湖南省岳阳市华容县石伏	碎石、水泥
河南省郑州市荥阳市塔山	石料
广西壮族自治区贺州市钟山县书香路	大理石荒料
山东省烟台市栖霞市唐家泊	天然花岗石荒料
湖南省衡阳市衡阳县青龙桥	建筑材料
湖南省衡阳市衡阳县溪江	预制件

续6

企业名称	法人代表	电话	分机	邮政编码
唐山市鑫达工贸有限责任公司	王全	7011513		064401
临湘市凡泰公司	曾凡雄	3797888		414300
永修县矽砂矿	叶远康	3280319		330325
东源县方圆矿业有限公司	童鹏	8600269		517554
搬罾砂石场	王刚	2531021		637000
山东省昌邑市石英矿砂厂	王成伦	7722360		261317
贵州宏福实业开发有限公司	何浩明	2184413		550501
云南磷化集团有限公司	他盛华	7896018		650600
贵州开磷(集团)有限责任公司	屈庆棱	5868485		550300
宜昌东圣实业有限责任公司	黄昌炳	3771237		444211
云浮硫铁矿企业集团公司	黄国庆	8723211		527343
凤城化工集团有限公司	杨庆顺	8232304		118100
湖南新澧化工有限责任公司	杨智强	3245215		415500
云南天宁矿业有限公司	唐明	13987160817		650304
神农架林区矿业有限责任公司	陈长宏	67749816		443000
云南盐化股份有限公司	张华	3162767		650011
莱州市诚源盐化有限公司	于波	2839209		261413
莱州市宏远贸易有限公司	潘书京	2331043		261413
莱州市天源盐业有限责任公司	于波	2839209		261413
中盐金坛盐化有限责任公司	保庚柱	2325562		213200
文登市小观盐场	侯世礼	8852098		264400
文登市侯家镇麦岛盐场	崔喜友	8727057		264400
四川久大制盐有限责任公司	傅刚义	8105828		643000
内蒙古兰太实业股份有限公司	王刚	3443861		016041
文登市侯家盐场	时述利	8727051		264400
重庆索特盐化股份有限公司	董兵	85760003	2568	404000
江苏省金桥盐业有限公司	伏运景	5500426		222001
湖南省湘澧盐矿	郭志宏	4239053		415400
江苏南风元明粉有限责任公司	卫高玖	87216106		223100
湖南省湘衡盐矿	康飞彪	8302286		421006
河北省南堡盐场	宋辰良	8327815	832716	063305
山东省菜央子盐场	杨国富	5342555		262738
河北长芦沧州盐业集团公司	李树田	5321342		061100
山东省栖霞市华盛精细化工有限公司	王进军	5541346		265306
辽宁北海实业(集团)有限公司	金洪岩	3772249		114207
福州远嘉矿业有限公司	林远金	83368803		350111
福州市晋安区宦溪峨嵋腊石矿	池圣坤	87934227		350024

企业详细地址	主要产品(主要业务活动)
河北省唐山市迁安市上炉村	白云石、铁精粉
湖南省岳阳市临湘市麻塘	白云石
江西省九江市永修县松门	铸造型砂
广东省河源市东源县围星村	生产石英砂
四川省南充市顺庆区正街	混凝土搅拌
山东潍坊昌邑山阳	石英砂
贵州省黔南布依族苗族自治州福泉市宏福总公司马场坪生活区	磷矿石、磷酸二铵、磷酸一铵
云南省昆明市晋宁县	磷矿石采选
贵州省贵阳市开阳县洋水	磷矿石开采、黄磷
湖北省宜昌市远安县分水村	磷矿石、磷矿粉、磷矿砂
广东省云浮市云城区云硫居民委员会	硫铁矿开采、硫酸生产销售、普钙生产销售
辽宁省丹东市凤城市城东路374号	硼砂、长效碳酸氢钠、复合肥
湖南省常德市澧县澄坪	元明粉
云南省昆明市安宁市下元良	磷矿石、磷矿粉、过磷酸钙
湖北省省直辖行政单位神农架林区莲花	磷矿石
云南省昆明市官渡区拓东路石家巷10号	精制盐、聚氯乙烯树脂、烧碱
山东省烟台市莱州市西孙家村西	生产原盐
山东省烟台市莱州市土山	原盐生产
山东省烟台市莱州市土山	原盐生产
江苏省常州市金坛市北环东路129号	生产液体、真空制盐、无水硫酸钠
山东省威海市文登市垒子	盐生产
山东省威海市文登市麦岛	原盐
四川省自贡市自流井区东兴寺街89号	井矿盐、天然气、卤水
内蒙古自治区阿拉善盟阿拉善左旗乌斯太	盐产品、盐化产品、生物制品
山东省威海市文登市崔家	原盐
重庆市市辖区万州区沙龙路三段	原盐
江苏省连云港市新浦区通灌南路58号	海水制盐、养殖业、种植业、加工业、物资贸易业、科技研究
湖南省常德市津市市盐矿	精制盐、工业无水硫酸钠
江苏省淮安市洪泽县人民北路24号	元明粉
湖南省衡阳市珠晖区盐矿新村	原盐、无水芒硝
河北省唐山市南堡开发区南源路	原盐、工业溴、氯化钾
山东省潍坊市寿光市羊口镇	食盐、原盐、对甲酚
河北省沧州市黄骅市骅西街道	采盐
山东省烟台市栖霞市庙后村	加工滑石粉
辽宁省鞍山市海城市杨店	滑石粉生产、滑石
福建省福州市晋安区宦溪镇宦溪村	腊石
福建省福州市晋安区溪峨嵋架梁山	开采销售

续7

企业名称	法人代表	电话	分机	邮政编码
其他采矿业				
泰兴二氧化碳厂	吴平贵	7215165		225411
通辽九星铜加工厂	包白音那木拉	5229203		028100
威海惠堡矿业开发有限公司	张强	8533588		264400
察右前旗首创矿业有限公司	刘丽	13650841169		012200
内乡县板场花岗石开发集团公司	尚毅冰	5173266		474350
华容县南山乡矿泉水有限公司	夏毅辉	13707404036		414206
福建省安溪县长龙矿山工程有限公司	王连法	13805932436		362421
本溪市南芬土石方工程有限公司	高伟	7833881		117014
平邑县银磊矿业发展有限公司	高纪营	4456999		273302
双柏正阳矿业有限公司	普靖	13987762878		675107
英德市森茂矿业有限公司	蔡林	2826088		513033
湖北泰丰矿业有限公司	王文领	6460633		442612
湘潭县顺达矿业有限责任公司	张罗根	13332521918		411209
资中县贵发矿业有限公司	李贵发	5600345		641200
资中县宋家镇大民矿石厂	王慧英	13438670630		641200
资中县高乐白石加工厂	彭乐贵	13808251093		641200
青田县星耀气体有限公司	林发琳	6732562		323903
吉林省久盛实业有限责任公司	李仲海	5530855		136521
广西佑威工艺制品有限公司	袁良佑	831046		831046
东丰县环球矿产有限公司	张梦显	6590003		136324
宜昌固丰源透辉石矿业有限公司	舒传云	13872602198		443132
大连爱思凯矿产有限公司	李树新	82528277		116001
湖北福瑞德置业有限公司	傅旭阳	5757369		442706
安徽省金寨县天绿食品有限公司	舒久鑫	7516127		237341
建阳市杜山矿业有限公司	琚赵荣	5621866		354200
骆驼坳余家河采石场	黄建和	13597606888		438600
平武县同心选矿厂	张国祥	13608124446		622564
延安治平建材有限公司	张鑫	13991790166		716000
天津兆和和兴机电安装工程有限责任公司	姚伟德	88331928		300211
镇安县盛立矿业有限责任公司	翟保荣	5338569		711500
延安宝塔区庆业有限责任公司	任刘虎	13909112098		716000
浠水县矿产品加工厂	华爱民	4233383		438200
四川省雷波县兴达矿业有限责任公司	张红	13778643007		616567
昭觉县益农综合磷肥厂雷波县莫红采选厂	刘华权	13778647483		616567
宝塔区刘庄砖厂	李成观	13239184466		716001
揭东县云路镇云宝碎石英钟场	林永雄	15992526388		515556
延安市宝塔区树成建筑材料有限公司	王剑	13488375678		716000
金塔县宏基矿业有限责任公司	惠国明			735300

企业详细地址	主要产品(主要业务活动)
江苏省泰州市泰兴市	工业优级二氧化碳、工业一级二氧化碳、食用级二氧化碳
内蒙古自治区通辽市科左后旗铁东	销售有色金属、电线架线器材销售
山东省威海市文登市大界石村	钾钠长石粉
内蒙古自治区乌兰察布市察哈尔右翼前旗白石头	矿山开采
河南省南阳市内乡县双庙村民委员会	花岗石
湖南省岳阳市华容县居委会	矿泉水
福建省泉州市安溪县岳南路6号	矿山工程
辽宁省本溪南芬区铁山	土石方工程
山东临沂平邑咸家庄	石英石开采
云南省楚雄州双柏县他宜龙	矿的加工、销售
广东省清远市英德市麻步村	加工矿产品
湖北省十堰市郧西县徐家湾村	其它采矿业
湖南省湘潭市湘潭县双庙	其它矿石、道碴、石灰石加工
四川省内江市资中县	石灰石
四川省内江市资中县道田	石灰石生产
四川省内江市资中县高荣	石灰石
浙江省丽水市青田县小峙工业园区	氧气、氮气
吉林省四平市梨树县马家油房	碎石、机制砂、矿粉
广西壮族自治区钦州市浦北县	藤制工艺品、铁制工艺品
吉林省辽源市东丰县	硅灰石
湖北省宜昌市夷陵区红桂香村1组	透辉石开采
辽宁省大连市中山区祝贺街35号	矿产品、肥料、化工产品
湖北省十堰市丹江口市习家店镇杏花村委会	其他矿采选
安徽省六安市金寨县树林村委会	山泉水、高山泡菜、高山脱水蔬菜
福建省南平市建阳市黄地	硫铁矿采选
湖北省黄冈市罗田县枫树坑	碎石加工
四川省绵阳市平武县	锌铅精矿
陕西省延安市宝塔区罗崖	制砖
天津市市辖区河西区黑牛城道中段南侧伟业大厦12-1206室	空调净化系统设计、安装、维护、消防工程、电子机械工程技术服务
陕西省商洛市镇安县镇城	矿石开采
陕西省延安市宝塔区庙沟村	机砖制造
湖北省黄冈市浠水县叶湖山邱家湾	生产加工销售矿石(非金属及金属)
四川省凉山彝族自治州雷波县觉吉	磷矿采选
四川省凉山彝族自治州雷波县觉吉	磷矿开采
陕西省延安市宝塔区刘庄村	制砖
广东省揭阳市揭东县洪住村狮山	石材加工
陕西省延安市宝塔区裴庄村	空心砖生产销售
甘肃省酒泉市金塔县东北	石莹石开采

续8

企业名称	法人代表	电话	分机	邮政编码
延安万花建材有限公司	李宏	2883199		716000
陕西大安矿业有限责任公司	马林汉	13630281221		710016
章丘市君安井巷工程有限公司	陈连军	83326657		250202
浠水县锦江石粉厂	袁意超	4659071		438205
成都蜀群矿业开发有限公司	刘志成	88033902		611430
雷波县双岗矿业有限公司	邹华	13881583881		616550
镇安县天晟矿业有限公司	龚文生	5361321		711500
镇安县百胜矿产有限公司	染柏成	13098221919		711500
农副食品加工业				
山东半球面粉有限公司	谭永良	6917115		257300
辽宁禾丰牧业股份有限公司	金卫东	23783378		110179
益海(广州)粮油工业有限公司	郭孔丰	82208725		510730
嘉吉粮油(南通)有限公司	ROBERT P.ASPELL	83596615		226009
江西正邦科技股份有限公司	李旭荣	6397790		330096
东海粮油工业(张家港)有限公司	刘福春	58381018	201	215634
上海东辰粮油有限公司	郭明	54825990		200231
益海(连云港)粮油有限公司	孙立家	2387294		222042
南海油脂工业(赤湾)有限公司	李福官	26694322		518068
上海嘉里食品工业有限公司	郭建海	58487988	8272	200127
山东鲁花集团有限公司	孙孟全	7291388		265200
秦皇岛金海粮油工业有限公司	李岩欣	3097129		066002
辽宁富虹油品集团有限公司	李志强	2268789		111000
沈阳市金石豆业有限公司	王政权	89712591		110122
大海粮油工业(防城港)有限公司	刘福春	2800617		538001
山东省高唐蓝山集团总公司	许兰山	3962177		252800
湛江华农饲料蛋白开发有限公司	李广富	2252898		524027
邦基三维油脂有限公司	怀特先生	2211888		276826
广东富虹油品有限公司	罗君	2293888		524012
金光食品(宁波)有限公司	MILTON	86888188		315803
九三集团大连大豆科技有限公司	王玉民	87336693		116600
山东新良油脂有限公司	郎庆田	2216905		276826
广州植之元油脂实业有限公司	赖宁昌	84947666	8306	511462
黄海粮油工业(山东)有限公司	刘福春	2639026		276808
益海(烟台)粮油有限公司	郭孔丰	6745718		264000
中储粮镇江粮油有限公司	刘建民	3366999	1111	212006
嘉吉粮油(阳江)有限公司	安博泰	3828896		529533
上海良友海狮油脂实业有限公司	郭明	54821709		200231
益海(广汉)粮油饲料有限公司	牛余新	13568236779		618300

企业详细地址	主要产品(主要业务活动)
陕西省延安市宝塔区万花村	空心砖、普砖、多空砖
陕西省西安市未央区雅荷中环大厦B座6F-F	矿业 产品开发、销售
山东省济南市章丘市新世纪小区	矿山彩掘工程施工
湖北省黄冈市浠水县河西街333号	长石粉、非金属矿石
四川省成都市新津县邓公社区	矿业开发
四川省凉山州雷波县新街22号	生产磷矿
陕西省商洛市镇安县镇城	探矿
陕西省商洛市镇安县镇城	矿产资源开发
山东省东营市广饶县	面粉、面条
辽宁省沈阳市东陵区浑南产业区67号	饲料生产
广东省广州市萝岗区广州经济技术开发区东江大道2号	生产食用植物油
江苏省南通市崇川区开发区同兴路	生产豆油、生产豆粕
江西省南昌市青山湖区火炬大街	饲料、预混料
江苏省苏州市张家港市沿江公路	食用植物油生产
上海市市辖区徐汇区龙吴路2052号	植物油
江苏省连云港市连云区墟沟大港路	食用植物油加工、豆粕、棕榈油产品
广东省深圳市南山区赤湾右炮台路15号	精炼食用植物油、起酥油、人造奶油
上海市市辖区浦东新区高东路118号	食用油
山东省烟台市莱阳市龙门东路39号	压榨花生油
河北秦皇岛市海港区海滨路35号(开西)	大豆色拉油、黄豆粕、起酥油
辽宁省辽阳市白塔区胜利路5－6段	生产豆油、豆粕、生产豆油、生产色拉油
辽宁沈阳虎石台小桥子	豆油制造
广西壮族自治区防城港市港口区七泊位	豆粕、一级大豆油、小包装食用油
山东省聊城市高唐县滨湖北路2号	食用植物油、饲料、冻鸡
广东省湛江市霞山区友谊路1号港务局第一作业区	豆粕、豆油、磷脂
山东省日照市东港区海滨五路南首	豆油、豆粕
广东省湛江市霞山区湖光路5号	豆粕、色拉油、豆油
浙江省宁波市北仑区黄河北路1号	食品食用油的生产
辽宁省大连市开发区北良港内	食用植物油、饲料蛋白、饲料生产销售、大豆及大豆制品的生产销售
山东省日照市东港区东韩家村	豆粕、豆油
广东省广州市南沙区万顷沙镇万环西路新安工业园	加工销售：大豆油及其制品、植物油
山东省日照市岚山区童海路	植物油、粕类
山东省烟台市芝罘区海港路23号	生产豆油、豆粕
江苏省镇江市京口区粮山	食用油加工及销售、食用油中转储存
广东省阳江市江城区大魁村委会第四地段	大豆油、豆泊
上海市市辖区徐汇区龙吴路2080号	植物油
四川省德阳市广汉市洪水碾东西大街	食用植物油加工

续9

企业名称	法人代表	电话	分机	邮政编码
东洲油脂工业(广州)有限公司	马立山	82773716		511340
益江(张家港)粮油工业有限公司	闫武泉	58387893		215634
嘉里粮油(营口)有限公司	穆彦魁	6268388		115007
泉州福海粮油工业有限公司	HUNG_YEN_STEPHEN	87098027		362111
南宁糖业股份有限公司	熊可模	4910567		530031
临沂新程金锣肉制品有限公司	明金星	2977300		276036
四川省资阳市四海发展实业有限公司	孙雪梅	6550258		641300
山东风祥(集团)有限责任公司	刘学景	6779260		252325
吉林省长春皓月清真肉业股份有限公司	丛连彪	87958630		130013
北京顺鑫农业股份有限公司鹏程食品分公司	杨文科	69471618		101300
河南省华英禽业集团	曹家富	3931030		465150
吉林德大有限公司	王秀林	87201001		130300
河南省漯河市双汇实业集团有限责任公司	万隆	2622616		462000
山东金锣企业集团总公司	明金星	2977300		276036
诸城市外贸有限责任公司	王金友	6063672		262200
诸城市外贸有限公司	王金友	6063672		262200
得利斯集团有限公司	郑和平	6339999		262216
好当家集团有限公司	唐传勤	7438002		264305
山东赤山集团有限公司	王玉春	7321102		264308
山东寻山集团有限公司	李常青	7651082		264300
西霞口集团有限公司	田文科	7831516		264319
丹徒区龙山鳗业联合公司	黄澄清	3513388		212142
山东省鲁洲食品集团有限公司	牛继星	2323777		276400
食品制造业				
百事食品(中国)有限公司	杨安丽	23058164		200001
上好佳(中国)有限公司	施恭旗	59898607		201702
箭牌口香糖有限公司	WILLIAMWRI	85196000		510623
玛氏食品(中国)有限公司	杨凯勋	61667410	3131	101407
上海不凡帝糖果有限公司	潘龙	34054668	1479	200245
东莞徐记食品有限公司	徐乘	22268955	87	523118
南京喜之郎食品有限公司	李永良	57420600		211200
龙大食品集团	宫学斌	7717011		265209
今麦郎食品有限公司	范现国	6591908		055350
杭州顶益食品有限公司	赵慧敬	86910122	3070	310018
昆山统一企业食品有限公司	吴章福	57706236		215300
广州顶益食品有限公司	赵慧敬	82268331	2202	510760
广州统一企业有限公司	林苍生	82240088	1023	510760
河南省南街村集团有限公司	王宏斌	8851353		462600

企业详细地址	主要产品(主要业务活动)
广东省广州市增城市新塘镇东洲湾码头	食用油的精炼、加工、包装桶的制造、翻新
江苏省苏州市张家港市保税区	食用油、粮食
辽宁省营口市鲅鱼圈区鲅鱼圈港1号门	一级油、三级油、加工粮食
福建省泉州市泉港区沙格	食用油生产、丰苑豆粕生产
广西壮族自治区南宁市江南区亭洪路48号	生产机制糖、生产机制纸、生产蔗渣浆
山东省临沂市兰山区小郝埠村	鸡、猪产品
四川省资阳市雁江区雁家村三社	冻猪分割肉
山东省聊城市阳谷县刘庙村	分割鸡、熟制品、饲料
吉林省长春市绿园区皓月大路11111号	肉牛屠宰
北京市顺义区南法信地区顺沙路南侧	畜禽屠宰、肉制品加工
河南省信阳市潢川县跃进东路308号	冻鲜产品、饲料、羽绒
吉林省长春市德惠市松柏村	肉鸡屠宰、饲料、豆油
河南省漯河市召陵区双汇路一号	肉制品、筒状膜
山东临沂兰山半程村	鸡、猪产品、肉制品
山东省潍坊市诸城市密州街东首	冻鸡、淀粉、饲料
山东省潍坊市诸城市密州街东首	冻鸡、淀粉、饲料
山东省潍坊市诸城市得利斯工业园	低温肉制品、冷却肉
山东省威海市荣成市丘家村	海产品加工、火电
山东省威海市荣成市东火塘寨	水产品加工
山东省威海市荣成市青鱼滩	水产品加工
山东省威海市荣成市西霞口	水产品加工
江苏省镇江市丹徒区	活鳗、烤鳗、鱼饲料
山东省临沂沂水杨家庄子	淀粉糖系列产品、氮肥制造、压力容器制造
上海市市辖区松江工业区东兴路99号	焙烤类食品
上海市市辖区青浦区徐泾镇沪青平公路2277号	饼干及其他食品制造
广东省广州市萝岗区萝岗区夏港街	生产口香糖、销售本企业自产产品
北京市怀柔区雁栖工业开发区	生产各类糖果相关产品、宠物食品及护理产品、相关食品
上海市市辖区闵行区绿春路318号	糖果
广东省东莞市市辖区周屋工业区	糖果制作、糕饼点心、沙琪玛
江苏省南京市溧水县机场路	生产果冻
山东省烟台市莱阳市东庙后	调理食品、肉制品、速冻蔬菜
河北省邢台市隆尧县西范	方便面、面粉、挂面
浙江省杭州市江干区10号路	生产方便面
江苏省苏州市昆山市青阳南路301号	生产方便面、饮料等
广东省广州市萝岗区东区宏明路12、14号	生产及销售方便面
广东省广州市黄埔区南岗街道康南路788号	饮料业务、方便面
河南省漯河市临颍县南街村	食品制造业

续10

企业名称	法人代表	电话	分机	邮政编码
河南省正龙食品有限公司湖南分公司	刘艺	8712271		414000
重庆顶益食品有限公司	赵慧敬	62826999	5212	400060
河南斯美特食品有限公司	王有利	7566807		454981
内蒙古蒙牛乳业(集团)股份有限公司	牛根生	7391108		011517
内蒙古伊利实业集团股份有限公司	潘刚	3388888	159	010080
石家庄三鹿集团股份有限公司	田文华	88615365		050071
光明乳业股份有限公司	王佳芬	54584520	5812	201103
双城雀巢有限公司	裴军	53119356		150100
蒙牛乳业(北京)有限责任公司	丁圣	61526216		101118
英特儿营养乳品有限公司	麦惠舜	58990899	2515	201206
广东雅士利集团有限公司	张利坤	5820338	8223	515638
蒙牛乳业(沈阳)有限责任公司	李成云	89711098		110122
美赞臣(广州)有限公司	郑宏若	82219180		510620
蒙牛乳业(唐山)有限公司	高安平	5505024		063000
沈阳乳业有限责任公司	李安民	88043209		110164
浙江贝因美科工贸股份有限公司	谢宏	88211137		310007
上海太太乐调味食品有限公司	穆立	59139518	281	201812
菱花集团公司	江保安	2085100		272073
山东齐鲁味精食品集团有限公司	刘强	4232231		252100
河南省莲花味精股份有限公司	张文成	4298909		466200
佛山市海天调味食品有限公司	庞康	82832023	818	528000
佛山市海天(高明)调味食品有限公司	庞康	88628616		528511
安徽丰原集团有限公司	李荣杰	4927833		233010
上海味好美食品有限公司	李裕昌	64760859	862	200237
长春大合生物技术开发有限公司德惠分公司	褚腊林	87525168		130300
完美(中国)日用品有限公司	古润金	8701828	8813	528400
广东南方李锦记营养保健品有限公司	李惠森	6499555		529156
江西汪氏蜜蜂园有限公司	汪伦	3703810		330100
和路雪(中国)有限公司	薄睿凯	67833141		100176
内蒙古金河集团	王东晓	8522944		010200
青岛康大外贸集团有限公司	高思诗	83481238		266614
青岛碱业股份有限公司	罗方辉	83481238		266614
山东雪花生物化工股份有限公司	李庆思	3866285		272103
青岛正大有限公司	洪博才	83481238		266614
青岛朗讯科技通讯企业有限公司	殷永胜	83481238		266614
青特集团有限公司	纪爱师	83481238		266614
安徽丰原生物化学股份有限公司	岳国君	4927833		233010
山东乐悟集团有限公司	王德江	8228396		253500

企业详细地址	主要产品(主要业务活动)
湖南省岳阳市岳阳楼区八字门51号	方便面
重庆市市辖区南岸区丹龙路77号	方便面
河南省焦作市武陟县西滑封	方便面、面粉
内蒙古自治区呼和浩特市和林格尔县四铺	液体乳
内蒙古自治区呼和浩特市土默特左旗金川开发区	液奶、乳制品、冷饮产品
河北省石家庄市新华区和平西路539号	液体乳
上海市市辖区闵行区吴中路578号	乳制品、软饮料
黑龙江省哈尔滨市双城市昌盛	生产乳粉
北京市通州区潞城镇食品工业园区一区1号	利乐枕纯鲜牛奶、百利包纯奶、原味杯酸
上海市市辖区浦东新区宁桥路188号	奶粉
广东省潮州市潮安县潮安大道北侧	奶粉、奶制品
辽宁沈阳虎石台前占村	牛奶制品
广东省广州市萝岗区广州经济技术开发区东基工业区夏园路2号	生产、加工、销售、婴儿奶粉
河北省唐山市丰润区外环路	纯牛奶
辽宁省沈阳市农业高新区辉山	液态奶生产
浙江省杭州市西湖区天目山路160号国际花园B-17层	婴幼儿奶粉制造、婴幼儿米粉制造、婴幼儿葡萄糖制造
上海市市辖区嘉定区江桥镇星华路969号	调味食品
山东省济宁市任城区柳行镇政府驻地	味精
山东省聊城市茌平县齐韩村委会	味精
河南省周口市项城市孔营东区居委会	加工味精
广东省佛山市禅城区文沙路16号	酱油、酱类、其他小调味品
广东省佛山市高明区高明大道东	生产酱油
安徽省蚌埠市禹会区大庆路73号	柠檬酸及其盐类、燃料乙醇、氨基酸
上海市市辖区闵行区虹梅南路701号	胡椒粉、炸鸡粉
吉林省长春市德惠市姚家村	氨基酸系列产品
广东省中山市市辖区东明北路	生产销售保健食品、生产销售日化产品
广东省江门市新会区工贸城北街区3号	口服液
江西省南昌市新建县工业园区	蜂产品
北京市经济技术开发区万源街16号	冰激淋
内蒙古自治区呼和浩特市托克托县新坪路	饲用金霉素
山东省青岛市胶南市珠海中路88号	包装箱、包装盒
山东省青岛市李沧区四流北路78号	包装箱、包装盒
山东省济宁市兖州市王因	谷氨酸、淀粉
山东省青岛市即墨市张家小庄村	包装箱、包装盒
山东省青岛市崂山区株洲路159号	包装箱、包装盒
山东省青岛市城阳区不其路25号	包装箱、包装盒
安徽省蚌埠市禹会区大庆路73号	柠檬酸、氨基酸、酒精
山东省德州市陵县开发区	棉蛋白及饲料

续11

企业名称	法人代表	电话	分机	邮政编码
饮料制造业				
四川山山药业集团有限公司	代云国	2039925		641000
龙口市振龙生物化工集团有限公司	徐继绥	8916166		265702
黑龙江华润酒精有限公司	岳国君	5976400		151100
河南天冠企业集团有限公司	张晓阳	63036666		473000
梅河口市阜康酒精有限公司	杨文柱	4357589		135000
泸州老窖集团有限公司	谢明	2398873		646000
中国贵州茅台酒厂(集团)有限责任公司	季克良	2386074		564501
山西杏花村汾酒集团有限责任公司	郭双威	7229920		032200
江苏洋河集团有限公司	杨廷栋	4938039		223800
江西四特酒有限责任公司	廖昶	7361078		331200
四川郎酒集团有限责任公司	汪俊林	7512019		646523
安徽古井集团有限责任公司	曹杰	5710018		236820
北京燕京啤酒产业基地	李福成	89490728	6692	101300
广州珠江啤酒股份有限公司	方贵权	84206636	360	510308
燕京啤酒(桂林漓泉)股份有限公司	田建华	3832078		541002
四川蓝剑投资管理有限公司	曾清荣	8202507		618400
哈尔滨啤酒有限公司	李文涛	55131900	367	150030
英博雪津啤酒有限公司	陈志华	3597297		351111
重庆啤酒股份有限公司	华正兴	89069018		400039
华润雪花啤酒(辽宁)有限公司	王群	25872059		110021
中国绍兴黄酒集团有限公司	傅建伟	85176051		312000
烟台张裕集团有限公司	孙利强	6691243		264000
海南椰岛股份有限公司	张春昌	66532988		570105
可口可乐(中国)饮料有限公司	Paul Kenneh	61018000		201206
广东太古可口可乐有限公司	施逸伦	82100837		510700
上海申美饮料食品有限公司	翁懋	61045888	5415	201206
杭州中萃食品有限公司	赛福瑞	85273000	88021	310003
百事(中国)有限公司	麦纳明	82150000		510730
深圳百事可乐饮料有限公司	曾湃	89766688	268	518115
佛山市三水健力宝贸易有限公司	罗智先	87780792		528100
南京中萃食品有限公司	沈玉明	58642017		210061
可口可乐装瓶商生产(东莞)有限公司	包逸秋	22401678	713	523081
北京可口可乐饮料有限公司	于旭波	67813037		100176
上海百事可乐饮料有限公司	陈妙法	64303280		200245
杭州娃哈哈保健食品有限公司	宗庆后	86032866		310020
桂林娃哈哈食品有限公司	吴建林	5362285		541105
烟台北方安德利果汁股份有限公司	郑跃文	4762688		264100

企业详细地址	主要产品(主要业务活动)
四川省内江市市中区钟鼓楼	食用酒精、红霉素碱、葡萄糖
山东省烟台市龙口市西村	生产酒精
黑龙江省绥化市肇东市肇兰路24号	酒精、饲料、玉米油
河南省南阳市宛城区南阳市建设东路16号	酒精、燃料已醇、啤酒
吉林省通化市梅河口市日照大街	食用酒精、玉米油
四川省泸州市江阳区国窖广场桂花街5号	泸州老窖系列酒、白酒制造
贵州省遵义市仁怀市国酒	白酒
山西省吕梁市汾阳市杏花西堡村	白酒制造
江苏省宿迁市宿城区中大街118号	白酒
江西省宜春市樟树市药都北大道7号	白酒
四川省泸州市古蔺县二郎街	白酒
安徽省亳州市谯城区减店村	白酒制造
北京市顺义区仁和地区双河路9号	啤酒制造
广东省广州市海珠区新港东路磨碟沙大街118号	啤酒
广西壮族自治区桂林市象山区翠竹路29号	啤酒
四川省德阳市什邡市双桂	啤酒、饮料、化工
黑龙江省哈尔滨市香坊区油坊街20号	啤酒制造
福建省莆田市涵江区工业路660号	啤酒
重庆市市辖区九龙坡区九龙坡区石桥铺	啤酒、饮料
辽宁省沈阳市铁西区建设东路42号	啤酒制造
浙江省绍兴市越城区北海桥	黄酒制造
山东省烟台市芝罘区机场路1号	葡萄酒生产
海南省海口市龙华区龙华路43号	生产销售鹿龟酒、生产销售白酒、生产销售变性演粉
上海市市辖区浦东新区浦东桂桥路539号	饮料主剂
广东省广州市黄埔区黄埔大道东998号	生产、包装、销售饮料
上海市市辖区浦东新区金桥出口加工区市桂桥路539号	碳酸饮料
浙江省杭州市江干区M8－7－3内	可口可乐系列饮料生产
广东省广州市萝岗区广州经济技术开发区金碧路金华二街3号	生产销售百事系列牌号的软饮料浓
广东省深圳市龙岗区荷坳金源工业区	碳酸饮料制造
广东省佛山市三水区西南环城路71号	健力宝系列饮料
江苏省南京市浦口区新称二路18号	碳酸饮料、纯净水、果汁型饮料
广东省东莞市市辖区大龙路5号	果汁及果汁饮料、茶饮料、咖啡饮料
北京市经济技术开发区荣京东街9号	可口可乐、雪碧、芬达
上海市市辖区闵行区文井路288号	碳酸饮料
浙江省杭州市江干区秋涛北路128-1号	瓶装饮用水制造
广西壮族自治区桂林市临桂县庙岭村委会	瓶装纯净水、乳饮料
山东省烟台市牟平区五里头村委会	果汁生产

续12

企业名称	法人代表	电话	分机	邮政编码
山东吉龙集团有限公司	宋志星	7296183		265200
陕西海升果业发展股份有限公司	高亮	85615441		710075
山东天府集团公司	姜志德	7541002		265217
武汉统一企业食品有限公司	萧逢时	83891886	19	430040
成都统一企业食品有限公司	林苍生	82910920		611130
厦门银鹭食品有限公司	陈清水	7176591		361111
乐百氏(广东)食品饮料有限公司	秦鹏	2101803	350	528415
杭州娃哈哈饮料有限公司	宗庆后	86032866		310018
河北承德露露股份有限公司	王宝林	2121679		067000
维维集团	杨启典	3290169		221111
东莞雀巢有限公司	施默德	22404088	194	523076
浙江加多宝饮料有限公司	陈鸿道	88139788		312071
杭州顶津食品有限公司	赵慧敬	86910856		310018
广州顶津食品有限公司	赵慧敬	82269396		510730
红牛维他命饮料有限公司	严彬	85288168	3509	100022
烟草制品业				
云南省烟草烟叶公司复烤部	王跃武	7272666	3300	650218
湖南中烟工业公司	周昌贡	5559133		410002
红云烟草(集团)有限责任公司	朱绍明	5818118	3137	650202
上海烟草(集团)公司	董浩林	61666868	9751	200082
湖南中烟工业公司常德卷烟厂	曾宪兵	7299999		415000
武汉烟草(集团)有限公司	彭明权	68848205		430051
玉溪红塔烟草(集团)有限责任公司	李穗明	2968165		653100
浙江中烟工业有限责任公司杭州制造部	张思荣	86052044	5220	310008
红河烟草集团红河卷烟厂	毕凤林	6196881		652300
广州卷烟二厂	张穗强	81812508		510145
江苏中烟工业公司徐州卷烟厂	张铭业	3572223		221005
南京卷烟厂	张岩磊	86479888		210019
陕西中烟工业公司	陈晖	88451992		710065
合肥卷烟厂	朱杰	5339009		230081
江西中烟工业公司	郑伟	8358871	8956	330096
四川烟草工业有限责任公司	程佳华	86005929		610066
贵阳卷烟厂	陈卫东	5989949		550003
颐中烟草(集团)有限公司	蒲强	83837279		266021
重庆烟草工业有限责任公司	吴应禄	62916176		400060
宁波卷烟厂	徐芳权	87056868	6868	315040
厦门卷烟厂	王建勇	6536036		361022
龙岩卷烟厂	李跃民	2776888		364019

企业详细地址	主要产品(主要业务活动)
山东省烟台市莱阳市鹤山路26号	食品加工、饮料生产
陕西西安雁塔区高新二路枫叶苑3号	浓缩苹果汁、浓缩梨汁、香精
山东省烟台市莱阳市西团旺	果汁及果汁饮料、食品加工
湖北省武汉市东西湖区吴家山八支沟特1号	方便面、饮料
四川省成都市温江区金义村3组	方便面、饮料、肉品
福建省厦门市翔安区马塘村委会	八宝粥、饮料系列
广东省中山市市辖区沙口开发区	生产酸奶、生产饮用水、生产无酒精饮料
浙江省杭州市江干区12号大街5号	含乳饮料制造
河北省承德市双桥区	杏仁露
江苏省徐州市铜山县潘塘	固体饮料、乳及乳制品
广东省东莞市市辖区123号	固体饮料制造业、调味料制造业、酱油酱料制造业
浙江省绍兴市越城区袍江工业区群贤路	生产饮料及食品
浙江省杭州市江干区4号大街27号	生产茶饮料
广东省广州市萝岗区东区南片	生产康师傅冰红茶、生产良师傅蜂蜜绿茶
北京市怀柔区雁栖开发区88号	功能饮料制造、生产销售红牛维生素系列功能饮料
云南省昆明市官渡区西邑村	烟叶批发、复烤烟叶
湖南省长沙市芙蓉区紫薇路216号	卷烟
云南省昆明市五华区龙泉路上社	卷烟制造、烤烟调拨、烟叶复烤
上海市市辖区杨浦区长阳路717号	卷烟制造业
湖南省常德市武陵区洞庭大道西段199号	卷烟制造
湖北省武汉市汉阳区十升路22号	卷烟制造
云南省玉溪市红塔区红塔大道118号	烟草生产
浙江省杭州市上城区中山南路77号	卷烟制造
云南省红河州弥勒县桃园路50号	卷烟制造
广东省广州市荔湾区中山七路333号	卷烟制造
江苏省徐州市鼓楼区环城路80号	卷烟
江苏省南京市建邺区梦都路30号	卷烟生产
陕西省西安市雁塔区沣惠南路38号	卷烟、烟叶
安徽省合肥市蜀山区长江西路651号	卷烟生产
江西南昌市青山湖区金圣工业科技园	卷烟
四川省成都市锦江区成龙大道龙泉段2号	卷烟
贵州省贵阳市云岩区如意巷25号	卷烟销售
山东青岛市北区华阳路20号	卷烟
重庆市市辖区南岸区南城大道197号	卷烟制造
浙江省宁波市江东区曙光路109号	卷烟生产
福建省厦门市海沧区海沧新阳工业区新阳路1号	卷烟制造
福建省龙岩市新罗区乘风路1299号	卷烟

续13

企业名称	法人代表	电话	分机	邮政编码
淮阴卷烟厂	刘加荣	3553148		223002
广西壮族自治区柳州卷烟厂	张汉涛	3980999		545005
广西中烟工业公司南宁卷烟分厂	戴翔	2093405		530001
陕西中烟工业公司宝鸡卷烟厂	李强	3469267		721000
广东中烟工业公司韶关卷烟厂	赖建文	8772269		512026
安徽中烟工业公司芜湖卷烟厂	何盛	4812288		241002
深圳烟草工业有限责任公司	梁强		210	518020
安徽中烟工业公司蚌埠卷烟厂	乔宗华	4959999		233000
四川烟草工业有限责任公司什邡分厂	黄若强	8216016		618400
襄樊卷烟厂	李金春	3265241	420606	441000
内蒙古昆明卷烟有限责任公司	李建平	4348594	8594	010020
红河卷烟总厂昭通卷烟厂	张嘉滨	2130188		657000
河北白沙烟草有限责任公司	段铁力	87027979	3011	050051
北京卷烟厂	曲志刚	65762922	201	100024
大理卷烟厂	谢昆成	2168852		671000
张家口卷烟厂	师进辉	2106238		075000
吉林烟草工业有限责任公司	孙国伟	2818659		133000
红塔辽宁烟草有限责任公司营口卷烟厂	张峥	3836075		115002
兰州卷烟厂	田成	2555081		730050
颐中烟草(集团)有限公司青州卷烟厂	蔚严春	3239350		262500
山西昆明烟草有限责任公司	许力为	2020458		030012
贵州中烟工业公司遵义卷烟厂	白云峰	8621946		563003
贵州驰宇集团毕节卷烟厂	马达祥	8301587	2124	551700
红河烟草(集团)有限责任公司新疆卷烟厂	张树山	3222397		833200
红塔辽宁烟草有限责任公司	姚庆艳	22815777	50	110003
玉溪红塔烟草(集团)有限责任公司长春卷烟	马曙勋	84946341	8831	130031
阜阳卷烟厂	张会延	2361199	8403	236000
湛江卷烟厂	符敏	3291188		524033
兰州卷烟厂天水分厂	杨永清	2731667		741020
海南红塔卷烟有限责任公司	马曙勋	65908704		571100
纺织业				
华芳集团有限公司	秦大乾	58438803		215611
佛山市三水区新绍泰纺织有限公司	陆绍梅	87734253		528100
江阴江东集团公司	赵纪法	86228788		214423
杭州天元涤纶有限公司	施富友	82783398		311209
石家庄常山纺织股份有限公司	汤彰明	86674239		050011
浙江永利实业集团有限公司	周永利	84069654		312028
雄峰控股集团有限公司	何兴荣	85392697		312046

企业详细地址	主要产品(主要业务活动)
江苏省淮安市清浦区大庆路32号	卷烟
广西壮族自治区柳州市城中区学院路9号	卷烟制造
广西壮族自治区南宁市西乡塘区北湖南路28号	卷烟
陕西省宝鸡市金台区宝烟路1号	卷烟
广东省韶关市武江区新华南路65号	制造卷烟
安徽省芜湖市弋江区芜石路135号	卷烟生产
广东省深圳市罗湖区太宁路211号	卷烟生产
安徽省蚌埠市禹会区东海路121	卷烟
四川省德阳市什邡市蓥峰南路	卷烟
湖北省襄樊市樊城区大庆路	烟草
内蒙古自治区呼和浩特市玉泉区锡林南路81号	卷烟制造
云南省昭通市昭阳区凤凰	卷烟
河北省石家庄市桥西区维明南大街1号	卷烟
北京市朝阳区管庄西里42号	卷烟制造
云南省大理白族自治州大理市建设东路191号	卷烟
河北省张家口市桥东区工业街65号	卷烟
吉林省延边朝鲜族自治州延吉市天池路795号	卷烟
辽宁省营口市站前区建设街72号	卷烟
甘肃省兰州市七里河区南滨河中路1111号	卷烟制造
山东省潍坊市青州市玲珑山北路1818号	卷烟制造
山西省太原市迎泽区并东街184号	卷烟
贵州省遵义市汇川区大山社区居委会	卷烟制品生产
贵州省毕节地区毕节市望城坡	卷烟制造
新疆维吾尔自治区伊犁州奎屯市乌鲁木齐西路33号	卷烟制造
辽宁省沈阳市和平区和平北大街69号	卷烟制造
吉林省长春市二道区吉林大路1099号	卷烟制造
安徽省阜阳市颍东区烟厂社区居委会	卷烟制造业
广东省湛江市赤坎区康乐路7号	卷烟制造业
甘肃省天水市麦积区花牛路36号	卷烟制造
海南省海口市琼山区甘蔗圆	制造卷烟
江苏省苏州市张家港市人民南路1号	棉纱生产、棉布生产、呢绒生产
广东省佛山市三水区西南文锋西路57号	牛仔布
江苏省无锡市江阴市北新东路	化纤纱生产、人造革制造、法兰等金属品制造
浙江省杭州市萧山区衙前村	生产化纤布
河北省石家庄市长安和平东路183号	棉纱、棉布
浙江省绍兴市绍兴县蒲荡夏村	生产纺织品、化纤原料
浙江省绍兴市绍兴县金三角	生产纺织品纱丝

续14

企业名称	法人代表	电话	分机	邮政编码
浙江雄盛实业有限公司	金尧根	88061587		312000
江苏向阳集团有限公司	李国良	86201400		214421
浙江华孚色纺有限公司	陈玲芬	82189366		312300
鲁泰纺织股份有限公司	刘石祯	5285166		255100
无锡市第一棉纺织厂	费月英	82851567		214021
福建省长乐市金源纺织有限公司	郑永祥	28763999		350205
江阴福汇纺织有限公司	夏松芳	86406888		214434
张家港市欣欣化纤有限公司	贲永宝	58750388		215635
宁波百隆纺织有限公司	杨卫新	62266268		315490
浙江天圣股份有限公司	孙永根	84882127		312030
山东岱银纺织集团股份有限公司	赵焕臣	6117569		271000
冠县冠星纺织集团总公司	王风朝	5281013		252500
江苏大生集团有限公司	左成懃	85551171		226002
张家港市鹿港毛纺集团有限公司	钱文龙	58479135		215616
浙江古纤道新材料有限公司	施建强	88138009		312000
泰丰纺织集团有限公司	刘庆平	8856668		271100
山东大海集团有限公司	刘福海	6495320		257336
互太(番禺)纺织印染有限公司	尹惠来	84948868		511462
浙江南方科技股份有限公司	朱海锋	85672609		312030
山东龙喜集团公司	王景胜	8565858		265705
浙江湖州大港纺织印染集团有限公司	朱新康	3193518		313008
江苏沙印集团有限公司	谭惠亚	13706225591		215626
浙江庆盛控股集团有限公司	陈火庆	84508168		312028
东莞德永佳纺织制衣有限公司	黎兆强	88821738	1153	523138
江苏澳洋实业(集团)有限公司	沈学如	58161803		251618
江苏倪家巷集团有限公司	吴龙增	86225334		214423
浙江金鹰股份有限公司	傅国定	8020089		316051
吴江市鹰翔化纤有限公司	徐关祥	63551075		215228
浙江天圣控股集团有限公司	孙永根	84882127		312030
江苏通鼎光电线缆集团有限公司	沈小平	63877888		215233
江苏吴江丝绸集团有限公司	胡志良	63559616		215228
天龙控股集团有限公司	钟挺	85645078		312033
浙江新中天控股集团有限公司	徐仁良	84061222		312026
浙江永通染织集团有限公司	李伟海	84513423		312025
浙江亚太高科股份有限公司	濮匡正	85654998		312080
东莞福安纺织印染有限公司	夏松芳	85532318		523840
江苏梦兰集团有限公司	钱月宝	52831886		215500
孚日家纺股份有限公司	孙日贵	2325582		261500

企业详细地址	主要产品(主要业务活动)
浙江省绍兴市越城区亭山工业园区	生产化纤布、生产纤维花式丝
江苏省无锡市江阴市向阳村1号	纺纱、织布、生产化学试剂和助剂
浙江省绍兴市上虞市经济开发区	色纺纱生产
山东省淄博市淄川区松龄东路81号	色织布、棉纱、衬衣
江苏省无锡市南长区健康路122号	色织布生产
福建省福州市长乐市两港工业区	涤纶纱
江苏省无锡市江阴市肖山路9号	高档针织面料和织染加工
江苏省苏州市张家港市长江路	化学纤维品
浙江省宁波市余姚市大南王	棉纱加工
浙江省绍兴市绍兴县柯桥经济开发区柯西山阴西路1815号	花式混纺丝线Ⅱ氨伦制品生产、针纺织品生产加工、进出口业务
山东省泰安市泰山区东岳大街东首	棉纱、棉布、服装
山东省聊城市冠县代家屯	棉纱
江苏省南通市港闸区唐闸街道南市街14号	生产纱线、生产布、生产呢绒
江苏省苏州市张家港市塘桥镇鹿苑南工业区	原料购销
浙江省绍兴市越城区袍江工业区329国道	特种工业化纤、差别化化学纤维
山东省莱芜市莱城区大桥南路	棉纱、棉布、服装
山东省东营市广饶县闫口村	印染、纺织
广东省广州市南沙区西线公路五冲桥边／万顷沙镇同兴村	纺织业务
浙江省绍兴市绍兴县柯桥经济开发区柯北凤林路426号	纺织品生产来料加工(印染布)、自营出口、外贸借贷(内销)
山东省烟台市龙口市	印染布、水泥生产、饮料生产
浙江省湖州市吴兴区吴兴大道	印染布
江苏省苏州市张家港市锦丰镇合兴振兴路1号	其他服务业
浙江省绍兴市绍兴县杨汛桥镇江桥居委会	印染加工
广东省东莞市市辖区中麻公路旁	棉针织染整布、T/C针织染整布、染整棉色纱
江苏省苏州市张家港市江苏张家港市塘市镇	呢绒制造、毛纱制造
江苏省无锡市江阴市倪家巷村	精纺呢绒生产、印染布加工
浙江省舟山市定海区陈家村	亚麻纱制造、绢丝制造
江苏省苏州市吴江市杨扇	生产销售纺织品
浙江省绍兴市绍兴县柯桥经济开发区柯西山阴西路1815号	绢丝加工
江苏省苏州市吴江市贯南路	生产销售电缆及附件
江苏省苏州市吴江市24号	丝绸化纤织物丝绸复制品服装化学纤
浙江省绍兴市绍兴县人利村	绢纺加工
浙江省绍兴市绍兴县莲中村	丝织加工
浙江省绍兴市绍兴县钱清村	丝织品印染加工
浙江省绍兴市绍兴县东市车站路	丝印染精加工、染色
广东省东莞市市辖区霄边大道福安纺织城	生产色布、生产色纱、生产胚布
江苏省苏州市常熟市虞山镇梦兰村	床上用品
山东省潍坊市高密市孚日街1号	毛巾、毛巾被

续15

企业名称	法人代表	电话	分机	邮政编码
山东洁月集团有限公司	赵瑶经	8562700		265705
龙口市黄河营纺织有限公司	张存国	8588815		265712
江苏骏马集团	杨培兴	58298953		215617
江门市新会区冠华针织有限公司	陈天堆	6462987		529157
浙江加佰利控股集团有限公司	孙利永	84571788		312028
鄂尔多斯羊绒制品股份有限公司	王林祥	8523812		017000
内蒙古东达蒙古王集团公司	赵永亮	5295311		014300
纺织服装、鞋、帽制造业				
江苏阳光集团有限公司	陆克平	86121888	6518	214426
江苏波司登股份有限公司	高德康	52532888		215532
海澜集团公司	周建平	86121388	3256	214426
江苏综艺集团	昝圣达	6639985		226376
红豆集团有限公司	周耀庭	88358614	8614	214199
广东溢达纺织有限公司	车克焘	88826112	3466	528500
宁波申洲针织有限公司	马建荣	86980125		315800
大杨集团有限责任公司	李桂莲	87617767		116215
森马集团有限公司	邱光和	88098660		325006
上海美特斯邦威服饰股份有限公司	周成建	38119999	6132	201319
阿迪达斯(苏州)有限公司	Herbert Haine	67616620		215021
江苏吴中实业股份有限公司	赵唯一	65618780		215128
浙江华鼎集团有限责任公司	丁幸儿	86259179		311100
江苏华瑞国际实业集团有限公司	康宜华	84481999		210000
江苏雅鹿实业股份有限公司	顾振华	53820453		215428
报喜鸟集团有限公司	吴志泽	67317888		325102
衣恋时装(上海)有限公司	崔钟良	54481004	501	200235
浙江嘉欣丝绸股份有限公司	周国建	82085227		314000
江苏老三集团	姚幼卿	8829189		213018
诸城市新郎服饰有限责任公司	王桂波	6081356		262200
宁波狮丹努集团有限公司	吴忠宝	87489396		315012
兰雁集团	盛文中	6432862		255300
山东桑沙集团	周勇	6212934		262200
威海纺织集团进出口有限责任公司	朱立华	5230344		264200
步森集团有限公司	陈能恩	87047990		311811
东华纺织集团有限公司	项同保	6555497		213161
浙江依多金控股有限公司	嵇慧英	3952947		313013
宁波雅戈尔服饰有限公司	李如刚	88253479		315153
成都金瑞通集团公司	钟永昭	87513708		610036
石狮市大帝集团有限公司	吕培榕	88700188	2222	362700

企业详细地址	主要产品(主要业务活动)
山东省烟台市龙口市赵刘村	毛巾被生产、枕巾生产
山东省烟台市龙口市黄河营村	生产涤纶纱
江苏省苏州市张家港市双鹿村	帘子布
广东省江门市新会区陈冲工业夺道1号	棉针织色布
浙江省绍兴市绍兴县孙家桥村	生产针纺织品
内蒙古自治区鄂尔多斯市东胜区达拉特南路102号	无毛绒、羊绒纱、羊绒衫
内蒙古自治区鄂尔多斯市达拉特旗树林召乡	羊绒制品生产销售、煤炭开采、纸业生产
江苏省无锡市江阴市新桥镇	服装、呢绒
江苏省苏州市常熟市古里镇白茆沪宜公路	服装、羽绒制品、鞋制造
江苏省无锡市江阴市新桥	服装生产、精纺呢绒生产、毛纱线生产
江苏省南通市通州市孙李桥村	服装生产、胶合板生产、IC卡制造
江苏省无锡市锡山区港下	生产服装、生产摩托车电动自行车、生产橡胶轮胎
广东省佛山市高明区沿江路13号	生产销售棉布、生产销售服装、生产销售棉纱
浙江省宁波市北仑区大港工业城甬江路18号	针织服装制造
辽宁省大连市普兰店市杨树房	服装制造
浙江省温州市瓯海区六虹桥路1189号森马大厦	服装制造销售
上海市市辖区南汇区康桥工业园区康桥东路800号	服装
江苏省苏州市平江区星汉街5号C幢03-04	制造纺织服装
江苏省苏州市吴中区宝带东路388号	服装
浙江省杭州市余杭区余杭经济开发区	服装、纺织品、箱包、鞋帽生产及进出口业务、物业管理
江苏省南京市白下区御道街33号	服装
江苏省苏州市太仓市新鹿	服装
浙江省温州市永嘉县报喜鸟工业园	服装生产
上海市市辖区闵行区龙吴路5888号	服装
浙江省嘉兴市秀洲区秀洲工业区嘉欣丝绸工业园	茧丝及服装生产
江苏省常州市天宁区凤凰路9号	服装
山东省潍坊市诸城市五里堡	西服、衬衣、服饰
浙江省宁波市海曙区段塘镇启运路281号	服装制造
山东省淄博市周村区161号	纺织、服装、纱
山东省潍坊市诸城市广场路16号	针织服装、梭织服装、针织服装
山东省威海市环翠区世昌大道16号	纺织服装
浙江省绍兴市诸暨市步森大道314号	衬衫、西裤、西服
江苏省常州市武进区古方	生产服装
浙江省湖州市南浔区湖盐东路99号	集团管理机构
浙江省宁波市鄞州区大道西段2号	纺织服装制造
四川省成都市金牛区金泉路129号	制式服装、印刷品、空心胶囊
福建省泉州市石狮市宝盖科技园	生产服装、鞋、农贸市场

续16

企业名称	法人代表	电话	分机	邮政编码
浙江高邦服饰集团有限公司	朱爱武	28901065	289010	325029
福建柒牌集团有限公司	洪肇设	85485777	567	362256
温州市拜丽德集团有限公司	郑秀东	88097986	8986	325029
上海英模特制衣有限公司	刘巽坡	58999333	1809	201206
山东金泉发展集团公司	张建伟	5366136		264200
青岛红领服饰股份有限公司	张代理	88598077		266200
乔顿集团有限公司	梁辉光	86531988	8107	325011
汉帛(中国)有限公司	高志伟	82831717	229	311215
常州华利达服装有限公司	张文昌	8817799	3002	213001
法派集团有限公司	彭星	86909853	8851	325025
江苏波司登制衣有限公司	高德康	4965000		225600
江苏虎豹集团有限公司	蒋茂远	7840090		225127
山东傲饰实业有限公司	蒋正刚	3302156		271600
石狮市益兴针织服装有限公司	施金象	88583999		362700
常州荣元服饰有限公司	戈亚芳	8801700		213004
利郎(福建)时装有限公司	王冬星	85622777	8669	362200
恒柏集团有限公司	夏柏潮	84061150		312026
太子龙控股集团有限公司	王培火	87091888		311809
沈阳吉庆服装有限公司	徐庆吉	89352157		110144
新马制衣(深圳)有限公司	徐静波	84319903		518120
江阴市利安达服装集团有限公司	黄丽泰	86273791		214434
福建宝德服饰有限公司	郑淑清	22598888	8030	362000
皮革、毛皮、羽毛(绒)及其制品业				
浙江卡森实业有限公司	祝建其	87218022		314406
河南鞋城皮革制品有限公司	崔明杰	7588189		477293
无棣县星一皮革有限公司	汪宝竹	6361162		251900
文登市森鹿制革公司	张锦卫	8251667		264400
浙江通天星集团股份有限公司	郑继行	3089927		324000
山东金锋人造皮革有限公司	李文恒	8889089		265716
上海富国皮革有限公司	严慈亮	62503354		200436
华达利皮革(中国)有限公司	潘用品	57635105		215334
黄骅市德富皮革制品有限公司	王义才	5239005		061100
浙江开元皮革有限公司	金庆民	88351279		314511
新百丽鞋业深圳有限公司	邓耀	28072437		518109
江苏森达集团有限公司	朱相桂	6290088	2689	224700
万邦(清新)鞋业有限公司	陈进镛	5772688		511853
红蜻蜓集团有限公司	钱金波	67370083		325102
清远市广硕鞋业有限公司	张荣梧	6865598		511800

企业详细地址	主要产品(主要业务活动)
浙江省温州市鹿城区黎明工业区49号	服装制造、销售针纺织品、皮革制品、服装、百货、化工原料、五金交电、汽车配件、普通机械
福建省泉州市晋江市英林镇九三路工业区	西服、茄克
浙江省温州市鹿城区蛟凤北路101号	服装制造
上海市市辖区浦东新区金皖路389号金门广场607室	服装
山东省威海市环翠区江家寨村	服装
山东省青岛市即墨市红领大街1号	西服、西裤、衬衣
浙江省温州市龙湾区温州经济技术开发区东片15号小区兰江路125号	西服生产
浙江省杭州市萧山区北塘路6号	纺织服装制造
江苏省常州市天宁区富强	服装生产销售、安全汽囊生产生产
浙江省温州市龙湾区温州经济技术开发区滨海园区明珠路768号	服装服饰及鞋类研制开发制造销售、百货/五金/计算机设备/机械设备等销售、服装等相关技术的进出口业务和三
江苏省扬州市高邮市花王	休闲服、羽绒服
江苏省扬州市邗江区汉河街道华洋中路	生产制造衬衫、生产制造西服、生产制造茄克
山东省泰安市肥城市刘庄	服装、印刷、酒业
福建省泉州市石狮市彭田工业区	生产服装
江苏省常州市天宁区青洋南路47号	服装
福建省泉州市晋江市青阳镇陈村村委会长兴路200号	服装等
浙江省绍兴市绍兴县新民村	服装制造
浙江省绍兴市诸暨市璜山村下市自然村	茄克衫、休闲服装、T恤衫
辽宁省沈阳市于洪区四王村	服装加工
广东省深圳市龙岗区鹏城居委鹏飞路7号	加工各类服装、生产经营各类服装
江苏省无锡市江阴市定山路59号	服装制造
福建省泉州市丰泽区宝洲路宝洲花苑后	服装销售
浙江省嘉兴市海宁市华丰村	生产轻革、生产成品革
河南省周口市鹿邑县崔堂村	黄牛皮软面革、旅游鞋
山东滨州市无棣县河沟	牛皮革
山东省威海市文登市米山路173号	轻革业
浙江省衢州市柯城区荷花一路39号	轻革的制造、纸箱的制造、机制纸品及纸板制造
山东省烟台市龙口市大牟家村	PU合成革生产
上海市市辖区宝山区上海市宝山区南大路800弄19号	牛鞋面革、羊服装革
江苏省苏州市昆山市吴淞江南路18号	生产皮革制品
河北省沧州市黄骅市方庄	皮革制品
浙江省嘉兴市桐乡市南门320国道15912旁	绵、山羊服装革加工、绵羊鞋面革加工
广东省深圳市宝安区龙华街道大浪居委	生产皮鞋、手袋、其他皮革制品
江苏省盐城市建湖县建宝路88号	皮鞋、服装、热电
广东省清远市清新县太平镇工业园区	制鞋业
浙江省温州市永嘉县东瓯工业区	皮鞋制造
广东省清远市清新县黄坑村	生产运动鞋

续17

企业名称	法人代表	电话	分机	邮政编码
中山欣锠鞋业有限公司	叶静燕	6217200	1194	528467
山东东方华龙工贸集团有限公司	刘德信	6511338		257300
康奈集团有限公司	郑秀康	88768819		325007
威海市金猴集团有限责任公司	柳富林	5289210		264200
巨一集团有限公司	李爱莲	88035515		325007
安踏(中国)有限公司	丁世家	85925977		362212
石狮市富贵鸟集团公司	林和平	88702892		362700
东艺鞋业有限公司	陈国荣	88051888		325007
广东海丰鞋业有限公司	王弘	82925323		511330
中山市宝元制造厂	骆志行	6687505	7415	528463
广州市番禺创信鞋业有限公司	吴振昌	34931988		511473
广州荣诚鞋业有限公司	张荣梧	36416460		510430
上高裕盛工业有限公司	胡明进	2505147		336400
浙江奥康鞋业股份有限公司	王振滔	67378608		325102
文登市广泰鞋业有限公司	吴树广	8727033		264400
中山通佳鞋业有限公司	杨基烈	5218853		528451
佛山市南海金履鞋业有限公司	刘旭	85662214	8033	528244
温州吉尔达鞋业有限公司	余进华	86537101		325011
诚展(清远)鞋业有限公司	张荣梧	5826288	128	511800
意尔康鞋业集团有限公司	单志敏	6856830		323903
连江清禄鞋业有限公司	梅村建二	26168838		350500
中山市宝元白石鞋厂	骆志行	6687505	7415	528463
福建协丰鞋业有限公司	王羽雄	2894210	884	351131
海宁蒙努集团有限公司	岳姚祥	87267039		314400
祥兴(福建)箱包集团有限公司	薛行远	85215197		350300
常熟美迪洋皮件有限公司	毛建华	52381854		215518
番禺世门手袋有限公司	朴股宽	84754777		511434
肇庆市大旺东凌皮具有限公司	韩蕙燕	3649888		526238
上海国利汽车真皮饰件有限公司	刘文琪	64790384	8206	201101
海宁卡森皮革有限公司	祝建其	87783775		314403
雪豹集团公司	沈月明	87411782		314408
肃宁县华斯实业集团	霍国英	5117666		062350
江苏广丰羽毛有限公司	巫粘春蓉	58257935	8173	211800
上海东隆羽绒制品有限公司	郭连学	59280818		201719
浙江柳桥羽毛有限公司	傅妙奎	82730888		311201
浙江三弘国际羽毛有限公司	章军华	82475666		311251
南京极地进出口有限公司	李林	52350996	985	210012

企业详细地址	主要产品(主要业务活动)
广东省中山市市辖区第二工业区	牛皮工作鞋
山东省东营市广饶县申盟亭村	化工、皮鞋制造
浙江省温州市鹿城区中国鞋都产业园康奈工业园	皮鞋生产、运动鞋、皮具生产
山东省威海市环翠区和平路106号	皮鞋、皮包、服装
浙江省温州市鹿城区中国鞋都产业园区	鞋、皮鞋、塑料制品、汽摩配件制造、保健用品、化妆品等销售、经济信息咨询
福建省泉州市晋江市东山工业区	运动鞋、运动服
福建省泉州市石狮市石狮市长福村	生产鞋
浙江省温州市鹿城区中国鞋都一期24号地块	生产皮鞋
广东省广州市增城市石滩镇荔石路	生产鞋类产品
广东省中山市市辖区第二工业区	运动鞋
广东省广州市番禺区榄核镇九比村九榄公路	制造鞋、鞋材
广东省广州市白云区石井街石沙路300号	生产运动鞋
江西省宜春市上高县锦江新华	耐克鞋
浙江省温州市永嘉县东瓯工业区	鞋及制鞋材料生产
山东省威海市环翠区侯家	皮鞋
广东省中山市市辖区南朗镇第二工业区	制造皮鞋
广东省佛山市南海区甘蕉村民委员会	鞋类加工制造
浙江省温州市龙湾区温州经济技术开发区东片35号小区	生产销售皮鞋与皮革制品、生产皮鞋制品
广东省清远市清新县八片村	鞋面、运动鞋
浙江省丽水市青田县经济开发区4号小区	皮鞋制造销售
福建省福州市连江县福州市连江县敖江投资区	运动鞋
广东省中山市市辖区白石工业区	鞋类制造
福建省莆田市荔城区洞湖村洞湖口	生产运动鞋
浙江省嘉兴市海宁市皮都科技园区隆兴路(01)	皮革休闲服装制造、皮沙发套批发、布沙发套、成品沙发批发
福建省福州市福清市龙江路336号	纺织服装、鞋、帽制造
江苏省苏州市常熟市梅李镇海城村	票夹等
广东省广州市番禺区化龙镇金山大道眉山村路段世门路1号	手袋业务、银包业务
广东省肇庆市四会市肇庆高新区工业园东	背包生产、女式用包、拉捍箱
上海市市辖区闵行区中春路9219号	汽车真皮座椅套
浙江省嘉兴市海宁市华丰村绣经庵	皮沙发套制造、皮衣制造、布沙发套制造
浙江省嘉兴市海宁市辛江东路88号	皮沙发套生产
河北省沧州市肃宁县胜家庄村委会	裘皮服装
江苏省南京市浦口区巩固村委会	羽毛(绒)加工
上海市市辖区青浦区商榻镇商周路288号	羽绒服生产
浙江省杭州市萧山区大通路851号	羽毛羽绒、羽绒被、枕壳
浙江省杭州市萧山区新大桥西测1-1号	生产羽毛、羽绒制品、针梭制品
江苏省南京市雨花台区尹西村工业园	羽绒制品生产

续18

企业名称	法人代表	电话	分机	邮政编码
木材加工及木、竹、藤、棕、草制品业				
文登市东琦工具厂	邢占军	8631047		264400
西北林业有限公司	郭卫东	6932531		264006
内蒙古呼伦贝尔中集木业有限公司	张宝清	3949028		022150
大亚木业(茂名)有限公司	翁少斌	13302511188		525024
嘉兴中集木业有限公司	张宝清	84616878		314100
营口阿达尼实业有限公司	张琼霖	6234410		115007
沈阳新富大木业制造有限公司	陶红艳	89789399		110164
德华建材(苏州)有限公司	杜静	65393117		215151
江苏胜阳木业集团有限公司	夏志朗	5030652		221112
江苏快乐木业集团有限公司	王道江	6718061		225248
鲁丽集团有限公司	薛茂林	5361800		262724
德仁集团有限公司	郭世德	85125630		317000
佛山市顺德区东顺木业有限公司	何广贤	25531310		528322
佛山市南海佳顺木业有限公司	王锦源	86902227		528208
茂友木材工业(浙江)有限公司	李家德	85580928	8812	314201
扬州市扬子木业有限公司	潘建明	6599801		225241
高唐县金兴集团总公司	赵长贵	3951536		252800
沈阳辽枫人造板有限公司		81712671		110122
连云港天联工控木业有限公司	王青	5028888		222006
上海森大木业有限公司	徐文华	58182683	2687	201314
福建省永安林业(集团)股份有限公司	吴景贤	3633405		366000
临沂市新港木业发展有限公司	魏孝新	2951008		276037
徐州天德木业有限公司	刘振业	6441193		221321
山东贺友集团总公司	马久春	2128132		251200
江苏大亚科技集团有限公司	陈兴康	6882222		212300
常熟市东盾木业有限责任公司	李友余	52675470		215535
罗宾有限公司	罗新权	3244823		336000
湖北吉象人造林制品有限公司	马宝同	7225888	712	434400
佛山市南海康盛木业有限公司	游广武	86902221		528203
柯诺(北京)木业有限公司	陈志达	67272266	5600	100068
福建福人木业有限公司	陈铭奎	83662395		350103
龙口华兴家具厂	崔积德	8861858		265703
广东省宜华企业集团有限公司	刘绍喜	5164898		515834
湖南福湘木业有限责任公司	刘建新	2150263		414600
柯诺(北京)地板有限公司	陈志达	67272266	5201	100068
菲林格尔木业(上海)有限公司	福灵克	57107068		201415
新会中集集装箱木地板有限公司	赵庆生	6248910		529144
吉森工工业集团金桥木业有限公司	李建伟	3733826		134702

企业详细地址	主要产品(主要业务活动)
山东省威海市文登市口子	手工工具
山东省烟台市福山区金沙江路88号	木材加工
内蒙古自治区呼伦贝尔市牙克石市建林	集装箱木地板
广东省茂名市茂南区艾屋村委会	生产人造板
浙江省嘉兴市嘉善县湘家路177号	集装箱木地板、运输设备用木制品
辽宁省营口市鲅鱼圈区青龙山大街	木片加工
辽宁省沈阳市农业高新区辉山街20号	木片生产
江苏省苏州市苏州高新区浒关分区文昌路	锯材
江苏省徐州市铜山县刁店	胶合板生产、刨花板生产、中密度纤维板生产
江苏省扬州市江都市徐庄村三沟组	胶合板、单板
山东省潍坊市寿光市鲁丽居委会	人造板、钢铁
浙江省台州市临海市东方大道351号	胶合板制造、细木工板制造
广东省佛山市顺德区西丫坊12号	集装箱地板、夹木板
广东省佛山市南海区环球工业区内	中纤板、胶合板、单板
浙江省嘉兴市平湖市东西大道168号	人造板生产(木胶合板)、建筑用木料加工
江苏省扬州市江都市人民路	人造板
山东省聊城市高唐县金城路75号	中、高密度纤维板、塑钢门窗、型材、房屋建筑
辽宁沈阳沈北新区柳岗	胶合板制造
江苏省连云港市连云区宋跳	胶合板
上海市市辖区南汇区新场镇沪南公路8587号	胶合板、木制品
福建省三明市永安市燕江东路819号	中纤板、木材
山东临沂兰山洪家店	胶合板、建筑模板、胶
江苏省徐州市邳州市新华	胶合板、细木工板
山东德州禹城贺友路一号	纤维板
江苏省镇江市丹阳市双庙	中高度纤维板、地板、铝铂及复合制品
江苏省苏州市常熟市董浜镇徐市南渡桥堍	中密度纤维板制造
江西省宜春市袁州区边山下路200号	中密度纤维板生产、高密度纤维板生产
湖北省荆州市石首市张城院工业园	中密度纤维板、人造板表面装饰板
广东省佛山市南海区物流产业园沙头A区经委会	中纤板
北京市丰台区永定门外大红门西路4号	中密度纤维板生产及销售
福建省福州市台江区福州鳌峰路118号	中密度纤维板强化木
山东省烟台市龙口市张家村	厨具板
广东省汕头市澄海区莲下镇大坪工业区	地板制品、家具制品
湖南省岳阳市湘阴县黄金	细木工板、胶合板
北京市丰台区永定门外大红门西路4号	地板加工
上海市市辖区奉贤区华严开发区沪杭公路1950号	木地板
广东省江门市新会区大鳌社区居委会	集装箱木地板制造
吉林省白山市江源区育林居委会	复合地板

续19

企业名称	法人代表	电话	分机	邮政编码
四川升达林产有限公司	江昌政	88678818	231	610016
佛山市顺德区盈彬木业有限公司	余昌	22333526		528333
大连通世泰建材有限公司	小川康彦	87629998	172	116600
沈阳龙阳木业有限公司	陈志彪	87040888	8011	110401
安信伟光(上海)木材有限公司	卢伟光	62598800	102	200051
德尔集团苏州地板有限公司	汝荣观	63595139		215228
大连鹏鸿木业有限公司	赵玉林	87835577	8008	116100
烟台蓬圳木业有限公司	曲道华	5841855		265615
乳山市机房设备厂	王学军	6723123		264500
浙江富得利木业有限公司	孟荣富	88170112		312085
耐帆包装工程(无锡)有限公司	姚克木.皮尔	85200310		214028
沈阳大潘木器加工有限公司	田福昌	89892268		110143
上海新四合木业有限公司	张古轩	51651207		201801
江西星鸣实业有限公司	刘锋	13979397439		334500
家具制造业				
青岛喜盈门集团公司	纪玉君	83481238		266614
青岛中集冷藏箱制造有限公司	李锐庭	83481238		266614
大连华丰家俱集团有限公司	何云峰	89702688	2517	116400
青岛三恩集团有限公司	孙军	83481238		266614
青岛亨达集团有限公司	王吉万	83481238		266614
青岛星电电子有限公司	汤浅英夫	83481238		266614
深圳天诚家具有限公司	林南臻	28111368	809	518109
青岛宏泰铜业有限公司	李保成	83481238		266614
大连爱丽思生活用品有限公司	大山繁生	87572999	3230	116600
沈阳市东纬木业有限公司	尹魁兵	89352157		110144
东营市胜辉木业有限公司	崔广田	8369666		257055
台升实业有限公司	郭山辉	84251788	8309	314100
成都市双虎实业有限公司	尹显建	13340962087		611930
青岛菱达机械有限公司	张理政	83481238		266614
喜临门集团有限公司	陈阿裕	85160844		312001
青岛地恩地机电科技股份有限公司	李振会	83481238		266614
成都市全友家私有限公司	张友全	82255698		611231
青岛市平度宏华橡胶厂	张宏华	83481238		266614
青岛宏泰金属制品有限公司	李保成	83481238		266614
青岛海立美达钢制品有限公司	刘国平	83481238		266614
上海伟佳家具有限公司	莫仲沛	58292929		201303
青岛欧力重工有限公司	王金富	83481238		266614
中山福溢家具有限公司	李友智	6511501		528459

企业详细地址	主要产品(主要业务活动)
四川成都锦江东华正街42号广电大厦26楼	强化地板
广东省佛山市顺德区五沙大桥收费站侧	生产木地板、生产木门锁
辽宁省大连市开发区东北大街25号	木制门窗加工
辽宁省沈阳市法库县柏家沟	复合地板制造
上海市市辖区青浦区仙霞路137号11楼	实木地板、实木复合地板、强化地板
江苏省苏州市吴江市	强化复合地板
辽宁省大连市金州区中长村	木材组件加工
山东省烟台市蓬莱市大柳行村	木地板制造
山东省威海市乳山市白沙滩村委会	防静电活动地板
浙江省绍兴市越城区袍江工业区启圣路	实木地板、实木复合地板、强化地板
江苏省无锡市滨湖区新区工业园行创四路	生产包装产品
辽宁沈阳于洪大潘镇小潘居委会	木制品
上海市市辖区嘉定区马陆镇丰功路888号	木地板
江西省上饶市铅山县工业园区	竹制品
山东省青岛市城阳区正阳街188号	包装箱、包装盒
山东省青岛市胶州市大村	包装箱、包装盒
辽宁大连庄河新华街道二段125号	家具
山东省青岛市城阳区204路123号	包装箱、包装盒
山东省青岛市即墨市营东村	包装箱、包装盒
山东省青岛市李沧区西南渠村	包装箱、包装盒
广东省深圳市宝安区龙华社区居民委员会	木质家具、软体家具
山东省青岛市平度市同和路	包装箱、包装盒
辽宁省大连市开发区出口加工区IIA-23号	木制家具、宠物用品
辽宁省沈阳市于洪区四王村	家具制造
山东省东营市东营区新胜	木制家具、软包家具、装饰材料
浙江省嘉兴市嘉善县木业城工业园区	木制家具
四川成都彭州工业开发区	家具制造
山东省青岛市即墨市河北杨头村委会	包装箱、包装盒
浙江省绍兴市越城区大树港	生产各种木质家具、床垫
山东省青岛市崂山区株洲路151号	包装箱、包装盒
四川省成都市崇州市鱼羊村	制造业、卧房家具
山东省青岛市平度市小张家	包装箱、包装盒
山东省青岛市平度市同和路	包装箱、包装盒
山东省青岛市即墨市服装工业园	包装箱、包装盒
上海市南汇区东海农场桃园路66号	地板
山东省青岛市黄岛区黄河东路75号	包装箱、包装盒
广东省中山市市辖区板芙北路59号	木制家具

续20

企业名称	法人代表	电话	分机	邮政编码
海沃氏家具(上海)有限公司	Frank Rexach	50460907	347	200131
浙江临亚工艺品有限公司	赵年高	85999143		317005
文登东洋堂家具有限公司	金廷泰	8545707		264400
上海延锋江森座椅有限公司	赵启华	68079000	79685	201315
上海基舜兴休闲制品有限公司	刘宗信	59758888	8303	201703
偃师市庞村广龙钢制家俱有限公司	郭建捞	67508008		471936
佛山市顺德区锡山家具有限公司	王晓玉	26322502		528311
基胜工业(上海)有限公司	刘宗信	59757777	8317	201703
浙江汉欣家具工业有限公司	李胡林芳	82607517		311215
重庆李尔长安汽车内饰件有限责任公司	尹家绪	67738818	2023	400020
浙江豪杰金属家具股份有限公司	许水林	83545802		314015
重庆延锋江森座椅有限公司	汪武扬	89185771		401122
礼恩派(嘉兴)有限公司	阿诺德	82281873		314016
安吉超亚家具有限公司	王彩根	5114987		313300
厦门新技术集成有限公司	李基天	5773666	80	361009
浙江华越家具工业有限公司	陈俊镛	82861975		311215
万福阁家具(昆山)有限公司	TODO.WANEK	86168000	146	215300
华达利家具(中国)有限公司	潘用品	57636200		215334
迪高乐实业(深圳)有限公司	LUCA.RICCI	84637355	1065	518118
高峰创建家私(深圳)有限公司	林永安	89771810	455	518119
浙江顾家工艺沙发制造有限公司	王才良	86755206		310018
浙江花为媒集团有限公司	金才堂	84625928		312046
沈阳兴华家具附件加工有限公司	曹莹	25637458		110024
意特尔(上海)有限公司	陈彦成	54544510	8328	201100
创利皮革(常熟)有限公司	潘用达	52577016		215542
优先家具(东莞)有限公司	安东尼·雷曼	22691835		523128
博洛尼家居用品(北京)有限公司	蔡明	51348888	5606	100260
东莞欣鼎五金塑胶制品有限公司	曾春荣	87338888	123	523647
红星家具集团有限公司	车建兴	5571682		213017
造纸及纸制品业				
海南金海浆纸业有限公司	黄志源	28822288		578101
海信集团有限公司	周厚健	83481238		266614
山东晨鸣集团股份有限公司	陈洪国	2158000		262700
华泰集团有限公司	王洪祥	6888721	8853	257335
青岛供电公司	刘建旬	83481238		266614
金东纸业(江苏)有限公司	黄志源	8998888		212132
山东太阳纸业股份有限公司	李洪信	3658710		272100
芬欧汇川(常熟)纸业有限公司	Pertti Salminen	52651818		215536

企业详细地址	主要产品(主要业务活动)
上海市市辖区浦东新区外高桥保税区希雅路360号2号通用厂房	办公家具制造销售
浙江省台州市临海市中街村	木椅制造
山东省威海市文登市西蒿山	木制加工
上海市市辖区南汇区康桥工业区康安路669号	汽车座椅
上海市青浦区赵巷镇崧泽村1号	户外家具组合
河南省洛阳市偃师市掘山村	文件柜、档案柜、保险柜
广东省佛山市顺德区工业区港前路25号	金属家具
上海市青浦工业园区崧华路707号	生产金属、塑料等室内、有色金属复合材料、金属塑料等露宿营用具
浙江省杭州市萧山区建设三路以北宁东路以西	生产室内外椅子、桌子、配套伞
重庆市市辖区江北区鲤鱼池三村42号	汽车座椅及内饰件
浙江省嘉兴市秀洲区西文桥村	金属家具生产
重庆市市辖区渝北区长福西路4号	汽车坐椅、汽车内饰件
浙江省嘉兴市秀洲区宇泗浜纵三路21号	金属家具制造
浙江省湖州市安吉县范潭社区范潭工业园区	转椅生产
福建省厦门市湖里区枋湖工业区枋湖西路139号	折叠桌椅、折叠组立床、账篷
浙江省杭州市萧山区建设一路88号	金属家具制造、配套阳伞制造
江苏省苏州市昆山市昆嘉路425号	生产家具
江苏省苏州市昆山市开发区吴淞江南路18号	生产沙发、家具
广东省深圳市龙岗区兰竹大道1号208B	皮沙发制造
广东省深圳市龙岗区同富裕工业区	生产沙发
浙江省杭州市江干区11号大街113号	家具、沙发及零配件的生产、自产产品的销售
浙江省绍兴市绍兴县五洋村畈里金	其他家具制造
辽宁省沈阳市铁西区利工街51甲1号	家具附件加工
上海市市辖区闵行区七莘路1433号	沙发制造
江苏省苏州市常熟市沙家浜常昆A区	沙发制造
广东省东莞市市辖区片山村梨川鸿盛工业区	生产和销售家具
北京市大兴区庞各庄镇庞各庄镇庞各庄	橱柜、内门
广东省东莞市市辖区大埔工业区	沙滩桌、沙滩椅、太阳伞
江苏省常州市天宁区北环路32号	家俱
海南省省属虚拟市儋州市新都区	纸浆、纸张、相应的化工产品
山东省青岛市市南区东海西路17号	包装箱、包装盒
山东省潍坊市寿光市晨鸣路	铜板纸、双胶纸、轻涂纸
山东省东营市广饶县后屯村	机制纸、机制纸板
山东省青岛市市南区刘家峡路17号	包装箱、包装盒
江苏省镇江市京口区兴港东路8号	纸浆、纸板、纸制品、机械设备及相关产品
山东省济宁市兖州市西关大街	涂布白卡纸、涂布白纸板、铜版纸
江苏省苏州市常熟市沿江工业区	文化用纸

续21

企业名称	法人代表	电话	分机	邮政编码
山东博汇纸业股份有限公司	杨延良	8530542		256405
宁波亚洲浆纸业有限公司	黄志源	86228201	201	315803
玖龙纸业(太仓)有限公司	张茵	53703888	206	215434
金华盛纸业(苏州工业园区)有限公司	黄志源	62832013		215126
青岛中豪艺术品有限公司	廖经武	83481238		266614
宁波中华纸业有限公司	黄志源	87464811	2107	315012
江西晨鸣纸业有限公司	陈洪国	3951989		330013
东莞玖龙纸业有限公司	张茵	88234888	3168	523147
江苏理文造纸有限公司	李文俊	52878888		215536
新乡新亚集团股份有限公司	宋敬志	5681187		453731
马鞍山山鹰纸业股份有限公司	王德贤	2826390		243021
青岛佳元水产(集团)有限公司	刘佳元	83481238		266614
山东照东方纸业集团有限公司	王远程	2168088		253109
东莞理文造纸厂有限公司	李运强	88888168	6278	523221
武汉晨鸣汉阳纸业股份有限公司	尹同远	84894245		430056
珠海经济特区红塔仁恒纸业有限公司	林云	8666856	856	519070
广州造纸股份有限公司	伍星河	84336888	3311	510281
山东华金集团有限公司	邢东尚	4036994		273201
山东亚太森博浆纸有限公司	高德武	3361058		276826
民丰特种纸股份有限公司	吕士林	82839188		314000
福建南纸股份有限公司	黄国英	8808888		353000
山东晨鸣纸业集团齐河板纸有限责任公司	邢方同	5678529		251100
维达纸业(广东)有限公司	李朝旺	6168333		529100
乳山市乳华纸业有限公司	孙洪仁	6481051		264500
浙江景兴纸业股份有限公司	朱在龙	85966260		314214
广州万利达纸制品有限公司	黎润好	82769988		511340
保定钞票纸厂	邹从标	3198092		071071
东莞建晖纸业有限公司	黎祖球	88888363		523221
山东泰山纸业股份有限公司	吕庆新	6611308		271125
苏州紫兴纸业有限公司	康有凯	68251060	2324	215011
漯河银鸽实业集团有限公司	杨松贺	2350166		462000
亚龙纸制品(昆山)有限公司	王洋	57500118		215300
青岛钢铁控股集团有限责任公司	王玉科	83481238		266614
青岛变压器集团有限公司	周永恒	83481238		266614
利乐包装(北京)有限公司	李赫逊	67887117	6631	100176
浙江新胜达包装有限公司	方能斌	82875763		311215
青岛黄海橡胶集团有限责任公司	孙振华	83481238		266614
青岛圣乔治乳业有限公司	孟秀清	83481238		266614

企业详细地址	主要产品(主要业务活动)
山东省淄博市桓台县马桥	机制纸及纸板
浙江省宁波市北仑区开发区青峙工业区	纸及纸板
江苏省苏州市太仓市港区	生产各种纸箱
江苏省苏州市平江区金胜路2号	双胶纸、无碳复写纸
山东省青岛市城阳区出口加工区	包装箱、包装盒
浙江省宁波市海曙区丁家街108号	机制纸及纸板制造
江西南昌青山湖区白水湖	造纸
广东省东莞市市辖区麻二	木制纸及纸板制造
江苏省苏州市常熟市沿江工业区理文路	挂面纸(纸板)
河南省新乡市新乡县南新庄村	造纸
安徽省马鞍山市金家庄区江边勤俭路三号	机制纸板
山东省青岛市城阳区双元路东侧	包装箱、包装盒
山东省德州市平原县王凤楼村委会	机制纸
广东省东莞市市辖区第三工业区	机制纸
湖北省武汉市蔡甸区沌口街万家湖路1号	机制纸及纸板制造
广东省珠海市香洲区金鸡路508号	生产销售高级涂布白卡纸
广东省广州市海珠区工业大道广纸路40号	新闻纸机制
山东省济宁市泗水县金庄村	机制纸、板纸
山东省日照市东港区北京路中段	纸板、制浆
浙江省嘉兴市南湖区角里街70号	卷烟纸生产、无碳复写纸生产、防粘原纸生产
福建省南平市延平区滨江北路177号	新闻纸
山东省德州市齐河县小黄村	纸板、白浆、纸箱
广东省江门市新会区东侯工业开发区	生活用纸生产销售
山东省威海市乳山市岭上村委会	机制纸、瓦愣纸
浙江省嘉兴市平湖市景兴工业区	机制纸及纸板制造
广东省广州市增城市东洲湾开发区	机制纸
河北保定市新市区纸厂路98号	机制纸及纸板
广东省东莞市市辖区潢涌村第三工业区	涂布白板纸生产销售
山东省莱芜市莱城区刘家庙	机制纸
江苏省苏州市高新区滨河路600号	高档铜牌纸
河南省漯河市召陵区银鸽大道	文化用纸、包装用纸、特种纸
江苏省苏州市昆山市新南村	纸制品生产
山东省青岛市李沧区遵义路5号	包装箱、包装盒
山东省青岛市城阳区北曈	包装箱、包装盒
北京市经济技术开发区东环南路15号	生产无菌包装材料、设备、原材料及辅助材料、销售自产产品、自产产品的安装、调试、维修、技术咨询、技
浙江省杭州市萧山区北塘河2号	生产瓦楞纸箱
山东省青岛市李沧区沧安路1号	包装箱、包装盒
山东省青岛市胶南市李家石桥	包装箱、包装盒

续22

企业名称	法人代表	电话	分机	邮政编码
利乐华新(佛山)包装有限公司	李赫逊	83831626	818	528041
青岛海王纸业股份有限公司	冷玉喜	83481238		266614
鸿兴印刷(中国)有限公司	任泽明	27392288		518103
上海中隆纸业有限公司	张世阳	58129798	232	201315
利乐包装(昆山)有限公司	李赫逊	57717725	604	215301
金红叶纸业(苏州)有限公司	黄志源	62810228	2224	215126
印刷业和记录媒介的复制				
鹤山雅图仕印刷有限公司	冯广源	8766115		529738
中华商务联合印刷(广东)有限公司	梁兆贤	28458333	1110	518111
沈阳市新友印刷有限公司	赵爱权	88517857		110164
文登市葛家镇印刷厂	潘欣礼	8881197		264422
利丰雅高印刷(深圳)有限公司	袁福寅	26645100		518051
凸版印刷(深圳)有限公司	伊藤完治	27963311	3209	518133
浙江美浓丝网印刷有限公司	虞樟良	88308083		310030
保定市中画美凯印刷有限公司	郝吉库	3204228		071051
湖南新华印刷集团有限责任公司	刘宏钧	8387992		430219
温州日报报业集团有限公司	何建平	88811211	1527	325000
珠海畅想印务有限公司	顾恩祥	3399397		519000
江西月兔丰华彩印有限公司	吴信江	2633340		334600
湖北日报社印刷厂	张海明	86791927		430077
浙江广博集团股份有限公司	王利平	88444879		315153
武汉市大枫纸业集团股分有限公司	胡家元	83226272	01	430040
上海当纳利印刷有限公司	王有布	69210123	308	201700
福建恒达集团公司	柯遵旭	88192888		362216
深圳劲嘉彩印集团股份有限公司	乔鲁豫	27300555		518103
北京印钞厂	布建臣	63543595		100054
成都印钞公司	尹炳桂	82755030		611130
上海界龙浦东彩印公司	任端正	50282200	504	200135
江阴联通实业有限公司	云以方	86025780		214405
深圳市当纳利旭日印刷有限公司	MES.T.MAU(	84190499		518129
昆明伟建彩印有限公司	陈世伟	8322111	580	650106
汕头市东风印刷厂有限公司	黄炳文	8221023	10	515021
常德金鹏凹版印刷有限公司	曾宪兵	7170538		415000
南昌印钞厂	尧木旺	5260062	2621	330043
上海烟草工业印刷厂	俞志康	61666868	6843	200137
湖南金沙利彩色印刷有限公司	翁广松	4872086		410100
石家庄印钞厂	刘智伟	6261501		050031
涪陵宏声实业(集团)有限责任公司	吴陶林	62806685		400060

企业详细地址	主要产品(主要业务活动)
广东省佛山市禅城区澜石湾华港口路	利乐包
山东省青岛市胶南市海王路342号	包装箱、包装盒
广东省深圳市宝安区怀德工业村	纸箱
上海市市辖区南汇区康桥工业区秀浦路489号	生产高档纸板
江苏省苏州市昆山市顺帆路	生产销售包装材料及制品
江苏省苏州市平江区金胜路1号	生产和销售卷生卫生用纸、生产和销售纸巾纸、生产和销售生活用原纸
广东省江门市鹤山市古劳镇	印刷书籍、印刷儿童书刊、印刷贺卡
广东省深圳市龙岗区春湖工业区10栋	印刷品制造
辽宁省沈阳市农业高新区辉山街20号	出版物印刷
山东省威海市文登市葛家村	纸制品
广东省深圳市南山区南光一号	印刷品
广东省深圳市宝安区新安三路67号	生产精装书籍、生产贺卡、生产包装盒
浙江省杭州市西湖区西湖科技经济园西园三路6号2幢	多色印刷
河北省保定市新市区江城西队	印刷
湖南省长沙市望城县月亮岛	多包印刷点
浙江省温州市鹿城区公园路105号	资产管理/实业投资/印刷物资和设备、经销/高科技开发业务/技术咨询/信息、服务/出版/印刷设备租赁服务等
广东省珠海市香洲区唐家湾镇金鼎金洲路33号	出版物装帧设计排版、电脑图文设计制作、印刷材料批发零售
江西省上饶市广丰县芦林	烟标
湖北省武汉市武昌区黄鹂路65号	单色印刷、多色印刷
浙江省宁波市鄞州区雅戈尔大道501号	簿册、相册制造、印刷包装制造
湖北省武汉市东西湖区东西湖区吴家山六顺路特1号	机制纸、本册
上海市市辖区青浦区崧泽大道7769号	号簿印刷、手册印刷、杂志印刷
福建省泉州市晋江市罗山缺塘村委会	印刷
广东省深圳市宝安区怀德翠岗工业园	生产或加工印刷
北京市宣武区白纸坊街23号	钞票、税票
四川省成都市温江区新建路60号	防伪印刷造纸
上海市市辖区浦东新区杨高中路2112号	多色印刷
江苏省无锡市江阴市锡澄路283号	烟标印刷
广东省深圳市龙岗区坂田五和南路47号	其它印刷品印刷
云南省昆明市五华区高新产业开发区北区9号路两园科技孵化基地A1幢	烟标、其他包装装潢产品
广东省汕头市金平区大学路北郊工业区	印刷装潢
湖南省常德市武陵区常桃路8号	包装印刷
江西省南昌市青云谱区岱山东路9号	印钞
上海市浦东新区庭安路428号	包装装潢与其他印刷
湖南省长沙市长沙县长沙经济技术开发区	精品白沙卷烟盒皮、白沙系列卷烟盒皮、
河北省石家庄市裕华区翟营大街289号	其他印刷
重庆市市辖区涪陵区兴华路宏声大厦	彩色包装印刷、烟标、餐饮

续23

企业名称	法人代表	电话	分机	邮政编码
上海金叶包装材料有限公司	蔡春华	66958521		200331
昆山华冠商标印刷有限公司	蔡国辉	57872828		215331
荣华(清远)柯式印刷有限公司	邓颂华	3294335		511533
武汉红金龙印务股份有限公司	杨志明	84893050		430056
大连盛道集团有限公司	刘丽春	88812902		116001
上海紫江彩印包装有限公司	王虹	64426888		201108
东莞虎彩印刷有限公司	陈成稳	85113189	311	523905
广西真龙彩印包装有限公司	何学邦	7882701	788270	542700
浙江诚信包装材料有限公司	宗宇后	87966366		314423
中山中荣纸类印刷制品有限公司	黄焕然	5591388	298	528436
江阴市兰天彩印包装有限公司	蔡德芳	86270666	8005	214400
广东万昌印刷包装有限公司	梁洪	28862768		528315
汕头保税区万顺包装材料有限公司	杜成城	3593200		515071
云南九九彩印有限公司	苗魁元	5813564		650202
海宁长海包装印刷有限公司	唐德林	87783548		314406
河北正元包装集团有限公司	郭财	7681598		064400
湖州天外绿色包装印刷有限公司	严旭初	2850068		313000
宁波安百利印刷有限公司	钱旭利	83026970		315111
伟诚实业(深圳)有限公司	李伟波	27643111	39	518108
上海印钞厂	罗鸿翔	52931111		200063
乐金(杭州)记录媒体有限公司	宋小春	86729118		310018
文教体育用品制造业				
得力集团有限公司	娄甫君	65278055		315608
美邦玩具制品(深圳)有限公司	ROGinelli	33818666		518104
贝发集团有限公司	邱智铭	86186500		315801
上海贺利氏工业技术材料有限公司	郑宁	64425116		201108
成路集团有限公司	蒉伟良	86175540		315821
宁波华茂文教股份有限公司	徐万茂	88055778		315181
南通海易标牌有限公司	陈晓平	2212807		226100
浙江天龙集团	陈奎洪	86351702	1039	325011
中山广盛运动器材有限公司	江庆生	5596821		528436
泰山体育器材集团有限公司	卞志良	6295985		253600
明安运动器材(东莞)有限公司	郑锡坤	85555321		523920
厦门新凯复材科技有限公司	沈文振	6210452	1114	361022
大东傲胜保健器(苏州)有限公司	清水伸一	67618182		215021
乔山健康科技(上海)有限公司	罗昆泉	59101515	136	201801
厦门群鑫机械工业有限公司	林汉松	5216578	3006	361006
南通华亮体育用品有限公司	顾晓旺	84388069		226432

企业详细地址	主要产品(主要业务活动)
上海市市辖区普陀区真陈路158号	复合卡纸、印刷包装材料、商品包装装潢
江苏省苏州市昆山市春阳路168号	生产加工纺织等各类商标材料
广东省清远市清城区高桥荣华包装工业城	纸制品
湖北省武汉市蔡甸区沌阳大街190号	烟包盒片、烟包条盒
辽宁省大连市中山区昆明街36号	塑料印刷包装、塑料薄膜、票证印刷、纸品印刷包装、醇类油墨
上海市市辖区闵行区颛兴路888号	塑料彩印制品制造
广东省东莞市市辖区东较场	印刷业
广西壮族自治区贺州市富川瑶族自治县富阳镇民族路12号	烟招
浙江省嘉兴市海宁市启潮路	塑料印刷生产
广东省中山市市辖区火炬张家边	生产各种纸类印刷制品
江苏省无锡市江阴市新澄路8号	多色印刷
广东省佛山市顺德区细海工业区	铝箔印刷、印刷广告招纸商标、印刷各种彩色包装物
广东省汕头市濠江区保税区万顺工业园	纸及纸制品加工
云南省昆明市五华区北效上庄云烟大道	烟标印刷、加工卷烟包装纸
浙江省嘉兴市海宁市嘉庆路26号	塑料薄膜印刷、塑料薄膜生产
河北省唐山市迁安市迁安	包装
浙江省湖州市吴兴区轻纺路898号	包装装潢、出版物、其他印刷品的印刷
浙江省宁波市鄞州区天童庄村	烟盒印刷
广东省深圳市宝安区福永街道重庆路富尔达工业园A幢厂房二、三层	生产烟包、生产铝箱纸、生产玻璃卡纸
上海市市辖区普陀区曹杨路158号	其他印刷业
浙江省杭州市江干区23号大街9号	录像带生产、DVD-R光盘生产
浙江省宁波市宁海县车站西路128号	削笔器制造、切纸刀、文件夹
广东省深圳市宝安区沙井街道办步涌新和路工业D区第三栋至第九栋	生产文具
浙江省宁波市北仑区江南东路298号	圆珠笔、中性笔、铅笔制造
上海市市辖区闵行区光中路1号	笔用球珠
浙江省宁波市北仑区江南中路88号	圆珠笔等制造
浙江省宁波市鄞州区宋家漕村	学生劳作用模型、模片生产
江苏省南通市海门市江海路	学具
浙江省温州市龙湾区机场大道1697号	制造网球网拍等体育用品、销售橡胶制品、五金交电、百货、服装等、经营本企业和本企业产品及相关的进出口业
广东省中山市市辖区中山港出口加工区一区	高尔夫球杆头
山东省德州市乐陵市北关	体育器材制造、人工草皮制造
广东省东莞市龙眼十一路72号	高尔夫球类用品生产
福建省厦门市集美区永兴北路1号	网球拍、自行车架、安全帽
江苏省苏州市平江区白榆路45号	生产保健器材
上海市市辖区嘉定区马陆园区希望路535号(马陆园区)	健身器材
福建省厦门市湖里区厦门市湖里区禾山镇高林村华泰厂房	健身器材
江苏省南通市如东新店	健身器材

续24

企业名称	法人代表	电话	分机	邮政编码
上海东庚金属制品有限公司	罗秋香	59100663	177	201801
厦门钢宇工业有限公司	李明宗	6311888	1609	361027
朗美(厦门)健身器材有限公司	麦克·布鲁诺	6242398		361022
东莞绿洲鞋业有限公司	萧瑞芬	85880975		523940
东莞力凯鞋业制造有限公司	廖俊荣	85583101	223	523940
奇利田高尔夫用品(深圳)有限公司	郭东山	27643313	1209	518100
威海光威集团有限责任公司	陈光威	5298619		264200
山东霸纳斯渔具有限公司	金明济	8546107		264400
乳山市国兴钓具有限公司	徐国兴	6466052		264505
广州珠江钢琴集团有限公司	童志成	81502729		510388
福州和声钢琴有限公司	胡颖	87277881		350002
北京星海钢琴集团有限公司	赵惠臣	81503688	135	101111
佛山市南海中美玩具厂	李贤佳	85881238	8682	528237
好孩子集团有限公司	宋郑还	57871070		215333
佛山市南海区官窑镇华轩玩具厂	刘肖兴	85889203		528237
上海荣威塑胶工业有限公司	朱强	69135076		201812
永勤玩具实业(深圳)有限公司	唐汉荣	28026000		518110
中山市隆成日用制品有限公司	陈信兴	3372601		528414
骏达(佛冈)玩具有限公司	汤宝森	4682268		511685
东莞市明门幼童用品有限公司	郑钦明	87733251	6807	523641
杭州钱鸿实业集团有限公司	沈柏根	82870090		311231
中山崇高玩具制品厂有限公司	刘军红	8402969	236	528447
威海家乐玩具集团公司	丁进毅	8531032		264400
广州港陆电子科技有限公司	高月明	84740999		511483
东莞龙昌玩具有限公司	梁麟	22200168	109	523118
东莞乐迪卡游戏机制造厂有限公司	贺大维	85553346	519	523920
中山市金创力电子有限公司	苏兆良	8401928	691	528447
广东省奥迪玩具实业有限公司	蔡东青	5862278	3999	515824
韶关市旭日国际有限公司	陈广胜	8828888	1208	512000
炜明电机(深圳)有限公司	李广茂	25261056		518089
万兴(佛冈)玩具有限公司	袁海灵	4832338		511685
中山国际玩具有限公司	罗晓音	5596778		528436
汕头市澄海区骅威玩具工艺(集团)有限公司	郭卓才	5889555	3281	515824
友和(佛冈)制品限公司	李沛亨	4682268		511685
常州侨裕旅游用品有限公司	陈礼斌	3563109		213147
松冈机电(中国)有限公司	魏国华	82837666	8218	311215

企业详细地址	主要产品(主要业务活动)
上海市市辖区嘉定区马陆园区永盛路600号(马陆园区)	运动器材
福建省厦门市海沧区东孚工业区东孚大道1999号	生产加工各种运动健身器材、室内外家俱、老、脚踏车、椭圆机
福建省厦门市集美区杏北二路25号	健身器材、康复器材
广东省东莞市市辖区赤岭东明三环路	生产运动鞋
广东省东莞市市辖区赤岭东明路	生产运动鞋
广东省深圳市宝安区罗租	生产高乐夫球棍
山东省威海市环翠区世昌大道265号	钓鱼竿、渔线轮、碳素布
山东省威海市文登市大草场	渔线轮
山东省威海市乳山市冯家村委会	钓鱼杆
广东省广州市荔湾区花地大道南渔尾四路8号	钢琴业务、吉他业务
福建省福州市仓山区金山工业集中区浦上园B区红江路2号	钢琴
北京市通州区台湖镇光机电一体化产业基地科创东五街8号	制造钢琴、销售乐器;
广东省佛山市南海区凤源西路4号	玩具制造业
江苏省苏州市昆山市陆丰东路	童车制造童自行车
广东省佛山市南海区永安东路	玩具车仔、及零配件
上海市市辖区嘉定区曹安路3065号	塑胶玩具
广东省深圳市宝安区福民	塑料玩具
广东省中山市市辖区东港大道北	生产手袋各款童车家居用品
广东省清远市佛冈县龙山镇民龙路	锌合金车生产、塑料玩具生产
广东省东莞市市辖区中心地带	婴儿手推车、婴儿床
浙江省杭州市萧山区钱江农场一分场	交通器材、实业投资
广东省中山市市辖区岐港公路	塑料玩具、电子玩具
山东省威海市文登市工业园	玩具
广东省广州市番禺区沙湾镇福龙工业区	玩具业务、蓝牙耳机
广东省东莞市市辖区周屋工业区	生产和销售塑胶电子玩具、塑料用具
广东省东莞市市辖区龙眼村工业大道38号	电子塑胶玩具制造、电子液晶体显示器制造、电子多媒体接驳器制造
广东省中山市市辖区兴港西路	玩具行业
广东省汕头市澄海区文冠路北	玩具生产、玩具销售
广东省韶关市武江区西郊六公里	塑胶玩具
广东省深圳市盐田区保税区22栋	电动玩具
广东省清远市佛冈县上岳村	玩具加工制造
广东省中山市市辖区中港大道	塑料玩具
广东省汕头市澄海区澄华工业区	生产玩具工艺
广东省清远市佛冈县白沙塘	塑料玩具制造
江苏省常州市武进区卜弋	沙滩椅、野营床、旅游蓬
浙江省杭州市萧山区桥南区高新十路122号	生产全自动棋牌桌

续25

企业名称	法人代表	电话	分机	邮政编码
石油加工及炼焦业				
中国石油化工股份有限公司镇海炼化分公司	江正洪	86444213		315207
中石化股份有限公司茂名分公司	李安喜	2242241		525011
中国石化上海石油化工股份有限公司	戎光道	57941941	20553	200540
中国石油化工股份有限公司金陵分公司	赵日峰	85091454		210033
中国石油天然气股份有限公司大连石化公司	蒋凡	86772578		116032
中国石油化工股份有限公司北京燕山分公司	王永健	69342291		102500
中国石油天然气股份有限公司抚顺石化分公司	李若平	2433351		113008
中国石油化工股份有限公司广州分公	徐钢	82123888		510726
中国石油化工股份有限公司上海高桥分公司	张涌	58711001	21935	200129
大连西太平洋石油化工有限公司	于国文	87506666	6779	116600
中国石油大庆石化分公司	杨继钢	67663987		163714
中国石化海南炼油化工有限公司	黄鉴	28820820		578101
中国石油天然气股份有限公司锦州石化分公司	裴宏斌	4152281		121001
中国石油化工股份有限公司洛阳分公司	魏文波	66991882		471012
中国石油天然气股份有限公司兰州石化分公司	喻宝才	7933419		730060
中国石油天然气股份有限公司锦西石化分公司	王洪斌	2178075		125001
中国石油天然气股份有限公司大庆炼化分公司	李正光	5613032		163411
中国石化集团武汉石油化工厂	张敬武	86515662		430082
中国石化集团资产经营管理有限公司巴陵石化	张德明	8494054		414014
中国石油化工股份有限公司荆门分公司B	江寿林	2211501		448000
中国石油化工股份有限公司济南分公司	赵培录	88832403		250101
石家庄炼油化工股份有限公司	毕建国	85162314		050032
福建炼油化工有限公司	康飚	88779901		362802
湛江东兴石油企业有限公司	吴惜伟	2606627		524012
中国石油天然气股份有限公司辽河石化分公司	李占宁	7658992		124022
中国石油天然气股份有限公司哈尔滨石化分公司	魏强	82434264		150056
山东利华益集团股份有限公司	徐云亭	5621310		257400
山东省东明县石化集团有限公司	李湘平	7286862		274500
中国石油天然气股份有限公司华北石化分公司	刘存柱	2735821		062552
中国石油天然气股份有限公司玉门油田分公司	孔繁瑾	3924089		735200
中国石油化工股份有限公司九江分公司	周昌	8494999	2073	332004
山东华星石油化工集团有限公司	聂仁卿	6872758		257335
泰州陵光石化集团	张锦华	6558888		225300
正和集团股份有限公司	姜文祥	6261074	2025	257342
中海石油宁波大榭石化有限公司	赵宝顺	13757433210		315812
中国石油化工股份有限公司西安石化分公司	李少平	84320026	29	710086
中国石油天然气股份有限公司呼和浩特石化公司	杜吉洲	3351040		010070
山东石大科技集团有限公司	孙海峰	8395156		257061
蓝星石油有限公司	高建军	64453026		100029

企业详细地址	主要产品(主要业务活动)
浙江省宁波市镇海区俞范村	汽油、柴油、煤油等制造生产、尿素、聚丙烯制造
广东省茂名市茂南区红旗北路2号	原油加工量、石化产品生产销售
上海市市辖区金山区上海市金山区石化街道金一路48号	原油加工、乙烯、塑料
江苏省南京市栖霞区甘家巷1号	原油加工、尿素生产、火力发电
辽宁省大连市甘井子区山中街1号	原油加工及石油制品生产
北京市房山区北京市房山区岗南路1号	石油炼制、生产石油化工产品
辽宁省抚顺市新抚区凤翔路45号	原油加工、汽油
广东省广州市黄埔区文冲街道石化路176号	石油加工
上海市市辖区浦东新区上海浦东新区浦东大道3000号	汽油、柴油、顺丁橡胶
辽宁省大连市开发区三道沟	原油加工
黑龙江省大庆龙凤兴化村	炼油生产与销售、化工生产与销售、化肥生产与销售
海南省省属虚拟市儋州市新都区	汽油、柴油、煤油
辽宁省锦州市古塔区重庆路二号	原油加工、汽油、柴油
河南省洛阳市吉利区大庆路	原油加工、聚酯生产、聚丙烯生产
甘肃兰州市西固区玉门街10	原油加工及制品、合成材料制造、氮肥制造
辽宁省葫芦岛市连山区新华大街42号	汽油、煤油、柴油
黑龙江省大庆市让胡路区乘风	原油加工及炼焦、丙烯腈、聚丙烯酰胺
湖北省武汉市青山区长青路	原油加工、汽油、柴油
湖南省岳阳市岳阳楼区石化01	原油加工、合成橡胶、聚烯烃树脂
湖北省荆门市掇刀区荆门石化总厂	原油加工
山东省济南市历下区工业南路26号	原油加工
河北省石家庄市长安区跃进路145号	汽煤柴、液化气、聚丙烯
福建省泉州市泉港区先锋	汽油、柴油、煤油
广东省湛江市霞山区湖光路15号	石油提炼加工、石化产品开发、销售本公司生产产品
辽宁省盘锦市兴隆台区新工街80号	汽油、柴油、燃料油
黑龙江省哈尔滨市道外区化工路173号	汽油、柴油、航煤
山东省东营市利津县三里庄	炼油
山东省菏泽市东明县东城居委会	汽油、茶油、石油焦
河北省沧州市任邱市炼油厂	汽油柴油、液化气
甘肃省酒泉市玉门市老市区管理委员会中坪区	炼油加工、勘探开发
江西省九江市浔阳区滨江东路230号	原油加工、聚丙烯、尿素
山东省东营市广饶县河沟村	重油、黄油
江苏省泰州市海陵区江洲北路36号	汽油、沥青、甲乙酮
山东省东营市广饶县东秦村	汽油、柴油、液化气
浙江省宁波市北仑区榭东北港区	石油沥青制造、250号燃料油
陕西西安未央区建章路北段6号	车用汽油、柴油、道路沥青
内蒙古自治区呼和浩特市赛罕区金桥开发区	汽油、柴油、液化气
山东省东营市东营区北二路能源巷1号	生产汽油、柴油、燃料油
北京市朝阳区北京市朝阳区北三环东路19号	原油制品加工、汽油、柴油

续26

企业名称	法人代表	电话	分机	邮政编码
东营华联石油化工厂	罗冰	3069733		257200
中国石油天然气股份有限公司庆阳石化分公司	张栋杰	3266518		745115
中国石油化工股份有限公司长城润滑油分公司	宋云昌	62949873		100085
中国石油前郭石化分公司	刘德佳	6135295		138008
山东昌邑石化有限公司	尤贵芳	7228720		261300
中国石化集团清江石油化工有限责任公司	王永和	3633097		223002
广东天乙集团有限公司	胡继洪	2604388		528425
中国石化集团杭州炼油厂	陈霆	88467100	3041	310015
上海焦化有限公司	黄德亨	64343649	30721	200241
太原煤炭气化(集团)有限责任公司	王良彦	6019396		030024
山西潞宝集团	韩长安	2033897		046001
山东中海化工集团有限公司	刘士勤	3689679		257231
山西阳光焦化(集团)有限公司	薛靛民	5254426		043300
化学原料及化学制品制造业				
沈阳化工集团有限公司	王大壮	23864237		110141
唐山三友集团有限公司	么志义	8511015		063305
太原化学工业集团有限公司	魏功	6071451		030021
上海赛科石油化工有限责任公司	Didier Baudrand	37990088	2511	201507
中海壳牌石油化工有限公司	吴振芳	3683062		516084
扬子石化—巴斯夫有限责任公司	戴厚良	57770888	6591	210048
中国石化集团金陵石油化工有限责任公司	王永杰	85097755		210037
巨化集团公司	叶志翔	3616593		324004
北京东方石油化工有限公司	崔国旗	67764610		100022
蓝星化工新材料股份有限公司	任建明	64429424		100029
上海巴斯夫聚氨酯有限公司	罗新富	37503399		201507
江苏扬农化工集团有限公司	王恩鸣	87813243	8214	225009
吉化集团公司	张晓霈	3903366		132021
泸天化(集团)有限责任公司	任晓善	4122215		646300
辽宁华锦化工(集团)有限责任公司	冯恩良	5855113		124021
四川宏达(集团)有限公司	刘沧龙	8620402		618418
江阴澄星实业集团有限公司	赵宏方	86281316		214432
山东鲁北企业集团总公司	冯怡生	6451057		251909
中国石化集团南京化学工业有限公司	陈鸿光	57765114		210048
江苏华昌(集团)有限公司	朱郁健	58683240	2005	215600
红太阳集团有限公司	杨寿海	57888677		211300
浙江龙盛控股有限公司	阮水龙	82042778	8998	312368
江苏三木集团有限公司	刘洪林	87233008		214251
亚邦化工集团有限公司	许小初	6396718		213163

企业详细地址	主要产品(主要业务活动)
山东省东营市河口区河滨路	原油加工及石油制品制造
甘肃省庆阳市庆城县韩家湾	原油加工、化工产品、公路货物运输
北京市海淀区安宁庄西路6号	生产润滑油、润滑脂
吉林省松原市宁江区石化	炼油、化工
山东潍坊昌邑利民街西首	汽油、柴油、燃料油
江苏省淮安市清浦区化工路22号	汽油、柴油、液化石油气
广东省中山市市辖区同安大道西	重油汽油
浙江省杭州市拱墅区康桥平炼路48号	车用汽油、轻柴油生产等
上海市闵行区龙吴路4280号	焦炭、煤气、甲醇
山西省太原市万柏林区和平南路83号	焦炭、洗精煤、城市煤气
山西省长治市潞城市常庄村委会	焦炭
山东省东营市河口区滨孤路68号	汽油、柴油、渣油
山西省运城市河津市候家庄村	焦炭
辽宁沈阳于洪和平区高雄路2号	糊树脂生产、烧碱生产、原油加工
河北省唐山市南堡开发区南源路	纯碱、粘胶纤维、烧碱
山西省太原市晋源区义井东街54号	烧碱、聚氯乙烯、冶金焦
上海市市辖区奉贤区上海市化学工业区西河路	乙烯、聚乙烯、聚丙烯
广东省惠州市大亚湾石化园区	化工产品生产销售
江苏省南京市六合区新华路777号	有机化学原料制造、初级形态的塑料、合成纤维单体制造
江苏省南京市玄武区龙蟠路51-8号	烷基苯产品生产、苯酐产品生产、增塑剂产品生产
浙江省衢州市柯城区花园村	环己酮的生产、己内酰胺的生产、乌洛托品的生产
北京市朝阳区大郊亭4号	制造石化产品 乙烯 丙烯 BUA树脂、EVA树脂、丁辛醇
北京市海淀区花园东路30号花园	有机硅系列产品、苯酚丙酮、聚苯醚
上海市市辖区奉贤区上海市化学工业区楚华路25号	聚合MDI、MDI、TDI
江苏省扬州市广陵区文峰路39号	硝基氯苯、二氯苯、丙烯菊脂
吉林省吉林市昌邑区解放北路1号	丙烯腈、丙酮氰醇、甲基丙烯酸甲脂
四川省泸州市纳溪区人民路	尿素、合成氨、精甲醇
辽宁省盘锦市双台子区红旗大街280号	生产尿素、塑料制品、聚乙烯
四川省德阳市什邡市成林村	磷肥制造、铅锌冶炼
江苏省无锡市江阴市花山路208	磷酸、三聚磷酸钠
山东滨州市无棣县冯家庄	磷酸二铵
江苏省南京市六合区葛关路189号	三元复合肥生产
江苏省苏州市张家港市张家港杨舍城北路	公司总部、氯化铵、合成氨
江苏省南京市高淳县宝塔路269号	化学农药制造
浙江省绍兴市上虞市杜浦村	化学助剂等
江苏省无锡市宜兴市三木路85号	合成树脂
江苏省常州市武进区人民西路105号	分散红

续27

企业名称	法人代表	电话	分机	邮政编码
无锡兴达泡塑新材料有限公司	华若中	8701849		214101
宁波乐金甬兴化工有限公司	柳泽豪	86377144		315200
广州金发科技发展有限公司	袁志敏	87037808		510520
镇江奇美化工有限公司	许春华	3121300	342	212132
中国石油大庆石油化工总厂	杨继刚	6764586		163714
上海氯碱化工股份有限公司	王强	64340000		200241
浙江绍兴三圆石化有限公司	钟建明	88032288		312075
中国石化上海高桥石油化工公司	张涌	58711001	21935	200129
扬子石油化工股份有限公司	戴厚良	57782954		210048
中国石油辽阳石化分公司	耿承辉	5152248		111003
江苏三房巷集团有限公司	卞兴才	86229780		214423
浙江华联三鑫石化有限公司	董炳根	84128857		312030
浙江逸盛石化有限公司	邱建林	86189081		315801
翔鹭石化企业(厦门)有限公司	俞新昌	6808828		361026
烟台万华合成革集团有限公司	李建奎	6837626	8409	264002
珠海碧辟化工有限公司	HODEL RA	7269888	3306	519050
亚东石化(上海)有限公司	张立德	68751888	2882	201419
杭州龙达差别化聚脂有限公司	卢牛根	82616768	2618	311217
宁波万华聚氨酯有限公司	丁建生	86716680		315812
潍坊弘润石化助剂有限公司	董华友	8875527		262513
山东胜通集团股份有限公司	王秀生	2065333		257506
中国石油兰州石油化工公司	姚志强	7935185		730060
山东金城石化集团有限公司	周敬财	8530055		256405
潍坊同业化学有限公司	郭希田	8651011		261031
广州宝洁有限公司	李佳怡	85183294		510620
安利(中国)日用品有限公司	李锦芬	85198198	8812	510370
纳爱斯集团有限公司	庄启传	2179983		323000
江苏隆力奇集团有限公司	徐之伟	52482515		215555
医药制造业				
东北制药集团有限责任公司	陈钢	25806555		110141
华北制药集团有限责任公司	常幸	85993999	2038	050015
山东新华医药集团有限责任公司	贺瑞湜	2196088		255005
浙江新和成股份有限公司	胡柏藩	86128692		312500
浙江医药股份有限公司新昌制药厂	李春波	86030295		312500
浙江海正集团有限公司	白骅	88827890		318000
菏泽睿鹰制药集团	彭继先	5856506		274039
石药集团中润制药(内蒙古)有限公司	纪建明	8660602		010200
东港工贸集团有限公司	王云友	88894755		318000

企业详细地址	主要产品(主要业务活动)
江苏省无锡市锡山区东亭镇新明中路88号	生产泡塑材料
浙江省宁波市镇海区后海塘海天路66号	生产ABS树脂、生产SAN树脂
广东省广州市萝岗区高新技术产业开发区科学城科丰路33号	研发、生产销售塑料、化工产品、批发和零售贸易、自营进出口
江苏省镇江市京口区韩峰路18号	聚苯乙烯生产
黑龙江省大庆市龙凤区兴化村	ABS树脂、顺丁橡胶、复合肥
上海市市辖区闵行区龙吴路4747号	聚氯乙烯、烧碱、盐酸
浙江省绍兴市越城区袍江工业区越秀路	塑料制品
上海市市辖区浦东新区浦东大道3000号	聚醚、过氧化二异丙苯、电
江苏省南京市六合区新华路777号	合成纤维单体制、塑料树脂及共聚、石油加
辽宁省辽阳市宏伟区火炬大街5号	合成纤维单体、合成纤维聚合物
江苏省无锡市江阴市三房巷村	聚脂切片制造、印染布加工
浙江省绍兴市绍兴县滨海工业区兴滨路	精对苯三甲酸
浙江省宁波市北仑区港口路8号	精对苯二甲酸
福建省厦门市海沧区南海路1180号	精对苯二甲酸PTA
山东省烟台市芝罘区幸福南路7号	异氯酸酯生产、合成革生产
广东省珠海市金湾区高栏石化区	生产销售精对苯二甲酸
上海市市辖区奉贤区星火开发区白沙路133号	精对苯二甲酸
浙江省杭州市萧山区山末址	生产聚脂切片、生产涤丝
浙江省宁波市北仑区万华工业园	聚氨酯及助剂制造
山东省潍坊市青州市徐集	汽油、柴油、液化气
山东东营垦利永莘路108号	钢帘线、玻钢管道、层状结晶二硅酸钠
甘肃省兰州市西固区兰炼街10号	石油化工延伸、机械仪表、建筑安装
山东省淄博市桓台县前金	柴油、汽油、液化汽
山东潍坊经济技术兴业街	氰乙酸乙酯
广东省广州市萝岗区经济技术开发区滨河路一号	香皂沐浴液和洗发护发用品、妇女卫生用品护肤品
广东省广州市萝岗区经济技术开发区北围工业区一区	营养食品、日用品
浙江省丽水市莲都区上水南3号	香肥皂、洗涤剂、洗衣粉
江苏省苏州市常熟市常南村	轻工业食品行业
辽宁沈阳于洪重工北街37号	维生素C生产、磷霉素钠、脑复康
河北省石家庄市长安区和平东路388号	化学药品原药、化学制剂药
山东省淄博市张店区东一路14号	化学原料药、医药制剂、医药中间体
浙江省绍兴市新昌县江北路4号	(VE系列)维生素、(VA系列)维生素、(乙氧甲叉)其他化学原料药
浙江省绍兴市新昌县环城东路59号	维生素E系列、来立信制剂、柱晶白霉素
浙江省台州市椒江区外沙路46号	化学原料药制造
山东省菏泽市牡丹区北城	头孢哌酮、头孢他啶
内蒙古自治区呼和浩特市托克托县托电工业园区金隆大道	化学原料药
浙江省台州市椒江区解放北路83号	氟哌酸制造

续28

企业名称	法人代表	电话	分机	邮政编码
福建省福抗药业股份有限公司	王行昭	83810885	244	350002
山东北大高科华泰制药有限公司	张华	5642171		265600
扬子江药业集团有限公司	徐浩宇	6961999	8855	225321
哈药集团有限公司	郝伟哲	84851994		150016
拜耳医药保健有限公司	吕闻博	59218282		100176
上海罗氏制药有限公司	周平山	50801888		201203
新乡县刘庄农工商联合社	史世领	5680017		453731
辉瑞制药有限公司	艾德	88011233		116600
江苏恒瑞医药股份有限公司	孙飘扬	5465745		222002
珠海联邦制药股份有限公司	蔡金乐	7766777	8008	519040
阿斯利康制药有限公司	Steen Thor Kroyer	85220000	2129	214028
山东鲁抗医药集团有限公司	章建辉	2213961		272021
中美上海施贵宝制药有限公司	崔昳昤	64302740	5131	200240
广州白云山制药股份有限公司	谢彬	87062598		510515
杭州赛诺菲安万特民生制药有限公司	HanspeterSPE	88075830	292	310011
北京诺华制药有限公司	刘贞贤	65058833	8237	100004
双鸽集团有限公司	李仙玉	84066588		318020
广东康美药业股份有限公司	马兴田	2917777	3020	515300
上海新亚药业有限公司	吴建文	58563780	124	201209
吉林修正药业集团股份有限公司	修涞贵	3943029		134000
汇仁集团有限公司	陈年代	5762216		330052
南京医药产业(集团)有限责任公司	倪忠翔	83199527		210008
上海雷允上药业有限公司(工业)	陈保华	63518325		200001
仁和(集团)发展有限公司	杨文龙	7378888		331200
诚志股份有限公司	荣成云	3826983		330013
烟台新时代健康产业有限公司	殷鹤声	6381619		264006
重庆华立药业股份有限公司	赵晓光	67750888		400700
江西济民可信药业有限公司	张思义	3653589		336000
深圳万基药业有限公司	陈伟东	86161999	21	518020
太极集团重庆涪陵制药厂有限公司	白礼西	72800904		408000
山东东阿阿胶集团有限责任公司	蒋伟	3260013		252201
云南白药集团股份有限公司	王明辉	8350538		650118
连云港康缘集团有限公司	肖伟	5521982		222001
浙江康恩贝制药股份有限公司	胡季强	88901598		321100
北京同仁堂股份有限公司	张生瑜	67171775		100062
北京同仁堂科技发展股份公司	殷顺海	87632904		100079
鲁南制药集团有限公司	赵志全	8336079		276005
三九医药股份有限公司	孙晓民	83360999		518029

企业详细地址	主要产品(主要业务活动)
福建省福州市台江区祥坂路138号	氨基头孢霉烷酸、盐酸金霉素
山东省烟台市蓬莱市海市路1号	医药制品
江苏省泰州市高港区扬子江南路1号	盐酸左氧氟沙星注射液、银杏叶片、罗红霉素胶囊
黑龙江省哈尔滨市道里区友谊路431号	化学药品制剂、化学原料药、中成药
北京市经济技术开发区荣京东街7号	化学药品制剂的制造、化学药品制剂的销售
上海市市辖区浦东新区龙东大道1100号	化学药品制剂制造业
河南省新乡市新乡县刘庄	医药、造纸
辽宁省大连市开发区大庆路22号	化学药品加工
江苏省连云港市新浦区人民东路145号	片剂、针剂、原料药
广东省珠海市金湾区鱼林村	阿莫西林细粉、氨芳西林细粉、头孢曲松纳
江苏省无锡市滨湖区黄山路2号	开发生产冻干粉针剂、片剂、气雾剂、硬胶囊剂、口服溶液剂
山东省济宁市市中区太白西路152号	化学原料药及制剂、医药中间体、兽药
上海市市辖区闵行区剑川路1315号	化学药品制剂制造业
广东省广州市白云区云祥路88号	制药业
浙江省杭州市拱墅区余杭塘路108号	片剂生产、胶囊生产、针剂生产
北京市昌平区县永安路31号(城关乡南关)	化学药品原药制造、销售自产产品
浙江省台州市黄岩区大桥路888号	葡萄糖注射液制造、一次性输液器制造、一次性注射器制造
广东省揭阳市普宁市长春路中段	络欣平生产销售、诺沙生产销售、利乐生产销售
上海市市辖区浦东新区川沙路978号	化学药品制剂制造业
吉林省通化市东昌区修正路36号	中成药
江西省南昌市南昌县迎宾大道1189号	中成药口服液、丸剂、片剂
江苏省南京市玄武区唱经楼西街65号	中成药制造、化学原料药制造、西药制剂生产
上海市市辖区黄浦区汉口路398号	中成药制造
江西省宜春市樟树市药都南大道158号	企业管理机构
江西省南昌市青山湖区枫林大街	医药产品
山东省烟台市福山区开发区天山路61号	松花粉
重庆市市辖区北碚区同兴工业园区	中成药、微型电机
江西省宜春市袁州区区工业园内	中成药生产
广东省深圳市罗湖区水贝石化工业区二号楼	洋参含片、洋参胶囊、燕窝口服液
重庆市市辖区涪陵区百花路8号	曲美、急支糠浆、霍香正气液
山东省聊城市东阿县阿胶街78号	阿胶、复方阿胶浆、阿胶补血膏
云南省昆明市五华区昆明市二环西路222号	胶囊剂、散剂、酊水剂
江苏省连云港市新浦区海昌南路58号	胶囊、片剂、颗粒剂
浙江省金华市兰溪市丹溪大道151号	普乐安片、银杏叶片、葛根素注射液
北京市崇文区崇外42号	生产中成药、经营中成药、技术开发、咨询
北京市经济技术开发区同济北路16号	中成药加工
山东省临沂市兰山区红旗路209号	中成药、化学药品制剂、化学药品原药
广东省深圳市罗湖区北环大道1028号	中成药制造

续29

企业名称	法人代表	电话	分机	邮政编码
江中药业股份有限公司	易敏之	8164032		330096
武汉建民药业集团股份有限公司	赵江华	50537943		430052
中牧实业股份有限公司	毛振家	63701111	2036	100070
威海威高集团有限公司	陈学利	5622517		264200
华瑞制药有限公司	张洪亮	85960178		214092
化学纤维制造业				
浙江富丽达纤维有限公司	戚建尔	82952203		311228
江苏盛虹化纤有限公司	缪汉根	63991596		215228
福建金纶石化纤维实业有限公司	郑宝佑	28761801		350206
南通醋酸纤维有限公司	边有伦	3583047		226008
玛纳斯县澳洋科技有限责任公司	迟健	6620837		832200
新乡白鹭化纤集团有限责任公司	陈玉林	3978902		453011
丹东吉丹化纤有限责任公司	王进军	6192898		118002
中国神马集团有限责任公司	谢伟民	3921901		467000
广东新会美达锦纶股份有限公司	梁广义	6103333		529100
长乐力恒锦纶科技有限公司	陈峰	28513333		350209
中国石化仪征化纤股份有限公司	徐正宁	3232235		211900
桐昆集团股份有限公司	陈士良	88510006		314513
江苏恒力化纤有限公司	陈建华	63838999		215226
纵横控股集团有限公司	袁柏仁	88034123		312071
荣盛石化股份有限公司	李水荣	82520089		311247
浙江恒逸聚合物有限公司	方贤水	82705161		311209
万杰集团有限责任公司	孙启玉	4650660		255213
江苏华宏实业集团有限公司	胡士勇	86225818		214423
江苏江南高纤股份有限公司	陶国平	65483178		215143
远纺工业(上海)有限公司	张立德	57501888		200122
杭州道远化纤集团有限公司	裘冲	82852008		311217
浙江化纤联合集团有限公司	黄坚	88368272		312001
江苏申久化纤有限公司	周雪芳	53823951		215428
绍兴滨海石化集团有限公司	李纪明	85101376		312055
浙江远东新聚酯有限公司	周吉元	84816952		312030
杭州翔盛纺织有限公司	沈柏祥	82534257		311245
桐乡市中恒化纤有限公司	谢国强	88532591		314513
浙江恒逸石化股份有限公司	邱建林	82797888	8818	311209
浙江荣翔化纤有限公司	李彩娥	82520090		311247
江苏万翔集团公司	王明慧	86521888		214406
厦门翔鹭化纤股份有限公司	俞新昌	6882651		361026
浙江赐富化纤有限公司	赵张夫	85626111		312073

企业详细地址	主要产品(主要业务活动)
江西省南昌市青山湖区火炬大街788号	健胃消食片、复方草珊瑚含片
湖北省武汉市汉阳区鹦鹉大道484号	颗粒剂、片剂
北京市丰台区南四环西路188号8区16-19号楼	生产疫苗、生产饲料
山东省威海市环翠区世昌大道312号	一次性使用输液器、一次性使用注射器、一次性使用输血耗材
江苏省无锡市滨湖区马山北闸路16号	脂肪乳
浙江省杭州市萧山区第二农垦场	化粘胶纤维的生产
江苏省苏州市吴江市	生产差别化学纤维
福建省福州市长乐市滨海工业区	纤维
江苏省南通市崇川区钟秀东路27号	生产醋酸纤维丝束、生产醋酸纤维素
新疆维吾尔自治区昌吉回族自治州玛纳斯县玛纳斯县兰州湾镇大疙瘩村头道树窝子村	粘胶纤维及粘胶纤维品的生产和销售、棉浆粕
河南省新乡市凤泉区锦园路1号	粘胶长丝、粘胶短纤维、合成纤维
辽宁省丹东市振兴区纤维街58号	粘胶短纤维、粘胶长丝
河南省平顶山市卫东区建设路中段63号	尼龙66盐、尼龙66工业丝、浸胶66浸胶帘子布
广东省江门市新会区沙岗村	锦纶丝、合成纤维聚合物聚酰胺、合纤长丝机织物
福建省福州市长乐市滨海工业区	锦纶长丝、加弹锦纶丝
江苏省扬州市仪征市长江 西路	涤纶纤维
浙江省嘉兴市桐乡市金鸡路188号	涤纶长丝生产
江苏省苏州市吴江市	生产销售化纤织物等
浙江省绍兴市越城区袍江工业区杨望	生产化纤
浙江省杭州市萧山区红阳路98号	生产涤纶丝、生产切片
浙江省杭州市萧山区项漾村	生产聚酯切片、生产POY丝、生产化纤原料
山东省淄博市博山区岜山	涤纶纤维、纯化纤布、炼钢\炼铁
江苏省无锡市江阴市华宏工业园区	化纤制造
江苏省苏州市相城区黄埭镇	涤纶毛条短纤维
上海市市辖区浦东新区东方路800号宝安大厦33楼	聚酯切片缘纶棉涤纶丝
浙江省杭州市萧山区新盛村	poy涤纶丝制造
浙江省绍兴市越城区稽山桥下	聚酯、涤纶纤维、涤纶长丝生产、生产化纤技术服务
江苏省苏州市太仓市新明	生产化纤丝
浙江省绍兴市绍兴县童家塔村	生产销售氨纶
浙江省绍兴市绍兴县柯桥经济开发区柯东高新技术园区	生产化纤涤纶丝、经营进料加工和三来一补业务
浙江省杭州市萧山区信源村	涤沦长丝加工、涤沦低弹丝加工、涤沦切片加工
浙江省嘉兴市桐乡市晚村大桥南	涤纶纤维生产
浙江省杭州市萧山区凤凰村	化学纤维原料生产
浙江省杭州市萧山区红阳路98号	生产涤纶丝、生产聚酯切片
江苏省无锡市江阴市马镇东街9号	涤纶纤维生产
福建省厦门市海沧区芦坑社	聚脂加工、涤纶长纤、涤纶短纤
浙江省绍兴市绍兴县红旗闸居委会	生产涤纶纤维、POY、FDY生产、DTY生产。

续30

企业名称	法人代表	电话	分机	邮政编码
浙江华鑫化纤有限公司	张静智	62288001	622666	315490
江苏香塘集团有限公司	顾建平	53293152		215425
杭州红山化纤有限公司	周凤剑	82867315		311234
江苏华亚化纤有限公司	郑旭东	87281223		214253
江西涤纶厂	胡杰华	5988589		330052
广东开平春晖股份有限公司	罗伟	2228111		529300
江苏神羊化纤有限公司	唐敏	88731583		214107
浙江振邦化纤有限公司	陈泉锋	63070049		315301
杭州红剑聚酯纤维有限公司	汪国良	82867315		311234
浙江世创新合纤有限公司	李乐永	85641608		312073
浙江金鑫化纤有限公司	张长根	84557168		312025
康鑫集团有限公司	沈定康	63099990	236988	315333
中国石油辽阳石油化纤公司	耿承辉	5152445		111003
桐乡市凤鸣合纤有限公司	范新星	88512773		314513
浙江海利控股集团有限公司	方光明	86888888		314300
浙江远东化纤集团有限公司	夏建兴	85101124		312072
福建百宏聚合纤维实业有限公司	施天佑	85238888		362241
中国石油抚顺石油化工公司	玄昌伟	2628111		113008
安徽皖维高新材料股份有限公司	陈信生	2317212	38497	238002
浙江华峰氨纶股份有限公司	尤小平	65178068		325206
橡胶制品业				
山东玲珑橡胶有限公司	王希成	8242619		265400
三角集团有限公司	丁玉华	5305566		264200
山东西水橡胶集团有限公司	宋继明	6498602		257336
上海轮胎橡胶(集团)股份有限公司	范宪	33024666	6440	200002
江苏韩泰轮胎有限公司	韩英吉	3185055		223005
风神轮胎股份有限公司	曹朝阳	3999011		454003
厦门正新橡胶工业有限公司	陈秀雄	6211606	305	361022
正新橡胶(中国)有限公司	罗才仁	57673888	8219	215331
韩泰轮胎有限公司	韩英吉	82161355		314003
广州市华南橡胶轮胎有限公司	史国铸	84611948		511400
贵州轮胎股份有限公司	马世春	4767351		550008
山东永泰化工集团有限公司	尤学忠	6891586		257335
南京锦湖轮胎有限公司	吴世哲	85319999		210038
山东金宇轮胎有限公司	延万华	6858898		257335
山东泸河集团有限公司	许传弟	6336001		262216
福建佳通轮胎有限公司	吴庆荣	5898385	129	351146
米其林沈阳轮胎有限公司	祖杰	25505000	8056	110141

企业详细地址	主要产品(主要业务活动)
浙江省宁波市余姚市姚北工业新区经十路1号	涤纶纤维、聚脂切片
江苏省苏州市太仓市香塘村	涤纶纤维制造
浙江省杭州市萧山区红山农场	涤纶长丝制造、涤纶加弹丝制造
江苏省无锡市宜兴市新丰中路18号	涤纶长丝
江西省南昌市南昌县小蓝经济开发区金沙一路东	涤纶纤维、聚脂
广东省江门市开平市港口路10号	涤纶、瓶级及高粘切片、锦纶长丝
江苏省无锡市锡山区羊尖镇神羊路1号	化纤涤纶长丝
浙江省宁波市慈溪市新塘村	直纺短纤制造
浙江省杭州市萧山区红山农场	生产聚酯、生产涤纶长丝
浙江省绍兴市绍兴县滨海工业区	涤纶纤维
浙江省绍兴市绍兴县劳动村	化纤布加工
浙江省宁波市慈溪市经济开发区杭州湾新区滨海二路	涤纶短纤维制造
辽宁省辽阳市宏伟区火炬街5号	生产无纺布、生产尼龙66切片、浓硝酸稀硝酸
浙江省嘉兴市桐乡市金鸡路198号	涤纶纤维生产
浙江省嘉兴市海盐县新桥北路207号	涤纶长丝、毛绒玩具
浙江省绍兴市绍兴县童家塔村东街一号	生产出口化纤原料
福建省泉州市晋江市枫林	涤沦POY
辽宁省抚顺市新抚区东二街3号	腈纶纤维
安徽省巢湖市居巢区灯塔社居委	聚乙烯醇、维纶超短纤维、水泥
浙江省温州市瑞安市莘塍工业园区	氨纶纤维制造、氨纶产品的加工销售、技术开发
山东省烟台市招远市金城路777号	橡胶制品
山东省威海市环翠区青岛中路56号	轮胎
山东省东营市广饶县西水磨	橡胶轮胎外胎、热电、帘子布
上海市市辖区黄浦区四川中路63号	轮胎外胎
江苏省淮安市清河区韩泰南路1号	子午线轮胎、斜交轮胎
河南省焦作市山阳区焦东南路48号	轮胎制造业
福建省厦门市集美区西滨路15号	轮胎内外胎、力车胎内外胎
江苏省苏州市昆山市开发区朝阳东路	轮胎制造
浙江省嘉兴市秀洲区东方路	子午线轮胎外胎的生产、橡胶内胎的生产
广东省广州市番禺区东环街东环路116号	子午线轮胎、子午线轮胎
贵州省贵阳市云岩区白花大道41号	轮胎制造
山东省东营市广饶县王永槐村	轮胎、化妆品、热电
江苏省南京市栖霞区和燕路418号	汽车外胎生产销
山东省东营市广饶县河沟村	轮胎
山东省潍坊市诸城市福胜村	轮胎
福建省莆田市秀屿区笏石镇四新村红埔工业区	轮胎生产、斜交轮胎、全钢子午线轮胎
辽宁沈阳于洪沈新路十五号	轮胎生产

续31

企业名称	法人代表	电话	分机	邮政编码
三角(威海)华盛轮胎有限公司	丁玉华	5996658		264205
建大橡胶(中国)有限公司	杨银明	57614172	251	215333
普利司通(沈阳)轮胎有限公司	五十岚洋	25816200	433	110141
鞍山轮胎厂	陈仁华	7988388		114323
住友橡胶(常熟)有限公司	泽田良知	52698875		215513
上海米其林回力轮胎股份有限公司	yvea chapot	34054888	5212	200042
银川佳通轮胎有限公司	李怀靖	2966276		750011
双钱集团(如皋)轮胎有限公司	范宪	7303101	8002	226503
龙口兴隆轮胎有限公司	邹方亮	8861037		265703
建泰橡胶(深圳)有限公司	杨银明	28095282	122	518109
银川佳通长城轮胎有限公司	李怀靖	2966276		750011
厦门正新海燕轮胎有限公司	陈秀雄	6211606	557	361026
朝阳浪马轮胎有限责任公司	张振勇	3815801	8321	122009
北京首创轮胎有限责任公司	杜跃建	81306066		102400
莱州雄鹰橡胶工业有限公司	原修杰	2335205		261413
四川川橡集团有限公司	杨齐	7729298	832	641402
广州珠江轮胎有限公司	吴南洋	86823333		510828
南港(张家港保税区)橡胶工业有限公司	赖三照	58320228	352	215634
山东永盛橡胶集团有限公司	刘占一	6887706		257335
重庆佳通轮胎有限公司	林美凤	65266100		400052
山东三工橡胶有限公司	孙乐华	6588699		262229
江西泰丰轮胎有限公司	马绍健	8310138		330029
浙江杭廷顿公牛橡胶有限公司	叶炎平	63435333		311402
荣成市崖头实业集团	张福厂	7572155		264300
龙口市橡塑胶管有限公司	李振玉	8581231		265712
安徽省宁国中鼎密封件股份有限公司	夏鼎湖	4181800	851	242300
南通回力橡胶有限公司	倪雪文	82865000		226151
沈阳三泰橡胶加工有限公司	五十岚洋	25816200	435	110141
山东科亿达集团有限公司	孙启明	8922182		265702
杭州橡胶(集团)公司	沈金荣	86053939		310008
内江市巨安置业有限公司	刘方民	2100916		641000
四川省资阳市征峰鞋业有限责任公司	王正勇	6182290		641300
文登市开泰像塑有限公司	徐承学	8631035		264400
番禺协大橡胶有限公司	江文宏	84905988		511453
耐普罗塑胶五金制品(深圳)有限公司	詹武	28709218	608	518114
塑料制品业				
浙江大东南集团有限公司	黄灿生	87091468		311809
佛山塑料集团股份有限公司	冯兆征	83985203	818	528000

企业详细地址	主要产品(主要业务活动)
山东省威海市环翠区	轮胎
江苏省苏州市昆山市昆嘉工业区昆嘉路2号	自行车内外胎等塑胶制品生产
辽宁沈阳于洪昆明湖街17号	生产汽车轮胎、相关的售后服务
辽宁省鞍山市岫岩县大山	轮胎生产
江苏省苏州市常熟市沿江工业区	子午线轮胎
上海市市辖区闵行区长宁路1018号龙之梦16楼	轮胎外胎
宁夏回族自治区银川市西夏区北京西路79号	全钢子午线轮胎
江苏省南通市如皋市鹿门村委会	轮胎橡胶
山东省烟台市龙口市兴隆庄	轮胎制造
广东省深圳市宝安区龙胜工业大道	自行车内外胎、机车内外胎、工业车汽车内外胎
宁夏回族自治区银川市西夏区北京西路79号	斜交轮胎、半钢子午线轮胎、航空轮胎
福建省厦门市海沧区西园路15号	子午线轮胎、自行车轮胎、工程车轮胎
辽宁省朝阳市龙城区向阳路1号	轮胎制造
北京市海淀区西三旗新都	制造轮胎
山东省烟台市莱州市村西北	橡胶轮胎生产
四川省资阳市简阳市川橡路568号	汽车轮胎外胎、汽车轮胎内胎、机器零件加工及设备修理
广东省广州市花都区炭步镇赤坭 / 炭步镇	轮胎外胎、轮胎内胎
江苏省苏州市张家港市保税区上海路	生产全钢轮胎
山东省东营市广饶县周庄村	轮胎
重庆市市辖区九龙坡区华玉路888#	汽车轮胎、橡胶制品
山东潍坊诸城皇华店	外胎、内胎、子午胎
江西省南昌市青山湖区南大道260号	轮胎
浙江省杭州市富阳市高桥南路	生产子午线轮胎、垫带
山东省威海市荣成市崖头	工业、建筑业
山东省烟台市龙口市后李家村	夹布胶管加工
安徽省宣城市宁国市城南居委会	橡胶密封件、千斤顶
江苏省南通市海门市通光街8号	再生橡胶
辽宁沈阳于洪昆明湖街17号	再生胶生产
山东省烟台市龙口市籞栾	pvv革生产
浙江省杭州市上城区海潮路1号	橡胶鞋生产、轮胎制造业
四川省内江市市中区交通路	鞋类、机床
四川省资阳市雁江区上西街中学路28号	胶鞋
山东省威海市文登市口子	橡胶制品
广东省广州市番禺区东涌镇励业路	鞋类业务
广东省深圳市龙岗区南岭百门前工业区第二栋1-5层	生产手提电话外壳、生产手提电脑外壳
浙江省绍兴市诸暨市建新路88号	塑料制品
广东省佛山市禅城区汾江中路82号	塑料制品

续32

企业名称	法人代表	电话	分机	邮政编码
申达集团有限公司	张国平	86686036		214443
明达塑胶(厦门)有限公司	徐天培	6886129		361026
浙江大东南包装股份有限公司	黄水寿	87217991		311800
浙江欧亚薄膜材料有限公司	赵峡峰	85625299		312035
浙江富陵控股集团有限公司	赵建昌	88033092		312075
河北宝硕集团有限公司	周山	3100683		071000
江南百兴集团有限公司	茹佰兴	6231238		213176
明达工业(福建)有限公司	李义雄	85380111		350301
广东华业包装材料有限公司	陈友标	5922899		515638
比亚迪精密制造有限公司	王传福	84218888		518119
新疆天业股份有限公司	郭庆人	2623102		832000
安徽国风集团有限公司	郑忠勋	2885333	3109	230001
辽宁宏程塑料型材有限公司	林军	4150232		111003
芜湖海螺型材科技股份有限公司	李顺安	5840166		241009
广东联塑科技实业有限公司(包联塑机械)	黄联禧	23888589		528318
山东山泰集团	宋国兴	6457928		257300
江苏琼花集团有限公司	姚盛富	7271301	8012	225111
沈阳市金德铝塑复合管有限公司	张澎	86518888		110034
淮阳县安彩华林化学建材有限责任公司	孙树华	2678088		466700
南京金陵塑胶化工有限公司	郭金东	85237658		210028
浙江中财型材有限责任公司	金维爱	86910107		310018
公元塑业集团有限公司	张建均	84277388		318020
福建亚通新材料科技股份有限公司	余孔琳	85315909		350304
浙江中财管道科技股份有限公司	杨光华	86127808		312500
佛山市日丰企业有限公司管材厂	许伟钊	82301601	818	528000
辽宁程程塑料有限公司	李长海	4150232		111003
江阴市新和桥化工有限公司	廖有章	86404052		214434
台达化工(中山)有限公司	郑大志	5316689	8010	528436
南京红宝丽股份有限公司	芮敬功	57350298		211300
佛山市顺德区容桂文翔兼泡沫有限公司	郭志伟	28805101		528303
江阴龙山集团公司	承泉兴	86221511		214423
江苏蝙蝠塑料集团有限公司	孟永华	86215629		214421
浙江无名皮塑集团有限责任公司	曹建成	84029818		312046
南亚塑胶工业(南通)有限公司	吴钦仁	5291811	102	226008
江苏双象集团有限公司	唐炳泉	88993888	8101	214145
杭州顶正包材有限公司	赵慧敬	86912339	2331	310018
上海紫江企业集团股份有限公司	沈雯	54421100	209	201108
扬州亚普汽车塑料件有限公司	蔡玉英	7846896		225000

企业详细地址	主要产品(主要业务活动)
江苏省无锡市江阴市镇澄路999号	塑料制品、销售
福建省厦门市海沧区新阳工业区翁角路858号	户外游戏用品、射押制品、PVC薄膜
浙江省绍兴市诸暨市跨湖路65号	塑料薄膜
浙江省绍兴市绍兴县宝善桥村	生产薄膜
浙江省绍兴市越城区袍江工业区富陵	塑料生产
河北保定市新市区翠园街32号	塑料薄膜、塑料管材、塑料型材
江苏省常州市武进区礼嘉	生产塑料制品、生产塑料雨衣、生产箱包布
福建省福州市福清市宏路镇上郑融侨工业区	塑料薄膜制造
广东省潮州市潮安县砚前工业区	塑料膜、包装纸、原辅材料
广东省深圳市龙岗区宝龙工业城宝荷路3001号A3厂房第1层	锂离子电池成品及其它配件生产
新疆维吾尔自治区省直辖行政单位石河子市北一路94号	塑料制品、合成树脂制造
安徽省合肥市包河区马鞍山路1号	塑料薄膜、塑料管材、塑料建材
辽宁省辽阳市宏伟区徐家屯	塑料型材加工、新型建筑材料加工
安徽省芜湖市鸠江区港湾路22号	生产塑料异型材、生产塑料门窗
广东省佛山市顺德区西溪白牛窝工业区	生产塑料管及配件、塑料加工设备
山东省东营市广饶县一村	塑料管
江苏省扬州市邗江区杭集镇新生村	生产制造聚氯乙烯塑料板、片材、生产制造聚丙稀塑料板、片材、生产制造其他塑料板、片及类似型材
辽宁省沈阳市于洪区黄河北大街237-68	铝塑复合管生产、PPR铝塑管生产
河南省周口市淮阳县西关	PE管材管件
江苏省南京市栖霞区和燕路390号	聚丙烯生产、塑料制品生产
浙江省杭州市江干区11号大街6号	塑胶制品的制造
浙江省台州市黄岩区埭西路2号	管材管件制造
福建省福州市福清市镜洋工业区	塑料板、管、型材的制、upvc管件、pe管材料
浙江省绍兴市新昌县大道东路658号	生产PVC管材管件
广东省佛山市禅城区城西开发区	铝塑复合管
辽宁省辽阳市宏伟区徐家屯	生产塑编袋
江苏省无锡市江阴市萧山路38--40号	可发性聚苯乙烯制造、复合纸袋、缠烧膜
广东省中山市市辖区火炬区沿江东二路	聚奔乙烯
江苏省南京市高淳县太安路128号	泡沫塑料
广东省佛山市顺德区利丰工业区密丰路18号	生产塑料制品
江苏省无锡市江阴市龙山支路1号	人造革制造、铝型材生产、阀门生产
江苏省无锡市江阴市工业园环西路西	人造革
浙江省绍兴市绍兴县青店头	合成革制造
江苏省南通市崇川区外环东路101号	pvc胶布、pvc乳胶皮、pu合成皮
江苏省无锡市滨湖区后宅镇西	橡塑机械制造、PVC、PU人造革、聚氨酯鞋用树脂
浙江省杭州市江干区4号路29号	塑料瓶盖制造、食品外包装印刷
上海市市辖区闵行区申富路618号	饮料瓶生产、塑料包装箱及容器生产
江苏省扬州市维扬区扬子江南路508号	塑料油箱

续33

企业名称	法人代表	电话	分机	邮政编码
珠海中富实业股份有限公司	黄乐夫	8821350	3245	519030
安徽省天大企业集团有限公司	雍金贵	7518555		239311
圣美精密工业昆山有限公司	詹忠志	57662509		215337
旭荣电子(深圳)有限公司	宋恭源	27234188	6013	518104
珠海市及成通讯科技有限公司	张正赛	8682338	2211	519015
江门谦信化工发展有限公司	叶子轩	3779218		529080
宁波利时塑胶有限公司	李立新	88021888		315171
浙江鸿达集团有限公司	赵云飞	86333108		317525
温岭市建业塑料制品有限公司	梁正军	86326631		317525
南塑建塑胶制品(深圳)有限公司	李达兴	84651205		518111
漯河华强塑胶有限公司	方燕燕	2167026		462000
广州宏信塑胶工业有限公司	吴振坤	82266188	3432	510530
非金属矿物制品业				
唐山冀东水泥股份有限公司	张增光	3241351		063031
吉林亚泰水泥有限公司	吴宝升	4353061		130617
山东沂州水泥集团总公司	张怀连	8928006		276018
华新水泥股份有限公司(黄石母公司)	陈木森	6328425		435002
英德海螺水泥有限责任公司	余彪	2598862		510300
安徽铜陵海螺水泥有限公司	任勇	3815888	01	244000
溧阳市金峰水泥有限公司	徐贵生	7550860		213342
英德龙山水泥有限责任公司	黄炳均	2598808		513047
安徽枞阳海螺水泥股份有限公司	汪鹏飞	2591058		246713
盘固水泥集团有限公司	张锁林	2666900		213245
广东塔牌集团股份有限公司	钟烈华	7887029		514100
贵州博宏实业有限责任公司	郅鹤生	8922979		553028
浙江尖峰集团股份有限公司	杜自弘	82326868	3806	321000
安徽省宁国水泥厂	王和平	4888114		242312
池州海螺水泥股份有限公司	李顺安	4418112		247115
宝业集团股份有限公司	庞宝根	84069139		312028
光宇集团有限公司	冯光成	84509437		312028
杭州诺贝尔集团有限公司	骆水根	88686818		311122
佛山市三水新明珠建陶工业有限公司	李要	87560682		528131
佛山市三水博德精工建材有限公司	叶荣恒	87232889		528139
佛山市嘉俊陶瓷有限公司	叶荣崧	86637082		528222
佛山高明顺成陶瓷有限公司	霍德炽	88626999		528511
佛山市新中源陶瓷有限公司	曾彦炽	87567338		528131
广东欧文莱陶瓷有限公司	梁伟鸿	87678921		528133
沈阳闽南实业有限公司	卓梧桐	88086789	0	110164

企业详细地址	主要产品(主要业务活动)
广东省珠海市香洲区南湾大道第一工业区	PET塑料制品生产、标签生产、纸箱生产
安徽省滁州市天长市北园村委会	塑料制品、机械、空调配件、光纤通信器材
江苏省苏州市昆山市青阳北路	生产塑料零部件
广东省深圳市宝安区万丰西部工业区	手机按键制造
广东省珠海市香洲区屏北一路30号	手机及相机加工、模具生产
广东省江门市江海区江海路123号	醋酸丁酯
浙江省宁波市鄞州区祝家桥村	日用塑料杂品制造
浙江省台州市温岭市站前路	日用塑料制品制造
浙江省台州市温岭市塑料工业园区	塑料制品制造
广东省深圳市龙岗区山厦群益工业城长龙布地	塑胶制品生产、塑胶工模生产、塑胶合剂生产
河南省漯河市源汇区漯舞路188号	胶袋制作
广东省广州市萝岗区云埔一路一号	生产PVL硬质胶布、销售自产产品
河北省唐山市丰润区贾家洼	水泥、熟料
吉林省长春市双阳区羊圈	山泥
山东省临沂市罗庄区朱岭村	水泥、焦炭、化工产品
湖北省黄石市黄石港区黄石大道897号	水泥制造、水泥设备制造
广东省清远市英德市朗新村委会	水泥制造业
安徽省铜陵市郊区古圣村委会	水泥、熟料生产
江苏省常州市溧阳市梅山	生产普通硅酸盐水泥
广东省清远市英德市朗新村委	水泥制造
安徽省安庆市枞阳县	水泥
江苏省常州市金坛市薛埠	生产水泥
广东省梅州市蕉岭县城东	生产水泥、水泥熟料、火力发电
贵州省六盘水市钟山区巴西中路	水泥制造、耐火材料制造、金属制品制造
浙江省金华市婺城区婺江东路88号	水泥
安徽省宣城市宁国市凉亭	水泥、水泥熟料
安徽省池州市贵池区海螺水泥居委会	水泥熟料
浙江省绍兴市绍兴县杨汛桥居委会	水泥制品
浙江省绍兴市绍兴县麒麟村	墙地砖、钢模板、金属材料、五金、玻璃
浙江省杭州市余杭区山路8号	建筑陶瓷制造
广东省佛山市三水区中部工业开发区	瓷片生产、仿古砖、外墙砖
广东省佛山市三水区芦苞四联	抛光砖、精工玉石
广东省佛山市南海区工业新区	抛光砖产品
广东省佛山市高明区高明大道东	生产陶瓷系列、经营本企业自产产品
广东省佛山市三水区白坭白金大道工业带	釉面砖生产
广东省佛山市三水区河口左田开发区	立体微粉抛光砖、欧文莱石、凌云石抛光砖
辽宁省沈阳市农业高新区辉山街	建材加工

续34

企业名称	法人代表	电话	分机	邮政编码
江苏华尔润集团	陈惠南	58550102		215625
中国耀华玻璃集团公司	曹田平	3031133		066000
山东蓝星玻璃(集团)有限公司	张昭珩	5997727		264200
浙江玻璃股份有限公司	冯光成	84509437		312028
山东玻璃总公司	王刚	4166055		255200
德州晶华集团有限公司	苗建中	2612213		253007
上海耀华皮尔金顿玻璃股份有限公司	龙万里	58839305		200126
广东玉峰玻璃集团有限公司	胡炳洪	2603077		528425
中国洛阳浮法玻璃集团有限责任公司	刘宝瑛	3908632		471000
福耀集团(福建)工程玻璃有限公司	曹德旺	85363920		350301
四川国栋建设集团有限公司	龚联华	85783996		610206
信义汽车玻璃(深圳)有限公司	李贤义	28631090		518115
福耀玻璃工业集团股份有限公司	曹德旺	85383562	3312	350301
巨石集团有限公司	张毓强	88181222		314500
重庆国际复合材料有限公司	吴明	89090552		400084
泰山玻璃纤维股份有限公司	张志法	6622028		271000
江苏申海集团股份有限公司	周忠	2791308		226153
山东金麒麟集团有限公司	孙忠义	2119918		253600
营口青花耐火材料股份有限公司	王守彬	5631801		115100
海城市后英经贸集团有限公司	何著胜	3273077		114213
海城市西洋耐火材料有限公司	周福仁	3276666		114213
营口嘉晨集团有限公司	孙寿宽	5330888		115101
河南省西峡县保护材料集团	李书成	64662466		474500
西峡县龙成集团	朱书成	64688202		474500
济宁碳素工业总公司	宫振	2319123		272000
河南黄河实业集团股份有限公司	乔秋生	6108891		461500
金瑞新材料科技股份有限公司	王晓梅	8657410		410012
黑色金属冶炼及压延加工业				
酒泉钢铁(集团)有限责任公司	马鸿烈	6713294		735100
武汉钢铁(集团)公司	邓崎琳	86863718		430083
唐山钢铁集团有限责任公司	王义芳	2702409		063016
邯郸钢铁集团有限责任公司	刘如军	6074459		056015
常州中天钢铁有限公司	董才平	8771301	3100	213011
江阴兴澄特种钢铁有限公司	李松兴	86193388	6329	214429
江苏申特钢铁有限公司	袁永兴	7335005		213300
唐山市丰南瑞丰钢铁有限公司	冬瑞芹	8393808		063003
迁安市联合钢铁集团有限公司	王树立	7963750		064406
东北特殊钢集团有限责任公司	赵明远	86674909		116031

企业详细地址	主要产品(主要业务活动)
江苏省苏州市张家港市建设	浮法玻璃
河北省秦皇岛市海港区纤维里	平板玻璃
山东省威海市环翠区北山村西	平板玻璃
浙江省绍兴市绍兴县麒麒村	玻璃生产加工
山东省淄博市博山区双山街216号	平板玻璃、深加工玻璃、玻璃纤维及制品
山东省德州市德城区湖滨南路55号	平板玻璃、日用玻璃、水泥
上海市市辖区浦东新区济阳路100号	平板玻璃
广东省中山市市辖区同乐工业园	平板玻璃
河南省洛阳市西工区唐宫中路9号	浮法玻璃、加工玻璃
福建省福州市福清市宏路镇	其他玻璃制品制造
四川省成都市双流县板桥村	镀膜中空玻璃
广东省深圳市龙岗区228工业区信义路25号	生产夹层玻璃
福建省福州市福清市福耀工业村	技术玻璃制品制造
浙江省嘉兴市桐乡市经济开发区	玻璃纤维纱生产、玻璃纤维制品生产
重庆市市辖区大渡口区建胜正街118号	玻璃纤维及制品制造
山东省泰安市泰山区泰玻大街	无碱玻璃纤维沙、无碱方格布、短切原毛毡
江苏省南通市海门市人民路188号	玻钢制品、玻璃钢空调机组、玻璃钢风机
山东省德州市乐陵市枣城北大街84号	刹车片
辽宁省营口市大石桥市青花峪村	镁砂、镁砖、镁碳砖
辽宁省鞍山市海城市后英	生产耐火材料、炼钢业
辽宁省鞍山市海城市西洋	重烧镁生产、轻烧镁、镁砖生产
辽宁省营口市大石桥市老林村	重烧镁、电熔镁、中档镁
河南省南阳市西峡县刘巷村灌河路412号	复合渣
河南省南阳市西峡县东环路工业园区	石墨加工
山东省济宁市任城区东赵庄村村委会	碳块、煤沥青
河南省许昌市长葛市人民路	人造金刚石、金刚石制品]
湖南省长沙市岳麓区麓山南路966号	四氧化三锰、电解金属锰、人造金刚石及制品
甘肃省嘉峪关市市辖雄关东路12号	生铁、粗钢、钢材
湖北省武汉市青山区武钢厂前	粗钢、粗钢、钢材
河北省唐山市路北区滨河路9号	炼钢业、炼焦业、铁矿采选业
河北邯郸市复兴区复兴路232号	钢材、连铸坯、生铁
江苏省常州市武进区印墅村	炼钢、轧钢、发电
江苏省无锡市江阴市滨江东路297号	粗钢、钢材、生铁
江苏省常州市溧阳市昆仑北路148号	生产炭素钢、合金钢
河北省唐山市丰南区骚古庄村	钢坯
河北省唐山市迁安市三港湾村	钢铁
辽宁省大连市甘井子区工兴路4号	钢材

续35

企业名称	法人代表	电话	分机	邮政编码
崇利制刚有限公司	黄庆富	3759023		056404
广州珠江钢铁有限责任公司	孔宪鸣	82223487		510000
宝山钢铁股份有限公司	艾宝俊	26645000		201900
鞍山钢铁集团公司	张晓刚	6723090		114021
江苏沙钢集团有限公司	沈文荣	58568800		215625
太原钢铁(集团)有限公司	陈川平	3012615		030003
首钢总公司	朱继民	88290520		100041
江苏华西集团公司	吴协恩	86216285		214420
本溪钢铁(集团)有限责任公司	张营富	2843889		117000
南京钢铁集团有限公司	肖同友	57791609		210035
江苏永钢集团有限公司	吴栋材	58619821		215628
攀枝花钢铁有限责任公司	樊政伟	3392206		617024
内蒙古包钢钢联股份有限公司	崔臣	2189520		014010
广西柳州钢铁集团公司	陈永南	2593500		545002
湘潭钢铁集团有限公司	刘捷	8652123		411101
湖南华菱涟源钢铁有限公司	郑柏平	8661234		417009
本溪北营钢铁(集团)有限公司	宫安东	2529407		117017
唐山国丰钢铁有限公司	张震	8159136		063300
新余钢铁有限责任公司	施嘉良	6292925		338001
包头钢铁(集团)有限责任公司	崔臣	2189021		014010
武钢集团昆明钢铁股份有限公司	邓崎琳	8604132		650302
承德钢铁集团有限公司	田志平	4074291		067002
广东韶钢松山股份有限公司	曾德新	8787744		512123
广东省韶关钢铁集团有限公司	曾德新	8786100		512123
上海梅山钢铁股份有限公司	戴元永	86701515		210039
南昌钢铁有限责任公司	傅民安	8392344		330012
宁波宝新不锈钢有限公司	戴志浩	86718206		315807
重庆钢铁股份有限公司	罗福勤	68845566		400084
通化钢铁股份有限公司	安凤成	3793186		134003
宣化钢铁集团有限责任公司	刘明哲	8674421		075103
联众(广州)不锈钢有限公司	李必贤	13112260999		510730
江阴市西城钢铁有限公司	恽相才	86169578		214442
安阳钢铁集团有限责任公司	王子亮	3122219		455004
宝钢新日铁汽车板有限公司	宗冈正二	26643800		201900
山西海鑫钢铁集团有限公司	李兆会	7302916		043800
萍乡钢铁有限责任公司	涂建民	3498230		337019
河北津西钢铁股份有限公司	韩敬远	5888999		064302
长治钢铁(集团)有限公司	党歌	5087774		046031

企业详细地址	主要产品(主要业务活动)
河北邯郸市涉县一街	连铸坯
广东省广州市萝岗区广州经济技术开发区西基路9号	生产热轧薄钢带、中房宽钢带
上海市市辖区宝山区牡丹江路1813号南楼	生铁、粗钢、钢材
辽宁省鞍山市铁西区大白楼1号	生产成品钢材
江苏省苏州市张家港市锦丰镇联兴	炼钢
山西省太原市尖草坪区太原市尖草坪街2号	钢材、粗钢
北京市石景山区路68号首钢厂东门	钢压延加工
江苏省无锡市江阴市华西村	生产钢材、生产化纤、生产呢绒
辽宁省本溪市平山区人民路16号	钢材、粗钢、生铁
江苏省南京市六合区卸甲甸	钢铁冶炼、钢材轧制及销售
江苏省苏州市张家港市南丰镇永联	钢材轧制 彩钢板 耐火材料制造
四川省攀枝花市东区向阳村	炼钢、钒
内蒙古自治区包头市昆区河西工业区综合信息大楼	钢压延加工业
广西壮族自治区柳州市柳北区北雀路117号	钢材、粗钢、生铁
湖南省湘潭市岳塘区钢城	钢材、粗钢、生铁
湖南省娄底市娄星区青山	钢材、钢、生铁
辽宁省本溪市平山区北钢社区7号	钢坯、生铁、钢材
河北省唐山市丰南区六街居委会	带钢、螺纹钢、焊管
江西省新余市渝水区冶金路	钢压延加工
内蒙古自治区包头市昆都仑区包钢厂区信息大楼	钢材、钢、生铁
云南省昆明市安宁市昆钢宾馆	钢压延
河北省承德市双滦区下营子街	钢材、连铸坯、50钒铁
广东省韶关市曲江区韶钢	钢材、钢、生铁
广东省韶关市曲江区韶关钢铁集团内	各类钢、钢材、生铁
江苏省南京市雨花台区中华门外新建	热轧板卷生产
江西省南昌市青山湖区罗家镇	钢材、钢材、生铁
浙江省宁波市北仑区水俞村	钢压延加工(冷轧不锈钢板卷)
重庆市市辖区大渡口区钢铁路30号	钢材、焦碳、自来水
吉林省通化市二道江区东盛路14号	炼钢
河北省张家口市宣化区牌楼东街30号	钢材
广东省广州市萝岗区广州经济技术开发区东区联广路1号	不锈钢材
江苏省无锡市江阴市三联村	螺纹钢生产
河南省安阳市殷都区安钢大道	生产钢、生铁、钢材
上海市市辖区宝山区宝山钢铁股份有限公司厂区内纬五路冷轧综合楼	冷轧钢板、热镀锌钢板
山西省运城市闻喜县川口村	钢材、钢坯、焦碳
江西省萍乡市湘东区峡山口	线材(盘条)、钢筋
河北省唐山市迁西县西关	中宽带钢、管带钢、钢坯
山西省长治市郊区东大街9号	钢材、粗钢、生铁

续36

企业名称	法人代表	电话	分机	邮政编码
攀钢集团成都钢铁有限责任公司	余自甦	83616007		610303
无锡市大明金属制品有限公司	周克明	83859388	2303	214191
江苏沙钢集团淮钢特钢有限公司	沈文荣	3631098		223002
五矿营口中板有限公司	李明克	3256014		115005
有色金属冶炼及压延加工业				
云南铜业股份有限公司	邹韶禄	8390888	27238	650102
铜陵有色金属集团控股有限公司	韦江宏	5860016	05	244000
张家港市联合铜业有限公司	孟永范	58574101		215624
宁波金田冶炼有限公司	王世硕	87597116		315034
杭州富春江冶炼有限公司	罗忠平	63485828		311407
葫芦岛有色金属集团有限公司	高良宾	2025040		125003
湖南株冶火炬金属股份有限公司	傅少武	8391231		412004
深圳中金岭南股份有限公司韶关冶炼厂	张伟健	8396819		512024
云南驰宏锌锗股份有限公司	董英	8966643		655011
金川集团有限公司	李永军	8812230		737104
云南锡业集团(控股)有限责任公司	肖巧芬	3119897		661000
信发集团有限公司	张学信	4287372		252100
青铜峡铝业集团有限公司	黄河	3034161		751603
青铜峡铝业股份有限公司	黄河			751603
中国铝业股份有限公司山西分公司	马达卡	5044046		043304
云南铝业股份有限公司	陈智	7455668		650502
包头铝业股份有限公司	芦林	4149676		014040
中国铝业股份有限公司河南分公司	王锡慧	8914855		450041
东方希望包头稀土铝业有限责任公司	刘永行	2242199		014030
中国铝业股份有限公司青海省分公司	蒋英刚	2726454		810100
山西华泽铝电有限公司	孙兆学	5048913		043304
中国铝业股份有限公司中州分公司	刘祥民	3501540		454174
中国铝业股份有限公司广西分公司	肖亚庆	5802800		531400
中国铝业贵州分公司	常顺清	4898049		550014
内蒙古霍煤鸿骏铝电有限责任公司	张世文	2345666		029200
中国铝业股份有限公司兰州分公司	李宁	7512125		730086
开曼铝业(三门峡)有限公司	杭项育	3810019		472143
中金黄金股份有限公司河南中原黄金冶炼厂	任文生	2186628		472000
洛阳市紫金银辉黄金冶炼有限公司	马银栓	65172998		471002
南山集团公司	宋作文	8616001		265718
西南铝业(集团)有限责任公司	赵世庆	65809940		402326
海亮集团有限公司	冯亚丽	87069733		311814
常州金源铜业有限公司	外池廉太郎	88828420		213018

企业详细地址	主要产品(主要业务活动)
四川成都青白江团结南路12号	生铁、钢、钢材
江苏省无锡市锡山区不锈钢市场内	生产不锈钢制品
江苏省淮安市清浦区化工路53号	钢铁冶炼
辽宁省营口市老边区冶金街繁荣路1号	钢压延加工、炼钢
云南省昆明市五华区黑林铺王家桥	精炼铜、黄金、白银
安徽省铜陵市铜官山区长江西路	电解铜、硫酸、黄金
江苏省苏州市张家港市三兴	阴极铜
浙江省宁波市江北区城西西路1号	电解铜制造、冶炼、铜锭制造、冶炼
浙江省杭州市富阳市谢家溪村	标准阴极铜、黄金加工、白银加工
辽宁省葫芦岛市龙港区锌厂路24号	锌生产、铜生产、硫酸
湖南省株洲市石峰区清水塘	锌及锌合金、铅及铅合金
广东省韶关市浈江区南郊九公里	铅锭、锌锭、白银
云南省曲靖市麒麟区经济技术开发区	锌、铅、锗
甘肃金昌市金川区金川路98号	电解镍、阴极铜、电解钴
云南省红河州个旧市金湖东路121号	产品锡、电铅、铜精矿含铜
山东省聊城市茌平县齐韩	氧化铝粉、电解铝、发电
宁夏回族自治区吴忠市青铜峡镇铝厂	铝锭
宁夏回族自治区吴忠市青铜峡镇铝厂	电解铝、炭素制品、铝型材
山西省运城市河津市清涧办事处	氧化铝、氢氧化铝
云南省昆明市呈贡县胡家庄	原铝、铝材、预焙阳极炭块
内蒙古自治区包头市东河区包铝北区	铝冶炼及其加工、铝锭、炭素制品、铝合金
河南省郑州市上街区厂前路1号	氧化铝冶炼
内蒙古自治区包头市青山区高油坊	稀土铝、铝制品
青海省西宁市大通回族土族自治县东柳	重熔用铝锭
山西省运城市河津市清四村	电解铝、碳素
河南省焦作市修武县王庄	氧化铝
广西壮族自治区百色市平果县新华	电解铝、氧化铝
贵州省贵阳市白云区铝兴路24号	氧化铝、电解铝、碳素制品
内蒙古自治区通辽市霍林郭勒市工业园区	铝锭肪电型铝合金
甘肃省兰州市红古区河湾村125号	铝冶炼
河南省三门峡市陕县大营	氧化铝
河南省三门峡市湖滨区金昌路	黄金、白银、硫酸
河南省洛阳市瀍河回族区启明东路44号	黄金冶炼、白银冶炼
山东省烟台市龙口市南山	加工铝材、生产呢绒、加工枕巾
重庆市市辖区九龙坡区西彭镇	铝材
浙江省绍兴市诸暨市诸涸公路旁	铜加工材
江苏省常州市天宁区常锡路东38号	铜盘条

续37

企业名称	法人代表	电话	分机	邮政编码
山东丛林集团公司	张培良	8563138		265705
江苏张铜集团有限公司	郭照相	58987039		251600
辽宁忠旺集团有限公司	刘忠田	4150232		111003
中铝上海铜业有限公司	王镇平	56679888	88080	200940
台一江铜(广州)有限公司	许守德	82265528	2565	510530
宁波金田铜业集团股份有限公司	楼国强	87574652		315034
浙江海亮股份有限公司	冯海良	87658636		311835
肇庆亚洲铝厂有限公司	邝汇珍	3630698		526238
鸿富晋精密工业(太原)有限公司	张浚荣	3587060	28010	030032
中铝西南铝板带有限公司	赵世庆	65808997		401326
云南铜业铜材有限公司	孔繁义	8390082	28682	650102
江苏金辉集团有限公司	骆伟栋	87291311		214252
南京华新光电股份有限公司	焦佑慧	85567572	808	210038
宏磊集团有限公司	戚建萍	87387556		311800
清远市美亚宝铝业有限公司	梁国胜	3680971		511540
上海金象铝业有限公司	龚惠祥	58582107		201201
山东黄金矿业股份有限公司精炼厂	王德煜	2696150		261441
内蒙古乾坤金银精炼股份有限公司	宋文代	2212939		010070
山东铝业股份有限公司	刘兴亮	2944202		255052
金属制品业				
烟台东方不锈钢工业有限公司	赵忠彬	6387943		264006
精功集团有限公司	金良顺	84138675		312030
浙江大东吴集团有限公司	吴仲清	2568919		313000
靖江新世纪钢结构制造有限公司	袁凯飞	4211337		214519
烟台华安集团	李国安	6379709		264006
江阴海达集团有限公司	赵桂英	86215068		214421
唐山友发钢管制造有限公司	尹九祥	8158226		063300
上海龙阳精密复合铜管有限公司	李长杰	68918658		201201
台山市金桥铝型材厂有限公司	雷子钦	5438596		529261
江苏沪宁钢机股份有限公司	王寅大	87309728		214231
浙江杭萧钢构股份有限公司	单银木	82645988	8287	311217
沈阳远大铝业工程有限公司金属门窗分公司	康宝华	88456522		110161
步阳集团有限公司	徐步云	87271166		321300
重庆美心(集团)有限公司	夏明宪	62911235		400060
辽宁东林瑞那斯股份有限公司	周敏	7265409		115011
江苏飞达工具集团股份有限公司	朱国平	6321001		212312
江苏天工集团有限公司	朱小坤	6322030		212312
深圳南方中集东部物流装备制造有限公司	麦伯良	26691131	3015	518118

企业详细地址	主要产品(主要业务活动)
山东省烟台市龙口市	铝型材加工、球墨铸铁管生产、水泥生产
江苏省苏州市张家港市杨舍镇工业新区	铜管材生产
辽宁省辽阳市宏伟区徐家屯	铝型材加工
上海市市辖区宝山区区泰和路1010号	有色金属制品加工、货物的进出口业务
广东省广州市萝岗区东区街	裸铜线加工制造
浙江省宁波市江北区城西西路1号	铜棒制造、铜板带制造、合金线制造
浙江省绍兴市诸暨市工业区	铜加工材
广东省肇庆市四会市亚铝工业城内	新型铝合金材料
山西省太原市小店区开发区龙飞街1号	镁合金机构件、精密模具、电子元器件
重庆市市辖区九龙坡区区西彭镇	铝板带材
云南省昆明市五华区昆明高新区625号云铜大厦	铜盘条、裸铜线、电磁线纸包线等
江苏省无锡市宜兴市新风中路76号	铜杆、铜丝
江苏省南京市栖霞区新港大道78号	常用有色金属压延加工、光亮低氧铜杆、光亮低氧铜线
浙江省绍兴市诸暨市城西工业区	铜管、铜线、铜棒、电磁导线
广东省清远市清城区银盏	铝型材
上海市市辖区浦东新区唐镇金丰路55号	锌材、铝材
山东省烟台市莱州市焦家村	黄金白银冶炼加工
内蒙古自治区呼和浩特市赛罕区远五纬路	实金制品、国际银锭、硝酸银
山东省淄博市张店区南定五公里路1号	氧化铝、电解铝、铝型材
山东省烟台市福山区长江路128号	不锈钢板
浙江省绍兴市绍兴县金柯桥大道	建材机械纺织机械
浙江省湖州市吴兴区三里桥路685号	水泥制品、钢结构
江苏省泰州市靖江市新华村	建筑工程钢结构
山东省烟台市开发区长江路273号	钢结构、钢铁制品
江苏省无锡市江阴市环南路8号	铝塑板制造、人造革制造、铝型材制造
河北省唐山市丰南区朝阳大街	钢管
上海市市辖区浦东新区合庆镇工业区庆达路488号	复合铜管制造
广东省江门市台山市石桥工业区	各种铝型材、铝门窗、铝幕墙工程
江苏省无锡市宜兴市百家	钢结构体生产
浙江省杭州市萧山区经济技术开发区	钢结构制造、设计专项工程
辽宁省沈阳市东陵区东陵路30-2	金属门窗制造、幕墙、铝合金天窗
浙江省金华市永康市四方汤店山工业区88号	防盗门、钢质防火门、钢木门、电、汽动滑板车、五金电器
重庆市市辖区南岸区南坪白鹤路51号	金属门窗、摩托车配件
辽宁省营口市鲅鱼圈区金屯村	金属门窗制造
江苏省镇江市丹阳市飞达	工具制造、钢材制造
江苏省镇江市丹阳市前巷村	工具麻花钻生产、高速工具钢生产
广东省深圳市龙岗区锦龙大道3号	集装箱生产

续38

企业名称	法人代表	电话	分机	邮政编码
江苏新华昌集团有限公司	潘中来	8701088	5030	213102
上海振华港口机械股份有限公司江阴分公司	徐建龙	13057697715		214433
惠州新华昌设备有限公司	潘传荣	5206088		516083
太仓中集集装箱制造有限公司	麦伯良	53782666		215400
南通中集罐式储运设备制造有限公司	麦伯良	85562116	2220	226003
上海中集冷藏箱有限公司	宋卫国	56010088	205	201908
上海中集宝伟工业有限公司	查继新	56860000	314	201908
宁波中集物流装备有限公司	吴发沛	86825668	252	315800
上海中集洋山物流装备有限公司	吴发沛	61186915	6915	201306
上海宝山太平货柜有限公司	张松声	33792588	504	201900
惠州太平货柜有限公司	张松声	3621166		516223
新会中集集装箱有限公司	刘学斌	6248888		529144
南通中集顺达集装箱有限公司	麦伯良	5562116		226003
东方国际集装箱(锦州)有限公司	王大雄	7900867		121007
青岛啤酒股份有限公司	李桂荣	83481238		266614
青岛广源发集团有限公司	胡谅伦	83481238		266614
青岛九联集团股份有限公司	王振江	83481238		266614
青岛延镐箱包有限公司	苏长中	83481238		266614
杭州中粮美特容器有限公司	王金昌	85378888	2535	310004
法尔胜集团公司	周建松	86111968		214433
江苏兴达钢帘线股份有限公司	刘锦兰	3980806	806	225721
湖北福星科技股份有限公司	谭功炎	8742058		431608
浙江元立金属制品集团有限公司	叶新华	8195017		323300
路达(厦门)工业有限公司	吴材攀	6228137		361022
河北中原钢管制造有限公司	张爱明	6085102		061300
江苏国强镀锌实业有限公司	袁国强	7732325		213363
无锡新大中薄板有限公司	周明华	83332476		214183
巨科集团有限公司	李书通	82520073		318050
常州常松讯汇镀锌板有限公司	杨建如	83975186		213016
江门市日新不锈钢材料厂有限公司	李耀如	6101288		529100
中国铝业股份有限公司山东分公司	刘兴亮	2943790		255000
上海宝钢不锈钢加工配送有限公司	邹长征	66933311	2571	200941
佛山市华鸿铜管有限公司	林焕玲	85238222		528234
安泰科技股份有限公司	干勇	62180969	866	100081
通用设备制造业				
上海锅炉厂有限公司	虞顺康	64304198		200245
玉柴机器股份有限公司	晏平	328963		537000
哈尔滨锅炉厂有限责任公司	韩建伟	82198015		150040

企业详细地址	主要产品(主要业务活动)
江苏省常州市武进区遥观社区	集装箱
江苏省无锡市江阴市人民西路123弄22号	环卫设施的安装 销售 建材 水暖部件
广东省惠州市大亚湾新寮	集装箱制造
江苏省苏州市太仓市刘家港华苏路	各类集装箱及零部件
江苏省南通市港闸区南通市城港路159号	金属集装箱
上海市市辖区宝山区沪太路6888号	集装箱
上海市市辖区宝山区月罗路1881号	集装箱20英尺
浙江省宁波市北仑区出口加工区	干货集装箱制造
上海市市辖区南汇区南芦公路2158号	集装箱、钢结构
上海市市辖区宝山区宝杨路2020号	集装箱制造
广东省惠州市惠阳区东风村	集装箱
广东江门新会大鳌	集装箱制造
江苏省南通市港闸区城港路159号	金属集装箱制造
辽宁省锦州市经济技术开发区锦港大街	集装箱
山东省青岛市市南区香港中路青啤大厦	包装箱、包装盒
山东省青岛市城阳区丹山	包装箱、包装盒
山东省青岛市莱西市上海西路	包装箱、包装盒
山东省青岛市城阳区傅家埠社区	包装箱、包装盒
浙江省杭州市江干区纬三路160号	笋罐、三片饮料食品罐、喷雾罐
江苏省无锡市江阴市通江北路203号	钢丝绳生产、钢绞线
江苏省泰州市兴化市戴南镇盐宁公路西侧	钢帘线、胎圈钢丝、发电
湖北省孝感市汉川市福星大道一号	钢丝、钢丝绳、钢绞线
浙江省丽水市遂昌县庄山	金属线材生产、金属丝线材生产、金属棒材生产
福建省厦门市集美区杏南路61号	水龙头
河北省沧州市盐山县东南角	管件
江苏省常州市溧阳市老河村村委会	金属表面处理及热加工
江苏省无锡市惠山区黄泥坝村常玉公路旁	彩涂钢卷、马口铁、彩涂钢卷制造、镀锌板(带)制造
浙江省台州市路桥区机场路118号	铝延压加工
江苏省常州市钟楼区常州钟楼经济开发区星港路C1地块	镀锌板
广东省江门市新会区东侯工业区	加工销售不锈钢
山东省淄博市张店区南定五公里路1号	化学品氧化铝、交通运输业、电力燃气水供应业
上海市市辖区宝山区园和路555号	钢材加工配送、来料加
广东省佛山市南海区松夏工业园	生产铜管、各种铜异材
北京市海淀区学院南路76号	磁性材料、非晶、纳米晶材料及制品、新型高效焊接材料
上海市闵行区华宁路250号	电站锅炉、核电设备、化工容器
广西壮族自治区玉林市玉州区天桥西路88号	柴油机、发电机组、技术咨询服务
黑龙江省哈尔滨市香坊区三大动力路309号	电站锅炉制造、工业锅炉、石化

续39

企业名称	法人代表	电话	分机	邮政编码
东方锅炉(集团)股份有限公司	张晓伦	4734495		643001
江苏常发实业集团有限公司	黄小平	5231108		213176
江苏林海动力机械集团公司	陆海民	6551888		225300
江苏英田集团	张英田	87507888		226500
沪东重机股份有限公司	杨家丰	58713222	2906	200129
上海柴油机股份有限公司	陈龙兴	65745656	2468	200438
中国重汽集团杭州发动机有限公司	胡伯康	88078888	3532	310005
上海汽轮机有限公司	郑建华	607334269	2501	200240
哈尔滨汽轮机厂有限责任公司	曲大庄	82952580		150046
南京汽轮电机(集团)有限责任公司	潘宗健	85503750		210037
上海动力设备有限公司	朱斌	65431040	5005	200090
大连机床集团有限公司	陈永开	83639205		116022
沈阳机床(集团)有限责任公司	陈惠仁	25650008	8108	110025
秦川机床集团有限公司	龙兴元	3670652		721009
江苏沃得机电集团有限公司	王伟耀	6342922		212311
江苏扬力集团有限公司	林国富	7848295		225107
百科实业集团有限公司	潘孝莲	25831475		110141
徐州工程机械集团有限公司	王民	7739418		221004
上海振华港口机械(集团)股份有限公司	刘怀远	58396666	20637	200125
中国第一汽车集团青岛汽车厂	许宪志	83481238		266614
太原重型机械集团有限公司	高志俊	6066921		030024
上海三菱电梯有限公司	徐建国	64303030		200245
日立电梯(中国)有限公司	大沼邦彦	38770662		510000
西子奥的斯电梯有限公司	陈夏鑫	85140888	5299	310019
通力电梯有限公司	简柏伦	57794550		215316
龙工(上海)机械制造有限公司	李新炎	57644948	8354	201612
上海港机重工有限公司	孙枫	58705870	8896	200125
江苏通润机电集团有限公司	顾雄斌	52820788	9871	215500
浙江杭叉工程机械股份有限公司	赵礼敏	88130499	8131	310022
山东华夏集团有限公司	夏春亭	5983619		264200
上海日立电器有限公司	俞友涌	50554560	2521	201206
松下．万宝(广州)压缩机有限公司	宋木祥	84778123		510730
三菱电机(广州)压缩机有限公司	岩渕修	82223030		510730
中国石化集团青岛石油化工有限责任公司	王英彬	83481238		266614
青岛澳柯玛集团总公司	姜培生	83481238		266614
瓦房店轴承集团有限责任公司	王路顺	88922747		116300
上海美蓓亚精密机电有限公司	山岸孝行	39290113		201721
沈阳鼓风机集团有限公司	苏永强	25801965		110023

企业详细地址	主要产品(主要业务活动)
四川省自贡市自流井区五星	电站锅炉
江苏省常州市武进区江苏省常州市	制冷器材生产、邦迪管生产
江苏省泰州市海陵区泰九路14号	内燃机、摩托车、发电机组
江苏省南通市如皋市陆桥	柴油机生产、农用运输机械、轻型、中型载货汽车
上海市市辖区浦东新区浦东大道2851号	内燃机及配件制造、其他通用零部件制造、钢铁铸件制造
上海市市辖区杨浦区军工路2636号	柴油机及配件制造
浙江省杭州市萧山区红垦农场红六路南	汽车发动机、各类工程机械发动机、发电机组
上海市市辖区闵行区江川路333号	电站汽轮机、工业汽轮机、燃气轮机
黑龙江省哈尔滨市香坊区三大动力路345号	电站汽轮机制造、舰船汽轮机制造、工业汽轮机等
江苏省南京市下关区中央北路80号	汽(燃气)轮机、汽轮发电机制、交流电动机制
上海市市辖区杨浦区杨树浦路1900号	汽轮机辅机、锅炉辅机
辽宁省大连市沙河口区鞍山路38号	金属切削机床生产、汽车零部件制造、机床配件附件
辽宁省沈阳市铁西区北二东路10-1号	金属切削机床制造
陕西省宝鸡市渭滨区22号	金属切削机床、塑料加工机械、铸件
江苏省镇江市丹阳市埤城镇工业园内	压力机生产、收割机生产、草坪机曲轴生产
江苏省扬州市邗江区沙头镇或哦桥富民路47号	生产制造机械压力机、生产制造折弯机、生产制造剪切机床
辽宁省沈阳市于洪区和泰社区居委会	钢铁加工
江苏省徐州市泉山区苏堤北路5号	汽车起重机、装载机、压路机
上海市市辖区浦东新区浦东南路3470号	装卸桥、门式起重机
山东省青岛市李沧区娄山路2号	包装箱、包装盒
山西省太原万柏林玉河街53号	矿山设备、起重设备、轧钢设备
上海市市辖区闵行区江川路811号	电梯及自动扶梯
广东省广州市番禺区大石街石北工业区	电梯业务、自动扶梯
浙江省杭州市江干区九环路28号	电梯、扶梯制造
江苏省苏州市昆山市萧林路668号	生产电梯
上海市市辖区松江区新桥镇民益路26号A	装载机、压路机
上海市市辖区浦东新区浦东南路3500号	桥式起重机、门座式起重机、装卸机械
江苏省苏州市常熟市虞山镇海虞北路48号3F	油压千斤顶
浙江省杭州市下城区石桥路398号	叉车生产
山东省威海市环翠区华夏工业园	塔机
上海市市辖区浦东新区金桥云桥路1051号	家用空调压缩机、家用除湿机压缩机
广东省广州市番禺区万宝基地内／东江大道	生产销售房间空调器压缩机
广东省广州市萝岗区夏港街道东江大道	空调用压缩机
山东省青岛市李沧区滨海路8号	包装箱、包装盒
山东省青岛市黄岛区前湾港路315号	包装箱、包装盒
辽宁省大连市瓦房店市轴前社区居委会	轴承制造
上海市市辖区青浦区西岑镇陈港村	微型轴承
辽宁省沈阳市铁西区云峰北街36号	风机制造

续40

企业名称	法人代表	电话	分机	邮政编码
大连冰山集团有限公司	张和	86538888		116033
江苏双良集团有限公司	缪双大	86631545		214444
盾安集团有限公司	姚新义	87657265		311835
长沙远大直燃机有限公司	张跃	4086688		410138
远大空调有限公司	张跃	82514688		100038
烟台冰轮集团有限公司	于元波	6697000	6801	264000
牧田(昆山)有限公司	鸟居忠良	57367376		215300
牧田(中国)有限公司	鸟居忠良	57707710	221	215300
蓬莱市石化配件有限公司	赵琳益	5891434		265616
江苏新长江实业集团公司	李良宝	86167963		214442
三花控股集团有限公司	张道才	86221859		312500
专用设备制造业				
北方重工集团有限公司	耿洪臣	25802558		110041
中信重型机械公司	王炯	4088903		471403
中煤北京煤矿机械有限责任公司	陈宇	69313201	8998	102400
四川宏华石油设备有限公司	张弭	5102080		618300
江苏曙光集团有限公司	蒋家华	8685311		225532
江阴市银惠塑钢厂	郑卫良	3706165662		214443
三一集团有限公司	易小刚	4031888		410100
广西柳工机械股份有限公司	王晓华	3886000		545007
斗山工程机械(中国)有限公司	梁在信	6399012		264006
成都神钢工程机械(集团)有限公司	王锦	82854842		610100
厦门工程机械股份有限公司	陈玲	6389333		361023
长沙建设机械研究院有限责任公司	詹纯新	8948307		410013
现代(江苏)工程机械有限公司	赵益奎	85191027		213125
小松山推工程机械有限公司	王子光	2363054		272123
山东临沂工程机械有限公司	王志中	8785678		276023
合肥日立挖掘机有限公司	铃木宏光	3811095		231202
山推工程机械股份有限公司	周庆庭	2909009		272023
常林股份有限公司	李延江	6780998		213002
小松(常州)工程机械有限公司	王子光	85101222		213022
成都神钢建设机械有限公司	山下和则	84780630		610066
大连重工·起重集团有限公司	宋甲晶	86427779		116013
中国第二重型机械集团公司	石柯	2201998		618013
中国第一重型机械集团大连加氢反应器制造有限公司	吴生富	87109657		116113
中国第一重型机械集团有限责任公司	吴生富	6811075		161041
上海重型机器厂有限公司	吕亚臣	54721125		200245
常州宝菱重工机械有限公司	关震升	3262023		213019

企业详细地址	主要产品(主要业务活动)
辽宁省大连市沙河口区西南路888号	制冷空调设备、炼油化工设备、开关控制设备
江苏省无锡市江阴市西利路88号	溴化锂制冷机、锅炉、氨纶丝
浙江省绍兴市诸暨市工业区	空调配件生产
湖南省长沙市长沙县经贸	直燃空调机、BCT燃气空调
北京市海淀区中关村南大街2号数码大厦20层	直燃溴化锂吸收式冷温水机、BCT户式燃气空调
山东省烟台市芝罘区西山路80号	制冷空调设备、铸铁件加工、塑料型材、管材
江苏省苏州市昆山市出口加工区南梓路	电动工具生产
江苏省苏州市昆山市黄浦江南路288号	电动工具及其零配件
山东省烟台市蓬莱市莲花泊	紧固件设备加工
江苏省无锡市江阴市长江村	六角螺母紧固件生产、六角螺栓、机螺钉
浙江省绍兴市新昌县下礼泉	生产冷冻机配件
辽宁省沈阳市于洪区开发区开发大路16号	矿山设备制造、水泥设备生产、轧制设备生产
河南省洛阳市涧西区建设路206号	矿山设备、冶金设备、水泥设备
北京市房山区矿机路1号	生产液压支架
四川省德阳市广汉市马牧村	石油机械加工制造、钻井圾油田建设工程、本企业的技术进出口
江苏省泰州市姜堰市曙光大道18号	制造、销售石油钻杆
江苏省无锡市江阴市西伍村	石油钻采专用设备
湖南省长沙市长沙县经济技术开发区	机械设备、汽车制造、高新技术
广西壮族自治区柳州市柳南区柳太路1号	装载机、挖掘机、压路机
山东省烟台市福山区五指山路1号	挖掘机、叉车、机床
四川省成都市龙泉驿区洪河中路1号	挖掘机、装载机、平地机
福建省厦门市集美灌口南路668号	装载机.
湖南省长沙市岳麓区银盆南路361号	起重运输设备制造、建筑工程用机械制造、环卫机械制造
江苏省常州市新北区河海西路288号	挖掘机
山东省济宁市市中区吴泰闸路	工程机械制造
山东省临沂市临沂经济九龙口	装载机制造、压路机制造
安徽省合肥市蜀山区莲花社区	液压挖掘机生产
山东省济宁市市中区太白路东路58号	推土机、压路机、液力变矩器
江苏省常州市钟楼区常林路10号	装载机生产、压路机生产、平地机生产
江苏省常州市新北区常州高新技术产业开发区	轮式装载机生产、挖掘机
四川省成都市锦江区黉门铺	全液压挖掘机
辽宁省大连市西岗区八一路169号	冶金设备制造、起重设备、装卸机械
四川省德阳市旌阳区岷江西路70号	金属轧制设备、锻压设备、工矿配件
辽宁省大连市甘井子区棉巷路1号	生产金属轧制设备、冶炼设备、炼油化工设备
黑龙江省齐齐哈尔市富拉尔基区重机厂前路9号	金属轧制设备、冶炼设备、炼化设备
上海市市辖区闵行区江川路1800号	矿山设备、冶金设备
江苏省常州市钟楼区新冶路41号	生产冶金设备

续41

企业名称	法人代表	电话	分机	邮政编码
宁波海天塑机集团有限公司	张静章	86177145		315800
木工机械厂	丛威滋	5921712		264200
山东工友集团股份有限公司	董延伟	5366166		264206
河源龙记金属制品有限公司	邵玉龙	3210502	8596	517000
贝尔罗斯(广州)工程塑料有限公司	KARI HAYRINEN	32100000	298	510530
经纬纺织机械股份有限公司	刘海涛	84534078	8529	100176
经纬纺织机械股份有限公司榆次分公司	关学锋	2492010		030601
青岛宏大纺织机械有限公司	叶茂新	84859522		266042
飞跃集团有限公司	邱继宝	88155828		318010
中捷控股集团有限公司	蔡开坚	87358828		317604
乐金电子(南京)等离子有限公司	金汉秀	85802000		210038
深圳天马微电子股份有限公司	吴光权	83799438		518031
深圳先进微电子科技有限公司	林师庞	83963000		518081
内蒙第一机械制造集团有限公司	徐晓庆	3119114		014030
内蒙古北方重工集团有限公司	徐明和	338168		014030
长安汽车(集团)有限责任公司	尹家绪	67590114		400023
中国一拖集团有限公司	刘大功	4967280		471004
山东福田重工股份有限公司	王金富	7608581		261206
河北宣工福田重工有限公司	王建军	3012255		075100
山东时风集团有限责任公司	刘义发	3953153		252800
山东五征农用车有限公司	姜卫东	5321166		262300
深圳迈瑞生物医疗电子股份有限公司	徐航	26582888		518057
航卫通用电气医疗系统有限公司	陈治	58068888	68460	100176
天洁集团有限公司	边宇	87051717		311825
北京电力设备总厂	毛风福	69373095		102401
同方威视技术股份有限公司	荣泳霖	62780909	86017	100084
交通运输设备制造业				
上海通用汽车有限公司	Nick Reilly	28902890		201206
中国第一汽车集团公司(母公司)	竺延风	5730707		130011
上海大众汽车有限公司	胡茂元	59561888		201805
一汽一大众汽车有限公司	安铁成	5990131		130011
东风汽车有限公司	徐平	8204750		442001
广州本田汽车有限公司	陆志峰	82277789	3885	510700
中国重型汽车集团有限公司	马纯济	85582114		250001
广州丰田汽车有限公司	张房有	39398836		511140
东风汽车有限公司乘用车公司	吉田卫	86871916		510800
长安福特马自达汽车有限公司	尹家绪	67458322		401122
北京现代汽车有限公司	徐和谊	89490815		101300

企业详细地址	主要产品(主要业务活动)
浙江省宁波市北仑区凤洋三路45号	注塑机
山东省威海市环翠区齐鲁大道642号	木工机械、金属切削机床
山东省威海市环翠区	木材加工机械、交流电动机、水泵
广东省河源市源城区高埔工业区	模具制造
广东省广州市萝岗区广州经济技术开发区东区东鹏大道46号	精密注塑件模具、精密自动生产线
北京市经济技术开发区永昌中路8号	开发生产纺织机械、生产专用配件和器件、生产其他机电产品
山西省晋中市榆次区经纬路150号	细纱机
山东省青岛市四方区四流南路22号	梳棉机、包装盒
浙江省台州市椒江区机场中路109号	工业缝纫机制造、多功能家用缝纫机制造
浙江省台州市玉环县大麦屿龙山路8号	缝纫机制造
江苏省南京市栖霞区恒通大道77号	PDP模组、PDP电视机
广东省深圳市福田区中航苑航都大厦	生产液晶示器及模块
广东省深圳市盐田区梧桐路2048号	生产经营电子专用设备、半导体专用材料、电子专用工模具
内蒙古自治区包头市青山区北新街	铁路车辆、工程机械、石油机具
内蒙古自治区包头市青山区青山路1号	特种钢、改装汽车、铁路产品
重庆市市辖区江北区建新东路260	人雨弹
河南省洛阳市涧西区建设路154号	生产大拖、小拖、压路机
山东省潍坊市坊子区高新技术产业开发区(北海路192号)	收割机、拖拉机、农用三轮车
河北省张家口市宣化区东升路二十一号	工程机械
山东省聊城市高唐县时风路1号	农用车、低速载货车、拖拉机
山东省日照市五莲县同俗	农用运输车、农业装备
广东省深圳市南山区高新技术产业园区科技南十二路迈瑞大厦	开发生产医疗机械及试剂、监护产品、检验产品
北京市经济技术开发区永昌北路2号	生产医学影象设备
浙江省绍兴市诸暨市新乐村杨付自然村	环保设备制造、钢压延加工
北京市房山区昊天大街12号	生产中速辊式煤机、生产空心电抗器、生产封闭母线
北京市海淀区双清路清华大学同方大厦A座2层	集装箱检查系统
上海市市辖区浦东新区申江路1500号	轿车、发动机、变速箱
吉林省长春市绿园区东风大街2259号	汽车制造
上海市市辖区嘉定区安亭镇洛浦路63号	小轿车、轿车发动机
吉林省长春市绿园区东风大	轿车制造
湖北省十堰市张湾区车城西路9号	汽车、汽车发动机
广东省广州市黄埔区鱼珠街道广本路1号	广州本田雅阁轿车系列、广州本田精
山东省济南市市中区英雄山路165号	载重汽车制造、汽车零部件、内燃机
广东省广州市南沙区黄阁镇市南大道8号	轿车
广东省广州市花都区风神大道8号	生产、销售Nissan系列轿车、生产、销售Nissan系列轿车
重庆市市辖区渝北区长福西路1号	轿车、蒙迪欧轿车
北京市顺义区顺通路18号	汽车整车制造

续42

企业名称	法人代表	电话	分机	邮政编码
神龙汽车有限公司	刘卫东	84299881		430056
东风本田汽车(武汉)有限公司	周文杰	84286000	212	430056
上汽通用五菱汽车股份有限公司	陈虹	3750508		545007
北汽福田汽车股份有限公司	徐和谊	80716405		102206
沈阳华晨金杯汽车有限公司	祁玉民	88201183	6697	110044
江铃汽车集团公司	王锡高	5229200		330001
南京汽车集团有限公司	黄小平	83437788	30531	210037
华晨宝马汽车有限公司	吴小安	84556000		110044
东风本田发动机有限公司	苗圩	82277789		510700
上海通用东岳汽车有限公司	卓亦凯	6966666		264006
上海通用(沈阳)北盛汽车有限公司	罗瑞立	88345678	5770	110044
安徽江淮汽车股份有限公司	左延安	2296747		230022
重庆长安汽车股份有限公司	尹家绪	67590114		400023
东风悦达起亚汽车有限公司	胡友林	8333808		224001
奇瑞汽车有限公司	尹同耀	5849608		241009
一汽海马汽车有限公司	竺延风	66820390		570216
东风汽车股份有限公司	徐平	3396800		441004
长城汽车股份有限公司	魏建军	2192915		071000
一汽解放汽车有限公司无锡柴油机厂	蒋彬洪	85014990	8792	214026
北汽福田汽车股份有限公司诸城汽车厂	孙加平	6129349		262200
北京奔驰戴姆勒克莱斯勒汽车有限公司	徐和谊	67824225		100176
东南(福建)汽车工业有限公司	凌玉章	22766566	2732	350119
四川一汽丰田汽车有限公司	竺延风	84712535		610051
上汽依维柯红岩商用车有限公司	聂新勇	49639888		400900
重庆长安铃木汽车有限公司	尹家绪	66288606		401321
万向集团公司	鲁冠球	82832999		311215
北京现代摩比斯汽车零部件有限公司	金泰东	89448860		101300
上海汇众汽车制造有限公司	肖国普	58201188	1936	200122
陕西法士特汽车传动集团公司	李大开	84630393		710077
江门市大长江集团有限公司	王大威	3221511		529000
重庆力帆实业(集团)有限公司	陈巧凤	61663112		400037
大连船舶重工集团有限公司	孙波	84482888		116005
上海外高桥造船有限公司	陈民俊	38864500		200137
沪东中华造船(集团)有限公司	胡明和	58713222	2323	200129
江苏新世纪造船股份有限公司	袁凯飞	4211337		214514
渤海船舶重工有限责任公司	李天宝	2792114		125004
广州广船国际股份有限公司	胡国良	81891712		510382
中远船务工程集团有限公司	王兴如	39229999		116600
成都飞机工业(集团)有限责任公司	罗荣怀	87401458		610092
沈阳飞机工业(集团)有限公司	李方勇	86595112		110031
西安飞机工业(集团)有限责任公司	高大成	86845052		710089

企业详细地址	主要产品(主要业务活动)
湖北省武汉市蔡甸区神龙大道156号	小轿车制造
湖北省武汉市蔡甸区车城东道283号	汽车整车
广西壮族自治区柳州市柳南区河西路18号	微型汽车制造
北京市昌平区沙阳路	汽车制造
辽宁省沈阳市大东区东望街39号	轻型客车制造、轿车制造
江西省南昌市青云谱区迎宾北大道666号	汽车制造、汽车零部件制造、进出口贸易
江苏省南京市鼓楼区中央路331号	载货汽车、客车、轿车
辽宁省沈阳市大东区山嘴子路14号	汽车制造
广东省广州市黄埔区鱼珠街道广本路111号	生产. 销售轿车用发动机
山东省烟台市福山区长江路118号	赛欧轿车
辽宁省沈阳市大东区北大营街15号	生产别克GL8汽车
安徽省合肥市包河区东流路176号	轻型载货汽车制造、客车底盘、客车
重庆市市辖区江北区建新东路260	汽车、发动机
江苏省盐城市亭湖区开放大道18号	基本型乘用车(轿车)、多功能用途车
安徽省芜湖市鸠江区长春路8号	生产轿车
海南省海口市龙华区金盘工业开发区	汽车制造
湖北省襄樊市樊城区春园居委会	轻型载货汽车、轻型客车、发动机
河北保定市南市区长城南大街2266号	汽车整车制造
江苏省无锡市南长区塘南一支路9号	生产汽车用柴油机、改装车
山东省潍坊市诸城市杨春社区	汽车、四轮农用车、摩托车
北京市经济技术开发区博兴路8号	奔驰汽车、欧蓝德汽车、300C汽车
福建省福州市闽侯县青口投资区	小汽车生、富利卡轻客、菱帅轿车
四川省成都市成华区跳蹬河南路9号	中型客车、轻型越野车
重庆市市辖区双桥区双龙东路建设新村1号	生产销售红岩牌重型汽车、汽车销售
重庆市市辖区巴南区巴南区鱼洞镇大江厂内	轿车
浙江省杭州市萧山区宁牧村	汽车零部件制造
北京市顺义区双河路59号	汽车前桥模块、汽车后桥模块、汽车仪表板模块
上海市市辖区浦东新区浦东南路1493号	前桥、后桥总成、轻型客车、重型载货车
陕西省西安市莲湖区大庆路西段	重型汽车变速器、汽车传动产品、OEM齿轮
广东省江门市蓬江区建达北路5号	摩托车制造业
重庆市市辖区沙坪坝区上桥张家湾60号	摩托车、摩托车发动机
辽宁省大连市西岗区沿海街1号	民用船舶、船舶修理、钢结构制造
上海市市辖区浦东新区洲海路3001号	船舶制造
上海市市辖区浦东新区浦东大道2851号	金属船舶制造、钢结构制造
江苏省泰州市靖江市新港港口	民用钢质船舶设计和制造
辽宁省葫芦岛市龙港区海滩楼社区	金属船舶制造
广东省广州市荔湾区芳村大道南40号	金属船舶制造、船舶修理
辽宁省大连市开发区东北大街37号	船舶修理及建造
四川省成都市青羊区黄田坝	转包飞机生产、汽车模具生产、洗涤设备生产
辽宁沈阳市皇姑区陵北街1号	民机制造
陕西省西安市阎良区西飞大道1号	飞机制造及修理、客车、铝型材

续43

企业名称	法人代表	电话	分机	邮政编码
电气机械及器材制造业				
东方电气集团东方电机有限公司	朱元巢	2410228		618000
哈尔滨电机厂有限责任公司	吴伟章	82102625		150040
上海汽轮发电机有限公司	郑建华	64626666	5204	200240
卧龙控股集团有限公司	陈建成	82176888		312300
湘潭电机集团有限公司	周建雄	8595919		411101
东莞华强三洋马达有限公司	鞠耀明	87720523	3033	523710
保定天威集团有限公司	丁强	3309025		071000
江苏华鹏变压器有限公司	钱洪金	7302414		213300
广州市白云电气集团有限公司	胡德良	86060164		510460
国基电子(上海)有限公司	黄干	61206688	21107	201600
东莞三星电机有限公司	金南洙	83305000	1138	523413
德力西集团有限公司	胡成中	62723888	8123	325604
正泰集团股份有限公司	南存辉	62877777	6081	325604
许继集团有限公司	王纪年	3212594		461000
远东控股集团有限公司	蒋锡培	87242500		214257
万达集团股份有限公司	巴树山	8745908		257506
无锡江南电缆有限公司	芮福彬	87208209		214251
宝胜集团有限公司	夏礼成	88248901		225800
亨通集团公司	崔根良	63818007		215234
江苏上上电缆集团有限公司	丁山华	7308866	128	213300
德尔福派克电气系统有限公司	艾博彬	59563300	6143	201805
铜陵精达铜材集团有限责任公司	何晓云	2806425	04	244000
无锡尚德太阳能电力有限公司	李延人	85343080		214028
比亚迪股份有限公司	王传福	84218888		518119
索尼电子(无锡)有限公司	井上宣	85210903	5165	214028
三洋能源(苏州)有限公司	伊藤正人	66210838	230	215164
苏州三星电子有限公司	李奎东	62581234	3738	215021
广东科龙电器股份有限公司	顾雏军	28361668		528303
泰州乐金电子冷机有限公司	朴永一	6665788		225300
河南新飞电器有限公司	李根	3371141		453002
星星集团有限公司	叶仙玉	88022888	2880	318015
合肥美菱集团控股有限公司	王家章	2869268		230001
美的集团有限公司	何享健	26339018		528311
珠海格力电器股份有限公司	朱江洪	8668127		517907

企业详细地址	主要产品(主要业务活动)
四川省德阳市旌阳区黄河西路188号	水轮发电机组、汽轮发电机、交直流电机
黑龙江省哈尔滨市香坊区三大动力路99号	水轮发电机组、汽轮发电机组、交直流电机
上海市市辖区闵行区江川路555号	汽轮发电机
浙江省绍兴市上虞市曹娥街道舜杰社区	电机等
湖南省湘潭市岳塘区下摄司街302号	交、直流电动机制造、工矿电机车、重点产品
广东省东莞市市辖区宏业工业区	微型马达、软盘驱动器、数码相机
河北保定市新市区朝阳北路128号	变压器、互感器、电磁线
江苏省常州市溧阳市昆仑开发区正昌路2号	变压器、电动机、电焊
广东省广州市白云区神山镇石龙墟当铺街1号	电器
上海市松江工业区出口加工区南乐路1925号	调试解调器、路由器、笔记本电脑外壳
广东省东莞市市辖区横坑三星工业区	CD机芯、软盘驱动器、电源
浙江省温州市乐清市车站路183号	低压电器生产、高压电器、高低压成套电气设备等
浙江省温州市乐清市温州大桥工业园区	输配电及控制设备制造
河南省许昌市魏都区许继大道38号	电力系统保护及自动化
江苏省无锡市宜兴市远东路8号	电线电缆制造
山东省东营市垦利县坨东	电线、电力电缆
江苏省无锡市宜兴市新官东路53号	制造电线电缆
江苏省扬州市宝应县城北一路1号	电缆、裸铜线、变压器
江苏省苏州市吴江市	各种电缆
江苏省常州市溧阳市上上路68号	电线电缆制造销售
上海市市辖区嘉定区安亭镇园国路60号	汽车线束
安徽省铜陵市狮子山区开发区(新城区)	铜管
江苏省无锡市滨湖区新区100号	太阳能电池及组件发电系统等、销售电池及组件
广东省深圳市龙岗区延安路	电池制造
江苏省无锡市滨湖区开发区6264号	锂电池、笔记本电脑、数码相机
江苏省苏州市吴中区专线公路	制造销售维修镍镉电池
江苏省苏州市平江区苏虹东路501号	生产冰箱、微波炉等家电产品
广东省佛山市顺德区容桂镇容港8号	生产家用电冰箱、房间空调节器、家用冷藏柜
江苏省泰州市海陵区响林路2号	冰箱、压缩机
河南省新乡市牧野区宏力大道370号	冰箱、冷柜、空调器
浙江省台州市椒江区星星电子产业区13号楼	家用电冰箱制造、冷冻冷藏箱制造
安徽省合肥市包河区芜湖路48号	家用电冰箱、家用洗衣机、小家电、热水器
广东省佛山市顺德区蓬莱路工业大道	家用空调器、电饭煲、微波炉
广东省珠海市香洲区前山金鸡西路6号	家用空气调节器、商用空调

续44

企业名称	法人代表	电话	分机	邮政编码
广东志高空调股份有限公司	李兴浩	85660491		528244
上海大金空调有限公司	檀野博	54421118	1664	201108
广州松下空调器有限公司	魏长明	84778123		511495
格力电器(重庆)有限公司	朱江洪	68465201		400039
宁波奥克斯空调有限公司	何锡万	88220556		315166
广东美的集团(芜湖)制冷设备有限公司	方洪波	5849283		241009
富士通将军(上海)有限公司	吉村昭彦	59161476	222	201821
格兰仕(中山)家用电器有限公司	梁庆德	8346120		528400
武汉海尔电器股份有限公司	杨绵绵	83833525		430056
上海夏普电器有限公司	蒋松涛	58341111	3304	201206
美的集团武汉制冷设备有限公司	方洪波	84220117		430056
春兰(集团)公司	陶建幸	6227410		225300
广东美的环境电器制造有限公司	张河川	2639193		528425
广东格兰仕集团有限公司	梁庆德	28886389	2958	528303
漳州灿坤实业有限公司	蔡渊松	6030228	70817	363200
广东东菱凯琴集团有限公司	郭建刚	25333662		528322
合肥荣事达集团有限责任公司(工业)	仇旭东	5316836		230088
常州天合光能有限公司	高纪凡	85122755		213022
通信设备、计算机及其他电子设备制造业				
华为技术有限公司	孙亚芳	28780808		518129
中兴通讯股份有限公司	侯为贵	26770057		518807
上海贝尔阿尔卡特股份有限公司	袁欣	58541240	8323	201206
南京爱立信熊猫通信有限公司	马志鸿	52101188	53027	211100
深圳三星科健移动通信技术有限公司	郝建学	26990888	1120	518057
诺基亚通信有限公司	康宇博	67878899	6616	100176
深圳富泰宏精密工业有限公司	戴丰树	28129188	71367	518109
北京索爱普天移动通信有限公司	邢炜	80481188	252	101312
杭州摩托罗拉移动通信设备有限公司	郑国民	86912888	5027	310018
富士康精密组件(北京)有限公司	戴丰树	67869988	28243	100176
英华达(上海)科技有限公司	张景嵩	54336899	6255	201114
杭州东信移动电话有限公司	郑国民	86912888	5027	310018
浪潮乐金数字移动通信有限公司	李善锋	6118600		264006
鸿富锦精密工业(深圳)有限公司	钟依又	28129588		518000
达功(上海)电脑有限公司	黄健堂	37818168	13889	201613
达丰(上海)电脑有限公司	黄健堂	37818168	13812	201613
英顺达科技有限公司	李诗钦	64298888	65807	201114
联想信息产品(深圳)有限公司	高礼彦	26553388	2351	518057
联想(北京)有限公司	杨元庆	58868888		100085
达业(上海)电脑科技有限公司	黄健堂	37818168	13889	201613

企业详细地址	主要产品(主要业务活动)
广东省佛山市南海区胜利村	家用空调制造
上海市市辖区闵行区莘庄工业区申富路318号	空调器
广东省广州市萝岗区经济技术开发区东江大道	家电业务
重庆市市辖区九龙坡区二郎创业大道98号	分体机、柜机
浙江省宁波市鄞州区后隆村	空调器生产(组装)
安徽省芜湖市鸠江区开发区银湖北路232号	生产家用空调、生产商用空调、生产汽车空调及散热器
上海市市辖区嘉定区回城南路1720号	分体空调器
广东省中山市市辖区边边街	空调器
湖北省武汉市蔡甸区开发区海尔工业园1号	房间空气调节器
上海市市辖区浦东新区金海路1111号	家用空气调节器、家用电冰箱、家用洗衣机
湖北省武汉市蔡甸区工业地40MD	家用空调器
江苏省泰州市海陵区口泰路68号	空调器、洗衣机、摩托车
广东省中山市市辖区东埠路和平路段	电风扇、空气清新机
广东省佛山市顺德区容桂大道南25号	微波炉
福建省漳州市龙海市角美镇龙池开发区	煎烤器、电熨斗、咖啡壶
广东省佛山市顺德区政和南路	电热水壶、咖啡壶、面包机
安徽省合肥市蜀山区长江西路669号	家用洗衣机制造、家用电冰箱制造、家用微波炉制造
江苏省常州市新北区电子产业园天合路2号	铝板幕墙、光活组件电池、太阳能热水系统
广东省深圳市龙岗区坂田华为基地	摇控交换机、传输/设备
广东省深圳市南山区高新南山新南四道中兴研发大厦	无限通讯产品、网络通讯产品、通讯终端产品
上海市市辖区浦东新区宁桥路388号	程控交换机、移动基站
江苏省南京市江宁区池田路32号	程控交换机生产、无线基站生产及、CDMA设备生产
广东省深圳市南山区高新北区郎山路2号三星科健园	CDMA手机
北京市经济技术开发区东环中路5号	移动电话、移动通信基站、数字程控交换机
广东省深圳市宝安区油松富士康科技工业园F3区A栋	移动通信手持机的配件
北京市顺义区天竺空港工业区A区天柱西路	制造手机
浙江省杭州市江干区1号大街21号	移动通讯终端设备制造
北京市经济技术开发区同济中路18号	移动通信及终端设备制造
上海市市辖区闵行区浦星公路789号	数码播放器、车载卫星导航仪、其它数码产品
浙江省杭州市江干区一号大街	生产CDMA及其数字移动电话用户机设备
山东省烟台市福山区开发区长江路56号	CDMA手机
广东省深圳市宝安区第十二工业区东环二路二号	微型电子计算机生产、路由器
上海市市辖区松江区松江出口加工区三庄路68号	笔记本电脑、台式电脑
上海市市辖区松江区松江出口加工区三庄路58弄2号	笔记本电脑、服务器
上海市闵行区浦星路699号	笔记本电脑、服务器制造
广东省深圳市福田区保税区海红道1号广兰道36号	计算机
北京市海淀区上地信息产业基地创业路6号	计算机、服务器、打印机
上海市市辖区松江区松江出口加工区三庄路58弄4号	笔记本电脑、手机

企业名称	法人代表	电话	分机	邮政编码
上海惠普有限公司	符标榜	28983024		201206
伟创力实业(珠海)有限公司	曼尼	5528600	6024	519180
戴尔(厦门)有限公司	STEPHEN JOSEPH FELIC	8182304		361011
戴尔(中国)有限公司	STEPHEN JOSEPH FELIC	8182304		361011
纬新资通(昆山)有限公司	林宪铭	57367888		215300
昌硕科技(上海)有限公司	张天宝	38113768	50609	201319
纬智资通(昆山)有限公司	王志宏	57367888		215300
达福(上海)电脑科技有限公司	黄健堂	37818168	13812	201613
上海联想电子有限公司	杨元庆	50504500	8558	201203
纬创资通(昆山)有限公司	林宪铭	57367888		215300
仁宝资讯工业(昆山)有限公司	许胜雄	57355000		215335
LG同创彩色显示系统有限责任公司	梁学忠	85575570		210038
仁宝电子科技(昆山)有限公司	许盛雄	57355000		215335
浪潮集团有限公司	王爱先	85106276		250014
乐金飞利浦液晶显示(南京)有限公司	朴起善	85598286		210046
福建捷联电子有限公司	宣建生	85285555	8336	350301
宁波奇美电子有限公司	林荣俊	86865999	10054	315800
希捷国际科技(无锡)有限公司	William Douglas Watk	85282828	2385	214028
明基电通信息技术有限公司	李焜耀	66658800	1250	215129
乐金电子(惠州)有限公司	柳斤模	13229583120		516001
深圳开发科技股份有限公司	陈肇雄	83032149		518035
南京瀚宇彩欣科技有限责任公司	焦佑麟	85803888	2388	210038
建兴光电科技(广州)有限公司	宋恭源	82340168	2268	510663
大连大显集团有限公司	刘秉强	87407519		116620
恩斯迈电子(深圳)有限公司	游贤能	28101899	1378	518108
群康科技(深圳)有限公司	萧志弘	28129588	65257	518100
鸿富泰精密电子(烟台)有限公司	纪志儒	6935588		264006
无锡夏普电子元器件有限公司	AKIHIKO IMAYA	85211792		214028
伟创力制造(珠海)有限公司	卡伯特	5553068	8907	519180
厦门华侨电子企业有限公司	王宪榕	6021091		361006
康佳集团股份有限公司	侯松容	26608866	6200	518053
深圳创维-RGB电子有限公司	张学斌	26010001		518057
仪器仪表及文化、办公用机械制造业				
乐金电子部品(烟台)有限公司	金正浩	2114019		264006
重庆川仪总厂有限公司	孔维梁	68862766		400700
北京发那科机电有限公司	稻叶清右卫门	62984726	1321	100085
方圆集团	高秀	3291111		265100
得宝数字通信(烟台)有限公司	金秉成	6371853		264006
上海ABB工程有限公司	甘林儒	50480101		200131

企业详细地址	主要产品(主要业务活动)
上海市市辖区浦东新区金桥出口加工区云桥路25号	电子计算机整机制造
广东省珠海市斗门区新青科技园	电子加工业
福建省厦门市湖里区厦门火炬高新区信息光电园金尚路2366号	台式电脑、笔记本电脑、服务器
福建省厦门市湖里区厦门火炬高新区信息光电园金尚路2388号	台式电脑、笔记本电脑、服务器
江苏省苏州市昆山市出口加工区第一大道168号	笔记本电脑生产
上海市市辖区南汇区康桥工业区秀沿路3768号	便携式电脑
江苏省苏州市昆山市昆山出口加工区第一大道	笔记本电脑生产
上海市市辖区松江区松江出口加工区三庄路58弄6号	笔记本电脑
上海市市辖区浦东新区张江秋涛路696号	微型计算机
江苏省苏州市昆山市出口加工区第一大道	生产笔记本电脑
江苏省苏州市昆山市昆山开发区出口加工区第	笔记本电脑生产
江苏省南京市栖霞区尧新大道346号	彩色显示器
江苏省苏州市昆山市出口加工区第二大道25号	生产笔记本电脑及散件
山东省济南市历下区山大路224号	浪潮电子计算机、浪潮服务器
江苏省南京市栖霞区恒飞路59号	液晶模块
福建省福州市福清市融侨经济技术开发区	显示器
浙江省宁波市北仑区扬子江北路16号	液晶显示器、液晶模组、液晶电视机
江苏省无锡市滨湖区工业园106号	硬盘驱动器
江苏省苏州市苏州高新区新区珠江路169号	显示器、扫描仪、光驱等电脑外设产品
广东省惠州市惠城区仲恺开发区18号小区	生产光驱驱动器、生产组合音响、生产录音机
广东省深圳市福田区彩田路7006	计算机磁头、电表
江苏省南京市栖霞区恒飞路18号	液晶显示屏
广东省广州市萝岗区广州高新技术产业开发区科学城光宝路8号	光驱(开发．生产．加工．销售)、DVD业务
辽宁省大连市金州区双D港辽河东路2号光通讯大楼	手机、彩枪零件、精密轴
广东省深圳市宝安区塘头村	生产电脑主机板、电脑显示卡、主板
广东省深圳市宝安区富士康科技工业园	LCD液晶显示屏
山东省烟台市福山区嘉兴路8号	主机版
江苏省无锡市滨湖区开发区54号	液晶显示器
广东省珠海市斗门区新青科技工业园	通讯器材生产
福建省厦门市湖里区湖里大道22号	彩色电视机、显示器、传真机
广东省深圳市南山区华侨城汕头街	彩色电视机
广东省深圳市南山区深南大道创维大厦	彩色电视机、影碟机、数字卫星顶盒
山东省烟台市福山区E-569号	电子部品
重庆市市辖区北碚区人民村	工业自动化仪表
北京市海淀区上地信息产业基地信息中路7号	工业自动控制系统装置制造
山东省烟台市海阳市海阳路247号	建筑机械、工程机械、筑路机械
山东省烟台市福山区E-11小区	手机主板
上海市市辖区浦东新区外高桥保税区富特东三路27号一楼	传动及控制设备系统、电高压开关

续46

企业名称	法人代表	电话	分机	邮政编码
山东海德集团总公司	李德海	4229777		264100
上海自动化仪表股份有限公司	莫子敏	54279898	217	200233
上海海得控制系统股份有限公司	许泓	54235333	107	200233
安捷伦科技(上海)有限公司	秦伟芳	50644658	2561	200001
华立仪表集团股份有限公司	金美星	89300018		311122
杭州西湖汽车零部件集团有限公司	张智林	86183198		311103
延锋伟世通汽车电子有限公司	马盛隆	37742000	2036	201613
富士通天电子(无锡)有限公司	上窟正喜	88662288	2610	214028
中国石油集团测井有限公司	刘风亮	86583126		710061
普丽科技(佛山)有限公司	黄震智	82965168	818	528051
苏州璨宇光学有限公司	张威仪	62888838		215000
腾龙光学(佛山)有限公司	小野守男	82982222	818	528000
信泰光学(深圳)有限公司	赖以仁	27165956	6316	518106
三M材料技术(苏州)有限公司	余俊雄	67620035		215021
东莞信泰光学有限公司	赖以仁	85535435	6316	523849
新日东电工(深圳)有限公司	李保安	27390757		518103
江西凤凰光学仪器(集团)有限公司	任捷	8260533		334000
南京精诚电工材料厂	张绪荣	57410014		211218
东信科技(深圳)有限公司	井上博	28141685		518109
佛山普立华科技有限公司	林德济	82965168	818	528051
佳能珠海有限公司	浅野广助	8888101	2229	519015
彩晶光电科技(昆山)有限公司	卢云秀	57368899		215301
奥林巴斯(广州)工业有限公司	丰岛敬	84878978		511400
苏州富士胶片映像机器有限公司	佐藤恒彦	68251188	236	215011
奥林巴斯(深圳)工业有限公司	樋口达治	26980118	6602	518052
尼康光学仪器(中国)有限公司	山川冬树	85343223		214028
柯尼卡美能达精密光学(大连)有限公司	增井正弘	87622575		116600
东莞石龙京瓷光学有限公司	西口泰夫	86119611	1501	523326
柯尼卡美能达光学仪器(上海)有限公司	彬崎继雄	57741620	513	201613
佳能(中山)办公设备有限公司	三桥康夫	53328888	5010	528436
理光(深圳)工业发展有限公司	伊藤隆茂	83360885	157	518035
佳能(苏州)有限公司	田原哲郎	66614979		215129
佳能精技(苏州)办公设备有限公司	焍政昭	66612111	2018	215129
夏普办公设备(常熟)有限公司	高桥兴三	52856404		215500
东芝复印机(深圳)有限公司	大泽重信	27311901	2074	518103
上海富士施乐复印机有限公司	橘薰	64300480	218	200245
柯尼卡美能达商用科技(无锡)有限公司	筱千秋	85346688		214028
理光越岭美(深圳)科技有限公司	北沢昭夫	29923988	6065	518104
东莞日精电子有限公司	长束隆	86857999	103	523718

企业详细地址	主要产品(主要业务活动)
山东省烟台市牟平区西关	机床自动控制系统、水产品加工
上海市徐汇区虹漕路41号	自动化仪表及系统
上海市市辖区徐汇区宜山路900号b区17f	工业自动化设备、机械电子计算机、系统工程
上海市市辖区浦东新区外高桥保税区英伦路412号	成分分析仪器、光学分析仪器
浙江省杭州市余杭区联胜路8号	仪器仪表制造
浙江省杭州市余杭区墩坝工业区	汽车及其他用计数仪表制造、刹车蹄(片)总成
上海市市辖区松江工业区美能达路300号	汽车音响系统、车用电子遥控模块、驾驶信息系统
江苏省无锡市滨湖区新区105号-A地块	车载电子导航仪
陕西省西安市雁塔区红砖南路8号	工程技术服务、测井仪器
广东省佛山市禅城区长虹路1号	照相机零件
江苏省苏州市平江区东兴路7号	生产LCD背光模组、光学零组件
广东省佛山市禅城区朗宝西路76号	光学镜头
广东省深圳市宝安区李松蓢	数码相机、光学镜片
江苏省苏州市平江区钟园路235号	光学镜头生产
广东省东莞市市辖区霄边第二工业区	快门、照相机
广东省深圳市宝安区怀德翠岗工业区2栋	偏光片
江西省上饶市信州区光学路1号	照相机、光学仪器、光学玻璃
江苏省南京市溧水县孔镇集镇	光学仪器磨料
广东省深圳市宝安区同富裕工业园1栋	彩色视频投影机
广东省佛山市禅城区长虹东路1号	照相机
广东省珠海市香洲区吉大九洲大道中2323号	照相机生产、激光打印机生产、传真机生产
江苏省苏州市昆山市出口加工区第三大道	生产数码相机
广东省广州市番禺区迎宾路200-214号	数码照相机、基板业务
江苏省苏州市苏州高新区长江路138号	一次性成像相机、数码相机
广东省深圳市南山区南区第五工业区	数码照相机、传统相机
江苏省无锡市滨湖区72-B地块	光学仪器、数码相机
辽宁省大连市开发区东北二街20号	CD镜片加工、摄像机镜头
广东省东莞市市辖区新城区京瓷路8号	普通相机、数码相机
上海市市辖区松江区美能达路368号	数码相机关键件、照相机镜头、光电子器件
广东省中山市市辖区集中新建区	激光打印机
广东省深圳市福田区皇岗北路5005号	复印机
江苏省苏州市苏州高新区马运路266号	多功能数码复合机、复印机零部件
江苏省苏州市苏州高新区马运路266号	多功能复印机、有关外围设备
江苏省苏州市常熟市黄河路(报慈北路)	夏印机
广东省深圳市宝安区大洋开发区16区	复印机
上海市闵行区南谷路46号	多功能复印机
江苏省无锡市滨湖区开发区70-B地块	打复印一体机
广东省深圳市宝安区福永街道	复印机送纸器、打印机、手表
广东省东莞市市辖区科苑城工业区18-19号	打印机用控制面板生产、空调遥控器

续47

企业名称	法人代表	电话	分机	邮政编码
金宝电子(中国)有限公司	许胜雄	85321555	3305	523866
冲电气实业(深圳)有限公司	木村晴雄	86096120	200	518053
安迅(北京)金融设备系统有限公司	罗煲琳	67885500	2157	100176
迪堡金融设备有限公司	陈乐民	58545678	249	201206
京瓷美达办公设备(东莞)有限公司	西口泰夫	86112525	1115	523326
兄弟高科技(深圳)有限公司	永井毅	28706361		518114
群光电子(东莞)有限公司	许昆泰	87311688	2402	523651
工艺品及其他制造业				
中钞国鼎投资有限公司	张数沧	58565600	838	100070
荣成市崖头镇马家庄工贸公司	龙连军	7651104		264300
南京金箔集团有限责任公司	江宝全	52123772		211100
闽侯闽兴编织品有限公司	林水弟	22952459		350102
山东省艺达有限公司	王金广	8352376		264400
威海山花地毯集团有限公司	刘新惠	5980861		264200
从化东麟钻石有限公司	邝华启	87861148	6	510935
上海老凤祥有限公司	胡书刚	64833388	880	200235
佛山市顺德周大福珠宝金行有限公司	郑锡鸿	27330008		528308
周大福珠宝金行(深圳)有限公司	郑锡鸿	25266252	1484	518083
浙江日月首饰集团有限公司	虞阿五	84025665		312046
深圳市粤豪珠宝有限公司	周厚厚	25227674	8017	518081
佛山市顺德区裕顺福首饰钻石有限公司	何伯陶	27758531		528308
深圳市宝福珠宝首饰有限公司	薛炎溪	25510188	8198	518019
深圳市金百泰珠宝首饰有限公司	周丽珠	25220078		518081
深圳市宝怡珠宝首饰有限公司	李晓虹	25612555	255003	518020
利达贵金属工艺技术开发(深圳)有限公司	何冠寰	89775460		518119
深圳市翠绿珠宝首饰有限公司	黄炳标	25261338		518081
上海老凤祥首饰研究所有限公司	陆小春	64378666		200031
上海老凤祥珠宝首饰有限公司	辛志宏	63302272		200010
深圳市安盛华实业发展有限公司	许勉星	25538888	868	518020
深圳市福麒珠宝首饰有限公司	庄儒桂	25802333		518019
东莞市金龙珠宝首饰有限公司	刘旺枝	85831938		523960
杭州航民百泰首饰有限公司	周桃林	82571199		311241
深圳市甘露珠宝首饰有限公司	周晓航	25619583		518020
浙江阮仕珍珠股份有限公司	阮铁军	87680993		311804
深圳市星光达珠宝首饰实业有限公司	林畅伟	25600366		518020
上海亚一金厂有限公司	李康德	63361153		200010
珠海市以钻钻石打磨有限公司	曾华强	7267666		519055
南京宝庆银楼首饰有限公司	王正方	84509999	3071	210002
深圳市南洋金象实业发展有限公司	周巧华	82196410	123	518001

企业详细地址	主要产品(主要业务活动)
广东省东莞市市辖区振安路金沙广场对面	电子计数器制造、打印机制造、数位相机制造
广东省深圳市南山区松白公路百旺信工业区六区	ATM生产销售、打印机
北京市经济技术开发区宏达北路22号	ATM自动柜员机
上海市市辖区浦东新区川桥路747号	计算机及货币专用设备
广东省东莞市市辖区新城区方正东路3号	激光打印机、数码复印机、硒鼓
广东省深圳市龙岗区布吉南岭黄金园工业区六号区	激光打印机、喷墨打印机、精密多功能机、传真机
广东省东莞市市辖区三中歌华德厂侧	电脑键盘、电脑相机、数码相机
北京市丰台区科学城中核路5号	主要经营贵金属材质的纪念章工艺品礼品、经营流通人民币
山东省威海市荣成市马家庄	工艺品
江苏省南京市江宁区上元大街88号	金箔制造、铝箔加工
福建省福州市闽侯县白沙镇溪头村仙山边56号	铁花篮铁家具、铁篮子、铁椅子
山东省威海市文登市横山路21号	床上用品、服装
山东省威海市环翠区和平路113号	簇绒地毯、编织地毯、方块地毯
广东省广州市从化市鳌头镇府前路5号	钻石加工
上海市市辖区徐汇区漕溪路260号	珠宝首饰制造业
广东省佛山市顺德区伦福路	PT铂金首饰加工、波尔表加工
广东省深圳市盐田区深盐路黄金珠宝大厦12楼A座	黄金首饰
浙江省绍兴市绍兴县尹家坂村小任家坂村	生产首饰
广东省深圳市盐田区太平洋工业区1栋3楼西	黄金制品及铂金首饰工艺品的生产加工销售、境外黄金来料加工、机电设备的销售等
广东省佛山市顺德区伦福路1号	足白首饰、西金首饰、钻石成品
广东省深圳市罗湖区翠竹北路石化工业区2栋2楼、6楼东	珠宝加工
广东省深圳市盐田区太平洋工业区3号厂房西八层	批发黄金饰品
广东省深圳市罗湖区太宁路水库新村工业区第五栋123楼	珠宝首饰加工、黄金、铂金镶嵌
广东省深圳市龙岗区葵涌街道金业大道奔康工业园A17栋4楼	贵金属饰品、钟表、工艺加工
广东省深圳市盐田区沙头角保税区17栋7楼	黄金饰品、铂金饰品、镶嵌饰品
上海市市辖区徐汇区汾阳路79号	珠宝首饰制造业
上海市市辖区黄浦区侯家路26号	珠宝首饰制造业
广东省深圳市罗湖区沙头角保税区19栋3楼	金银首饰生产、批发
广东省深圳市罗湖区布心路石化工业区1栋5楼	黄金首饰、镶嵌饰品
广东省东莞市市辖区厚街康乐北路	黄金饰品、金百宝饰、珠宝首饰
浙江省杭州市萧山区航民村	黄金饰品制造
广东省深圳市罗湖区水贝一路水贝工业区万基大厦四楼	珠宝首饰加工
浙江省绍兴市诸暨市枫江路79号	企业管理
广东省深圳市罗湖区水贝二路	镶嵌饰品加工
上海市黄浦区福佑路288号	黄金首饰制造、珠宝首饰制作
广东省珠海市金湾区汉青	钻石打磨
江苏省南京市白下区太平南路107号	珠宝首饰及有关物品的制造、珠宝首饰
广东省深圳市罗湖区东门中路2110号东方大厦1009室	珠宝首饰批发、珠宝、首饰批发

续48

企业名称	法人代表	电话	分机	邮政编码
深圳市金大福珠宝有限公司	朱纪铭	25195222		518001
上海老城隍庙金银珠宝首饰厂	吴平	58726081		200126
深圳市百泰珠宝首饰有限公司	黄金龙	25220707		518081
佛山市工艺总厂有限公司	文伟豪	82226831	818	528000
青岛飞龙工艺品集团有限公司	张树山	8280395		266316
河南瑞贝卡控股有限责任公司	郑有全	5133930		461100
海马集团公司	王兆岐	5225880		264200
上海郁金香工艺品有限公司	郁友奎	56770289		200436
江苏三笑集团有限公司	韩国平	7278478		225111
上海吉田拉链有限公司	本多正宪	54038181	820	200031
台州永强工艺品有限公司	谢建勇	85956097		317000
中国亚达科技集团有限公司	吴伟淡	83310302		317102
浙江正特集团有限公司	陈能森	85962553		317004
杭州天堂伞业集团有限公司	王斌章	85283333	8332	310023
辽宁庆阳特种化工有限公司	李晋庆	3181758		111002
裕华集团农业有限公司	姜玉华	3368467		256600
济南鲍德气体有限公司	温燕明	88869218		250101
贵州航天风华精密设备有限公司	刘培生	8696301		550009
中钞特种防伪科技有限公司	张数沧	58055027		100070
中核陕西铀浓缩有限公司	史庆丰	8506405		723312
中国航空工业第607厂	张昆辉	2241073		641000
废弃资源和废旧材料回收加工业				
清远华清再生资源投资开发有限公司	管爱国	6891028		511545
上海宝钢钢铁资源有限公司	夏江	55396317		201900
江苏永恒钢铁实业有限公司	吴岳明	58715622		215636
台州齐合天地金属有限公司	斯蒂芬.范	82691292		318054
汨罗市衡联铜材有限公司	李金芳	5610811	1	414400
浙江宝嘉炉料加工有限公司	叶青	84895326		314105
岳阳市屈原管理区厚源有色金属有限公司	胡后卫	5571405		414418
汨罗市长江铜业有限公司	余文然	5612299		414413
汨罗市湘北铜业有限公司	史太和	5612963		414400
广州亚钢钢铁有限公司	秦志威	82221668		510730
吉林通钢金属资源有限责任公司	刘力坤	5068565		134003
汨罗市金龙铜业有限公司	裘建国	5630876		414404
江门银湖拆船有限公司	廖兆文	6266547		529148
平江县飞达铜铝业有限责任公司	潘典奇	13548905297		414500
鄢陵金汇铜材加工有限公司	周秀丽	7697999		461212
岳阳市屈原管理区福民有色金属有限公司	罗第如	5562168	4	414418
佛山市南海区中新澳金属制品有限公司	欧妹	85404563	540456	528216

企业详细地址	主要产品(主要业务活动)
广东省深圳市罗湖区南湖路国贸商业大厦28B	黄金首饰品的生产工
上海市市辖区浦东新区西营路28号	黄金铂金首饰加工制造
广东省深圳市盐田区沙盐路太平洋工业区3栋7楼	生产黄金饰品
广东省佛山市禅城区人民西路13号	首饰制造业
山东省青岛市胶州市魏家屯	发制品、球帽
河南省许昌市许昌县文峰路南段288号	工艺发条、假头发饰、教习头
山东省威海市环翠区和平路110号	机织地毯、簇绒地毯、化学纤维
上海市市辖区闸北区永和路609号	工艺美术品制造
江苏省扬州市邗江区杭集镇三笑大道1号	牙刷、香皂、牙膏
上海市闵行区绿春路468号	设计、研发、生产加工、销售自产产品、YKK集团生产的缝制机
浙江省台州市临海市前江村	太阳伞制造、室外家具制造、帐篷制造
浙江省台州市三门县吴岙村	太阳伞生产、桌椅遮阳蓬生产、花盆生产
浙江省台州市临海市东方大道811号	遮阳蓬制造、太阳伞制造、围布加工
浙江省杭州市西湖区西溪路978号	制造伞
辽宁省辽阳市文圣区台子沟路	化工产品
山东省滨州市滨城区渤海九路538号	工艺品及其他制造业
山东省济南市历城区工业北路21号	氧气
贵州省贵阳市小河区红河路7号	军工
北京市丰台区科学城星火路6号	研发产品的制造
陕西省汉中市洋县下溢水村	机械加工、保健品、洗涤品
四川省内江市东兴区4组	雷达
广东省清远市清城区灵洲村了哥岩水库东侧	废旧金属回收处理
上海市市辖区杨浦区逸仙路333号	废旧汽车拆解
江苏省苏州市张家港市大新镇	工业
浙江省台州市路桥区金属再生园区	废旧电器拆解
湖南省岳阳市汨罗市丛羊村15	铜杆
浙江省嘉兴市嘉善县陶庄镇工业园区	炉料加工
湖南省岳阳市汨罗市青洲	铜铝加工
湖南省岳阳市汨罗市	铜锭
湖南省岳阳市汨罗市	铜杆
广东省广州市黄埔区穗东街道广江路9号	金属废料和碎屑的加工处
吉林省通化市二道江区桦树村	废钢
湖南省岳阳市汨罗市	铜锭
广东省江门市新会区红关	拆解废旧船、加工剪条
湖南省岳阳市平江县	铜材
河南省许昌市鄢陵县府前路	铜铝加工
湖南省岳阳市汨罗市营田镇	金属加工
广东省佛山市南海区园区	再生铜、再生铝

续49

企业名称	法人代表	电话	分机	邮政编码
连云港宝浦金属制品有限公司	张良成	3885555		222500
宁波吉长金属再生有限公司	中村宇男	86298525		315200
宁波泰和再生资源有限公司	樊国芳	86296587		315200
清远市亿宝物资回收有限公司	何桂祥	3363669		511515
佛山市南海区昌鑫金属有限公司	黄行焯	85238588	556297	528234
平江县长城铜业有限公司	余国雄	6804838	7	414511
宝冶营口华镁新型材料有限公司	曲馗	3867107		115005
清远市益宇再生物资有限公司	郑维添	3687330		511540
仁化县银海有色金属综合回收有限公司	吴壮海	6320899		512300
清远市丰裕金属企业有限公司	王庆权	3682546		511540
佛山市南海区万兴隆金属制品有限公司	何杰钊	85414106		528216
清远市满利宝五金塑料有限公司	王德成	3552008		511520
从化市雨新金属制品有限公司	徐建忠	87894232		510978
重庆众强有色金属有限公司	张洪福	66422652		401347
清远市白云宏兴五金有限公司	王启明	3728202		511545
台州长青金属有限公司	张国华	82687978		318054
上海华尔润环保工程有限公司	殷优	52238611		200052
佛山市三水友恒再生资源有限公司	杨春新	87238183		528139
宁波市锌宝再生资源有限公司	陈品豪	88015301		315200
温岭市三鑫废旧物资回收有限公司	陈才强	86479990		317523
浙江泰钢不锈钢有限公司	张新辉	67655555		325505
南京浦永物资回收加工有限公司	田有琴	58288566		211800
台州傲德金属有限公司	陶文傲	82681268		318054
宁波中港金属有限公司	王静菊	56173836		315111
重庆彭鑫冶金工业有限公司	彭金鑫	66420980		401346
四会市顺利隆物资回收有限公司	吴燕卿	3515683		526243
佛山市南海区金石江金属制品有限公司	许冠华	85225601		528234
增城市南岗五金化工有限公司	苏安	82851897		511370
增城市联达五金厂	黄绍钦	82638482		511300
清远市进田企业有限公司	赖细东	3601122		511540
平江县伍市福利塑料厂	尹红艳	6804938		414517
汨罗市钱江铜业有限公司	金长虎	5612666		414400
莱州市华明塑料工业有限公司	赵建荣	2348156		261432
宁波特种油品厂	卓善华	88384515		315111
宁波天益金属冷挤压有限公司	邹宁	63223227		315301
电力、热力的生产和供应业				
大庆石油管理局	曾玉康	5996155		163463
内蒙古大唐国际托克托发电有限责任公司	魏远	8668045		010206
广东国华粤电台山发电有限公司	罗超	5275804		529228

企业详细地址	主要产品(主要业务活动)
江苏省连云港市灌南县李集乡张庄村	不锈钢制品制造
浙江省宁波市镇海区定海东路188号	废铜拆解加工、废钢拆解加工、废铁拆解加工
浙江省宁波市镇海区再生资源加工园区定海东路128号	废钢拆解加工、废铝拆解加工、废铜拆解加工
广东省清远市清城区受田村实业用地	回收废旧五金、加工复铜板等、销售本单位加工产品
广东省佛山市南海区石碣	废铜、废铝、废锌
湖南省岳阳市平江县普庆	铜冶炼
辽宁省营口市老边区老边街道康乐街	废钢处理
广东省清远市清城区定安	铜铝铁
广东省韶关市仁化县群乐村	废旧金属回收加工
广东省清远市清城区新庄村委会	废五金
广东省佛山市南海区西城社区居委会	再生铜、再生铝、铁合金
广东省清远市清城区高新技术开发区9号区	铜品、铝、铁
广东省广州市从化市灌村镇石海村	废旧五金回收销售
重庆市市辖区巴南区惠民沙井村	废旧铝加工
广东省清远市清城区界牌	废旧五金加工
浙江省台州市路桥区十份工业区	废旧电机拆解
上海市市辖区闵行区北翟路1444弄178号	废品回收
广东省佛山市三水区芦苞工业开发区	废铜加工、废钢铁加工
浙江省宁波市镇海区后海塘C3区	铜加工
浙江省台州市温岭市牧屿下周村	废旧电器加工
浙江省温州市泰顺县彭月工业园区(水尾村委会办公楼)	废金属回收加工
江苏省南京市浦口区龙华路19号	废旧金属加工
浙江省台州市路桥区下陶村	旧电器拆解
浙江省宁波市鄞州区新城村	金属废料加工
重庆市市辖区巴南区界石镇水碓村石灰沟	废铅冶炼
广东省肇庆市四会市下茆镇第一工业区	废品回收
广东省佛山市南海区沙水工业区	加工产销废旧金属
广东省广州市增城市朱村街道南岗	加工铁、铜、铝(废)
广东省广州市增城市荔城街道磨谷地	加工销售旧电缆、旧电线
广东省清远市清城区工业开发区	铜粉、铜铝、废铁
湖南省岳阳市平江县伍市	废旧金属加工
湖南省岳阳市汨罗市	铜棒
山东省烟台市莱州市匡郑张家村南	塑料加工
浙江省宁波市鄞州区四安村	燃料油回收加工
浙江省宁波市慈溪市高王路1号	塑料造粒制造
黑龙江省大庆市让胡路区龙南	火力发电、电力供应、自来水的生产与供应
内蒙古自治区呼和浩特市托克托县燕山营	电力生产
广东省江门市台山市铜鼓	火力发电

续50

企业名称	法人代表	电话	分机	邮政编码
华电国际电力股份有限公司	贺恭	2366067		250001
伊川电力集团总公司	戴松灵	8303221		471300
华阳电业有限公司	王瑞季	6891295		363100
洛阳新安电力集团有限公司	王清凯	7332057		471832
山东中华发电有限公司	马炳炜	86035423		250001
浙江国华浙能发电有限公司	陈杭君	65168070		315612
广东广合电力有限公司东莞公司	邓安	85121768		510080
浙江嘉华发电有限责任公司	陈积民	85591480		314201
江苏利港电力有限公司	毕玉璞	86842222		214444
浙江浙能兰溪发电有限责任公司	谢国兴	88251800		321100
扬州第二发电有限责任公司	韩连富	7526168		225131
广东省珠海发电厂有限公司	李灼贤	3269654		519000
华电国际电力股份有限公司邹县电厂	白桦	5482222		273522
上海外高桥第二发电有限责任公司	吴家骅	28988000		200137
广东核电合营有限公司	钱智民	83671659		518031
岭澳核电有限公司	樊鹤鸣	83671627		518031
秦山第三核电有限公司	康日新	86932746		314300
华北电网有限公司	马宗林	83582299		100053
山东电力集团公司	谢明亮	86932222		250001
辽宁省电力有限公司	燕福龙	23145924		110006
上海市电力公司	周永兴	28925222	5665	200122
山西省电力公司	王抒祥	3116355		030001
华北电网有限公司北京电力公司	时家林	63121609		100031
国家电网公司	刘振亚	66598573		100031
广电集团广州供电分公司	王野平	87122302		510600
广东省广电集团有限公司佛山供电分公司	廖建平	83803608	818	528000
中国南方电网有限责任公司	袁懋振	38865670		510620
陕西省电力公司	贾福清	87402137		710004
福建省电力有限公司	李卫东	87023106		350003
华中电网有限公司	张丽英	86765100		430077
华北电网有限公司唐山供电公司	张勇平	2904045	4022	063000
重庆市电力公司	张春城	63682063		400014
东北电网有限公司(沈阳)	黄传兴	23866714		110006
石家庄供电公司	李欣	87096372		050051
广东省广电集团有限公司中山供电分公司	黄汉棠	8806388		528400
广电集团有限公司惠州供电分公司	黄建灵	13903622509		516001
包头供电局	郝智强	3112224		014030
云南电网公司昆明供电局	唐广学	3068022		650011
烟台供电公司	石玉东	6229548		264001

企业详细地址	主要产品(主要业务活动)
山东省济南市市中区经三路14号	发电
河南省洛阳市伊川县人民西路	电力、原煤、铝锭
福建省漳州市龙海市畲族乡白坑村	火力发电
河南省洛阳市新安县庙头	电力、铝锭、金属钠
山东省济南市市中区经三路17号	发电
浙江省宁波市宁海县峡山村	火力发电
广东省东莞市市辖区东风东路836号东竣广场第3座32楼	火力发电业
浙江省嘉兴市平湖市长安桥村金门	火力发电
江苏省无锡市江阴市西利路235号	电力生产
浙江省金华市兰溪市洞溪村	火力发电
江苏省扬州市维扬区瓜六路1号	电力
广东省珠海市金湾区怡景	火力发电
山东省济宁市邹城市共建路1799号	火力发电
上海市市辖区浦东新区海徐路181号	火力发电、综合利用
广东省深圳市福田区深南中路核电大厦	核电发电
广东省深圳市福田区上步中路101号科技大厦15层	核力发电
浙江省嘉兴市海盐县核电厂区	核能发电
北京市宣武区广安门内大街482号	电力供应
山东济南市中区经三路150号	电力销售
辽宁省沈阳市和平区宁波路十八号	电力供应、电网经营管理
上海市市辖区浦东新区源深路1122号	电力供应
山西省太原市杏花岭区府东街169号	供电、发电
北京市西城区前门西大街41号	电力供应
北京市西城区西长安街86号	电力供应
广东省广州市天河区天河南二路2号	电力供应
广东省佛山市禅城区汾江中路	供电
广东省广州市天河区珠江新城华穗路6号	企业管理
陕西省西安市新城区尚德路79号	电力供应
福建省福州市鼓楼区五四北路264号	电网经营、电力生产
湖北省武汉市武昌区徐东路47号	售电
河北省唐山市路北区建设北路7号	电力供应
重庆市市辖区渝中区中山三路21号	电力供应
辽宁省沈阳市和平区宁波路18号	电力供应
河北省石家庄市桥西区红旗大街66号	售电量
广东省中山市市辖区悦来南路13号	电网经营管理
广东省惠州市惠城区下角埔前街二巷12号	电力供应业
内蒙古自治区包头市青山区建设路21号	电力供应
云南省昆明市官渡区拓东路39号	电力供应
山东省烟台市芝罘区解放路158号	电力供应

企业名称	法人代表	电话	分机	邮政编码
萧山供电局	郑建义	82895026		311201
陕西省地方电力(集团)公司	戚晓耀	87826738		710054
邯郸供电公司	吕志军	3072146		056035
广西电网公司南宁供电局	罗辑	4992902		530031
保定供电公司	张明文	3292222	1153	071051
海南电网公司	李强	65343312		570203
云南电网公司曲靖供电局	李晓彤	6152226		655000
广东省广电集团有限公司汕头供电公司	黄壮盛	8307917		515041
甘肃省电力工业局兰州供电局	王政涛	2958728		730050
华北电网有限公司承德供电公司	张国富	2172222		067000
燃气生产和供应业				
北京市燃气集团有限责任公司	周思	66205589		100035
广东大鹏液化天然气有限公司	吴振芳	33326888		518034
中国石油天然气股份有限公司长庆油田分公司	王道富	86594335		710021
潮州市欧华能源有限公司	梁国堪	8651498		515721
浙江省天然气开发有限公司	童亚辉	86669701		310009
新海能源(珠海)有限公司	岑睿	8131311		519020
广州华凯石油燃气有限公司	蔡成化	84985956		511454
上海燃气市北销售有限公司	汪宝平	61433000	3517	200001
上海大众燃气有限公司	杨国平	62311001	2203	200060
上海金地石化有限公司	徐忠伟	52372288	106	200050
重庆燃气(集团)有限责任公司	蒲自庆	67850685		400020
珠海碧辟液化石油气有限公司	JEAN FRANCOIS LU	2639163		519000
贵阳煤气气源厂	关学斌	2561078		551400
番禺港建液化气有限公司	GUOLING.JianWen	84965699		511466
上海燃气浦东销售有限公司	强敏勤	58995588		200129
西安秦华天然气有限公司	徐龙	88389888	5217	710075
广州市煤气公司	乔武康	87302186		510060
上海浦东煤气制气有限公司	李振琪	68467067		201208
南京港华燃气有限公司	周小云	83110872		210009
加德士海洋燃气能源有限公司	Robert C S chwarz	3580888	3812	515071
成都城市燃气有限责任公司	韩晓谷	85080195		610041
扬子石化百江能源有限公司	杨文化	58393717	8303	210047
青岛泰能燃气集团有限公司	杜秀君	86688882		266071
宁波兴光燃气集团公司	朱仲华	27707108		315010
河南省煤气(集团)有限责任公司义马气化厂	高恒	5625062		472300
长春燃气股份有限公司	王振	5954448		130021
番禺三角洲石油化工有限公司	王昕	84581073		511430
昆明焦化制气厂	张鸿鸣	6263211		650211

企业详细地址	主要产品(主要业务活动)
浙江省杭州市萧山区萧绍路1308	电力供应
陕西省西安市碑林区环城南路东段328号	电力供应
河北邯郸市丛台区中华北大街19号	售电
广西壮族自治区南宁市江南区江南路43号	电力供应
河北保定市新市区阳光北大街138号	电量
海南省海口市美兰区海府路34号	供电
云南省曲靖市麒麟区翠峰路	电力供应
广东省汕头市金平区汕头市金砂路55号	供电
甘肃省兰州市七里河区七里河西津东路629号	电力供应业
河北省承德市双桥区承德市新华路北10号	供电、电力设备维护
北京市西城区西直门南小街22号	燃气供应、燃器具维修
广东省深圳市龙岗区大鹏街道王母迭福	燃气生产和供应业
陕西省西安市未央区未央路35号	石油化工产品、生产销售
广东省潮州市饶平县龙湾村大埕湾	液化石油气
浙江省杭州市上城区梅花碑8号轻纺大厦	天然气供应、天然气长输管网建设
广东省珠海市金湾区高栏岛环岛西路	液化石油气加工
广东省广州市南沙区环岛路西北部	高纯复合液化石油气
上海市市辖区虹口区水电路1239号	燃气销售
上海市市辖区普陀区安远路706号	燃气供应销售
上海市市辖区长宁区延安西路728号27楼1座	燃气生产和供应
重庆市市辖区江北区江北区小苑一村30号	天然气供应
广东省珠海市金湾区石化专区	液化石油气加工
贵州省贵阳市清镇市王二寨	煤气、焦炭
广东省广州市南沙区横沥镇工业开发区	液化石油气的进口、调配、制造、贮存、销售
上海市市辖区浦东新区杨高北路5588号	燃气生产和供应
陕西西安莲湖区二环南路西段196号	天然气供气
广东省广州市越秀区环市东路416号	燃气生产和供应业
上海市市辖区浦东新区东塘路55号	煤气、焦碳、粗苯
江苏省南京市玄武区中央路214号	煤气生产及销、天然气销、燃气管网建设与
广东省汕头市濠江区濠江区广澳湾	煤气供应业
四川省成都武侯区少陵路19号	天燃气供应
江苏省南京市六合区方水路99号	液化石油
山东省青岛市四方区镇平1路2号	煤气、包装盒
浙江省宁波市海曙区中山西路166-168号	液化石油气供应
河南省三门峡市义马市人民路西段	城市煤气、甲醇、发电
吉林省长春市朝阳区延安大路	混合燃气
广东省广州市番禺区洛浦街沙溪汾水头危险品专用码	燃气生产和供应业
云南省昆明市官渡区沙沟村	煤气、焦炭、煤化工产品

续52

企业名称	法人代表	电话	分机	邮政编码
无锡市华润燃气有限公司	承志芳	85092828		214025
中海广东天然气有限责任公司	王建文	13798957885		528451
武汉市天然气有限公司	张民基	85511333		430022
贵州华能焦化制气有限公司	关学斌	2561078		551400
呼和浩特市煤气有限公司	冀勇	3388312		010051
山东金能煤碳气化有限公司	秦庆平	2159126		251100
长沙新奥燃气有限公司	皱总	4371188	8030	410008
郑州市燃气集团有限公司	常宗贤	68818078		450006
佛山市南海燃气发展有限公司	李扩仪	86287773		528200
北京首都机场动力能源有限公司	吕涛	64598627		100621
上海液化石油气经营有限公司	施展明	53080466		200001
黑龙江省建龙化工有限公司	张志祥	6101810		155124
江阴天力燃气有限公司	黄丽泰	86877867		214400
莱芜市天元气体有限公司	王学德	6823369		271105
苏州港华燃气有限公司	王双	67615218	3309	215021
重庆凯源石油天然气有限责任公司	肖仁斌	67311700		400021
浙江长江能源发展有限公司	杨选建	86870303		325024
上海石洞口煤气制气有限公司	王启华	56150088	2078	200942
BP(福建)石油有限公司	何可爱	87676007		350201
沈阳市煤气总公司	张国辉	23521410	50	110005
海洋石油阳江实业有限公司	江泽光	3163592		529500
杭州市燃气(集团)有限公司	吴晓甦	88163517		310007
丹东万通达焦化有限公司	房本良	6279602		118008
武汉煤气集团公司	张江皋	85803224		430015
水的生产和供应业				
北京市自来水集团有限责任公司	崔君乐	66410088	2505	100031
广州市自来水公司	申石泉	87159070		510600
深圳市水务(集团)有限公司	黄传奇	82137284		518031
成都通用水务一丸红供水有限公司	金睿思	87983602	679	611741
成都市自来水有限责任公司	潭建明	87774762		610072
上海市自来水市北有限公司	朱正国	55150088	193	200086
武汉市水务集团有限公司	桂敏侦	83882346		430034
大连市自来水集团有限公司	姜雄城	83624774		116011
昆明通用水务自来水有限公司	刘多祥	3135610		650051
珠海市供水总公司	李东义	8132373		519000
福建省石狮供水股份有限公司	陈连进	88552043		362700
咸阳市西郊给水工程筹建处	杨志昂	33338027		712000
东莞市东江水务有限公司	罗沛强	22628726		523112
厦门水务集团有限公司	铁志毅	5907796		361009

企业详细地址	主要产品(主要业务活动)
江苏省无锡市南长区曹张新村51号	燃气供应
广东省中山市市辖区贝外村京珠高速公路旁	天然气输送与销售
湖北省武汉市硚口区京汉大道99号	天然气输配及供应
贵州省贵阳市清镇市王二寨	燃气生产和供应、焦炭生产
内蒙古自治区呼和浩特市回民区海拉尔西路	人工煤气、天然气、焦碳
山东省德州市齐河县晏城街村	燃气生产和供应业
湖南省长沙市开福区新河路332号	燃气生产和供应
河南省郑州市中原区陇海西352号	天燃气、燃气具组装、燃气表计量检测
广东省佛山市南海区南兴六路7号	管道液化石油气及液化石油气供应、燃气工程的技术咨询和信息服务
北京市顺义区天竺镇府右街6号	燃气供应、供电、供热
上海市市辖区黄浦区西藏中路728号	液化气
黑龙江省双鸭山市岭东区双选路64号	焦炭
江苏省无锡市江阴市澄江街道澄江	燃气管道的设计安装、销售燃气
山东省莱芜市钢城区棋山大街	氧气、氮气
江苏省苏州市平江区葑谊路	供应天燃气
重庆市市辖区江北区大庆村	天然气开采、天然气销售
浙江省温州市龙湾区蓝田工业区	燃气生产和供应业
上海市市辖区宝山区煤电路1号	煤气
福建省福州市长乐市共和里	石油液化汽供应
辽宁省沈阳市和平区新华路8号	天然气生产和供应
广东省阳江市江城区漠江路18号新基业大厦4-5楼	液化石油气
浙江省杭州市西湖区天目山路30号	燃气生产和供应
辽宁省丹东市振兴区瓦房村	煤气供应
湖北省武汉市江汉区青年路356号	液化气油气
北京市西城区宣西大街甲121号	水的生产和供应
广东省广州市越秀区梅花村街道中山一路	自来水供应业、其他仪器仪表制造业
广东省深圳市福田区深南中路1019号万德大厦	自来水生产与供应、污水处理
四川省成都市郫县三道堰街道	净水生产(自来水)
四川省成都市青羊区十二桥路16号	自来水、水表
上海市市辖区虹口区四平路260号	自来水生产
湖北省武汉市硚口区解放大道240号	自来水的生产和供应
辽宁省大连市西岗区高尔基路42号	自来水的生产及供应
云南省昆明市盘龙区北京路626号	自来水生产与供应
广东省珠海市香洲区拱北粤海中路2083号13幢	城乡供水、给排水工程建筑
福建省泉州市石狮市南洋路玉浦村二十万吨水厂内	供水
陕西省咸阳市秦都区渭阳西路	自来水
广东省东莞市市辖区学院路269号	自来水生产、销售
福建省厦门市思明区莲前西路157号水务大厦	自来水、污水处理

续53

企业名称	法人代表	电话	分机	邮政编码
咸阳市自来水公司	王文益	33152553		712000
宁波市自来水总公司	张晴浩	27878845		315040
杭州市水业集团有限公司	陈云龙	87815788		310009
上海市自来水市南有限公司	朱国治	63215577	443	200002
西安市自来水总公司	种受命	88625044	2358	710082
长春市自来水公司	崔国光	8978370		130041
重庆市自来水有限公司	王峰青	63835624		400013
南昌水业集团有限责任公司	李明	5234704		330004
温州水务集团公司	周道义	88373258		325027
长沙水业投资管理有限公司	邱振华	5197156		410015
沈阳市自来水总公司	张国祥	22711580	50	110002
佛山市供水总公司	陈嘉波	83367794	818	528000
南京自来水总公司	赵梦龙	84402716		210002
哈尔滨供排水集团有限责任公司	刘玉澜	84657448		150010
上海浦东威立雅自来水有限公司	米盖斯	61653000	3177	200127
南海发展股分有限公司	何向明	86333944	404	528200
太原市自来水公司	王键雄	3020296		030009
广西绿城水务股份有限公司	谭良良	4835371		530031
无锡市自来水总公司	胡建晨	82756603		214031
济南水业集团有限责任公司	国爱之	6074048		250012
上海市自来水闵行有限公司	王正达	54156988	321	201100
江阴市城乡给排水有限公司	龚国贤	86896441		214400
洛阳市自来水公司	吴汉卿	65168978		471003
常州市自来水集团公司	李宪立	8133511		213003
中山市沙溪镇自来水公司	李金明	7311119		528471
重庆中法供水有限公司	武秀峰	67651404		400021
合肥供水集团有限公司	戴立群	4422775		230011
深圳市深水宝安水务有限公司	廖雪霖	27810623		518133
中山市供水有限公司	高少初	8312969		528403
苏州工业园区清源水业有限责任公司	王双	67612011		215000
苏州市自来水公司	管伟民	65225678		215002
石家庄供水集团有限责任公司	徐久	86013071		050021
北京城市排水集团有限责任公司	林雪梅	63377676	2099	100038
沈阳振兴环保产业集团有限公司	程吉宏	22837781		110136
绍兴水处理发展有限公司	胡张尧	85625204		312073
广东粤港供水有限公司	陈国儒	25549651		518021
武汉凯迪蓝天科技有限公司	徐尹生	67869003		430223
武汉凯迪水务有限公司	陈自军	67869003		430223

企业详细地址	主要产品(主要业务活动)
陕西省咸阳市秦都区水长路	自来水生产
浙江省宁波市江东区新河路48号	自来水生产和供应
浙江省杭州市上城区建国南路168号	自来水生产和供应
上海市市辖区黄浦区江西中路484号	自来水生产、自来水销售、排管
陕西省西安市莲湖区环城西路南段甲字8号	自来水
吉林省长春市南关区大经路919号	自来水、供水；管道工程专业承包叁级；聚合氯化铝生
重庆市市辖区渝中区金汤街81号	自来水的生产及供应
江西省南昌市青云谱区灌婴路99号	自来水
浙江省温州市鹿城区车站大道623号	自来水生产和供应业
湖南省长沙市天心区人民中路6号	自来水
辽宁省沈阳市和平区和平北大街43号	自来水生产和供应业
广东省佛山市禅城区同济西路16号	自来水的生产和供应业
江苏省南京市白下区中山东路460号	自来水
黑龙江省哈尔滨市道里区尚志大街31号	自来水生产与供应、排水和污水处理
上海市市辖区浦东新区浦建路703号	自来水生产、自来水销售、排管
广东省佛山市南海区南海大道建行大厦12楼	自来水的生产及供应、供水工程的设计、安装及技术咨询
山西省太原市杏花岭区北大街109号	自来水
广西壮族自治区南宁市江南区体育路4号	自来水生产和供应
江苏省无锡市北塘区人民西路128号	自来水生产销售
山东省济南市市中区普利街107号	自来水生产业及供应业
上海市市辖区闵行区春申路3755号	生产自来水、自来水销售
江苏省无锡市江阴市环城北路15号	销售自来水
河南省洛阳市涧西区南昌路天泽大厦	自来水供应、上下水管供水设备、污水处理
江苏省常州市天宁区局前街12号	自来水生产
广东省中山市市辖区豪吐村教练场	自来水供应、安装工程、经营管材
重庆市市辖区江北区石马河河嘴1号	自来水
安徽省合肥市瑶海区明光路	生产自来水
广东省深圳市宝安区268号	生产自来水
广东省中山市市辖区竹苑路银竹街23号	自来水供应业
江苏省苏州市平江区机场路320号	自来水供应、污水处理
江苏省苏州市沧浪区人民路1098号	自来水制造供应
河北省石家庄市桥东区建设南大街136号	自来水供应
北京市西城区莲花池东路甲5号排水大厦	污水处理及其再生利用、管网设施建设及养护、污泥处理与处置
辽宁省沈阳市道义开发区京沈街2号	污水处理
浙江省绍兴市绍兴县滨海工业区	污水处理
广东省深圳市罗湖区沿河北路2022号	天然水
湖北省武汉市江夏区武珞路586号	水处理
湖北省武汉市江夏区江夏大道特一号	水处理

企业名称	法人代表	电话	分机	邮政编码
房屋和土木工程建筑业				
中冶京唐建设有限公司	王秀峰	3241178		063030
江苏省第一建筑安装有限公司	鞠建中	6882480		225300
中国第二十冶金建设公司	李勇	56600506		201900
中国建筑第八工程局有限公司	梁新向	58520753		200135
江苏南通三建集团有限公司	徐竹林	82315277		226100
中天建设集团有限公司	楼永良	86623323		310008
上海宝冶建设有限公司	张创一	56925123		200941
中国建筑一局(集团)有限公司	郭宏若	83982041		100073
北京建工集团有限责任公司	孙维林	63928969	8971	100055
浙江中成建工集团有限公司	王永泉	88268360		312000
浙江宝业建设集团有限公司	高林	84574483		312028
南通建筑公司总承包有限公司	陈锦石	82738800		226124
北京城建集团有限责任公司	刘龙华	62091875		100088
中国建筑第二工程局有限公司	陈建光	51816640		101100
中冶成工建设有限公司	程并强	83181101		610082
南通四建集团有限公司	耿裕华	6512950		226300
中铁建工集团有限公司	郑 勇	51116786		102488
龙元建设集团股份有限公司	赖振元	65442225		315700
中国第一冶金建设公司	苑玉成	68868808		430080
广厦建设集团有限责任公司	楼明	87980782		310013
中建三局第一建设工程有限责任公司	左旭平	83261546		430040
江苏中兴建设有限公司	倪道仁	7654190		225400
浙江省建工集团有限责任公司	张介中	88238921		310012
国华国际工程承包公司	洪波	84861788		100036
浙江中设建工集团有限公司	陈永根	85107068		312072
广东腾越建筑工程有限公司	张炽标	26330178		528311
鞍钢建设集团有限公司	刘传海	5849425		114001
上海市第一建筑有限公司	张香田	58885866	2529	200120
江苏江都建设工程有限公司	仇天青	86977186		225200
五洋建设集团股份有限公司	陈志樟	82211803		312300
上海市第四建筑有限公司	朱海根	62530177	227	200040
长业建设集团有限公司	杨长甫	85131693		312000
浙江展诚建设集团股份有限公司	王苗夫	87014627		311800
北京首钢建设集团有限公司	王文利	88294206		100041
东方建设集团有限公司	郦国敏	87252301	725230	311800
上海第七建筑有限公司	陆绍机	62527188	275	200050
中铁二局股份有限公司	唐志成	86442211		610032
中铁大桥局集团有限公司	梅权	84596212		430050
中铁十九局集团有限公司	左春文	2327941		111000

企业详细地址	主要产品(主要业务活动)
河北省唐山市丰润区幸福道16号	建筑
江苏省泰州市海陵区凤凰东路68号	建筑工程
上海市市辖区宝山区盘古路777号	房屋工程建筑、建筑安装业、工矿工程建筑
上海市市辖区浦东新区源深路269号	房屋工程建筑
江苏省南通市海门市狮山路131号	房屋建筑业
浙江省金华市东阳市吴宁东路65号	房层建筑总承包、装饰、交通路桥
上海市市辖区宝山区月浦镇四元路168号科技大楼	房屋工程建筑、土木工程建筑、建筑安装
北京市丰台区西四环南路52号	建筑施工活动、专业承包、房地产开发
北京市宣武区广莲路1号	施工总承包、房地产开发经营、工程设计开发技术咨询
浙江省绍兴市越城区中兴中路375号	房屋工程建筑
浙江省绍兴市绍兴县高家村	房屋工程建筑
江苏省南通市海门市中南	房屋建筑工程
北京市海淀区北太平庄路十八号	建筑施工
北京市通州区通县梨园镇北杨洼251号	房屋和土木工程建筑、建筑安装业、建筑装饰业
四川省成都市金牛区新村河边街社区居委会	土木工程建筑、工程总承包
江苏省南通市通州市新金西路93号	房屋建筑工程总承包
北京市房山区区良乡政通路12号	建筑施工活动
浙江省宁波市象山县新丰路165号	房屋建筑
湖北省武汉市青山区和平大道1274号	房屋建筑
浙江省杭州市西湖区玉古路166号	房屋建筑工业工程、建筑安装业、建筑装饰来
湖北省武汉市东西湖区特1号	房屋建筑工程
江苏省泰州市泰兴市济川路26号	建筑业
浙江省杭州市西湖区文三路20号	房屋建筑
北京市海淀区万寿路甲12号	工程承包
浙江省绍兴市绍兴县车站路2号	房屋建筑施工
广东省佛山市顺德区工业大道18号	建筑
辽宁省鞍山市铁东区铁东安乐街34号	房屋建筑工程
上海市市辖区浦东新区福山路33号	建筑工程
江苏省扬州市江都市新区建工大厦	建筑
浙江省绍兴市上虞市百官街道解放街119号	房屋建筑工程施工
上海市市辖区静安区愚园路22号	房屋建筑工程、市政工程、建筑装潢
浙江省绍兴市越城区人民西路262号	房屋工程建筑、铁路.道路隧道和桥梁工程建筑、建筑装饰业
浙江省绍兴市诸暨市暨阳路90号	房屋建筑
北京市石景山区苹果园路15号	房屋建筑业、设备安装业、市政工程等
浙江省绍兴市诸暨市环城东路728号	房屋工程建筑
上海市市辖区长宁区武夷路150号	房屋工程建筑
四川成都市武侯区九兴大道高发大厦B栋	建筑
湖北省武汉市汉阳区汉阳大道38号	铁路工程施工、桥梁施工、公路工程
辽宁省辽阳市白塔区和平路17号	铁路公路施工、水利电力市政施工、房建桥梁隧道施工

企业名称	法人代表	电话	分机	邮政编码
中港第二航务工程局	王海怀	82859637		430014
中铁三局集团有限公司	刘成山	8950020		030001
中铁十三局集团有限公司	王治忠	6161961		130033
中铁二十四局集团有限公司	林校伟	51224987		200071
中铁六局集团有限公司	章献	52733059		100036
上海隧道工程股份有限公司	陈彬	65869999	4114	200082
中国路桥工程有限责任公司	陈玉胜	64280055	1205	100011
中交第三航务工程局有限公司	方彦	64030607	3463	200032
中国葛洲坝水利水电工程集团有限公司	杨继学	6712923		443002
中国港湾工程有限责任公司	陈奋健	64174503		100027
中交第四航务工程局有限公司	梁卓仁	84412019		510231
中国水利水电第八工程局	林修建	5560045		410007
大庆油田建设集团有限责任公司	孙英波	5959027		163453
建筑安装业				
中国石油工程建设(集团)公司	孙波	58192872		100011
上海久隆电力集团有限公司	华敏峰	63542678		200070
中国石油天然气第一建设公司	顾满林	65972242		471023
中铁电气化局集团第一工程有限公司	吴运河	51859269		100070
江苏省电力建设第一工程公司	周治中	85317450	2200	210028
中国石化集团第二建设公司	向文武	85662000		210046
上海市安装工程有限公司	沈柏青	36251219		200080
云南送变电工程公司	杨家昌	3066521		650216
中材建设有限公司	司国晨	3083590		063030
贵州电力建设第一工程公司	李江	3715823		550006
中国石化集团宁波工程有限公司	朱海兴	87975487		315040
浙江省开元安装集团有限公司	高兴夫	87079251		310001
广东省工业设备安装公司	钟凤标	87310330		510080
广西电力开发有限责任公司	黄建安	5697883		530022
胜利油田胜利石油化工建设有限责任公司	崔光明	8556885		257073
湖南省工业设备安装公司	苏光前	8214342		412000
中铁建电气化局集团有限公司	薛之桂	88779923		100043
大庆油田创业腾飞建筑安装工程有限公司	李云雁	5956210		163453
浙江诸安建设有限公司	周晓明	87016360		311800
深圳市市政工程总公司	滕显友	83925340		518034
广东省电信工程有限公司	赖志坚	87327983		510095
四川路桥建设股份有限公司	孙云	85126095		610041
沈阳电业局电气安装公司	丑俊	23736584		110166
广州市机电安装有限公司	梁秋霖	83343684		510030
深圳市三鑫特种玻璃技术股份有限公司	费元文	26063666		518054

企业详细地址	主要产品(主要业务活动)
湖北省武汉市江岸区南京路16号	土木建筑工程
山西省太原市迎泽区迎泽大街269号	铁路工程、监管运输
吉林省长春市二道区岭东路2138号	铁路、公路桥梁
上海市市辖区闸北区会文路2号	工程总承包、铁路综合工程、公路隧道桥梁
北京市海淀区万寿路2号中铁六局大厦	铁路道路隧道桥梁工程施工、市政公用及城市轨道工程施工、铁路铺轨架梁工程施工
上海市市辖区杨浦区大连路118号	隧道、地铁工程建筑、高架、道路、桥梁建筑、电厂取排水及民用建筑
北京市东城区安定门外大街丙88号中路大厦	路桥工程
上海市市辖区徐汇区平江路139号	航务
湖北省宜昌市西陵区清波路1号	水利和港口工程建筑、建筑安装业、路桥工程等
北京市东城区春秀路9号	港口工程建筑、港口机械、勘察设计
广东省广州市海珠区素社街道前进路163号	港口与航道工程施工总承包、路桥、市政工程施工总承包、船舶起重施工、船舶运
湖南省长沙市雨花区城南中路2号	水利水电工程
黑龙江省大庆市让胡路区昆仑大街13号	工矿工程
北京市东城区鼓楼外大街28号	石油工程总承包、线路敷设管道安装
上海市市辖区闸北区民立路183号	输变配电工程安装、配电设备及材料制造、电力领域的技术服务
河南省洛阳市洛龙区关林西街87号	建筑施工、制造安装、加工、维修
北京市丰台区南四环西路188号七区10号楼	铁路电气化、城市轨道交通、通信、铁路电务、高速公路、房建
江苏省南京市栖霞区电建路8号	电力工程施工
江苏省南京市栖霞区尧石二村100号	建筑安装
上海市市辖区虹口区塘沽路390号	机电设备安装、线路、管道安装
云南省昆明市盘龙区东郊昙小路	建筑安装
河北省唐山市丰润区新城道	建筑
贵州省贵阳市南明区花溪大道北段814号	建筑安装业
浙江省宁波市江东区俞范东路811号	国内外石油化工工程等工程设计、国内外石油化工工程等工程总承包、一、二、三类压容、管道、钢结构设计、制
浙江省杭州市上城区开元路21号	建筑设备安装
广东省广州市越秀区农林下路83号广发金融大厦15-16楼	房屋工程建筑
广西壮族自治区南宁市青秀区民族大道38-2号	电力安装
山东省东营东营区青华社区居委会	建筑安装业
湖南省株洲市芦淞区七一路二号	机电安装工程、房屋建筑工程、化工石油工程
北京市石景山区路29号京燕饭店	建筑安装业
黑龙江省大庆市让胡路区龙九路1号	机电安装
浙江省绍兴市诸暨市人民中路109号	机电安装
广东省深圳市福田区红荔西路7058号市政大厦	市政工程、公路桥梁、房屋建筑
广东省广州市越秀区先烈中路102号华盛大厦南塔904房	通信设备安装、通信线路安装
四川成都市武侯区九兴大道12号	公路建设、桥梁建设、隧道建设
辽宁省沈阳市和平区西夹河村	安装电气
广东省广州市越秀区广卫路4号15-18楼	建筑安装、装饰电子工民建
广东省深圳市南山区南海大道1007号新保辉大厦17层	玻璃深加工产品、建筑幕墙安装施工

企业名称	法人代表	电话	分机	邮政编码
上海电力电缆工程有限公司	叶业庆	56659380	2050	200072
北京市设备安装工程公司	冯义	68033588		100045
上海宝钢冶金技术服务有限公司	陈明	56921505		200941
广州番电电力建设集团有限公司	汪穗峰	84874888	727	511400
内蒙古第一电力建设有限责任公司	武同义	3131155	2034	014030
四川公路桥梁建设集团有限公司	孙云	85126078		610041
北京市电信工程局	李仰义	87191600		100061
广西建工集团第一安装有限公司	唐农生	3124208		530001
无锡锡能实业集团公司	陈恺欣	85922662		214001
石家庄金鹏设备安装有限公司	陈培禄	85078174		050031
上海东捷建设(集团)有限公司	周炜	58826494		200120
中国石化集团第十建设公司	车林宝	6295217		255400
中国通信建设集团有限公司	李瑞	67668211		100078
中国电子系统工程第二建设有限公司	王小平	83705828	2208	214151
中国化学工程第十三建设公司	李小平	3590308		061000
中国化学工程第七建设公司	杨书奉	84883833		610100
江西省火电建设公司	何友农	8462983		330001
中铁二局集团电务工程有限公司	邓文华	87662386		610031
苏州第五建筑工程公司	顾建方	68224129		215007
鞍钢附属企业公司烧结安装公司	曹洪英	6727562		114021
福州亿力电力工程有限公司	林竞翔	83895817		350002
中建一局集团安装工程有限公司	黄志广	60238073		102600
江苏启安建设集团有限公司	殷炜东	83303606		226200
重庆工业设备安装集团有限公司	龙绪潜	63510250		400014
上海电信工程有限公司	倪建军	63775835	3704	200011
苏州中材建设有限公司	沈军	57510246		215300
安徽送变电工程公司	宫阿龙	3703771		230022
建筑装饰业				
沈阳市远大铝业工程有限公司	康宝华	88456522		110161
苏州金螳螂建筑装饰股份有限公司	倪林	68282740	211	215004
北京江河幕墙股份有限公司	刘载望	60411166		101301
深圳市科源建筑装饰工程有限公司	庄伟明	83288388	209	518031
深圳远鹏装饰设计工程有限公司	叶大岳	83895666		518028
中国建筑装饰工程公司	郜烈阳	88083041		100037
深圳市洪涛装饰股份有限公司	刘年新	29999999		518029
北京港源建筑装饰工程有限公司	王波	51552624		102211
深圳市海外装饰工程公司	孙尚高	83359988		518031
浙江亚厦装饰集团有限公司	丁欣欣	82096888		312363
深圳市建筑装饰(集团)有限公司	汪家玉	82525401		518034

企业详细地址	主要产品(主要业务活动)
上海市市辖区闸北区共和新路2501号	电力工程
北京市西城区北京市西城区南礼士路15号	建筑安装
上海市市辖区宝山区宝山区月浦镇宝泉路1号	建筑安装、设备维护
广东省广州市番禺区市桥光明北路89号	建筑安装业
内蒙古自治区包头市青山区呼得木林大街32号	电力设备安装
四川成都市武侯区九兴大道12号	公路建设、桥梁建设
北京市崇文区夕照寺大街2号	通信设备的安装调训光缆工程通信管道施工、建筑 智能化工程的施工、通信
广西壮族自治区南宁市西乡塘区秀安路4号	机电安装工程、钢结构工程、防腐保温工程
江苏省无锡市崇安区后西溪8#	送变电工程安装
河北省石家庄市长安区和平东路419号	非标设备制作、防腐保温
上海市浦东新区商城路358号	电线线路安装
山东省淄博市临淄区建设路6号	化工石油工程施工
北京市丰台区南方庄甲56号	通信工程、设计监理施工承包、进出口业务、
江苏省无锡市滨湖区钱荣路160号	建筑工程
河北省沧州市新华区北环东路2号	市政工程
四川成都市龙泉驿区商业街社区居委会	建筑安装、管道安装
江西省南昌市青云谱区广州路69号	火电施工总承包、核电站常规、送变电工程
四川省成都市金牛区马家花园社区居委会	铁路电气化、铁路电务、电信工程
江苏省苏州市沧浪区桐泾南路石塔头3号	施工房屋建筑
辽宁省鞍山市铁西区鞍钢厂内	机电设备安装工程
福建省福州市台江区宁化街道祥坂路18号	安装
北京市大兴区北京市大兴区黄村镇康庄路	施工总承包、专业承包、特种设备安装、维修改造
江苏省南通市启东市人民中路683号	机电安装
重庆市市辖区渝中区中山二路99号	管路线路安装、设备安装
上海市市辖区黄浦区车站支路150号	建筑安装工程
江苏省苏州市昆山市柏芦路	建材工业工程建设
安徽省合肥市包河区桐城南路397号	输变电工程施工
辽宁省沈阳市东陵区东陵路30-2号	铝合金天窗、幕墙门窗、钢结构设计制造安装、 石膏工艺制品石膏装饰材料系列、自动节水器 擦膏机制造环保产品
江苏省苏州市沧浪区西环路888号	建筑设计及施工
北京市顺义区牛汇北五街5号	建筑幕墙工程设计、建筑装饰设计、制造、销售 各类幕墙
广东省深圳市福田区上步中路工会大厦12楼	建筑装饰工程施工
广东省深圳市福田区赛格科技园4-5B	装饰装修
北京市海淀区三里河路15号	建筑施工活动、装饰设计、建筑材料设备销售
广东省深圳市罗湖区泥岗西路洪涛路17号	建筑装饰修理工程、室内外装饰设计
北京市昌平区小汤山镇工业开发区大东流295号	建筑装饰工程施工
广东省深圳市福田区振华路122号海外装饰大厦 A座18栋	装饰装修工程
浙江省绍兴市上虞市开发新区	建筑装饰工程承包设计、玻璃墙、门窗制作
广东省深圳市福田区红荔西路7024	建筑装饰施工、装饰设计机电、幕墙施工

续57

企业名称	法人代表	电话	分机	邮政编码
深圳市南利装饰工程有限公司	张伟文	83394389		518045
深圳市广田装饰设计工程有限公司	叶远东	83236328	210	518028
武汉凌云建筑装饰工程有限公司	孙健	68832105		430030
中建三局东方装饰设计工程有限公司	张绪海	50814122		200122
深圳市晶宫设计装饰工程有限公司	沈俊强	25613666	2188	518020
上海康业建筑装饰工程有限公司	孙自翔	56716666		200080
深圳市建筑装饰工程有限公司	李军平	33360866	223	518048
浙江环影装饰工程有限公司	钱越栋	83101823		312400
浙江省宝业幕墙装饰有限公司	王建国	84882000	208	312030
北京市建筑工程装饰公司	张宝奇	64911242		100101
北京清尚建筑装饰工程有限公司	吴晞	65925719		100020
上海市建筑装饰工程有限公司	谢建伟	55159868	607	200081
深圳市亚泰装饰设计有限公司	郑忠	83849487	301	518040
宁波建乐建筑装潢有限公司	王宇凌	87355684		315020
南京华夏天成建设有限公司	夏进	83465728		210003
深圳市华南装饰设计工程有限公司	叶诚	88395337	248	518033
珠海市晶艺玻璃工程有限公司	叶宁	8538915		519070
辽宁东林瑞那斯有限公司	周德才	7265409		115212
上海海直建设工程有限公司	唐海金	65269560	13	200083
中国装饰有限公司	李杰峰	84110477		100011
江苏南国装饰工程有限公司	周兴道	13327969995	490793	223300
北京嘉寓门窗幕墙股份有限公司	田家玉	69414752		101301
浙江亚厦幕墙有限公司	王文广	82090166		312363
深圳方大装饰工程有限公司	朱卫平	26788571	7719	518055
北京鸿恒基幕墙装饰工程有限公司	王宗木	61567434		101113
深圳市深装总装饰工程工业有限公司	郑李民	25847751		518029
上海金浦装潢工程有限公司	薛之生	53079312		200011
厦门辉煌装修工程有限公司	蒋建芳	6021695		361006
北京弘高建筑装饰设计工程有限公司	何宁	87327252		100021
浙江圣大建设集团有限公司	陈萧耿	82789147		311201
深圳长城家具装饰工程有限公司	张朝煊	82209966	1118	518034
北京丽贝亚建筑装饰工程有限公司	高建林	88718998	822	100041
上海大华装饰工程有限公司	张晋民	32093370		200336
珠海兴业幕墙工程有限公司	刘红维	8682222	120	519060
南京金鸿装饰工程有限公司	徐荣	83371409		210000
中建一局集团装饰工程有限公司	陈一龙	83982668		100073
深圳市瑞和装饰工程有限公司	李介平	83762666		518028
苏州柯利达建筑装饰工程有限公司	顾敏荣	62007070		215008
北京中远广田装饰工程有限公司	陈润福	88878080		100097
南京金中建幕墙装饰有限公司	崔开荣	86660918	805	210036
上海室内装饰集团有限公司	陈云权	62484046		200040

企业详细地址	主要产品(主要业务活动)
广东省深圳市福田区南路38号广银大厦16F	装饰
广东省深圳市福田区上步工业区304栋2层东	室内外装饰
湖北省武汉市江汉区建设大道417号	装饰装修
上海市市辖区浦东新区东方路985号21层	装饰
广东省深圳市罗湖区文锦北路1052号嘉多利花园内	设计、施工、购销
上海市市辖区虹口区邢家桥北路9号	建筑业
广东省深圳市福田区苍松大厦南12楼	建筑装饰
浙江省绍兴市嵊州市相公殿北路东20弄1号2楼	建筑装修装饰工程
浙江省绍兴市绍兴县柯桥经济开发区柯西工业园区	建筑幕墙工程专业承包、金属门窗工程专业承包、钢结构工程专业承包
北京市东城区新中街11号	建筑装饰 建筑施工、装饰、水、电设计、安装、咨询服务
北京市朝阳区东三环北路34号三层	建筑装饰业
上海市市辖区虹口区曲杨路55号	装饰
广东省深圳市福田区苍松大厦南15座	装饰工程设计施工
浙江省宁波市江北区白沙路1号8层	室内装饰
江苏省南京市鼓楼区中山北路240号6楼	建筑装饰工程设计施工
广东省深圳市福田区彩田南路彩虹大厦28层	建筑装修装饰
广东省珠海市香洲区兰埔工业区白石路105路	建筑幕墙、智能化幕化、钢结构
辽宁省营口市鲅鱼圈区鲅鱼圈区西兰旗	建筑外装饰装修、铝合金门窗建筑生产
上海市市辖区虹口区广灵四路341弄2号	建筑装饰、建筑安装
北京市东城区安定门外地兴居6号楼	建筑装饰业
江苏省淮安市清河区北京北路27号	装饰工程、园林绿化、水电消防机电设备安装
北京市顺义区牛栏山牛富路1号	门窗幕墙、装饰装修
浙江省绍兴市上虞市章镇开发新区	建筑幕墙工程承包施工
广东省深圳市南山区桃源村方大城	门窗装饰、建筑幕墙
北京市通州区张家湾镇张家湾镇光华路街	铝合金门窗、建筑幕墙
广东省深圳市福田区八卦一路十栋二楼	装饰施工
上海市市辖区黄浦区西藏南路1368号6楼申都大厦	建筑业
福建省厦门市湖里区湖里大道31号联发集团后楼一、二层	装饰装修、装饰设计
北京市朝阳区南新园中路112号	建筑装饰工程设计 施工 安装
浙江省杭州市萧山区萧绍东路125号	建筑装修装饰工程专业承包、建筑墙工程专业承包、金属门窗工程专业承包
广东省深圳市福田区奥林匹克大厦9楼	建筑装饰
北京市石景山区西福村1号	建筑装饰、土建4级建筑施工、生产施工工具
上海市市辖区徐汇区中山西路1420弄12号	装饰
广东省珠海市香洲区科技园虹达路8号	建筑装饰幕墙
江苏省南京市秦淮区南京市秦淮区大明路69号	室内外装修工程及设计和施工、机电设备安装工程的设计和施工
北京市丰台区西四环南路52号中建一局大厦	建筑装修装饰工程专业承包壹及、机电设备安装工程专业承包贰级、房屋建筑工程总承包叁级
广东省深圳市福田区华强北赛格科技园4栋西10楼A	装饰装修工程
江苏省苏州市金阊区虎丘路2号	建筑施工装饰
北京市海淀区远大东路金源时代购物中心E19栋6层	装饰装修
江苏省南京市建邺区新河口大街36号	幕墙生产、门窗、钢结构
上海市市辖区静安区延安西路376弄22号东七楼	装饰装修业

续58

企业名称	法人代表	电话	分机	邮政编码
其他建筑业				
常州交通工程有限公司	王仁杰	85100530		213022
江西省地质工程总公司	杨建林	8221406		330001
山西省机械施工公司	李保华	3072091		030009
中南勘察基础工程总公司	张怀庆	86867319		430081
连云港市东浦管桩有限公司	颜正才	85150910		222346
浙江宝业住宅产业股份有限公司	黄奋勇	84120500		312030
武汉市第二市政工程有限公司	曹雨	87123940		430070
山东岩土工程勘察总公司	刘雅东	6957971		250014
湖北山河建工集团市政工程有限公司	舒国友	13807149918		438800
四川蜀通岩土工程公司	张军	85125910		610041
中国建筑第二工程局土木公司	张跃平	4830668		467001
南宁市缘居建筑工程劳务有限责任公司	陈祥佳	3135100		530001
南京海外建筑工程总公司	邵军	84493076		210000
厦门市恒欣益建筑劳务有限公司	林建河	5072108		361000
中国石化管道储运公司	高河东	3452839		221008
中铁大桥局集团四公司	周万鑫	58856047	2231	210031
福建省工业设备安装有限公司	朱汉庭	87561530		350011
上海冠达尔钢结构有限公司	陈荣林	56123456	309	201900
北京国电龙源环保工程有限公司	徐凤刚	83158365		100052
中电投远达环保工程有限公司	刘渭涛	62900999	8411	400060
江苏扬安机电设备工程有限公司	邵文熙	87358943		225002
亚翔系统集成科技(苏州)有限公司	卢正仁	67027000	110	215000
上海市建设工程有限公司	俞明忠	53960015		200023
广东宏大爆破工程有限公司	李应儒	83862952		510055
江苏石油勘探局油田建设处	路焰	86760140		225261
上海东惠建筑劳务有限公司	鲁建伟	58892522		200127
陕西华英建树有限公司	张乃时	85292424		710104
淮南市中发电力实业总公司	王胜利	3662991		232007
成都市海宏建筑工程有限公司	柳荣春	85184974		610041
武汉地质勘察基础工程有限公司	谭林峰	83614113		430030
安徽省机械疏浚工程公司	施建刚	4482050		230011
广东能达高等级公路维护有限公司	陈克鸿	83517988	8	510030
万友消防工程集团有限公司	翁秀霞	87562228	703	350001
广东长恒建设工程有限公司	林立平	84012668	22	510288
上海石化博凯设备检修安装有限公司	王健刚	57941941	22748	200540
北京东方泰洋装饰工程有限公司	于广昌	87971099	1009	100076

企业详细地址	主要产品(主要业务活动)
江苏省常州市新北区通江大道583号	工程准备
江西省南昌市青云谱区解放西路658号	地基基础工程、地质灾害防治工程、桥梁工程
山西省太原市杏花岭区胜利街17号	机械施工、地基处理、民用建筑、岩土检测
湖北省武汉市青山区红卫路	基础勘查施工
江苏省连云港市东海县半滩村	地基工程
浙江省绍兴市绍兴县柯桥经济开发区柯东鉴湖路208号	房屋施工前的准备
湖北省武汉市武昌区武珞路315号	市政道路排水
山东省济南历下区师东新村社区居委会	地基与基础工程、工程地质、工程咨询
湖北省黄冈市团风县团方大道	市政工程
四川成都市武侯区南4段	岩土工程勘察、地基与基础工程、灾害评估
河南省平顶山市湛河区中兴南路27号	土石方工程施工
广西壮族自治区南宁市西乡塘区安吉路17号	劳务分包、购销建筑材料机械
江苏省南京市白下区解放路40号	房屋建筑工程
福建省厦门市思明区富山花园B幢604室	劳务分包
江苏省徐州市泉山区翟山	机电设备安装工程
江苏省南京市浦口区迎江路40号	铁、公路工程施工、市政桥梁工程施工、金属结构及构件制造
福建省福州市鼓楼区福新路297号	工程施工总承包、设备安装、钢结构网架施工
上海市市辖区宝山区宝杨路2001号	钢结构工程
北京市海淀区车道沟一号滨河大厦附属楼第四层	环境污染防治专项工程设计
重庆市市辖区南岸区开发区青龙路1	环保工程
江苏省扬州市维扬区史可法路19号	工业设备消防设备、锅炉制冷设备煤气管运等
江苏省苏州市平江区方达路33号	生产无尘、无菌净化设备
上海市市辖区卢湾区打浦路1号804-805室	工程配套
广东省广州市天河区珠江新城华夏路1号信合大厦第3、4层南翼单元	其他建筑活动
江苏省扬州市江都市邵伯镇甘棠路101-2号	化工石油设备管道安装、无损检测、消防设施工程及送变电工程
上海市市辖区浦东新区东方路1523弄3号楼16B室	建筑劳务
陕西省西安市长安区韦四村委会	建树销售
安徽省淮南市田家庵区电厂路300号	电力技术服务
四川成都市武侯区创业路39号	工业与民用建筑施工、预制构件生产金属及木、维修、租凭
湖北省武汉市硚口区江汉区航空路17号	地基与基础工程施工、承包境外勘察与基础施、对外派遣施工劳务人员
安徽省合肥市瑶海区合裕路社区居委会	疏浚工程、堤际工程、土矿工程
广东省广州市花都区狮岭镇杨二村	高等级公路清洁、绿化、维护、市政公用工程施工、城市园林绿化综合工程
福建省福州市鼓楼区五一北路158号高景商贸8层	消防工程施工
广东省广州市海珠区新滘镇西滘村11巷12号101号	房屋建筑工程
上海市市辖区金山区石化金一路98号	设备检修安装
北京市大兴区工业区南区甲2号	安装铝型材、成品门窗、玻璃幕墙；石材

续59

企业名称	法人代表	电话	分机	邮政编码
酒泉市清源环境工程有限公司	王伟清	3554004	591750	735000
江苏振兴市政工程有限公司	马新	65253875		215128
浙江省东阳木雕古建园林工程有限公司	卢中一	86639624		322100
重庆市华驰交通科技有限公司	姬为宇	62757918		400067
湖北省建筑工程总公司机械施工公司	徐国强	87392613		430070
济南山大华特环保工程有限公司	朱海群	5198863		250061
北方爆破工程有限责任公司	聂德俊	68962238		100089
四川省仪陇县新兴建筑劳务有限责任公司	林益贵	63482090		100055
娄底市湘中公路建设有限公司	曾晚生	8802259		417000
青岛恒源电力股份有限公司	刘建旬	85977000		266100
北京市潞电建筑工程公司	刘长林	63666241		101100
海门市帕源路桥建设有限公司	徐振家	82200068		226100
安徽信达劳务公司	左志明	8043309		231320
厦门海投工程建设公司	戴高鸿	6881012		361026
扬州市市政工程总公司	倪前亮	7342148		225002
江苏金泰建设发展有限公司	包金林	86932345		210007
批发业				
山东临沂烟草有限公司	刘昌宝	8315236		276000
广东中烟工业有限责任公司	李根基	38801127		510610
云南卷烟烤烟交易市场	李光斗	5195243		650031
上海烟草贸易中心有限公司	董芳明	61666868	3214	200082
中国烟草总公司重庆市公司	李恩华	67982727		400023
江苏苏美达集团公司	余本礼	84511888	1934	210018
厦门建发股份有限公司	王宪榕	2263333		361001
中国神华能源股份有限公司煤炭销售中心	华泽桥	62193053		100081
山西煤炭进出口集团公司	李廷赫	4191951		030002
上海神华煤炭运销有限公司	王烈君	53838935		200025
广东省电力工业燃料公司	祝行俊	85138190		510630
神华煤炭运销公司结算部	刘江	8296755		017000
北京大唐燃料有限公司	安洪光	83582070		100053
江苏沙钢国际贸易有限公司	沈文明	58568800		215625
中国石油天然气股份有限公司东北销售分公司	郭秀竹	88559921		110013
中国石化销售有限公司华东分公司	陈国瑞	62119325		200050
中国石化销售有限公司华南分公司	张三	87393216		510000
中国石油化工股份有限公司浙江石油分公司	徐祥燕	87818833		310009
中国石化销售有限公司中南分公司(商业)	邹晓瑜	65798038		430022
中国石油化工股份有限公司江苏石油分公司	杨棣	58808888	8208	210003

企业详细地址	主要产品(主要业务活动)
甘肃省酒泉市肃州区酒银路18号	道路桥梁建筑
江苏省苏州市吴中区太湖西路58号	市政建设
浙江省金华市东阳市艺海北路18号	园林古建筑
重庆市市辖区南岸区南兴路64号13楼	设计咨询、施工、监理
湖北省武汉市洪山区雄楚大街229号	市政公用
山东省济南历下区司里街社区居委会	环保工程
北京市海淀区车道沟10号院	工程爆破 其他建筑活动、民用爆破器材经营
四川省南充市仪陇县西寺街87号	建筑劳务
湖南省娄底市娄星区长青西	公路工程
山东省青岛市市南区香港中路40号36楼	电力基建更改工程、电气设备检修调试
北京市通州区张家湾镇垡头村西	房屋建筑工程
江苏省南通市海门市长江路130号	市政公用工程
安徽省六安市舒城县街道	劳务分包
福建省厦门市海沧区嵩屿示路99号	市政公用工程、土石方工程、城市及道路照明三级
江苏省扬州市广陵区张回巷30号	市政工程、不超过40米的桥梁工程施工
江苏省南京市白下区苜蓿园大街89号1608室	房屋工程
山东省临沂兰山区五里堡社区居委会	卷烟批发、烟叶经营
广东省广州市天河区林和西横路203号8－16楼	卷烟、雪茄烟生产、销售
云南省昆明市五华区圆通街33号	烟草及其制品批发业
上海市市辖区杨浦区许昌路1062号	烟草制品批发
重庆市市辖区江北区五江路20号	卷烟销售
江苏省南京市玄武区长江路198号	投资策划、企业管理、物业
福建省厦门市思明区鹭江道52号海滨大厦5-7楼	造纸原料、轻工产品、纺织服装
北京市东城区安定门西滨河路22号	煤炭批发
山西省太原市杏花岭区府西街36号	煤炭销售
上海市市辖区卢湾区复兴中路471号-473号	煤炭销售
广东省广州市天河区天河东路2号粤电广场22楼	电厂燃料采购供销及管
内蒙古自治区鄂尔多斯市伊金霍洛旗伊旗乌兰木伦镇	煤炭
北京市宣武区广安门内大街482号	批发煤炭、投资管理
江苏省苏州市张家港市锦丰镇联兴	钢铁贸易
辽宁沈阳沈河惠工街239号	成品油批发
上海市市辖区长宁区愚园路819号	石油及制品批发
广东省广州市越秀区广州大道中119-121号 广信怡景大厦四楼	商品销售
浙江省杭州市上城区河坊街58号	石油及石油制品批发
湖北省武汉市江汉区精武路39号	汽油销售
江苏省南京市鼓楼区中山北路395号	汽油、柴油、润滑油

续60

企业名称	法人代表	电话	分机	邮政编码
中国石油天然气股份有限公司华北销售分公司	项平生	84869841		100101
中国航空油料有限责任公司	孙立	59890357		100088
中国石油天然气股份有限公司华南地区销售	佟福财	38290934		510630
中国石油化工股份有限公司广东石油分公司	张国强	81298300		510145
中国石油化工股份有限公司河南分公司	孙久勤	63815650		450053
中石化中铁油品销售有限公司	张海潮	82800678		100088
中国石油化工股份有限公司福建石油分公司	吕建华	87824324		350003
中国石油天然气股份有限公司四川销售分公司	姚志强	86520041		610000
中国石油天然气股份有限公司东北销售大庆分公司	许传英	6210619		163711
中国石油化工股份有限公司深圳石油分公司	李继从	25668554		518003
上海浦东国际机场航空油料有限责任公司	曹慧芳	68843590		201202
中国石油天然气股份有限公司东北销售大连分公司	张建民	82507349		116001
中石油中铁油品销售有限公司	蔺爱国	62160359		100080
中国石油天然气股份有限公司江苏销售分公司	路来宏	83759648		210013
中石化中海船舶燃料供应有限公司	梅德泉	84100207		510623
中石化森美(福建)石油有限公司	夏世祥	87805230		350001
中国石油化工股份有限公司广西石油分公司	吴健雄	5322886		530021
中国石油天然气股份有限公司上海销售公司	张健	28930500	0528	200120
中国石油天然气股份有限公司大连销售分公司	沈庆凯	82303810		116001
中国石油化工股份有限公司浙江宁波石油分公司	岑利祥	87177263	1317	315000
中国船舶燃料有限责任公司	许立荣	64411718	131	100029
中国石油天然气股份有限公司重庆销售分公司	卢乃洪	67325649		400010
五矿钢铁有限责任公司	王钟亮	68494122		100044
上海宝钢钢材贸易有限公司	黄兴荣	50509696		200122
中钢钢铁公司	辛希乐	62688688		100080
云南铜业营销有限公司	余卫平	2148011		650051
中国矿产有限责任公司	何建增	68494579		100044
鞍钢集团国际经济贸易公司	张晓刚	6723754		114002
浙江物产金属集团有限公司	董明生	85271087		310003
上海物资贸易股份有限公司	吕勇明	63231818		200002
中钢贸易公司	包红武	62688888		100080
大连东展集团有限公司	杨萌	83690000	325	116021
五矿有色金属股份有限公司	周中枢	68495727		100044
浙江物产国际贸易有限公司	张国强	87051273		310006
中铝国际贸易有限公司	罗建川	63958805		100814
太原钢铁(集团)国际经济贸易有限公司	陈川平	3132036		030003
中钢炉料公司	李毅	62689077		100080
浙江省再生资源有限公司	汪路平	87802633		310009
宝钢贸易有限公司	李庆予	58358364		200122

企业详细地址	主要产品(主要业务活动)
北京市朝阳区北苑路86号	石油及制品批发
北京市海淀区冠城园六号中航油大厦	石油及制品批发
广东省广州市天河区珠江新城花城大道66号西塔16楼	批发零售成品油
广东省广州市荔湾区中山七路81号石油大厦	石油产品销售(批发)
河南省郑州市金水区卫生路10号	销售石油
北京市海淀区知春路6号锦秋国际大厦A座19层1901-1913	批发柴油、批发汽油
福建省福州市鼓楼区中口路18号	批发石油产品
四川省成都市青羊区顺城大街206号国际大厦	石油(批发)
黑龙江省大庆市龙凤区凤阳路118号	批发石油成品油、化工产品
广东省深圳市福田区罗湖区文锦中路1018号海丽大厦二楼	汽油
上海市市辖区浦东新区浦东国际机场大道1号	航空油料、储运
辽宁省大连市中山区人民路15-17号	成品油批发
北京市海淀区北四环西路58号理想国际大厦811-812室	石油批发
江苏省南京市鼓楼区北京西路69-2号	石油及制品批发、汽油、柴油等化工产品
广东省广州市天河区珠江新城华利路59号	燃料油、成品油供应、船舶物资、备件
福建省福州市鼓楼区中山路18号	石油制品
广西壮族自治区南宁市青秀区桃源路67号	柴油批发、汽油批发、润滑油批发
上海市市辖区浦东新区浦东大道720号4楼	成品油批发
辽宁省大连市中山区昆明街	成品油批发、成品油零售、液化气零售
浙江省宁波市海曙区镇明路618号	石油及制品批发
北京市朝阳区安贞西里五区仟村商务大楼A座12A	石油及制品批发、船舶及港口提供燃料油
重庆市市辖区渝中区邹容路131号世界贸易大厦36-39F	成品油
北京市海淀区三里河路5号B座	金属及金属矿批发
上海市市辖区浦东新区浦电路370号12楼	钢材批发
北京市海淀区大街8号	批发钢材坯的贸易
云南省昆明市盘龙区人民东路6号24楼	高级阴极铜、铜杆
北京市海淀区三里河路5号五矿大厦C座	批发黑色金属
辽宁省鞍山市铁东区团结街42号	钢材批发、国际国内商务代理
浙江省杭州市下城区凤起路78号	金属材料批发
上海市黄浦区南苏州路325号	金属材料批发
北京市海淀区大街8号	冶金材料进出口
辽宁省大连市沙河口区中山路315号	铁铁贸易
北京市海淀区三里河路5号	金属及金属矿批发
浙江省杭州市下城区环城西路56号	钢材批发
北京市海淀区复兴路乙12号1209室	氧化铝进出口业务
山西省太原市尖草坪区解放北路292号	钢材进出口
北京市海淀区大街8号	冶金钢材批发
浙江省杭州市上城区清泰街486号	金属及金属矿批发
上海市市辖区浦东新区浦电路370号	铁矿石

续61

企业名称	法人代表	电话	分机	邮政编码
瑞钢联集团有限公司	林尚泽	84193866	270	100010
江苏国泰国际集团有限公司	黄金兰	58696402		215600
中国铁路物资北京公司	陈硕	63602299	8122	100053
上海宝钢商贸有限公司	张红耀	56121212	344	201900
上海海亮控股集团有限公司	冯海良	62576052		200063
中国铁路物资沈阳公司	王铁生	23506794		110001
厦门市国贸集团股份有限公司	何福龙	5898537		361004
浙江省冶金物资有限公司	章寿仁	86452512		310020
中国铁路物资上海公司	杨晓明	51220122		200071
深圳市中金岭南有色金属股份有限公司	李进明	83474800	169	518040
云南铜业(集团)有限公司	邹韶禄	3136720		650051
广州宝钢南方贸易有限公司	周隆云	38730020	286	510630
江苏省海外企业集团有限公司	杨大伟	84795823		210005
中铝佛山贸易有限公司	李东光	85919686		528200
中建材集团进出口公司	黄安中	68000156	820	100831
中化化肥有限公司	杜克平	59569638		100031
中国农业生产资料集团公司	肖仲凯	58725721		100044
浙江远大进出口有限公司	沈志宏	13967862680		315812
中化物产股份有限公司	周德春	84250571		100013
上海上汽大众汽车销售有限公司	胡茂元	59561888		201805
一汽丰田汽车销售有限公司	竺延风	85156045		100020
丰田汽车(中国)投资有限公司	佐佐木昭	65978728	794	100020
海南一汽海马汽车销售有限公司	竺延风	66820333		570216
重庆海尔电器销售有限公司	杨绵绵	86116050		400026
苏宁电器股份有限公司南京采购中心	金明	83208888		210005
索尼(中国)有限公司	高篠静雄	84586000		100027
松下电器(中国)有限公司	木元哲	65656336		100026
乐金电子(中国)有限公司	禹南均	65631188	1260	100022
海尔集团电器产业有限公司	杨绵绵	88938361		266101
乐金飞利浦液晶显示贸易(上海)有限公司	Lee Sung Gyu	52416633	8208	200050
三菱商事(上海)有限公司	山口力	68543030	7905	200127
诺基亚(中国)投资有限公司	VELISUNDBACK	87111303		100176
中邮普泰通信服务股份有限公司	谭星辉	66426815		100031
深圳市天音通信发展有限公司	吴继光	82091330		518000
西门子(中国)有限公司	吴贺乐	64768888	3832	100102
上海三星半导体有限公司	扑仁嶷	52582211	291	200052
松下电器机电(上海)有限公司	中岛进	58666777	044	200120
中国机械设备进出口总公司	谢彪	63451188	61965	100055
施耐德电气(中国)投资有限公司	杜华君	84346699	6696	100016
佳能(中国)有限公司	小泽秀树	85139151		100005
中国再生资源开发有限公司	管爱国	66069947		100031
英迈(中国)商业有限公司	MEINE OLDERSMA	24016888	6973	200233

企业详细地址	主要产品(主要业务活动)
北京市朝阳区门北大街1号新保利大厦23层	矿石批发零售、合金批发零售、钢材批发零售
江苏省苏州市张家港市杨舍镇人民中路	金属材料进出口贸易
北京市宣武区宣武门西大街28院-1号大成广场	销售钢材、铁路用钢轨、铁路用柴油批发
上海市市辖区宝山区宝林路46号3楼	钢材贸易
上海市市辖区浦东新区浦东南路1088号中融大厦17楼	金属材料及制品、建材
辽宁省沈阳市和平区胜利南街18号	钢材批发、柴油批发、机电产品批发
福建省厦门市思明区湖滨南路388号国贸大厦8-18层	批发矿砂、钢材、烤熳
浙江省杭州市江干区秋涛北路278号	钢材批发、有色金属批发、冶金炉料批发
上海市市辖区闸北区会文路88号	金属材料批发、石油批发、机电、木材批发
广东省深圳市福田区深南大道6013号	批发铅锌精矿、批发电铅、批发精锌
云南省昆明市盘龙区人民东路111号	电铜、电锌、金、银
广东省广州市萝岗区广州经济技术开发区管委会大楼A座307室	钢材批发
江苏省南京市玄武区北京东路29号	企业贸易管理、投资
广东省佛山市南海区黄岐	铝锭
北京市海淀区三里河路11号	进出口、代理、内贸
北京市西城区复兴门内大街28号凯晨世贸中心中座10层	批发化肥
北京市海淀区车公庄西路25号	化肥、农药、农膜、农产品进出口业务、农业生产资料储备
浙江省宁波市北仑区金莹贸易楼	化工材料及制品类批发
北京市东城区和平里七区4号楼	化工产品批发
上海市市辖区嘉定区昌吉路188号	汽车批发、摩托车及配件批发
北京市海淀区马甸冠城园冠海大厦七层	国产丰田汽车批发、零件批发、售后服务
北京市朝阳区呼家楼京广中心25层	汽车批发、机械工业相关投资、设立科研部门等
海南省海口市龙华区金盘路12-8号	汽车批发销售
重庆市市辖区江北区江北区港城南路1号	销售
江苏省南京市鼓楼区山西路8号	家用电器及配件的连锁销售、计算机软件开发、销售、
北京市朝阳区东三环北路霞光里18号佳程广场A座25层	其他未列明的商务服务
北京市朝阳区光华路甲8号奥德大厦6层	家用电器批发、投资
北京市朝阳区建国门外大街乙12号双子座大厦	家用电器批发
山东省青岛市崂山区海尔路1号	代理出口、进口贸易
上海市市辖区长宁区长宁路1027号39F	贸易(电脑配件)
上海市市辖区浦东新区迎春路96号三菱商事办公楼	批发贸易
北京市经济技术开发区东环中路5号	移动电话
北京市西城区复兴门内大街156号D座3层	批发通信产品
广东省深圳市福田区深南中路新闻大厦26.35楼	通信器材
北京市朝阳区望京中环南路7号	通讯及广播电视设备批发
上海市市辖区长宁区延安西路1118号龙之梦大厦15楼	批发半导体元器件、批发液晶显示屏
上海市市辖区浦东新区陆家嘴环路166号中国保险大楼7楼	批发贸易
北京市宣武区广安门外大街178号	承包境外工程
北京市朝阳区芳园里	机械电子设备批发
北京市东城区金宝街89号金宝大厦15 16 17层	其他机械设备及电子产品批发
北京市西城区西单横二条2号	废旧物资的回收与利用
上海市市辖区徐汇区宜山路900号C楼9层	电子设备批发

企业名称	法人代表	电话	分机	邮政编码
零售业				
大商集团股份有限公司	牛钢	83880998		116001
利群集团股份有限公司	徐恭藻	88807070		266102
长春欧亚集团股份有限公司	曹和平	85518086		130021
武汉武商集团股份有限公司	刘江超	85714165		430022
天虹商场有限公司	吴光权	83754470		518031
重庆百货大楼股份有限公司	肖诗新	63843197		400010
江苏盐阜人民商场有限公司	杨永奎	8323942		224001
深圳茂业商厦有限公司	张静	25983601		518001
山东新星集团有限公司	魏心东	5180173		255100
北京燕莎友谊商城有限公司	李家杰	64651188		100016
重庆商社新世纪百货公司	刘伟力	89188912		400020
青岛维客集团股份有限公司	张贤存	87618888	3017	266100
盐城商业大厦股份有限公司	姜永忠	8312727		224001
百盛商业发展有限公司	钟荣俊	66536688	6055	100031
济南华联商厦集团股份有限公司	李茂年	7082966		250021
广州市广百股份有限公司	荀振英	83322348		510030
上海百联集团股份有限公司	薛全荣	63223344	62236	200001
广州友谊商店股份有限公司	郭丽晖	83571948		510095
华糖洋华堂商业有限公司	麦仓弘	65561345		100025
上海太平洋百货有限公司	严志强	64078888	260	200030
上海第一八佰伴有限公司	李国定	58360000		200120
山东德州百货大楼集团有限责任公司	杨维星	2693721		253013
中兴沈阳商业大厦(集团)股份有限公司	刘芝旭	23833643	3033	110001
北京菜市口百货股份有限公司	赵志良	83520480		100053
上海新世界股份有限公司	顾振奋	63588703		200003
武汉中商集团股份有限公司	严规方	87822939	8010	430071
联华超市股份有限公司	王宗南	52629922		200333
农工商超市(集团)有限公司	杨德新	52706666		200333
上海大润发有限公司	徐仁羽	56657857	0891	200435
锦江麦德龙现购自运有限公司	杜哲思	52504888		200333
苏果超市有限公司	陈郎	84682702		210016
中百集团股份有限公司	汪爱群	82842067		430021
北京京客隆商业集团股份有限公司	卫停战	64688233		100027
上海易初莲花连锁超市有限公司	蔡褚锋	51358888	5886	200135
华润万家有限公司	宋林	25685065		518020

企业详细地址	主要产品(主要业务活动)
辽宁省大连市中山区青三街1号	百货零售
山东省青岛市崂山区崂山路67号	服装鞋帽零售、食品烟酒零售、家用电器零售
吉林省长春市朝阳区红旗街工农大路1128号	大型综合购物中心、批发零售、经销百货、五金、交电、日用杂品、食品业、
湖北省武汉市江汉区解放大道688号	百货零售、批发业务、娱乐餐饮业
广东省深圳市福田区深南中路航空工业贸易大厦1-3层、5-8层	百货
重庆市市辖区渝中区民权路2号	日用百货服装鞋帽、食品烟酒、音像器材通讯器材生活电器等
江苏省盐城市亭湖区建军中路92号	百货副食品黄金钟表、家电五金电动工具、纺织品服装鞋帽
广东省深圳市罗湖区东门中路2047号	金银珠宝、服装鞋帽、化妆日用
山东省淄博市淄川区淄城路341号	批发零售
北京市朝阳区亮马桥路52号	百货零售
重庆市市辖区江北区建新北路1号	食品
山东省青岛市李沧区向阳路65号	商业零售
江苏省盐城市亭湖区建军中路132号	百货、服装、家电
北京市西城区复兴门内大街101号	商业销售
山东省济南市槐荫区经二路571号	服装、家电、食品
广东省广州市越秀区西湖路12号	批发零售贸易
上海市市辖区黄浦区六合路58号18楼	百货零售
广东省广州市越秀区环市东路369号	零售百货
北京市朝阳区十里堡社区	百货零售业
上海市徐汇区衡山路932号	百货零售、餐饮、酒吧
上海市市辖区浦东新区张杨路501号	百货商场
山东省德州德城区十三局中区社区居	商业零售
辽宁省沈阳市和平区太原北街86号	百货零售、进出口贸易
北京市宣武区广内大街306号	零售活动
上海市市辖区黄浦区南京西路2—88号	百货零售
湖北省武汉市武昌区中南路9号	百货零售、批发
上海市市辖区普陀区真光路1258号	超级市场零售
上海市市辖区普陀区金沙江路1685号	超市零售
上海市市辖区闸北区共和新路3318号	超市零售
上海市市辖区普陀区真北路1425号	超市零售
江苏省南京市白下区解放路55号	商品批发零售、相关配套服务
湖北省武汉市江汉区江汉路129号	零售、批发
北京市朝阳区新源街45号	商品零售、商品批发
上海市市辖区浦东新区杨高中路2128号	综合零售
广东省深圳市罗湖区水贝二路27号	批发零售

续63

企业名称	法人代表	电话	分机	邮政编码
北京物美综合超市有限公司	王坚平	88257060		102600
江苏雅家乐超市有限公司	蒋刚	8287601		224000
沃尔玛深国投百货有限公司	钟浩威	25622580	8478	518020
步步高商业连锁有限责任公司	王填	2339892		411000
成都红旗连锁有限公司	曹世如	85176118		610041
杭州联华华商集团有限公司	蔡兰英	87251010		310003
上海世纪联华超市发展有限公司	良威	52629966	6119	200333
宁波三江购物俱乐部有限公司	陈念慈	27856810		315000
湖南王一实业集团香江百货有限公司	王庆玉	8265555		421001
北京家乐福商业有限公司	孟卫东	51909587		100078
济南人民大润发商业有限公司	郭连海	6957789	812	250014
广州屈臣氏个人用品商店有限公司	文安德	83350099	179	510115
广州百佳超级市场有限公司	艾一帆	38478967		510630
北京易初莲花连锁超市有限公司	谢吉人	85845678	5015	100025
深圳市人人乐商业有限有限公司	何金明	26093666		518052
江苏时代超市有限公司	高春和	5238741		226007
上海家得利超市有限公司	王一民	54107717		200030
上海好德便利有限公司	王雪松	52705270		200333
四川新华文轩连锁股份有限公司	龚次敏	82928140		610017
上海老庙黄金连锁经营有限公司	陈久	63522999	8965	200010
华东医药股份有限公司	李邦良	85159647		310003
江苏省盐城药业有限公司	周小石	8364094		224001
南京医药股份有限公司	周耀平	84552600		210002
福建中升汽车销售服务有限公司	黄平	83499918		350019
广东物资集团汽车贸易公司	郑子先	86329072		510410
浙江康桥汽车工贸集团股份有限公司	吴文标	88283386		310015
润华集团股份有限公司	栾涛	7527579		250117
南京朗驰集团有限公司	赵年顺	85532052		210037
山西大昌汽车集团有限公司	代全民	7187968		030031
广东新协力集团有限公司	卢桂戈	22209286		528300
北京北星行汽车销售中心	李扬	64650377		100016
北京恒通华泰汽车销售有限公司	张秀根	64978666	139	100029
安徽省亚夏实业股份有限公司	周夏耘	4181218		242300
湖南汽车城有限公司	周黎明	4518215		410008
中石化上海石油分公司	杨棣	63219490		200002
中国石油化工股份有限公司北京石油分公司	刘雄华	84469548		100028
中国石油化工股份有限公司广州石油分公司	李国强	83295376		510111

企业详细地址	主要产品(主要业务活动)
北京市大兴区林校路北21号	零售干鲜果品、零售日用杂品、零售熟食制品
江苏省盐城市亭湖区开发大道西路3号	食品、百货、针织
广东省深圳市罗湖区洪湖二街50号院新南滨大楼4楼	零售、投资
湖南省湘潭市雨湖区立竹路2号	商品零售、商业咨询
四川省成都市武侯区创业路211号	零售食品、零售饮料烟酒、零售日用品
浙江省杭州市下城区庆春路86号	超级市场零售
上海市市辖区普陀区真光路1258号8-9楼	超级市场零售
浙江省宁波市海曙区孝闻街29弄1号	超市零售
湖南省衡阳市蒸湘区银光路解放大道33号香江城市花园	超市
北京市丰台区芳城园二区15号楼	零售百货
山东省济南市历下区文化西路1号	商业零售、组织国内产品、出租业务
广东省广州市萝岗区经济技术开发区夏港大道GQ-C1-1	零售：食品、日用百货
广东省广州市萝岗区广州经济技术开发区锦锈路38号	超级市场
北京市朝阳区路太平庄	超级市场零售、仓储服务 配送服务等
广东省深圳市南山区心语家园二层	零售业
江苏省南通市崇川区外环东路37号	超级市场
上海市市辖区徐汇区天钥桥路888号	超级市场
上海市普陀区金沙江路1699号	综合零售
四川省成都市锦江区玉龙街52号	图书零售、音像零售、电子出版物零售
上海市市辖区黄浦区南京东路462号	黄金首饰零售
浙江省杭州市下城区中山北路439号	药品零售
江苏省盐城市亭湖区沿河中路20号	药品销售
江苏省南京市白下区中山东路486号	化学制剂药 中成药零售、生物制品及化学、原料药的销售
福建省福州市仓山区城门黄山	汽车销售
广东省广州市白云区新市街道机场路888	批发汽车、汽车维修
浙江省杭州市拱墅区上塘街道大关路301号	汽车零售
山东省济南市槐荫区经十西路239号	零售汽车
江苏省南京市下关区建宁路45号	汽车零售、汽车批发、机电产品批发及零售
山西省太原市小店区太榆路88号	汽车销售、汽车维修
广东省佛山市顺德区广珠公路新松路段	管理下属单位
北京市海淀区花园路六号	批发汽车
北京市朝阳区安定门外安苑里1号	汽车销售、配件销售
安徽省宣城市宁国市千亩村委会	汽车销售、汽车售后服务、汽车美容装潢
湖南省长沙市开福区东风路360号	汽车批零、机械设备批发
上海市市辖区黄浦区中山东一路24号甲	石油批发零售
北京市朝阳区静安里12号楼205	机动车燃料零售
广东省广州市越秀区八旗二马路48号航运大厦	批发零售汽、煤、柴油

续64

企业名称	法人代表	电话	分机	邮政编码
中国石油化工股份有限公司湖南长沙石油分公司	黄河	4482709		410008
中国石油化工股份公司海南石油分公司	张连俊	68680801		570311
中国石油天然气股份有限公司辽宁沈阳销售分公司	黄威	22914662		110032
中油碧辟石油有限公司广州分公司	姚平竹	84305413		510250
中国石油化工股份有限公司惠州分公司	李恩江	2117596		516001
中国石油化工股份有限公司厦门分公司	林新民	2212899		361004
中国石油化工股分有限公司湖南衡阳石油分公司	曹小攀	8231071		421000
中国石油化工股份有限公司广东东莞石油分公司	刘春波	22506200		523013
中国石油化工股份有限公司湛江石油分公司	黄国明	3381782		524022
中国石油化工股份有限公司河北沧州石油	梁伟	7625012		061000
中国石油化工股份有限公司广东中山石油分公司	范卫荣	8840466		528400
中石化森美(福建)石油有限公司漳州分公司	周平	2022063		363000
中石油吉林长春销售分公司	刘凤春	88509716		130061
三联商社	张岩	5916351	86716	250033
上海永乐家用电器有限公司	陈晓	52869056		200061
北京市大中电器有限公司	张大中	88848031		100043
江苏五星电器有限公司	汪建国	83758009		210009
国美电器有限公司	黄光裕	59289000		100016
北京苏宁电器有限公司	孙为民	67521888	100040	100076
上海国美电器有限公司	黄秀虹	62312217		200060
上海苏宁电器有限公司	蒋勇	23079888	210156	200050
武汉市工贸有限公司	李丰	85879013		430000
广州市国美电器有限公司	廖江	85516469		510085
成都国美电器有限公司	黄秀虹	87657750		610031
深圳市国美电器有限公司	黄秀虹	82519613		518000
广东苏宁电器有限公司	鲍东升	83963999	2008	510220
翰林汇信息产业股份有限公司	李东生	62978866		100085
南京宏图三胞企业发展有限公司	袁亚非	83274409		210009
住宿业				
杭州大厦有限公司	楼金炎	85153911		310006
上海东锦江大酒店有限公司	沈懋兴	50504888	6208	200127
浦东新区香格里拉酒店有限公司	郭孔伦	68828888	6105	200120
王府饭店有限公司	贝思贤	85162888	6651	100006
北京东方广场有限公司东方君悦大酒店分公司	陈悦明	65109214		100738
北京燕莎中心有限公司	丁同欣	64665587		100016
广州花园酒店	华新芳	83338989	3205	510064
北京九华山庄集团股份有限公司	夏敏	61782288	101153	102211
静安希尔顿饭店	高昕	62480000	3241	200040
建瓯市长江大酒店	廖晓铭	3868888		353100

企业详细地址	主要产品(主要业务活动)
湖南省长沙市开福区伍家岭114号	成品油销售
海南省海口市秀英滨海大道163号	石油及制品
辽宁沈阳于洪鸭绿江街14号	成品油零售、成品油批发
广东省广州市海珠区金沙路1—3号	零售石油制品、零售石油制品
广东省惠州市惠城区下埔麦地路号石油大厦	汽油柴油零售、批发汽油柴油
福建省厦门市思明区湖滨南路89号	成品油销售
湖南省衡阳市蒸湘区蒸湘南路29号	汽油、煤油、柴油
广东省东莞市市辖区旗峰路162号中侨大厦B座	柴油汽油煤油销售
广东省湛江市霞山区人民大道中12号	石油成品
河北省沧州市运河区解放中路华莎西侧	汽油、柴油、润滑油
广东省中山市市辖区中山二路49号	石油产品
福建省漳州市芗城区大通北路132号	成品油批发零售业务
吉林省长春市南关区西民主大街181号	汽油零售、煤油、柴油
山东省济南市历下区趵突泉北路12号	五金交电零售、文化办公用品零售、健身器材零售
上海市市辖区普陀区上海市光新路132号	家用电器零售
北京市石景山区阜石路166号泽洋大厦717J5室	销售家用电器彩电 冰箱等、销售计算机 通讯器材 手机 电池、技术咨询服务 音响安装 电器维修
江苏省南京市鼓楼区中山北路241号华侨大厦二楼	家用电器销售、通迅器材、音像器材
北京市朝阳区霄云路26号鹏润大厦B座18层	家用电器零售
北京市通州区马驹桥镇物流产业园区融商六路2号	零售家用电器
上海市市辖区普陀区长寿路651号5楼	家电
上海市市辖区长宁区长宁路999号	家用电器零售
湖北省武汉市硚口区沿河大道166号	家电经营零兼批、日用百货
广东省广州市萝岗区东江大道284号8820室	批发零售贸易
四川省成都市金牛区沙湾路1号	零售家电
广东省深圳市福田区华发北路赛格科技园2栋第3层AB	批发经销日用百货、机械电器设备、五金电化工等
广东省广州市海珠区前进路44-50号松园大厦首层至三层	家用电器零售
北京市海淀区信息路22号实创大厦东区四层	销售批发笔记本电脑
江苏省南京市玄武区太平北路106号	计算机零售
浙江省杭州市下城区武林广场1号	旅游饭店
上海市市辖区浦东新区浦东杨高南路889号	客房、餐饮
上海市市辖区浦东新区富城路33号	住宿、餐饮
北京市东城区金鱼胡同8号	旅游饭店、正餐服务、纺织 服装及日用品销售
北京市东城区东长安街1号	住宿服务
北京市朝阳区亮马桥路50号	出租客房、公寓、写字楼、商场、餐厅、会议室、展览出租
广东省广州市越秀区环市东路368号	旅游饭店住宿业
北京市昌平区小汤山镇胡芦河村北	客房出租、餐饮、健身
上海市市辖区静安区华山路250号	住宿
福建省南平市建瓯市中山路15号	住宿

续65

企业名称	法人代表	电话	分机	邮政编码
白天鹅宾馆	黄颖聪	81886968	3038	510133
金陵饭店股份有限公司	李建伟	84711888	4643	210005
北京香格里拉饭店有限公司	周中枢	88826601		100089
桂林乐满地旅游开发有限公司	马永玲	6229898		541300
北京嘉里中心饭店有限公司	洪敬南	65618833	6824	100020
威海华夏会馆有限公司	夏振翔	5906906		264205
北京昆仑饭店有限公司	侣海岩	65903388	5222	100004
北京市长城饭店公司	杜志强	65905566	2100	100026
三亚盈湾酒店有限公司三亚喜来登度假酒店	黄跃年	88558855	8130	572000
北京市北京饭店	王泉生	65137766	240	100004
丽都饭店有限公司	方小榕	64376925	2612	100004
北京国际俱乐部有限公司	瞿文明	85321709		100020
大连香格里拉酒店有限公司	雷孟成	82525000		116001
花园饭店	藤田隆	64151111	5411	200020
北京友谊宾馆	常龙元	68499232	80100	100873
广州市东方宾馆股份有限公司	翁亚绪	86669900		510016
盐阜宾馆	刘新华	8880238		224001
青岛海天大酒店有限公司	奚晏平	83871888	2319	266071
北京世纪金源大饭店有限责任公司	兰扬	88598888	6911	100089
北京亮马河大厦有限公司	李中根	65906688	5014	100004
北京富华金宝中心有限公司	陈丽华	85229988	8851	100006
北京国际饭店	陈旭华	65126688	6536	100005
上海扬子江大酒店有限公司	俞敏亮	62750000	2537	200336
青岛香格里拉大饭店有限公司	雷孟成	83883838	6109	266071
宁波东港波特曼大酒店有限公司	刘明道	87688688		315040
上海锦江饭店	许铭	32189888	009627	200020
大连富丽华大酒店	田益群	82630888	689	116001
三亚天域度假酒店	李冰	88567888	6502	572000
金茂三亚希尔顿大酒店	祠金德	88588888		572000
香格里拉大酒店(广州琶洲)有限公司	黄小抗	89178888	6122	510335
上海锦沧文华大酒店有限公司	马名驹	62791888	5731	200040
上海王宝和大酒店有限公司	朱英雄	53965000	80827	200001
上海国际会议中心有限公司东方滨江大酒店	钮卫平	50370000	6178	200120
深圳市香格里拉大酒店有限公司	雷孟成	82330888	8806	518001
北京市长富宫中心有限责任公司	李中根	65120517		100022
湖南华天大酒店股份有限公司	陈纪明	4442888	80840	410001
北京新世纪饭店有限公司	李中根	68492001	1207	100044
佛山宾馆有限公司	何长锋	82986881	337	528000
三亚家化旅业有限公司三亚家化万豪度假酒店	哈德森	88561033		572000

企业详细地址	主要产品(主要业务活动)
广东省广州市荔湾区沙面南街一号	住宿业(旅游饭店)、餐饮业
江苏省南京市鼓楼区汉中路2号	住宿业、中餐西餐
北京市海淀区紫竹院路29号	客房、中、西餐厅、健身房、商务中心
广西壮族自治区桂林市兴安县志玲路	住宿餐饮
北京市朝阳区光华路1号	旅游饭店
山东省威海市环翠区凤林	主食制造
北京市朝阳区新源南路2号	旅游饭店
北京市朝阳区东三环北路10号	客房、会议室、餐饮
海南三亚三亚旅游开发区	住宿、餐饮
北京市东城区东长安街33号	住宿饮食服务等、饮食服务、百货零售
北京市朝阳区将台路6号	酒店、物业、餐饮
北京市朝阳区建外大街21号	旅游饭店
辽宁省大连市中山区人民路66号	旅游饭店
上海市市辖区卢湾区茂名南路58号	客房、餐饮、商场
北京市海淀区中关村南大街1号	旅游饭店
广东省广州市越秀区流花街道流花路120号	经营旅馆业、办公楼出、提供饮食服务
江苏省盐城市亭湖区迎宾南路28号	餐饮、住宿
山东省青岛市市南区香港西路48号	宾馆住宿、餐饮
北京市海淀区板井路69号	餐饮、住宿
北京市朝阳区东三环北路8号	经营客房、办公楼租赁、公寓租赁
北京市东城区金宝街89号金宝大厦2006室	旅游饭店、房屋租赁业
北京市东城区建国门内大街9号	客房餐饮
上海市市辖区长宁区延安西路2099号	住宿
山东省青岛市市南区香港中路9号	客房、餐饮、娱乐
浙江省宁波市江东区彩虹北路50号	住宿、餐饮、娱乐
上海市市辖区卢湾区茂名南路59号	客房、餐饮、其他
辽宁省大连市中山区人民路60号	旅游饭店
海南省三亚市市辖区亚龙湾国家旅游区	住宿、餐饮、娱乐
海南省三亚市市辖区亚龙湾	住宿、餐饮
广东省广州市海珠区会展东路1号	住宿业
上海市市辖区静安区南京西路1225号	住宿业
上海市市辖区黄浦区九江路555号	客房、餐饮、商场康乐及其他
上海市市辖区浦东新区浦东滨江大道2727号	餐饮、客房、会议
广东省深圳市罗湖区建设路1002	酒店住宿餐饮业
北京市朝阳区建外大街26号	出租饭店及经营附属餐厅、出租公寓、出租办公楼
湖南省长沙市芙蓉区解放东路300号	住宿、餐饮
北京市海淀区首体南路6号	客房、餐饮、娱乐
广东省佛山市禅城区汾江南路75号	餐饮、旅业
海南省三亚市市辖区亚龙湾	住宿、餐饮、娱乐

续66

企业名称	法人代表	电话	分机	邮政编码
上海锦江汤臣大酒店有限公司	贾智勇	58356666	3867	200120
北京市西苑饭店	刘洪	68313388	10377	100044
东方艺术大厦有限公司	方小榕	64626769		100027
上海光大会展中心有限公司	高宝泉	64842500	70069	200233
上海华亭宾馆有限公司	董剑珍	64391000	3171	200030
上海紫泰酒店管理有限公司	沈雯	62376000	6061	200336
四川锦江宾馆有限公司	曹兰剑	85582222		610012
上海市太平洋大饭店	森内千代	62758888	3548	200336
浙江世界贸易中心有限公司	王海光	87950019		310007
上海新世界丽笙大酒店有限公司	徐家平	63599999	4031	200003
浙江国大雷迪森旅业集团有限公司	乐毅	85156666	6071	310006
东莞市塘厦三正半山酒店有限酒店	莫浩棠	87299333	83202	123710
深圳圣廷苑酒店有限公司	辛杰	82078888	8406	518028
福州香格里拉酒店有限公司	黄小抗	87988888	6117	350002
浙江开元酒店管理有限公司	陈妙林	82812891		311202
亚龙湾红树林度假酒店	鲁德胜	88558888	6206	572000
新锦江大酒店	陆荣华	64151188	6382	200020
青岛颐中国际大酒店有限公司	刘青文	85718888		266071
杭州香格里拉饭店有限公司	卢步东	87977951	6114	310007
北京京广中心有限公司	罗刚	65973388	25125	100020
港澳中心有限公司	许刚	65532288	381	100027
广东亚洲国际大酒店	后兆明	61288888	2295	510060
上海西郊宾馆	董志铭	62198800	5150	200336
深圳华侨城大酒店有限公司	金阳	33993388	8811	518053
广州长隆酒店有限公司	苏志刚	84786838	6603	511430
上海海仑宾馆有限公司	陈灏	63515888	7825	200001
深圳恒丰海悦国际酒店有限公司	卢暖培	27922223	8807	518102
上海市上海宾馆有限公司	金燕	62480088		200040
上海国际贵都大酒店	张保华	62481688	2241	200040
长春香格里拉大酒店有限公司	雷孟成	88981818	6321	130061
上海南新雅大酒店有限公司	郁为泽	63500000		200001
上海市虹桥宾馆有限公司	林治凯	62753388		200051
沈阳丽都商务有限公司沈阳丽都喜来登饭店	詹瑞格	23188888	3102	110004
惠州市康帝国际酒店有限公司	方贺维	2688888	8001	516001
上海紫金山大酒店	董津宁	68868888	8806	200122
北京市京伦饭店有限责任公司	杨建民	65002266	8179	100020
中国职工之家	杜永春	68576699	10018	100045
江门市逸豪酒店有限公司	高为民	3928888		529000
上海建国宾馆有限公司	杨卫民	64399299	3918	200030

企业详细地址	主要产品(主要业务活动)
上海市浦东新区张扬路777号	旅游饭店
北京市海淀区三里河路一号	住宿、餐饮、其他
北京市朝阳区东三环北路东方路1号	希尔顿酒店
上海市市辖区徐汇区漕宝路40-80号	住宿业、展示展览、会议服务
上海市市辖区徐汇区漕溪北路1200号	住宿、餐饮
上海市市辖区长宁区虹桥路2270号	酒店管理、客房服务、餐饮和其他服务
四川省成都市锦江区成都市人民南路二段36号	住宿、餐饮、旅游服务
上海市市辖区长宁区遵义南路5号	住宿业
浙江省杭州市西湖区曙光路122号	旅游饭店
上海市黄浦区南京西路88号	餐饮、酒吧
浙江省杭州市下城区体育场路333号	旅游饭店
广东省东莞市市辖区迎景大道	客房、餐饮、康体
广东省深圳市福田区华强北路4002号	星级酒店、客房、物业写字楼
福建省福州市鼓楼区新权南路9号	餐饮、住宿
浙江省杭州市萧山区市心中路818号	住宿
海南三亚六盘	住宿、餐饮
上海市卢湾区长乐路161号	客房
山东省青岛市市南区香港中路76号	住宿、餐饮
浙江省杭州市西湖区北山路78号	旅游饭店
北京市朝阳区京广中心25层	出租客房、出租写字楼、出租公寓
北京市东城区门北大街2号港澳中心E层	旅游饭店、餐饮
广东省广州市越秀区环市东路236号	酒店业、餐饮业
上海市市辖区长宁区虹桥路1921号	住宿业
广东省深圳市南山区深南大道9009	旅业、客房、中西餐厅
广东省广州市番禺区大石街南大公路河村路段	酒店服务业
上海市黄浦区南京东路505号	住宿、餐饮、商场
广东省深圳市宝安区新城广场	餐饮、旅业
上海市市辖区静安区乌鲁木齐北路505号	住宿
上海市市辖区静安区延安西路65号	旅店业、餐饮业
吉林省长春市朝阳区西安大路569号	住宿、餐饮
上海市市辖区黄浦区九江路690-714号	住宿餐饮
上海市市辖区长宁区延安西路2000号	客房服务、餐饮服务
辽宁省沈阳市和平区青年大街386号	餐饮
广东省惠州市惠城区环城西一路渡口所	酒店
上海市市辖区浦东新区东方路778号	酒店业
北京市朝阳区建外大街3号京伦饭店	旅游饭店
北京市西城区真武庙1号	客房办公用房、会议室出租、餐饮服务
广东省江门市蓬江区耙冲村	经营旅馆业、经营饮食业、经营卡啦OK歌舞厅
上海市市辖区徐汇区漕溪北路439号	住宿业、餐饮业、零售业

续67

企业名称	法人代表	电话	分机	邮政编码
济南舜耕山庄	杜文彬	82951818		250014
广东新白云宾馆有限公司	胡建平	83333998	3600	510065
武汉香格里拉大饭店	雷孟成	85806868		430015
上海国际网球中心酒店管理有限公司	凌伟功	64155588	2246	200030
山东大厦	高文华	82958888		250012
北京华侨大厦有限公司	黄如论	58169999	2832	100006
深圳市五洲宾馆	郑岚	83831803		518034
北京市建国饭店公司	丁小亮	65002233	8021	100020
北京贵宾楼饭店有限公司	王福和	65137788	362	100006
新余市华瑞宾馆	邓磊	6256112		338000
中国大酒店	冯劲	86666888		510015
济南科园大酒店有限公司	王家会	5997777		250118
榆次开发区浅水湾大酒店	范金鑫	2444201		030600
忻州市凯天假日大酒店有限公司	李培明	3308933		034000
餐饮业				
重庆陶然居饮食文化(集团)有限公司	严琦	68624266	803	401329
北京必胜客比萨饼有限公司	罗维仁	65545888		100027
中国全聚德(集团)股份有限公司	姜俊贤	63184827		100051
厦门市舒友海鲜大酒楼有限公司	陈有鹏	5096868	878	361012
上海统一星巴克咖啡有限公司	林苍生	64859488	221	200233
山东蓝海股份有限公司	张春良	8151887		257000
福州曼伯罗食品有限公司	卞春兰	87610591		350001
上海兴邦餐饮服务有限公司	赵宇	68768765		200122
顺峰饮食酒店管理有限公司	林锐均	65080598		100026
北京郭林家常菜食品有限责任公司	郭林	51210266		100073
深圳面点王饮食连锁有限公司	张和平	82404905		518049
百胜餐饮(福州)有限公司	朱宗毅	87821568		350001
北京首都机场餐饮发展有限公司	董志毅(张伟)	64595115		100621
山西金虎餐饮有限公司	金根虎	4946210		030013
杭州饮食服务集团有限公司	梁建军	87087052		310001
大连天天渔港餐饮有限公司民主广场分部	张永盛	82820542		116001
南海渔村有限公司	徐峰	83283888		510100
聚德华天控股有限公司	姜俊贤	62024640		100088
上海佳通四合苑饮食文化有限公司	林美金	63233355		200002
武汉小南京健康美食酒店管理公司	刘国梁	85746990		430015
北京俏江南餐饮有限公司	张兰	65050923		100004
福建省好世界海鲜大酒楼有限公司	黄玉玲	83731828		350000

企业详细地址	主要产品(主要业务活动)
山东省济南市中区舜岭社区居民委员会	住宿、餐饮
广东省广州市越秀区环市东路367号	旅业、餐饮、衣物、布草洗涤
湖北省武汉市江岸区江岸区建设大道700号	住宿、餐饮
上海市市辖区徐汇区上海市衡山路516号	住宿、餐饮、俱乐部
山东省济南历下区趵突泉社区居民委员会	住宿
北京市东城区王府井大街2号	客房、餐饮
广东省深圳市福田区深南大道6001号	餐饮、住宿
北京市朝阳区建外大街5号	旅游饭店
北京市东城区东长安街35号	住宿服务
江西省新余市渝水区胜利路	住宿
广东省广州市越秀区流花路	住宿业
山东省济南市槐荫区济齐路275号	住宿、餐饮
山西省晋中市榆次区榆太路188号	餐饮、住宿
山西省忻州市忻府区新建路48号	商务活动
重庆市市辖区九龙坡区白市驿含谷镇	正餐
北京市东城区门北大街8号富华大厦B座6	西式正餐
北京市宣武区前门西河沿大街217号	餐饮服务
福建省厦门市思明区湖滨北路中银大厦裙楼	餐饮业
上海市市辖区卢湾区宜山路1009号	咖啡饮料、点心
山东东营黄河路与庐山路交汇处	餐饮、住宿、娱乐
福建省福州市鼓楼东大路8号	快餐
上海市市辖区浦东新区东方路800号	正餐
北京市朝阳区东三环北路16号	餐饮服务
北京市西城区新街口南大街44号	正餐
广东省深圳市福田区八卦二路545栋首层	餐饮业
福建省福州市鼓楼区五四路158号环球广场6层	餐饮
北京市顺义区机场西路首都机场3号公寓	正餐服务、快餐服务、饮料及冷饮服务
山西省太原市杏花岭区五龙口街549号	食品零售、饮料零售、烟酒零售
浙江省杭州市上城区国货路1号	正餐服务
辽宁省大连市中山区民意街42号	正餐服务
广东省广州市越秀区沿江中路298号江湾新城C座19楼	餐饮
北京市西城区新明胡同甲8号	饮食服务、食品加工
上海市市辖区黄浦区中山东一路3号	餐饮、护理保健、场地租赁
湖北省武汉市江汉区杂技厅旁	餐饮
北京市朝阳区建外大街1号国贸中心西楼220号	正餐服务
福建省福州市鼓楼区西二环路福屿综合楼	餐饮

企业名称	法人代表	电话	分机	邮政编码
上海宝莱纳餐饮有限公司	陈亨利	54665700	24	200031
重庆市德庄饮食文化有限公司	李德建	62800350		400060
福州麦当劳餐厅食品有限公司	符国成	87620288		350001
福建省康特餐饮有限公司	郑泉泉	83797991		350001
西安福迎门大香港鲍翅酒楼有限公司	王伟	62678076		710075
上海金萌苏浙汇餐饮有限公司	刘裕俊	64661111	206	200031
重庆市南岸区南山第一庄	李帮庆	62462589		400065
重庆世纪金源时代大饭店有限公司	黄世荧	67958888	5205	400020
上海一茶一坐餐饮有限公司	林盛智	64067229	321	200081
济南市环山鱼翅皇宫大酒店	张友和	82386111		250014
山东麦当劳餐厅食品有限公司	施乐生	86111003		250011
北京便宜坊烤鸭集团有限公司	雷国秀	67021451		100050
盘锦辽河油田双兴实业有限责任公司	班允清	2897034		124010
北京湘鄂情股份有限公司	孟凯	88138998	8516	100036
北京金白领餐饮有限公司	洪铎圣	58257010	609	100080
四川省成都市饮食公司	肖崇阳	86939605		610017
北京东来顺集团有限责任公司	汤庆顺	65280377	36	100006
北京万龙洲饮食有限责任公司	吴宝春	58603550		100011
青岛海明威餐饮娱乐有限公司山东路大饭店	孙茂山	85838958		266000
广州渔民新村饮食有限公司	黎永星	34797292		511430
上海上远酒店管理有限公司	任勇青	65953177		200080
佛山市顺德区大良德良管理公司美食广场	黎冠开	22381630		528300
北京黄寺净雅餐饮有限公司	张永舵	58193828		100011
上海萨莉亚餐饮有限公司	田井野俊树	62587712		200030
南京金都饮食服务有限公司	严敦志	86822733		210024
上海文峰大酒店有限公限	支洪成	58718888	7819	200129
大连万宝海鲜舫	阎其万	88812889		116001
深圳市海珠城美食会有限公司	汪东	26419188		518054
杭州楼外楼实业有限公司	沈关忠	87990764		310007
北京倪氏海泰餐饮有限公司	倪永军	82883222		100083
深圳市小肥羊餐饮连锁有限公司	李宝芳	82171998		518031
徐记海鲜大酒楼	殷辉	4473888		410008
重庆钰力文化发展有限公司	刘庆淑	68952888	8179	400084
山西太原江南餐饮集团有限公司	王艳梅	4153959		030002
杭州肯德基有限公司	戴宁	87901580		310007
上海肯德基有限公司	吕九龙	54594899		200030
北京肯德基有限公司	苏敬轼	65545888		100027
百胜餐饮(广东)有限公司	崔焕铭	2500886		514788
百胜餐饮(广东)有限公司	朱宗毅	83588288	6823	510000

企业详细地址	主要产品(主要业务活动)
上海市市辖区徐汇区汾阳路138号803室	正餐
重庆市市辖区南岸区茶园长电路10号	餐饮业
福建省福州市鼓楼区杨桥东路8号利嘉大广场东塔楼18层	麦当劳餐饮
福建省福州市鼓楼区西二环北路336号	中餐
陕西省西安市雁塔区高新一路	餐饮
上海市市辖区徐汇区肇嘉浜路388号10楼	正餐
重庆市市辖区南岸区崇文路157号	零售饮食、烟酒、茶水、住宿服务
重庆市市辖区江北区建北二支路1号5楼	餐饮、住宿、娱乐租赁
上海市市辖区虹口区四川北路2002弄12号201室	餐饮
山东省济南历下区中创开元山庄社区居委	餐饮
山东省济南市历下区泉城路322号	餐饮
北京市崇文区永定门内东街中里15号	正餐服务、旅游饭店、物业管理
辽宁省盘锦市兴隆台区双兴路5号	正餐
北京市海淀区定慧寺甲2号一层、二层	餐饮
北京市海淀区科学院南路2号融科资讯中心C座地下一层02号	正餐服务
四川省成都市青羊区人民中路三段文殊院19号	餐饮管理服务、实业投资、分支机构经营中餐小吃
北京市东城区南河沿大街华龙街E座	正餐、烟酒销售、食品加工
北京市东城区安定门外大街丙88号中路大厦	正餐
山东省青岛市市南区山东路7号	餐饮
广东省广州市番禺区迎宾路559－567号	餐饮业
上海市市辖区虹口区东大名路378号	正餐
广东省佛山市顺德区大良县前路16号	中餐正餐、物业管理
北京市朝阳区黄寺大街28号	销售正餐、销售酒、零售卷烟
上海市市辖区徐汇区天钥桥路319号1楼	正餐
江苏省南京市鼓楼区南东瓜市3号	餐饮、住宿
上海市市辖区浦东新区张杨北路801号2楼北部	餐饮
辽宁省大连市中山区解放路108号	正餐服务
广东省深圳市南山区凯宾斯基大厦3-5楼	餐饮
浙江省杭州市西湖区孤山路30号	正餐服务
北京市海淀区北四环中路229号南裙楼	餐饮
广东省深圳市罗湖区中兴路1号	中餐、酒饮料销售
湖南省长沙市开福区新唐家巷21号	饭菜、烟、酒水
重庆市市辖区大渡口区建桥工业园(大渡口区)金桥路16号	正餐服务
山西省太原市迎泽区开化寺街103号	餐饮
浙江省杭州市西湖区杭大路1号黄龙世纪广场A座8楼	快餐服务
上海市市辖区徐汇区天钥桥路30号美罗大厦21楼	快餐服务
北京市东城区门北大街8号富华大厦A座6	西式快餐
广东省梅州市梅县柏丽购物广场	中西餐饮服务
广东省广州市越秀区环市东路369号友谊商业大厦13楼	为关联公司提供管理

企业名称	法人代表	电话	分机	邮政编码
百胜餐饮(沈阳)有限公司	王越	23442287		110001
广东三元麦当劳食品有限公司	罗彼得	83635008		510030
北京麦当劳食品有限公司	施乐生	65281188	510	100005
百胜餐饮(深圳)有限公司	朱国华	25156188	8802	518000
南京肯德基有限公司	艾云峰	84720888	257	210005
苏州肯德基有限公司	包莹瑞	68252888		215000
麦当劳餐厅(深圳)有限公司	符国成	83220226	302	518041
无锡市肯德基有限公司	刘茂坤	82729369		214001
百胜餐饮(武汉)有限公司	朱宗毅	85448817	1809	430022
北京吉野家快餐有限公司	李柏荣	65225588	1717	100062
太原肯德基有限公司	朱宗毅	7630910		030006
厦门肯德基有限公司	余鹏	8129800		361000
南京麦当劳餐饮食品有限公司	赖林胜	83223888	803	210009
大连肯德基有限公司	朱宗毅	82735280	5072	116001
浙江麦当劳餐厅食品有限公司	符国城	85171818		310014
武汉麦当劳餐饮食品有限公司	符国成	82848288		430014
南昌肯德基有限公司	乐兵兵	6318169		330006
南宁肯德基有限公司	朱宗毅	2828903		530000
百胜餐饮(成都)有限公司	朱宗毅	86203300	8308	610016
四川麦当劳餐厅食品有限公司	符国成	86673018		610014
上海新亚大家乐餐饮有限公司	孙平	63642319		200080
厦门麦当劳食品发展有限公司	周卫城	2968088		361004
长沙肯德基有限公司	杨大勇	2487059		410005
陕西松茂食品有限公司	孙芳山	87233091		710001
北京好伦哥餐饮有限公司	牟骥	82605799	9002	100080
沈阳麦当劳(餐厅食品)有限公司	施乐生	86863429		110031
湖南麦当劳有限公司	王义楠	2238288		410005
大连麦当劳餐厅食品有限公司	施乐生	82531138		116001
北京永和大王餐饮有限公司	陈觉中	65841090		100062
上海永和大王餐饮有限公司	陈觉中	52581666		200030
东莞肯德基有限公司	朱宗毅	83588288	6024	523000
重庆肯德基有限公司	朱宗毅	63724061		400010
上海哈根达斯食品有限公司	GaryChu	34234517	5573	200031
北京美大星巴克咖啡有限公司	王金龙	85991390		100026
盐城市亭湖区城招菲斯特咖啡	吴培霜	8182666		224001
上海豫园商城老城隍庙饮食有限公司	张耀他	63559999	1404	200010
味千拉面饮食服务(深圳)有限公司	潘尉	83479155		518040

企业详细地址	主要产品(主要业务活动)
辽宁省沈阳市和平区南京北街206号城市广场第一座7层	西式快餐
广东省广州市越秀区中山四路246号信德商务大厦11、12、16楼	经营麦当劳食品
北京市东城区王府井大街200号工美大厦	麦当劳食品、冷、热饮料、麦当劳纪念品
广东省深圳市罗湖区深南东路5047号深圳发展银行大厦12楼	快餐业
江苏省南京市白下区中山南路8号	中西饮食连锁店、售卖礼品及配套服务
江苏省苏州市高新区新区狮山路326号	餐饮业
广东省深圳市福田区振华路航苑大厦裙楼三楼东座	麦当劳食品.饮料、麦当劳礼品
江苏省无锡市崇安区后西溪1号	肯德基食品
湖北省武汉市江汉区解放大道686号世贸大厦23层	快餐、西餐
北京市崇文区门外大街5号新世界中心2期	快餐、冰激凌
山西省太原市迎泽区柳南86号	快餐
福建省厦门市思明区鹭江道海滨大厦24层	中西餐饮、冷饮料
江苏省南京市玄武区玄武门22号江苏展览馆负一楼	经营麦当劳餐馆、生产、加工、销售麦当劳食品
辽宁省大连市中山区昆明街9号	快餐
浙江省杭州市下城区河东路152号3楼	西式快餐
湖北省武汉市江汉区江汉路71号四楼	西式快餐
江西省南昌市东湖区八一大道357号财富广场B座6楼	肯德鸡快餐
广西壮族自治区南宁市青秀区七星路136号	餐饮
四川省成都市青羊区人南路一段86号城市之心15A	餐饮
四川省成都市锦江区大业路盐市口广场二楼	食品、饮料产品、小礼品和赠品
上海市市辖区虹口区海宁路6-8号	快餐服务
福建省厦门市思明区厦禾路820号帝豪大厦1403B	餐饮
湖南省长沙市天心区黄兴中路88号25楼	快餐
陕西省西安市碑林区南大街52号	餐饮
北京市海淀区魏公村5号	餐饮
辽宁省沈阳市皇姑区长江街81号	制造加工出售麦当劳食
湖南省长沙市天心区黄兴中路88号平和堂商务楼9楼	餐饮快餐服务
辽宁省大连市中山区同兴街25号	快餐
北京市崇文区门外大街1号一层	快餐
上海市市辖区徐汇区淮海西路55号申通信息广场3楼	中式快餐
广东省东莞市市辖区解放路28号	快餐服务
重庆市市辖区渝中区八一路108号纽约纽约大厦28楼1号房	餐饮、生产及销售促销用品、提供管理服务和顾问服务
上海市市辖区徐汇区汾阳路138号6楼	冰淇淋
北京市朝阳区金台里甲19号楼	饮料及冷饮服务
江苏省盐城市亭湖区开放大道93号	餐饮服务
上海市市辖区黄浦区文昌路10号	餐饮业、小吃
广东省深圳市福田区喜年中心A座903	日本料理